浯溪摩崖石刻

政 协 祁 阳 县 委 员 会
文 教 卫 体 和 文 史 委 员 会 组编
浯溪碑林风景名胜区（陶铸故居）管理处

湖南大学出版社·长沙

内容简介

"楚山水之胜首潇湘，潇湘之胜首浯溪。"浯溪保存有唐、宋、元、明、清至民国的颂、铭、赋、记、诗词、楹联、题名和图画石刻505方，是我国最大的露天摩崖石刻群，具有重要的历史、文学和艺术价值。浯溪摩崖石刻是全国重点文物保护单位、国家4A级景区、省级风景名胜区、爱国主义教育基地。书稿主要介绍浯溪概况、浯溪摩崖石刻分布、浯溪传奇故事、浯溪石刻保护和浯溪文化研究等内容，倾力收集整理浯溪摩崖石刻资料，以石刻拓片为基础，配以释文，全面、系统地再现浯溪摩崖石刻的本来面目，是研究浯溪的第一手资料，是传扬浯溪诗文之美、展现浯溪文化光芒的一部高质量学术著作。

图书在版编目（CIP）数据

浯溪摩崖石刻 / 政协祁阳县委员会，文教卫体和文史委员会，浯溪碑林风景名胜区（陶铸故居）管理处组编 .—长沙：湖南大学出版社，2021.1

ISBN 978-7-5667-2146-4

Ⅰ . ①浯… Ⅱ . ①政… ②浯… Ⅲ . ①摩崖石刻 - 介绍 - 祁阳县 Ⅳ . ① K877.49

中国版本图书馆 CIP 数据核字 (2021) 第 008920 号

浯溪摩崖石刻
WUXI MOYA SHIKE

组　　编：政协祁阳县委员会　文教卫体和文史委员会　浯溪碑林风景名胜区（陶铸故居）管理处
责任编辑：张　毅
装帧排版：艺韵之旅
印　　装：湖南省众鑫印务有限公司
开　　本：889 mm×1194mm　1/16　印张：31.75　字数：802 千
版　　次：2021 年 1 月第 1 版　印次：2021 年 1 月第 1 次印刷
书　　号：ISBN 978-7-5667-2146-4
定　　价：188.00 元

出 版 人：李文邦
出版发行：湖南大学出版社
社　　址：湖南·长沙·岳麓山　邮编：410082
电　　话：0731-88822559（发行部）88649149（编辑室）88821006（出版部）
传　　真：0731-88649312（发行部）88822264（总编室）
电子邮箱：743220952@qq.com
网　　址：http://www.hnupress.com

《浯溪摩崖石刻》编撰机构人员

编纂委员会

顾　　问	周新辉	陈小平	王小丽	邓晓阳
主　　任	郑增啟			
副主任	陈振文	于建春	文英雄	黄爱蓉	桂　湘
	柏一秀	张松柏			
委　　员	赖　荣	谢东良	李爱华	陈麒旭	谭振华
	陈　萍	王双春	尹艳丽	李清华	邓后宇

编辑部

主　　任	文英雄				
常务副主任	张松柏				
副主任	赖　荣	尹艳丽	王双春	唐　蓉	伍大华
	周礼华	周三好			
编　　辑	李　君	匡庆华	周东波	陈立斐	赵安原
	张桂华	欧　盛	贺　勋	张　旭	周建辉
	杨铁军	桂胜利	苏翠华	文玉莲	高求志
摄　　影	赵道生				
初　　审	张松柏				
终　　审	郑增啟				

序　一

政协祁阳县委员会主席　郑增啟

祁阳是千年古邑，历史悠久，人杰地灵，文化底蕴深厚，因有浯溪而闻名，因有摩崖石刻而盛名。

浯溪摩崖石刻位于祁阳县城南部的湘水之滨。这里的摩崖水映山环、奇峰叠翠、奇石成趣、石树伴生，蔚为壮观。自唐朝以来，著名人物元结、颜真卿、黄庭坚、秦观、米芾、范成大、顾炎武、何绍基等均在此留题刻诗。唐至民国不同年代的诗文书法在浯溪荟萃，留下了"三绝碑"等 500 余方经典石刻，分布于摩崖、峿台北崖、东崖、石屏等 9 个区，形成了气势恢宏的石刻艺术景观。浯溪摩崖石刻内涵丰富，博大精深，蕴含深远史料，沉淀千年古学，背后还流传许多令人心荡神驰的故事，充满了神秘风趣的传奇色彩，为秀美的浯溪自然风景增加了深厚的人文内涵。浯溪摩崖石刻历时千百年，享誉海内外，成为神州大地一颗璀璨的文化明珠，为祁阳文化增添了无限神韵与魅力。

浯溪摩崖石刻历经千年风雨之侵蚀，还遭受日寇铁蹄之践踏，复经二十世纪五六十年代之损毁，尽管破坏较多，但仍然光芒万丈！这些摩崖石刻是研究和鉴赏我国史学、文学、文字学、书法的珍贵资料，是祖先留给祁阳人民的文化瑰宝，也是独特的旅游观赏资源，不可再生，无法替代。

而今县政协汇聚众人智慧，精心打磨编撰的《浯溪摩崖石刻》，正是一部传承祁阳文化精髓之力作。旨在见证祁阳历史，传承祁阳文化，打造祁阳名片，充分发挥文史资料社会功能，为高质量发展祁阳文化事业提供有价值的史料，达到以史资政的目的。同时，我们借此呼吁全社会爱护好、守护好浯溪摩崖石刻这一珍贵历史文化遗产，把祁阳文化发扬光大，使之生生不息，流传万代千秋！

是为序。

2020 年 11 月

序 二

祁阳县浯溪碑林风景名胜区（陶铸故居）管理处党委书记、主任 柏一秀

浯溪因石刻历史悠久、文化底蕴深厚而闻名，因历代名人荟萃而卓著，因景观容易激发文人的诗情画意而倍受青睐。"三绝碑"荣冠南国，盛誉中华。

唐广德元年（763）起，诗人元结两授道州刺史，五次过浯溪，"爱其胜异，遂家溪畔"，将无名小溪命名曰"浯溪"，并把中原皇室文化根植于浯溪，浯溪从此成为祁阳文脉，成为文人的圣地。

唐代宗大历六年（771），元结将所撰《大唐中兴颂》请好友、著名书法家颜真卿大字正书摩刻于浯溪一块巨大的崖壁之上，颂文与书法珠联璧合。后人以元颂文奇为一绝，颜书字奇为一绝，摩崖石奇为一绝，盛誉"摩崖三绝"，历代文人墨客纷至沓来，在此题留刻石，密布摩崖，字大的 2.5m，字小的如蝇头，集中保存了唐、宋、元、明、清及民国各个朝代文人墨客题留石刻 505 方。题留诗文大都围绕《大唐中兴颂》雄文而作，而题，而赋，而咏，对颂文的评论见智见仁。自此，文化在这里汇聚，文明在这里交流，思想在这里交融，情感在这里洋溢，篆、隶、楷、行、草诸体皆全，诗、词、赋、铭、颂、题、记、楹联俱备，群星灿烂，熠熠生辉。书法有钟鼎篆、悬针篆、玉箸篆，唐代颜真卿书《大唐中兴颂》可谓"鲁公遗墨此第一，冠冕百代书家师"。宋代有黄庭坚、米芾，明代有董其昌，清代有何绍基、吴大澂等各擅其美。诗词历代各有其代表，唐有中唐的"五言长城"刘长卿，古文化运动家皇甫湜，神童诗人郑谷，宋有"永嘉四灵"之首的徐明，"江湖派"诗人戴复古，"豪放派"词人张孝祥，"婉约派"词人李清照、秦少游，"田园派"的范成大、杨万里，元有郝经、杨维桢，明有唐瑶、解缙，清有"神韵派"王士禛，"摹古派"许虬，"性灵派"袁枚，"格调派"朱绮，"浙西词派"汤又曾等等，诗派如云，大将如林，真是"百代名臣金石宝，一溪明月水天秋"。凝聚潇湘，惠及华夏，香飘全球。

大凡走进浯溪，都有同一种感慨，恰似穿越时空，与前贤共享文化盛典，翱翔在浩瀚的历史文化宝库之中，阅千古雄文，观诗海词浪，诵华夏之神韵，养天地之浩气，崇文明之风范，如"零风沂浴"，看到的是"只留清气满乾坤"的人格魅力，读到的是"苟利国家生死以"的儒家意志，品味到的是"鞠躬尽瘁，死而后已"的人生价值，想象到的是"悟道践行"的奋斗目标，认识到的是诗人

"爱国爱家"的豪情壮志，更倍感前贤把浯溪这片无知无觉的顽石打造成人文精神的高地和圣地。尚有今日文化的朝圣，央视科教频道、综艺频道、旅游卫视和湖南卫视对浯溪石刻文化进行了全方位的连续报道。日本第七次汉诗爱好家访华团专程来浯溪，日本东京樱美大学、稻田大学将浯溪文化搬进大学课堂，日本《经济信息》报记者赴浯溪回国后，在该报副刊用《走，到浯溪去》为标题，全版刊登浯溪历史文化内容。德国丝绸之路访华团夜宿浯溪，澳大利亚游客络绎不绝，台湾东森电视台采用多媒体手段将浯溪文化搬进宝岛。国家书协原主席启功、沈鹏、张海，"中国榜书第一人"徐双喜都为浯溪挥毫泼墨题留，北京大学书法艺术研究院王岳川院长遍邀书法名人游浯溪，湖南大学、湘潭大学分批组织学生赴浯溪，视石刻为重点教学课堂。面对琳琅满目让人目不暇接的诗词和书法石刻，罕见的稀世文化瑰宝，他们无不感慨华夏文化的博大精深，无不感慨华夏文化的神奇魅力。这种魅力从来不会因地域的遥远或环境的艰苦而被遮盖、掩埋、湮灭，从而发出"得此登临真有幸！""闻道浯溪水亦香"的感慨。

大贤已往，民有去思，思其居处，思其文辞。自新中国成立，党和国家对浯溪摩崖石刻的保护十分重视，设立了浯溪文物管理处，1988 年国务院公布浯溪摩崖石刻为全国第三批重点文物保护单位，斥巨资修建基础设施，对石刻相继进行了危崖体的加固，石刻防风化科学保护等一系列工程，为千载文脉的传承奠定了基础。我们祖祖辈辈祁阳人更是将浯溪文化视为昌文重教、开启民智的启明之星，推动祁阳文明进步的原动力，提升文化素质的标杆。祁阳人民仰慕先贤，毅然在浯溪建起了元颜祠，缅怀纪念。在"破四旧、立四新"的时局下，浯溪石刻都未遭到破坏和损毁，这是祁阳人视石刻为生命的见证。长年累月守护石刻的浯溪人经受住了各种诱惑，淡泊名利，不计个人得失，不畏浮云遮望眼，以石当土扎根浯溪，以不负前贤、无愧后人的矢志，不负青春韶华，勇担文保使命。他们攀悬崖，除荆棘，在悬崖边为石刻安置遮檐盖帽，防雨雪浸蚀；合理引排山水，防止直接冲刷石刻；爬峭壁，清洗石刻表面青苔及污垢，降低石刻风化漫灭的速度；在湘江河岸边修筑堤坝，抵挡惊涛骇浪拍打石刻，不断改善保护石刻的生态环境；筑亭修阁提升游览条件，完善配套设施，将浯溪创建成国家 4A 级旅游景区、新潇湘八景、全国国防教育示范基地、湖南省未成年人教育示范基地、湖南省廉政文化教育基地、湖南省爱国主义教育基地。

变的是时间，不变的是情怀，千载文脉经千载春秋的洗礼，仍然焕发出璀璨的光芒，历史文化仍与现代文明相互辉映，历史文化的取向仍与当今社会主义核心价值观密不可分，融为一体，国家的重视，人民大众的喜爱，浯溪摩崖石刻必将"万古清流"。

2020 年 11 月

凡　例

一、《浯溪摩崖石刻》收录唐朝到民国历代题刻于浯溪摩崖的颂、铭、赋、记、诗词、楹联、题名和画图的现存石刻。

二、石刻分区排序，按重要性和石刻数量，将摩崖区列为第一区，其他依次为：峿台北崖区、东崖区、石屏区、曲屏区、唐亭区、右堂区、峿台区和浯洞区。

三、各区石刻排列，以朝代为序，并附编号、尺寸、原文。

四、凡石刻文字清晰者，释文从石刻。有石刻而文字残缺者，参考文献予以校补。文字模糊不清者，依文献著录；无文献著录的，能确认多少文字，就记载多少文字；查不出文字，能确定字数的记"□"，不能确定的打"……"；碑文既模糊又无文献著录者，原文从缺。

五、一个拓片上有两个或两个以上作品者，除原来编号外，不再重新编号，只作副碑处理。

六、凡石刻作者简介，能够查到资料者，尽量查实、补充；无法考证者，不作简介。

七、漫失石刻，根据历代文献和著录记载，本书仅作数量统计，不录诗文。

概　述

　　浯溪，是祁阳的瑰宝。拥有浯溪，是祁阳的骄傲。浯溪摩崖上题写的 505 方石刻，世称浯溪碑林，更是中华文化的瑰宝。浯溪摩崖石刻，唐开其端，宋增其制，明清赋其神韵，成为祁阳的珍贵名片，可谓神州少有，唯此为盛。

　　研究浯溪，弘扬浯溪，既是使命，更是时代发展的需要。前人研究浯溪，虽从不同角度出发，介绍、阐释了浯溪，但对浯溪石刻资料缺乏全面的收集和整理。为弘扬浯溪文化，发扬传统文化的独特魅力，并为浯溪研究者提供第一手资料，我们决定将浯溪石刻资料进行研究、整理，遂成此书。

　　书名为"浯溪摩崖石刻"还是"浯溪碑林"？颇有一番争议。二种观点，各有所长。就形态而言，浯溪是天然摩崖，诗文刻在天生的石头上，叫"浯溪摩崖石刻"，理所当然；国务院 1988 年批复浯溪摩崖石刻为全国第三批重点文物保护单位，更是权威认证。就数量和规模而言，叫"浯溪碑林"更为贴切。碑刻，大多是移动的活碑，碑多方能成林。国内与浯溪相似的，只有镇江的焦山碑林，由 80 余方摩崖石刻和征集的 400 多通活碑构成。权衡再三，我们将书名定为《浯溪摩崖石刻》，以展现浯溪文化的独特性。

　　浯溪发源于祁阳县茅竹镇三泉岭的双井，蜿蜒北流 2.5 公里，汇入湘江。

　　浯溪摩崖石刻，地处祁阳县城南部浯溪公园内，东临浯溪南路祁阳湘江大桥南端西侧，北临湘江。陆路驿道，湘江水路，南来北往，均取道祁阳，交通便捷。

　　浯溪是一处人间胜境。"楚山水之胜首潇湘，潇湘之胜首浯溪。"浯溪三峰临江，江碧溪明，危岩高耸，巉岩悬空，怪石林立，古木参天。浯溪的奇山奇水、奇石奇林、奇文奇字，山与溪，树与石，摩崖与文化，高度融合。天然美景与瑰丽诗文融汇一体，绽放出无限的魅力，使浯溪成为文人的精神栖息之地，孕育成浯溪文化。

　　浯溪是一本诗词文集。浯溪颂文耀中华。元结两刺道州，五过浯溪，把发达的中原文化带到浯溪，撰颂作铭，请名家磨石勒碑，把唐时尚属南蛮之地的祁阳引向文明，奠定了祁阳文化的基石，开启祁阳文脉。元结撰写的"七铭一颂"，首创浯溪石刻，尤其是千古雄文《大唐中兴颂》，"山高日升""地辟天开""刊此颂焉，何千万年！"何等气魄，何等胸怀！没有元结的钟爱，没有元结开创性的贡献，就没有大批文人的慕名而来。元结一呼，2000 多文人名流纷至沓来，黄庭坚、秦观、李清照、张耒、陈与义、杨万里、范成大、张孝祥、顾炎武、王夫之、徐霞客等吟诗作赋，题画写记，诗、词、赋、记、铭、颂、联，应有尽有，洋洋大观，以抒怀为快，以勒石为荣。

浯溪是一座书法宝库。浯溪颜书甲天下。颜真卿与元结意气相投，理念一致，心灵相通。63岁的颜真卿，书法达到鼎盛时期，他受好友元结之邀，亲临浯溪，浩然正气，齐聚笔端，正书直行《大唐中兴颂》，创下"鲁公遗墨此第一"的传世杰作。鲁公此书，奠定了浯溪在中国书法史上和中国石刻史上的崇高地位。可以这么说，如果元结请其他书法家来书写《大唐中兴颂》，浯溪未必这么有吸引力。雄文奇书，两相映照，才熠熠生辉。黄庭坚、米芾、柳应辰、董其昌、何绍基、吴大澂等国宝级书法大师慕名而来，一代代宗师、硕大无朋的真迹宝卷，一字儿排开，成为浯溪的一道亮丽风景。加上其他大家的翰墨，浯溪拥有名刻近200方，篆、隶、楷、行、草，诸体皆备，名家荟萃，形成一个永久性的诗展、书展圣殿，举世绝无仅有，堪称书法典范。

浯溪，是一颗文物明珠。浯溪摩崖石刻，存留大量的史料，是研究古典诗词、书法、文字、政治的第一手宝贵资料。许多优秀的诗文刻于摩崖，不少杰出官员的心迹流露于诗文，

他们情系黎民，心忧天下；清廉高洁，注重教化。浯溪石刻保存的遗迹，是考古研究的活资料。

浯溪是一部文化简史。浯溪文化自形成以来，一直滋养祁阳。浯溪是祁阳的文脉，祁阳文化的发祥地。元结开创浯溪之前，史上记载，祁阳少有文化名人。浯溪文化形成之后，浸润滋养祁阳，潜移默化，祁阳陆续涌现出一批批文化名人，如陶岳、陶弼、路振、邓球、陈大受、唐李杜等。两宋时期，祁阳有93人考上进士。明清时期，祁阳考中进士的人数占永州府一半以上。文化鼎盛，人才辈出。浯溪文化涵养的祁阳千年文脉，居功至伟。

为此，政协祁阳县委员会、文教卫体和文史委员会、浯溪碑林风景名胜区（陶铸故居）管理处组织人员，在桂多荪、杨仕衡等先生研究的成果上，倾力搜集、整理浯溪摩崖石刻资料，并以拓片为基础，结合溪志、县志，核对古刻本，着力展示石刻拓片和配以释文，力争将浯溪石刻全面、系统地展示在世人面前。

本书共分五章，主要包括浯溪概况、石刻分布、传奇故事、石刻保护、浯溪研究集锦等五部分，以介绍石刻拓片为核心，尊重史实，再现石刻文字的本来面目，为浯溪研究者提供第一手资料，为传扬浯溪诗文之美，展现浯溪文化光芒，尽一点绵薄之力。

目 录

第一章　浯溪概况

一、浯溪胜景

浯溪之胜，胜在山美、水美、石美、崖美、林美、溪美、文美、字美。山与溪相映，树与石相生，摩崖与诗文相融，孕育浯溪文化，晶莹璀璨；滋养祁阳文脉，恢弘阔达。

浯溪北临湘江，地高势爽；溪水穿越崖涧，滋林泽堂；溪清江碧，水跃浪扬。

浯溪临江一侧有三大摩崖，从东到西分别为虚怀崖、峿台崖、㟏亭崖。浯溪怪石嶙峋，湘清溪秀，苍崖绝壁，岿然突兀，与澄碧的湘江相映成趣。清代吴大澂《峿台铭》："湘江之水，自南而北流；衡山之脉，自北而南迤，奇峰怪石，错立于湘滨，若熊罴，若虎豹，若麟，若狮，若古柏之皮裂而莽缠。可惊，可愕，可图，可咏，舟行三百里不可殚述，峿台其最著也。"

浯溪石树相生，溪石相伴，江风林韵，景情相生。春则百花盛开，馨香满园；夏则绿树浓荫，蝉意绵绵；秋日红枫点缀，金菊竞妍；冬天苍松挺立，林雾腾烟。

浯溪摩崖石刻 505 方，绝大部分刻于天然摩崖之上，日晒雨淋，风吹露浸，历久弥新。自唐朝元结开创浯溪以来，文人名士、达官贵人，或道经浯溪，或慕名赏鉴，读碑识颂，运笔抒怀，吟诗作赋，磨石题刻，历经一千二百多年陆续题刻，使浯溪满山皆字，无石不诗，成为南国摩崖第一家、中国第六大碑林、第一大露天碑林。1988 年中华人民共和国国务院公布浯溪摩崖石刻为第三批全国重点文物保护单位。现为 AAAA 级风景名胜区、湖南省十大文化遗产、湖南新"潇湘八景"。

浯溪摩崖石刻为中国文学、书法、史学、文字学的研究和鉴赏保存了非常珍贵的资料。

浯溪全景图　　　　　　　　　　　　　　　　　　　　　　　　　　　　罗文锋摄

山拥水映

　　浯溪摩崖北临湘江，西接浯溪，两水交汇，清澈如镜，蜿蜒环抱，润泽山林，溪水淙淙，江水滔滔，与静谧的园林融汇一体，使高昂、凝滞的摩崖蕴涵着动感美、韵律美，让整个园林在波光潋滟中凌空起舞，倒影成趣，形成水面水底两重景，昼夜不息，四时迷人。尤其是春晨秋旦，雾笼江面，雾漫山林，飘飘欲仙，山在水里，水在山中，山水一色，宛若仙境。

　　浯溪之溪水，清澈见底，淙淙不绝，穿石过涧，浪花飞溅，在阳光的映照下，鳞光闪烁，熠熠生辉。溪声清脆悦耳，溪色清幽浅凉，溪光清新迷离，令人神往，使人陶醉。明曹来旬诗："水抱青山路，源通沧海渠。龙宫开玉闸，泻出碎琼琚。"故定名为"浯溪漱玉"，为浯溪胜景之首。

　　浯溪之深潭，于临江壁立的三峰脚下，湘水"碧深千寻"，宋杨万里《浯溪赋》曰"上则危石对立而欲落，下则深潭无底而正黑"，正是指此。

　　浯溪之浯池，清县令宋溶将百级阶梯西侧凹约60平方米的洼池命曰"浯池"，并定名为"浯池浴鹭"，为浯溪胜景之一。

　　浯溪之寒泉，在溪口之西，寒泉原有一股清冽泉水从石涧奔流而出，来往船夫可到此饮水。今虽干涸，但立于岩口，仍觉凉意习习。因稍微偏僻，游览者甚少。明代千佛阁下的湘滨，清黄中通榜书"寒泉"二字于崖壁，字径125厘米，并将元结原为衡阳石鼓寒泉所作《寒泉铭》书刻于壁西。

　　浯溪之湘江，唐元结《浯溪铭》和《峿台铭》称此："湘水一曲，渊洄傍山""湘渊清深，峿台峭峻，登临长望，无远不尽"。宋许永记："远眺晴碧，迩聆清濑，游鱼往来，文禽上下，殆非人世也。"浯溪临江壁立的三峰逶迤相连，成波浪形拱卫着浯溪园林，无论从哪一峰放眼湘江，都可激发"登高望远天地间，大江茫茫去不还"的豪迈气概。

奇峰叠翠

　　浯溪一溪三峰，石、泉、崖、洞俱佳。三峰即东峰、中峰、西峰，把浯溪的树林高高举起，使浯溪山林错落有致，峰峦冠盖，幽林拥翠。最高峰中峰，海拔 104.5 米。

　　浯溪的树林，因岩缝土质肥沃、溪江水绕滋润和南方温热的天气，再加上历代人工的培育，具有"高、大、古、密、茂"的特色。浯溪园内竹树种类繁多，大多为自然原生态，现存最古老的为宋樟，较典型的有抱石樟、空心樟、破石树、石心树、石面树、连枝树，还有在悬崖高处石缝往下生长的倒生树和江边溪畔的露根树，各具特色，四季常青，峰峦叠翠，极有观赏价值。

　　远望浯溪，满山皆树，与山体相应，高低错落，一片葱翠。江风吹拂，此起彼伏，节奏优雅，富有韵味。尤其是摩崖之上，虬枝旁逸，清风轻拂，枝叶摇曳，似点缀苍崖，更似嬉戏江水，现场为游人表演助兴。

　　浯溪胜境，全靠竹树掩映，美在朴素，美在自然，美在神韵！真可谓："凝流绿可染，积翠浮堪撷。览胜浯溪来，胜作瀛洲客。"浯溪小巧玲珑，天真烂漫，宛如画屏，堪称小家碧玉，有"小桂林"之称。

摩崖高耸

　　浯溪山崖，奇峰突兀，危崖高耸，雄伟壮观。浯溪岩石属沉积岩类，是在地表环境下由外力作用形成的一种次生岩石，即可溶性碳酸盐岩类的石灰岩，经风化剥蚀和雨水冲刷，地表呈峰林，地下成溶洞，形成典型的岩溶风貌。

　　浯溪摩崖临江壁立的三大摩崖，即虚怀崖、峿台崖、庼亭崖。苍崖石壁，依山而立，临水矗

立，岿然突兀，连绵 100 余米，最高处离地 30 余米，为摩崖刻石的天然场所。虚怀崖、唐亭崖因为下临深渊，尚未刻字，倘若搭建玻璃廊台，是绝佳景观。

浯溪最高峰中峰海拔才 104.5 米，但浯溪诸峰与湘江坡岸和周围山丘相比，却大有四野皆平地、峰崖直上云天的气势。崖上崖下，岩石形态奇特，有的像怒吼的雄狮，有的似飞跃的猛虎，有的如卧伏的老牛，有的如同搔首弄姿的小猴，有的若静卧的寿龟，千姿百态，生动奇特。每走几步，则是另一番景观，移步换景，涉趣状形。

奇石成趣

浯溪山奇，水奇，石更奇。其中最具典型的有：

一品石。宋书画家米芾游此，因爱而拜之，又名"米拜石"；其石四周多孔窍，一处烧火，孔孔生烟，仿佛中空，甚为奇特。

金音石。该石能敲出金属般的响声，相传元结曾在此自吟《清廉美曲》，遂定名"石韵金音"。

双排石。该石两石相排，因处在中峰崦台崖巨型石刻"圣寿万年"脚下的江边，乃定名"双石朝圣"。

除此还有龙脑石、龙珠石、钓台石、桥墩石、龟石、危石、石门，都是自然天成，妙趣横生，展现了浯溪石头的品位和神奇。

此外，因石灰岩含有化石的特点，浯溪诸峰的石面，留有不少奇妙的裂形、凹形，人称"仙妖足迹""吕仙剑划"和"元颜宸尊"，有不少美妙的神话故事，引人入胜。

浯溪的奇石造就浯洞，哺育树林，成就摩崖；奇石诱人刻字，汇成浯溪精神，滥觞为浯溪文化。这一片奇石与唐朝大文人元结的心灵多次发生碰撞，结下不解之缘，铸就千古绝唱，闪烁诗意的灵光。

石树伴生

　　浯溪石窝里挺立着大大小小的乔木，一直延伸到山脚，乃至悬崖峭壁。浯溪满山是石，遍山长树，三绝堂东北侧的石屏上，俨然屹立着几棵古樟。浯溪所有的石窝石缝里，只要有一点点泥土，就会长出树苗，然后慢慢长大。故而满山皆石，也满山皆树。远远看去，成千上万棵乔木，终年屹立于岩石之上，甚至摩崖之巅，四季常青，世代相承。浯溪的石头与树相生相伴，浯溪的石头因树林而焕发生机，增了灵气；浯溪的树林因石头而见顽强，多了魅力。

　　徜徉柳岸，细味碑林，仰视摩崖，低头沉吟，浯溪凭什么这么吸引人？

　　浯溪以摩崖而闻名，摩崖以岩石为根本，岩石以树林来映衬。石刻赋予岩石以文化底蕴，岩石赋予树林以顽强的生命力。摩崖美化了浯溪，浯溪滋润了树林，树林点缀了摩崖！浯溪石上的树林，不论环境，顽强生存，凭借一点点缝隙，一丝丝泥土，竟然生生不息，展现自己的风采，绽放自己的神韵。

双洞连环

浯洞，是浯溪另一个休闲的好去处。

浯洞位于虚怀崖下，有上下两洞，且双洞连环，静美清幽。但因人不能从中穿过，故大多数游人只知上洞，游上洞，而不知有下洞。

上洞呈"厂"字形，长约 11 米，宽 1.5~2 米，高 2~2.5 米。中间拐弯处，有窄道通向下洞，出口临江。夏秋至此，斜倚岩石，江风吹拂，胸爽背凉，逍遥忘返，甚为快意。洞内有榜书"孝""吾洞""浯洞"。

退出上洞，往上爬，至虚怀亭；沿江边下探 30 步，至下洞。

下洞较为隐蔽，知之者少，游览者更少，故无人题刻。入口呈椭圆形，洞宽 2~3 米，高 2~5 米，长 30 余米，亦呈"厂"字形，右上侧有斜坡，可上至江边，下距湘江最高水位 15 米，亦出口临江。

浯溪双洞，上下相通，内外连环，洞中有洞；洞外绿树环绕，江碧风柔，意境清幽。

浯溪是风流的，山也风流，水也风流，石也风流，过往于此的历代诗魂也是风流的。"举目情难抑，凝神兴更狂。潇湘文化灿，此地闪金光。"浯溪拥有自然本真的风流与潇洒，多少孤独的灵魂在这里找到了自我，把灵魂留在了浯溪。

二、石刻历史

元结结缘浯溪

唐代宗广德元年（763）九月，元结受命为道州刺史，十二月，自鄂州启程，次年五月中旬，第一次舟过浯溪，五月二十三日抵达道州就任。永泰元年（765）夏，元结罢守道州，赴湖南观察使治所衡阳述职，二过浯溪。时观察使为元结好友孟彦深（士源），以元结在道州救死扶伤，奏课为全治第一。大历元年（766）

春三月，元结奉命再任道州刺史，三过浯溪。同年冬，元结自道州诣长沙，计兵事，四过浯溪。大历二年（767）二月，元结自长沙还道州，泛湘江，逢春水，舟行不进，五过浯溪，作《欸乃曲》五首。每过一次，元结对浯溪的爱恋就增一分，直至定居浯溪，和逐渐创建举世闻名的浯溪摩崖石刻。

元结（719—772），字次山，号漫郎、漫叟、猗玕子、聱叟、浪士，原籍河南洛阳，后迁河南鲁山。

元结年少不羁，年十七，乃折节向学。天宝六年（747）应举落第后，归隐商余山，道家思想对元结影响深远。天宝十二年（753）进士及第。曾任尚书水部员外郎兼殿中侍御史、荆南节度判官。安禄山反，元结率族人避难猗玕洞（今湖北大冶境内），以亲老归樊上，著书自娱。史思明攻河阳，元结上时议三篇。帝悦，擢右金吾兵曹参军，摄监察御史。以讨贼功，迁监察御史。又进水部员外郎，佐荆南节度使吕諲拒贼。乾元二年（759），任山南东道节度使史翔幕参谋，招募义兵，抗击史思明叛军，保全十五城。大历七年（772），入朝京师，卒于长安，终年 53 岁。

元结有著作多部，均佚。现存的集子常见者有明郭勋刻本《唐元次山文集》、明陈继儒鉴定本《唐元次山文集》、淮南黄氏刊本《元次山集》。今人孙望校点有《元次山集》。元结所编诗选《箧中集》尚存。

元结为官清廉开明，爱护百姓，为诗注重反映现实和人民疾苦，所作《春陵行》《贼退示官吏》等，被受杜甫推崇。散文亦多涉及时政，风格古朴；诗歌主张为政治教化服务，要"极帝王理乱之道，系古人规讽之流"，能济世劝俗，补阙拾遗，"上感于上，下化于下"，反对当时诗坛"拘限声病，喜尚形似"（《箧中集序》）的不良风气，开新乐府运动之先声。如《春陵行》《贼退示官吏》，揭示了人民的饥寒交迫和皇家的征敛无度、变本加厉。《闵荒诗》《系乐府十二首》等也或规讽时政，或揭露时弊。除少数四言、骚体与七古、七绝外，主要是五言古风，质朴淳厚，颇具特色。但因过分否定声律词采，诗作有时不免过于质直，导致他创作上的局限性。元结的散文，不同流俗，特别是杂文体散文，值得重视，如《瓤论》《丐论》《处规》《出规》《恶圆》《恶曲》《时化》《世化》《自述》《订古》《七不如》等篇，以道家思想为武器，或直抒胸臆，或托物刺讥，都出于愤世嫉俗、忧道悯人，具有揭露人间伪诈、鞭挞黑暗现实的功能。其文章大抵短小精悍，笔锋犀利，绘形图像，逼真生动，发人深省。其他如书、论、序、表、状之类，均刻意求古，意气超拔，和当时文风不同。

元结钟爱浯溪，以"三吾"为浯溪命名。元结对祖国美好河山非常热爱，又善于发现其美。颜真卿评："君雅好山水，闻有胜绝，未尝不枉路登览而铭赞之。"这种情趣，在历代文人中，元结表现得最为突出。元结两任道州刺史，五次舟过祁阳，发现湘江边上这条无名小溪与湘水汇合处，三峰崛起，怪石嶙峋，嘉树葱茏，清幽秀峻，从此与浯溪结下了不解之缘。"爱其胜异，遂家溪畔"，并很有创见地以"吾"从"氵"、从"山"、从"广"，命溪曰"浯溪"、山曰"峿台"、顾曰"庼厅"，合称"三吾"。其命名立意非凡，影响深远。因"吾"是代词，浯溪，即我的小溪；峿台，即我的石台；庼厅，即我的庼厅。虽然元结说"旌吾独有"，实为"人皆得而吾之"，浯溪成为"天下公之"的"山川之胜"，故"次山私之，谁曰不宜"（吴大澂《峿台铭》评）。祁阳县城原名"三吾镇"，祁阳别称"三吾大地"，均源于此。

元结因酷爱浯溪，干脆寄寓于此，精心营造。大历元年（766），元结三过浯溪时，开始在浯溪寄寓营造。他对浯溪胜境的营造颇具匠心，在自然山水的基础上，随形相势，适当布局，展开各种不同意趣的景点，使之充满诗情画意。

其住宅叫中堂，是浯溪的中心，中堂坐南向北，以示忠于朝廷，不忘故土。

其客房叫右堂，是浯溪风光最幽美的区域。从中堂出元家坊过石门，下摩崖渡口，以此为中轴线，西以水优，东以石胜。西边浯溪，溪清江碧，溪口有钓台石、龙珠石，湘滨西峰有唐颁和螺旋磴道。溪北有溪园，溪上有石渠，溪两岸皆杨柳。东面峿台，或悬崖峭壁，或小峰如笋，亭台磴道，巧布其间，竹树藤萝，掩映其中。由百步阶梯直上，台上有窊尊亭，台南有曲屏，"之"字磴道蜿蜒其中；曲屏东有"峿台铭石"，西有"一品石"；台中为回廊，四周小峰，形成盆地，清幽宜人。

所有建筑皆为砖木结构或竹棚茅舍，简朴别致，充分体现了元结生活质朴、胸怀淡泊、忠和俭勤、端正高洁的品格特征。

元结在浯溪摩崖刻石，共有七篇铭文，一篇颂文，即"七铭一颂"。大历二年（767）四月刻《浯溪铭》，季康作玉箸篆。还从道州移刻《窊尊铭》。六月十五日刻《峿台铭》，瞿令问作悬针篆。大历三年（768）闰六月九日刻《唐颁铭》，袁滋作钟鼎篆。四月，次山调任容州刺史，加授容州都督充本管经略使，便将母、妻、子留在浯溪（次山《让容州表》"举家漂泊，寄在湖上。"湖上，指浯上），自己只身赴容州。他"深入猺峒，亲自抚谕，六旬而收复八州"。大历四年（769）四月，元结因母病逝，再上《让容州表》，奔丧回浯溪，在此守制三年。大历六年（771），继续在浯溪刻《中堂铭》《右堂铭》《东崖铭》，加上先前四铭，共为七铭。同年夏六月，元结还将他十年前所撰的《大唐中兴颂》，稍加修订，请大书法家颜真卿以大字正书摩刻于崖壁。

元结、颜真卿与《大唐中兴颂》

颜真卿（708—784），字清臣，别号应方，祖籍琅邪临沂（今山东费县），本籍京兆万年（今陕西西安），唐朝名臣、著名书法家。

颜真卿三岁丧父，由母亲殷夫人亲自教育。开元二十二年（734），颜真卿登进士第。开元二十四年（736），任校书郎。后历任监察御史、殿中侍御史。后因得罪权臣杨国忠，被贬为平原太守，世称"颜平原"。安史之乱时，颜真卿率义军对抗叛军。后至凤翔，被授为宪部尚书。唐代宗时官至吏部尚书、太子太师，封鲁郡公，人称"颜鲁公"。

兴元元年（784），被派遣晓谕叛将李希烈，叛将诱降，凛然拒贼，终被缢杀。他遇害后，嗣曹王李皋及三军将士皆为之痛哭。追赠司徒，谥号"文忠"。颜真卿一生刚正遭嫉，忠至灭身。

颜真卿在书学史上以"颜体"缔造了一个独特的书学境界。他的书法既以卓越的灵性系之，境界自然瑰丽；又以其坚强的魂魄铸之，境界自然雄健；还以其丰富的人生育之，境界自然阔大。在吐露风华的青年时代，颜真卿就向张旭请教"如何齐于古人"的问题。这是颜氏的书学心声，亦是颜氏高悬的鹄的。这位从小以黄土帚扫墙习字的颜氏苗裔，几乎一开始就站到了一个高耸的书学起点上。而在书学上鲲鹏展翅，则经过了几乎长达三四十年的历练，才稍成自己的面目与气候。继之又以数十年功力百般锤炼、充实，使得"颜体"形神兼具。其晚年犹求炉火纯青、出神入化的境界。"颜体"终于在书坛巍然屹立。正如范文澜在《中国通史简编》中所说："初唐的欧、虞、褚、薛，只是二王书体的继承人，盛唐的颜真卿，才是唐朝新书体的创造者。"其正楷端庄雄秀，结字由初唐的瘦长变为方形，方中见圆，具有向心力。用笔浑厚强劲，善用中锋笔法，饶有筋骨，亦有锋芒，一般横画略细，竖画、点、撇与捺略粗。这一书风，大气磅礴，多力筋骨，具有盛唐的气象。与赵孟頫、柳公权、欧阳询并称为"楷书四大家"，又与柳公权并称"颜柳"，被称为"颜筋柳骨"。后世学习者极多，有"学书当学颜"之说。

颜真卿的行书气势遒劲，结构沉着，真情流露，点画飞扬，创"颜体"行书，在王派之后为行草书开一生面，对后世影响很大。颜真卿的行书遒劲郁勃，这种风格也体现了唐帝国繁盛的风度，并与他高尚的人格契合，是书法美与人格美完美结合的典例，被后世誉为"天下第二行书"。

元结与颜真卿，深交几十年，心灵相通，意气相融，诗文与书艺合一，造就了奇伟的中兴碑。

元结是唐代古文运动有力的先行者，颜真卿是唐代书法革新的首倡者，两人又同是平定"安史之乱"的中兴功臣。

元结比颜真卿小11岁，两人在青年时期就结为忘年之交、道义之交，交谊甚洽。《颜真卿集》前言凌家民称："平生与颜真卿有文字往还的著名文人有李白、岑参、元结等。"又朱关田《颜真卿年表》称："在饶州，鲁山县人元结，自湖北大冶猗玗洞迁居江州瀼溪，颜真卿与之游预，且规其苟戏，结为忘年之交。"

唐代宗广德二年（764）三月，颜真卿晋爵鲁郡开国公，治河南鲁山，正是元结故乡，这就更为加深了两人的友谊。

唐大历六年（771）闰三月，颜真卿罢抚州刺史，居江西临川，元结守母丧退隐浯溪。六月，元结将上元二年（761）秋八月任水部员外郎兼殿中侍御史、荆南节度判官，领兵镇守九江时所撰《大唐中兴颂》特邀颜真卿合议、增补、定稿，颜真卿正好从江西抚州刺史卸任北归，特意绕道来到浯溪看望元结，并以大字正楷举臂书丹，刻于浯溪崖壁。二人合作撰书此颂，自是珠联璧合，又最具权威。从此，《大唐中兴颂》遂成浯溪胜景和浯溪石刻中心，是浯溪千年胜境的重中之重。

唐大历七年夏四月，元结病逝，颜真卿为元结撰书《表墓碑铭》，极赞其"忠烈义激""文武直清"的品德和抗击史思明叛军的义举，以及清廉明察的惠政及其文学成就，并自称："真卿不敏，常忝次山风义之末，尚存蠢往，敢废无愧之辞！"实在是情深义重。

摩崖三绝浅释

　　《大唐中兴颂》石刻高 3.1 米，宽 3.2 米，直行左书，共 21 行，332 字，字径 15 厘米，因文绝、字绝、石绝，而世称"摩崖三绝"。摩崖三绝有多种说法，我们侧重于这种说法，下面予以浅析。

　　先说"文绝"。《大唐中兴颂》是元结有代表性的作品。文体上采用三句一韵的手法，类似秦石刻的体制，风格雄伟刚峻。同时又以序引颂，开始是作者介绍，下面是正文。正文前面是序，用散文体写，词语朴素明畅。仅用 45 个字就把"安史之乱"的起因、经过和结果进行了高度概括。接着作者发表感慨："于戏！前代帝王，有盛德大业者，必见于歌颂。若今歌颂大业，刻之金石，非老于文学，其谁宜为？颂曰"，下面就是颂文。颂是韵文，四个字一句，三句话一韵，全颂十五韵，全是平韵。共分五层，每层的韵数多少不齐，完全服从内容的需要：首层三韵，叙"安史之乱"的因果；次层四韵，叙平乱中兴经过；三层二韵，赞唐中兴；四层也只二韵，褒忠贬奸；末层四韵，叙作颂刻石的动机和目的。颂文"以史为鉴，端严正气"，即以"安史之乱"为借鉴，痛玄宗重色昏庸，恨孽臣奸骄毒乱，赞肃宗盛德之兴，喜群生万福是膺，表元、颜忠肝义胆，可传千古，可寿名山。其实，元、颜二公早有远见："刊此颂焉，何千万年！"这颂文最末一句，足已表明"呜呼！是二公者，皆千载人也"（宋许永《颜元祠堂记》）。

　　再说"字绝"。颜真卿书写的《大唐中兴颂》，就充分显示了颜字的特点：碑是楷书，却吸收了北碑古籀之精华，渗入了篆隶之笔意；行笔用篆法，即中锋，一横一竖，力透纸背，能扛巨鼎；出笔用隶法，即藏锋，撇、捺、勾、勒，力送笔外，能挽千钧；字形方严正大，结构紧密，笔画平直，气势壮阔，韵味浑厚，无弱笔，无危势，比不倒，看不厌。

　　碑中简体字不少，更体现了颜氏书法革新的意味。全幅 332 字，自创简体字 11 个，除了调节笔画的疏密，追求同形字的多变，如 4 个"国"字、3 个"万"字都有不同的写法，还创造出特定的意境，更添颂文的气势，如"戎卒前驱"的"驱"，右旁写成"丘"，意在戎马依山丘挺进，所向无敌，真是立意非凡。至于书写行顺，一反自右至左的常规，而为自左至右书写，实为举笔书丹上石，为不挡视线的方便所采取的新创举。

　　石刻全篇布局充实茂密而又开阔雄壮，字里行间洋溢着长风忽起、巨浪翻滚的气势，字大撑格，正面视人，表现出作者戎马疆场的情怀；标题、序颂，分段提行，精心设计，摆布恰当。文中遇"天、皇"字样，空格抬头，以表敬意，更得自然透气之妙趣，又增章法之完美。如此巨幅杰作，表现了大将军胸怀之博大，技艺之高超，功力之非凡。

　　浯溪摩崖石刻《大唐中兴颂》是颜真卿 63 岁时所书，实为颜体最成熟、颜氏生平最得意的唯一一幅巨幅杰作。石刻采用中锋和圆笔，笔力遒劲雄健，珠圆玉润，通篇豪放开张，气度恢宏，既有汉隶的雄放洒脱、浑厚深沉之感，又不失魏晋的庄严肃穆、古朴圆浑，可谓神完气足。其书流动而又刚健的运笔，秀丽而又圆润的点画，落落大方而又平整坚实的结构，形成质朴雄强的气势，有如一曲刚劲有力的正气之歌，显示出作者"立朝正色，刚而有礼"的风度，实令人百看不厌、余味无穷而又感慨万千！唐以后历代书家无不为之倾倒，可谓"丰碑读一过，百拜不能休"（清钱邦芑诗）。宋黄庭坚诗："平生半世看墨本，摩挲石刻鬓成丝。"元郝经赞："矻于超出二王笔，冠冕百代书家师。"清何绍基诗："归舟十次经浯溪，两番手拓中兴碑。"清叶观国诗："李唐碑板如云垂，浯溪片石尤瑰奇。鲁公遗墨此第一，评家自审非谬欺。"

　　最后说"石绝"。浯溪三峰壁立，摩崖临江如削，"高二百余尺"，雄伟壮丽，且石色清润，质理坚细，宋诗人杨万里说它："下则深潭无底而正黑，上则危石对立而欲落，飞鸟过之，不敢立足。"元结在颂文末尾也说："湘江东西，中直浯溪，石崖天齐。可磨可镌，刊此颂焉，何千万年！"这高、大、陡、险的天然巨石，正是摩崖刻石所在，确实称得上"石绝"。

中国的"三绝碑"虽有多处，但从年代之古、碑面之大、字数之多、书艺之妙、文章之奇以及现状之完整诸方面综合比较，浯溪"摩崖三绝"堪称全国现存"三绝碑"之冠，饮誉中外。

广西柳州柳侯祠的"荔子碑"，因韩诗、苏书、柳事称"三绝"；湖南郴州苏仙岭"三绝碑"，是秦观词、苏轼跋、米芾书。这两碑都是宋代的，比之年代晚，而且碑面很小。

江苏扬州博物馆的"三绝碑"，是李白诗、吴道子画、颜真卿书；四川成都蜀丞相诸葛亮武侯祠堂碑是裴度文、柳公权字、名匠刻石，也世称"三绝"。这两块碑，虽是唐代名人之作，但碑面不大，而且成都武侯祠堂碑刻石的时间是唐宪宗元和四年（809），比唐大历六年（771）浯溪刻的《大唐中兴颂》碑晚38年。

就拿《大唐中兴颂》碑本身来说，江西庐山有，四川剑阁也有，但那都是唐以后从浯溪翻刻去的，而且现在保存还很不完整。所以，浯溪"摩崖三绝"为全国现存"三绝碑"之冠，是有比较有鉴别的。1989年11月19日《光明日报文摘报》发表的文章予以认可，文章标题是《我国三绝碑不止四处，浯溪摩崖三绝更奇》。

明代永州太守曹来旬就如此赞扬："元颂云烟霭，颜书金玉辉。山川无秀丽，天下看来稀。"其赞中肯，并非过誉。

清同治元年（1862），永州知府杨翰重修"三绝堂"时，在《大唐中兴颂》两旁，集"中兴颂"的颜体字，撰刻了一副大方石柱楹联称："地辟天开，其文独立；山高水大，此石不磨。"何等气派！

元颜合创的《大唐中兴颂》摩崖石刻，是浯溪的魂魄，吸引历代无数文人名流前来膜拜，游踵接踵，运笔抒怀，吟诗作赋，打碑刻石，从而使浯溪满山皆字，无石不诗。真是"溪山留胜迹，文字结奇缘"，千年文脉，凝聚浯溪，孕育祁阳，惠及潇湘，香飘全球。

名人云集题刻

"地以人传，兹山之幸矣！"（吴大澂《峿台铭》）浯溪经元结寄寓营造，特别是有了元、颜石刻，在艺术、文学、历史上有着重大的价值。千百年来，吸引历代名人纷至沓来，览胜留题，并传下许多艺林佳话和美妙故事，成就了我国江南书法石刻宝库、文学艺术殿堂和历史资料档案库。唐朝以来的历代文人、名流大都以在浯溪题咏留刻为荣。初步统计，有2000多人写过吟咏浯溪的诗文，有150多人在浯溪题名留念。

从题刻实据中查考，历代来游览的，以贬谪或调官两广过此的为数最多；也有按刑、理财、用兵行部过此的；有邑令、郡官、省官或督政或视学过此的；还有避乱过此的；佛道云游过此的；更有慕名专访的学者，或未亲来，作诗由别人代书上石的。从官职看，有文臣也有武将。文臣上至宰相，下至邑佐，有状元、进士、举人，也有清官、能吏，还有著名的佛徒、道人、阴阳生。

历代览胜浯溪的人中，著名的有：唐代元结、颜真卿、刘长卿、皇甫湜、郑谷、李谅、王邕、韦辞、韦瓘、杜杰、杜例、李行修、房鲁、卢钧、马植、蔡京等；宋代王禹偁、黄庭坚、秦观、张耒、潘大临、陈与义、米芾、邹浩、杨万里、范成大、张孝祥、张栻、邢恕、汪藻、王安中、王炎、徐照、狄青、白玉蟾、洪惠等；元代郝经、杨维桢、宋渤、姚燧、马祖常、傅若金等；明代解缙、沈周、杨廉、茅瑞徵、董其昌、顾炎武、王夫之、张同敞、徐霞客、杨芳、王锡爵等；清代潘耒、陈大受、旷敏本、袁枚、钱沣、阮元、邓显鹤、祁寯藻、程恩泽、沈道宽、何绍基、杨翰、杨季鸾、吴大澂等。还有越南使者6人。

他们有的初来一游，就表达了自己依依不舍的痴情。如明高歧《浯溪》诗："爱此迟去辙，此意白云知。"清邓显鹤《游浯溪》诗："剩欲维舟十日留，但恐山林嗔恶客！"

有的一游就一住多日，留刻多处。如清瞿中溶《游浯溪宿中宫寺》诗："何幸我来三日住，公然清兴继前贤。"清黄本骐《读浯溪摩崖碑》诗："我来三日卧碑底。"

有的游一次情未了，便决定下次再来。如明王锡爵《寻元次山宅》诗："寄语赏心客，明年还复来！"

有的游了又重游。如宋范成大、陈从古，明陈斗，清钱沣等都有《重游浯溪》诗。清袁枚《宓尊歌》句："我昔来游美少年，我今来游忽老丑。"

有的多次览胜，每次相隔时间一样长。宋方信孺，"三丑"访浯溪（绍熙癸丑、开禧乙丑、嘉定丁丑），他三次因公务到访浯溪，恰好每次相隔12年，可谓奇事。

有的多次来游，甚至达八次、十次的，如清黄而辉诗："水宿淹旬月，扁舟重往来。"李莳诗："料理烟霞诚不易，儿童应识我频来。"黄中通《忆浯溪》诗序："余浪游永阳，四历寒暑，八渡浯溪。"何绍基诗："归舟十次经浯溪，两番手拓中兴碑。"王榘诗："十有八年株守此溪侧，数一百遍摩挲元公祠。"

也有的渴望一游而不能至，无限神驰向往，则题诗题情。如宋女词人李清照，没来浯溪，却写了两首诗。清王士禛（渔洋山人）也没来过浯溪，杨瑞诗："渔洋嗜古近所无，可惜游踪不到此。"但他广搜遐撷，重辑《浯溪考原》上下卷，成了浯溪的功臣。

更有游了浯溪竟想在此定居的。如清祁寯藻诗："会须薙草辟书堂，况有祁山我同姓？"清王世淑诗："他日消除尘俗债，全家移入画图中。"

清代永州知府杨翰则全家落籍浯溪。

杨翰（1812—1879），原名汝栋，字伯飞，一字海琴，号樗盒，别号息柯居士。原籍北平，自称督亢或上谷人。道光二十四年（1844）进士，入翰林院八年。咸丰八年（1858），任永州知府达七年之久。杨翰是诗人、书画家，还是著名的鉴赏家。他于同治元年（1862）春，修复浯溪元颜祠、三绝堂、唐亭、胜异亭、宝篆亭、揽翠亭等胜迹，同时自费于元颜祠畔元结旧址建"息柯别墅"，一楹五间，其中分"浯上草堂""溪园精舍""贞曜草堂"等。"贞曜草堂"是何绍基篆额，余则杨翰自题。杨翰退休后，全家落籍浯溪。后来，杨翰与母亲都葬在浯溪，后裔在浯溪繁衍。其孙杨少白也善诗画，常陪同游人浯溪览胜，热情导游。当年为杨翰带马的两个杨姓，也在此落籍。现在浯溪村杨姓已繁衍到第6代，达二百多人。

凡到过浯溪的人，都有"得此登临真有幸"之同感，欣然命笔，都想在此留诗刻石。宋代黄庭坚诗："春风吹船著浯溪，扶藜上读中兴碑。平生半世看墨本，摩挲石刻鬓成丝。"明代曹来旬诗："元颂云烟霭，颜书金玉辉。山川无秀丽，天下看来稀。"清何绍基诗："归舟十次经浯溪，两番手拓中兴碑。"清代越南使郑怀德诗："莫教尘藓污，留照往来情。"清代王士禛赞："楚山水之胜首潇湘，潇湘之胜首浯溪。"历来如此，当今中外游客尤其赞口不绝。1991年11月，著名美学家王朝闻先生专访浯溪，整整看了两天，老先生如痴如醉，坐在石上连声赞叹："啊！太美了！真是太美了！"他激情挥毫题词："浯溪摩崖石刻为唐以来书艺重点文物，倘若以精拓为依据而制版印行，这不仅有利书艺之普及，也有助于文化素养之提高，给文化建设提供必要的贡献。"1986年9月，日本第七次汉诗爱好家访华团游览浯溪归国后，山田杉子女士用中文来信说："浯溪风景最好，特别是见到颜真卿写的碑，真是至死也忘不了，我们还将重游浯溪。"同时，还寄来一张彩照，石川忠久（日本汉文教育学会会长，樱美林大学教授）在大学讲台上，一手拿着《浯溪导游》小册，一手指着中华人民共和国地图向学生讲课，情真意切，令人感动。1997年7月，日本经济新闻报社编辑、记者专访浯溪后，寄来一期7月27日《日本经济新闻》报，竟用了二分之一的版面，刊登两张巨幅照片和一篇长达2000多字的文章，宣扬浯溪摩崖石刻。

2004年11月，浯溪被评为百姓喜爱的"湖南百景"。2005年1月，被公布为"湖南十大文化遗产"。

浯溪史志及研究专著

浯溪自唐以来，金石收藏家就意识到将浯溪资料留存于世的重要性，粗略统计，有30余种史志或专著记载浯溪的碑刻情况。但今可见者，研究价值大的只有王士祯溪考和宋溶溪志。王考精而太简；宋志详而著录不依碑石、不记刻石岁月，大都无考，考亦不甚精确，且乾隆以后石刻均未收录。

据《广湖南考古略》，唐代已有溪志，但不知谁纂。今可考者有下列16种：

宋中宫寺僧景万《浯溪集》（廿一卷，洪景卢序）（1041年）。

宋邑令李仁刚《浯溪集》（绍兴间刻）（1052年）。

宋欧阳修《集古录》收集了浯溪碑刻。

宋赵明诚《金石录》记载了浯溪石刻。

南宋邑令侍其光祖《浯溪石刻》（绍兴间刻）（1164年）。

明邑人陈斗《订补浯溪集》（上、下）（1551年），现存台北台湾图书馆。

明祁王朱禋鈺《三吾小志》（1638年）。

明邑令刘明遇《浯溪志》（明亡，未成）（1643年）。

清邑令王颐聘钱邦芑、黄犹龙修《浯溪志》（1670年）。

清王士祯《浯溪考》（上、下）（1703年）。

清宋溶《浯溪新志》（邑人邓献璋纂，家藏钞本）（1770年）。

清廖敏得《浯溪石刻》《浯溪石刻续集》。

清黄用中《浯上诗钞》。

清奉天吴大镕《浯溪志》十五卷。

民国邑人黄乔《浯溪尚友录》（上、下），此实李馥《祁阳县新志》的《浯溪志》。

民国高镜《浯溪指南》（1937年5月）。

中华人民共和国成立后，对浯溪的研究日益重视，有识之士从不同视角进行编纂，共有14种：

《浯溪导游》湖南美术出版社（1987年2月）。

桂多荪等《浯溪碑林》（1992年10月）。

曾凡夫《浯溪研究集》（1994年4月）。

蒋炼、蒋民主《浯溪诗文选》（2001年8月）。

桂多荪《浯溪志》（2004年12月）。

杨仕衡《浯溪解读》（2006 年 9 月）。

杨仕衡等《湖湘碑刻（浯溪卷）》（2009 年 4 月）。

桂砺锋《元结·浯溪·永州》（2010 年 12 月）。

蒋炼、蒋民主《浯溪摩崖诗文选注》（2015 年 1 月）。

张泽槐《越南使者咏浯溪诗文选注》（2015 年 10 月）。

杨仕衡《情系浯溪》（2017 年 1 月）。

黄承先等《祁阳古今雕塑精华》（2018 年 4 月）。

伍锡学《浯溪水亦香——当代诗人咏浯溪》（2018 年 12 月）。

1993 年版《祁阳县志》和祁阳文史第十五辑《祁阳文化志》（2004 年 1 月）均设有浯溪专卷。

历代祁阳县志亦有溪志，并有溪图和图说。祁阳县志可考者，明有成化宁良、嘉靖邓球二志；清有康熙王颐（1669）、王霭（1680），雍正王式涫（1735），乾隆李莳（1765），嘉庆万在衡（1812），同治陈玉祥（1870） 六志。清康熙、乾隆、嘉庆、同治四个版本祁阳县志，均有浯溪专卷。这些县志皆“后因于前，述而不作”；其溪志亦只述列胜景，抄录诗文，且多谬误。民国邑人李馥私修《祁阳县新志》（1919）中，实无溪志。

历代浯溪图有：宋成权浯溪图（黄庭坚题《浯溪图诗》）；南宋《浯溪造极图》（折彦质《浯溪造极图诗》）；明董其昌《浯溪图》（明杨芳诗《董太史写浯溪图诗见寄赋答》）；清李莳《浯溪图诗序》；清王蓬心永州画册八幅之一：《浯溪图》（何绍基跋）。现存只有清乾隆宋溶《浯溪新志》和清同治陈玉祥《祁阳县志》中绘制的《浯溪胜景图》。

上世纪九十年代，杨仕衡先生绘制了《浯溪摩崖石刻分布图》。

三、浯溪文化

浯溪摩崖石刻源远流长，孕育了深厚的浯溪文化。

唐代宗广德元年（763），元结出任道州刺史，五过浯溪，“爱其胜异，遂家溪畔”。他在浯溪筑室修台，命名了浯溪、峿台、㾷庼，合称三吾，创作了《浯溪铭》《峿台铭》《㾷庼铭》并付之摩崖，这是浯溪最早的三块诗碑，大大增加了浯溪文化的品格。特别是元结将《大唐中兴颂》请著名书法家颜真卿手书并刻在浯溪摩崖之后，更是有了“摩崖三绝”，即文绝、字绝、石绝，使浯溪声名鹊起，有“浯溪胜境，雄冠三湘”之称，进而逐渐形成了举世闻名的浯溪摩崖石刻，即浯溪文化。

浯溪摩崖石刻现存 505 方石刻，以诗词为主，赋、铭、颂、题记、联语齐备。其中颂文 3 方，铭文 12 方，赋记 8 方，诗词 255 方（计 400 多首，因为一方石刻一般只刻诗 1 首，但也有刻 2~4 首，最多的刻诗 12 首的），联语 5 副（计 10 方），题名 175 方，序 1 方，画 2 方，榜书、路标和警示石刻共 39 方。其中字迹漫漶难辨的都有文字记载，可助细读原碑。

颂文大胆革新

浯溪摩崖石刻有颂文三篇，即《大唐中兴颂》《大宋中兴颂》和《大明中兴颂》。其中《大宋中兴颂》因刻在峿台北崖区的最低崖脚上，长期受洪水冲刷，早在明代就腐蚀剥落严重，只剩部分模糊字迹，且碑面又被明代重刻了诗文，故此颂鲜为人知，原文也未发现有记载。据清陆增祥《八琼室金石补正》所记："宋孝宗乾道二年口口判官兼提举学事赵不息撰《大宋中兴颂》，约九百余字；口口判官兼提举学事赵公硕书。正书，直行，自右左行。"

《大明中兴颂》书法殊无可取，颂文亦有"效颦""续貂"之讥。此颂作于万历三年（1575），却颂非所应颂。前段以世宗为比，"乃定郊庙，尊上考妣""威加漠北，款纳交趾""享国久长，赖及万方"等等，反多实指。后段颂神宗时，则完全宣扬封建迷信，如天命、帝星诸说，显然是颂错了。颂"帝星所临，受命自兴"，也还罢了；颂"元辅良臣，后先相望"，也只"实生帝乡"，偏不颂改革！其中"孝奉两官""逊志于学"虽可颂，与中兴何关？并且"逊志于学"，实颂"师臣惟帝"，只以自炫。神宗反不如世宗！

因此，三颂之中，犹以元结《大唐中兴颂》的文学价值最高。元结是唐代古文运动的急先锋（池文斓说他是"有力的先行者"），其《大唐中兴颂》是他的文学革新的典范创作。如"序"不用韵文而用散文，且用字极少，却把复杂的内容，说得极明白又极深刻。几个动词谓语的运用，更是精妙。从"陷—陷"到"幸—即位"，再到"移军—复—还"，就把敌我进退、胜负，从乱到平的经过，记叙清楚了。从几个名词主语的变换看："天子"成了"上皇"，"太子"成了"皇帝"，就把玄宗、肃宗父子间的权位变化，交代清楚了：并且把"安史之乱"这个封建统治阶级内部的皇位争夺，在异姓君臣间的争夺中包含着的同姓父子间的皇位争夺这个历史本质、阶级本质揭露出来了。不管元结当时主观上有无此种认识，客观上、事实上都已明白地摆在人们面前。说他写得明白又极深刻，就在这里。"颂"是韵文，内容和形式上都大破陈规，大胆革新。从内容看，不一味谀颂，而是有颂有讥，名颂实讥。从形式看，不用偶句、四句一韵，而是三句一韵；不是一段一韵，而是依内容需要，各段韵数多少不等；不求每段平仄间韵，而是全颂平韵到底；一句之中，更不追求平仄相错，也不讲究对仗；全颂不饰词藻，不用典故。同时，颂文的大气与浯溪摩崖的壮观景象，融合贴切，浑然天成。总之，此颂符合历史唯物主义文风。

诗词意蕴丰富

浯溪摩崖石刻内容以诗词为主，现有诗词400多首，这是浯溪摩崖石刻与国内其他碑林不一样的地方。至于诗词作家，历代亦各有其代表，灿烂争春。如唐有"开中唐面目"的"五言长城"刘长卿，古文运动家皇甫湜，神童诗人郑谷，以及李谅、王邕等。宋有"江西诗派"之首领黄庭坚，"永嘉四灵"之首领徐照，"江湖派"戴复古，"豪放派"词人张孝祥，"婉约派"词人秦观；南宋中兴四大诗人之一的范成大，理学家张栻、吴儆，其他如臧辛伯、吴潜、夏倪、邢恕、王安中、王炎、王叔瞻、杨冀等皆是名家。还有佚名氏的："两朝功罪乾坤定，二子文书日月光。""相逢不用攀贱贵，四面青山俱照人。"

元代有杨维祯、郝经、宋渤、姚黻；明有唐瑶、茅瑞徵、解缙、王昌及晚明爱国诗人顾炎武、王夫之、张同敞、沈周、董其昌、周用、杨廉、顾王遴等；清代则有"神韵派"创始人王士祯，"浙西词派"汤右曾、曹贞吉、蒋景祁，"摹古派"许虬，"明诗派"胡天游，"宋词派"阮元、程恩泽，"性灵派"袁枚，"格调派"朱琦，"太白派"张九钺等等，可谓诗派如云，大将如林。

无产阶级革命家陶铸，深受浯溪文化的熏陶，其诗大气磅礴，气壮山河。他在《东风》中写道："东风吹暖碧潇湘，闻道浯溪水亦香。最忆故园秋色里，满山红叶艳惊霜。"抒发了对家乡浓厚的感情。《赠曾志》则说"如烟往事俱忘却，心底无私天地宽。"这是他无私灵魂的真实写照。

书法淋漓尽致

浯溪摩崖石刻，不仅是璀璨的文学艺术殿堂，也是罕见的书法宝库。

浯溪摩崖石刻清晰可辨的书体，篆、隶、楷、行、草各种书体皆全，大师作品颇丰，荟萃了唐以来的历代名家，其中篆书24方，隶书12方，楷书320方，行书128方，草书14方，异体6方，"夬"符1方。"二王体"有李谅、韦瓘；"褚体"有皇甫湜；篆书有季康的"玉箸篆"、袁滋的"钟鼎篆"、瞿令问的"悬针篆"及李阳冰的《中堂铭》。宋代有"黄体"创始人黄庭坚，还有陈从古、李若虚、邢恕；"米体"创始人米芾，还有张孝祥、吴潜、范成大；此外，有"二王体"秦观、陈与义、汪藻，"欧体"有易祓，"魏碑体"有邹浩、曾焕，"八分体"有沈绅。元、明、清三代继承各体的名家之作也不少，如明有王锡爵、沈周、曹来旬、许岳；清有王士祯、袁枚、计宗鲁、王宸、瞿中溶、李中翰、钱沣、何绍基、杨翰、陈琼、祁嶲藻、吴大澂、周志勋、阮元等各擅其美。

篆体24方，最著名的是唐元结"三铭"和清吴大澂"新三铭"，还有宋徐大节榜书"浯溪"二字。元结《浯溪铭》是季康书玉箸篆，清钱邦芑《搜访浯溪古迹记》说："溪铭石面凸凹，字亦大小、长短、横斜不一，别有风韵。"宋黄庭坚《题浯溪崖壁》赞："笔画深稳，优于《峿台铭》也。"元结《峿台铭》是瞿令问书悬针篆，宋欧阳修在《集古录》跋说："右斯人之作，非好古者不知为可爱也。"今故宫博物院施安昌《唐代石刻篆文》说："布局绵密，每字竖笔特长，收笔尖细，状如针锥；凡折笔内收或外展，自成法则。这种极有特色的书体，给人以劲利豪爽、俊丽挺拔的感觉，似从三国吴的《天玺纪功碑》脱出。这种篆法称为'悬针篆'。"元结《峿阮铭》为袁滋书钟鼎篆。清宋溶《修复浯溪记》赞为"笔法遒古"，即《唐书》所谓"雅有古法"。宋黄庭坚《答浯溪长老新公书》说："滋，唐相也，他处未尝见篆文，此独有之，可贵也。"施安昌《唐代石刻篆文》说："笔意淳古自然，章法茂密而错落有致，有金文之古丽。"清吴大澂书写的"浯溪""峿台""唐亭"三铭皆为篆书，纯熟精练，深厚丰润，参以古籀，更有秦诏版笔意。宋徐大节榜书"浯溪"二篆字，极为浑朴端庄，圆润雄强。

隶书12方，最著名的是明代龙津（黄焯）榜书"雩风沂浴"四字，用笔圆转厚重，结构茂密方正，气势朴拙雄强。

楷书和行书共449方，这里就历代最有影响、最有代表性的唐颜真卿，宋黄庭坚、米芾，明董其昌，清何绍基的代表作品进行简略评价：

颜真卿大字正书的《大唐中兴颂》，是颜体最成熟、颜氏生平最得意的唯一一件巨幅杰作，堪称颜氏翰墨之高峰，不仅是"鲁公遗墨此第一""冠冕百代书家师"。唐代在颜真卿以前，书宗王羲之、王献之，书风秀媚，这种书风已不符合盛唐的审美需求。颜真卿上追秦汉，承绪魏晋，取法民间书韵而终成一格，创立"颜体"，一改"二王"书风的飘逸秀美，以雍容伟壮、雄浑朴厚、气势磅礴的盛唐气象而开一代新风，最终确定了唐楷的法度，影响直至现代。在浯溪石刻中，如唐代卢钧，宋代黄庭坚、柳应辰、许昂，清代何绍基、陈璘、欧阳泽闿、钱南园等很多名家都是学颜体的。

黄庭坚《题摩崖碑后》的书法特色是新俏瘦硬、清雄雅健。具体表现：一是用笔欹侧。即横画倾侧很大，竖画虬曲不正，字的各部分以相乖或相应的歪斜之形作配合，笔画有篆意，长笔画波势明显，给人以峻拔奇险的感觉。二是采用中宫敛结、长笔四展的所谓"辐射式"的结构。这种结字方法，突破了晋唐楷书方正调匀的外形，结字中宫紧集，让长笔画向四面展开，以特疏与特密做巧妙对比，在豪宕中流露韵趣，结合潇洒的笔势，显示出俊挺英杰的风神。这是黄庭坚用古人的结构原则自创的字形，世称"黄体"。在浯溪石刻中有很多人是学他的。如宋有李若虚、易祓、邢恕、陈从古，清有祁隽藻和吴大澂等。吴大澂的行书涛碑，酷肖黄体，苍劲中清秀可爱。

米芾的书法，有欧阳询《黄庭经》痕迹，但"端严圆劲，不多见也"。并形成"米体"，成为宋四大书家之一。

董其昌《题浯溪摩崖三绝有序》行书，其书艺从学颜入手，行涉晋唐诸家。作品布白疏宕秀逸，自成一派，对明末和清初书风的影响颇大。惜原石刻无存。

何绍基的书法，宗法鲁公，上溯北碑，晚年始探源篆隶，他的《题浯溪诗》书法特色、用笔、结体、布白以及神韵风采，已达到最高境界。点画确有"流金出冶，随范铸形"之妙，熔篆隶楷行草为一炉，古厚雄深，饶有殊趣。此碑世称何氏书作之精品，浯溪石刻颜后之冠，对后人影响很大，杨翰就是从何绍基那里学来的颜体，得到了颜体之筋。

浯溪的草书石刻现存14方，其中最著名的是只存半块的署名"无上宫主"（即吕洞宾）的狂草"仙书"，一气呵成，神龙飞舞。

浯溪石刻的异体6方、"夬"符1方，共7方。异体6方是指峿台北崖区沿江石壁分布的"福、禄、寿、喜"和"天下太平"等。因这些石刻，似篆非篆，故称"异体"。其中"福、禄、寿、喜"是民国祁阳人文嵩儒所刻，造型奇异，点画全是圆钱、元宝和仙桃，式表达了对人们富贵长寿的祝愿，虽古犹新，别有殊趣；"天下太平"一碑，字形奇特，情意深重，分竖式两组并列，组成一个像心脏一样的符形，意在万众同心，祝愿民富国强、国泰民安，共创"天下太平"。至于东崖区的"吕仙寿屏"和巨型"夬"符，本书在第二章里做详细介绍。

正因为浯溪摩崖石刻诗文璀璨，书艺精美，对往来观摩人士的影响很大，对祁阳人民的影响很深，形成了独特的浯溪文化，流传潇湘，辐射中华。浯溪文化是祁阳文化的内核，清新典雅，潇洒脱俗，在中华文化中熠熠生辉。

第二章　石刻分布

　　浯溪园林总面积 0.16 平方千米，崖壁总面积 3350.18 平方米，石刻总面积 640.78 平方米，其摩崖石刻相对比较集中，大都分布在临江壁立的三座石峰的崖壁上。按照自然分布，有摩崖、峿台北崖、东崖、石屏、曲屏、唐亭、右堂、峿台、浯洞共九个石刻区。

　　浯溪摩崖石刻历代原有石碑数量远超过 505 方。1982 年至 1984 年，经劈荆斩棘，剥苔辨字，和向园外附近机关、学校、农村、田野、水渠到处寻找收回被搬走的活碑，共整理出石刻 505 方，比历代旧县志中收录的多 225 方。还有不少石刻风化剥蚀了，更有大量石刻被后刻者磨去铲掉。

　　浯溪摩崖石刻的规模之大，保存之完整，足以称为"南国摩崖第一家"，故曰"北有西安碑林，南有浯溪石刻"！

西安碑林	孔庙碑林	浯溪碑林	镇江焦山碑林	龙门石窟碑林	辽河碑林
近 3000 方	198 块	505 方	500 方	2860 余品	2000～3000 块

　　浯溪现存摩崖石刻的分布情况是：

　　摩崖区（三绝堂）：接东崖区自"央"符起至三绝堂内的全部石壁，长 20 米，高 25 米，总面积 500 平方米。碑数 136 方（含三绝堂联），石刻总面积 120.5 平方米（1990 年改建三绝堂时，填没碑 5 方）。

　　峿台北崖区：接摩崖区沿江水而下，临江壁立，崖壁高 30 米，通长 58 米，计 1740 平方米。碑数 109 方，石刻总面积 145 平方米。

　　东崖区（坐东朝西）：接曲屏区往北进石门靠东面的全部崖壁。高 20 米，宽 20 米，计 400 平方米。碑数 77 方，石刻面积共 121.2 平方米。

　　石屏区（小峿台）：石门之西，与东崖区对峙，崖壁面积约 200 平方米，碑数 83 方，石刻总面积 108 平方米。

　　曲屏区：接右堂区沿"之"字路迂回曲折而下的两旁石壁。石壁延伸长度 100 米，石壁面积约 300 平方米。碑数 61 方，石刻面积共 95.53 平方米。

　　唐亭区：自唐亭往东而下的螺旋磴道两侧，长约 50 米，崖壁面积 100 平方米。碑数 13 方，石刻总面积 23 平方米。

　　右堂区：自峿台西南而下 50 米处的"之"字路右旁，崖壁通长 20 米，面积 60 平方米。碑数 15 方，石刻面积共 20 平方米。

　　峿台区：指浯溪中峰最高处的平顶石面的巨石，石崖面积 12 平方米，碑数 7 方。石刻面积共 1.2 平方米。

浯洞区：指浯溪东峰虚怀阁下的浯洞上洞内。洞内碑数 4 方，石刻总面积 2.5 平方米。

这 505 方碑刻，从风化程度看：碑文完好的 308 方，模糊残缺的 78 方，字迹漫漶难辨的 110 方，字迹全无只留碑痕的 9 方。

按朝代分，不同的研究人员分析的结果不完全一致。因为考证的时期不同，加上掌握资料的局限性，对模糊碑刻的辨认存在不同的见解也很正常。当代研究浯溪的专著，对浯溪摩崖石刻的数量统计如下：

书　名	唐朝	宋朝	元朝	明朝	清朝	民国	不明朝代	统计
浯溪志（桂多荪）	13	114	9	121	87		161	505
浯溪碑林	17	163	5	78	81		161	505
湖湘碑刻（浯溪卷）	17	116	5	84	92	9	182	505
浯溪摩崖碑刻	17	154	8	96	109	13	108	505

浯溪摩崖石刻的形式多样，高低大小不一，最高的刻在 30 米高的悬崖峭壁上，字大 2.3 米，石刻面积为 20 平方米；最小的刻在溪畔崖脚，字如雀爪，字大不足 1 厘米。

元颜祠正殿两旁墙壁嵌有不少名人的"赋""记"石碑几十方，抗战时被日军飞机炸得祠毁碑碎；以前，园林要道两旁也竖有不少活碑，20 世纪五六十年代被周边厂矿、学校或村民搬去砌基脚、修水渠、架桥板，挪作他用了，损失极为惨重。所幸有些失碑找了回来，有些失碑历代旧志上收录过原文。

另外，1984 年还向全县民间收集了拆换的桥梁亭堂、祠堂公房所散置的古代石雕 98 方、石碑 62 方，除清代抗法英雄欧阳利见的四通御碑在园内建廊做了重点安置外，其余都暂置园内，有待安置陈列。

此外，浯溪摩崖石刻还有大量的毁损和漫失碑刻。根据旧县志、溪志所录诗文统计，共有《铭》2 篇：唐代 2 篇；《赋》6 篇：宋代 1 篇，元代 1 篇，清代 4 篇；《记》28 篇：唐代 1 篇，宋代 3 篇，元代 2 篇，明代 5 篇，清代 17 篇；《诗词》281 首：唐代 5 首，宋代 20 首，元代 8 首，明代 41 首、清代 207 首；《序》5 篇：宋代 1 篇，清代 4 篇；《题名》3 则：宋代 3 则。总计 325 篇，因篇幅限制，本书不一一收录。

一、摩崖区

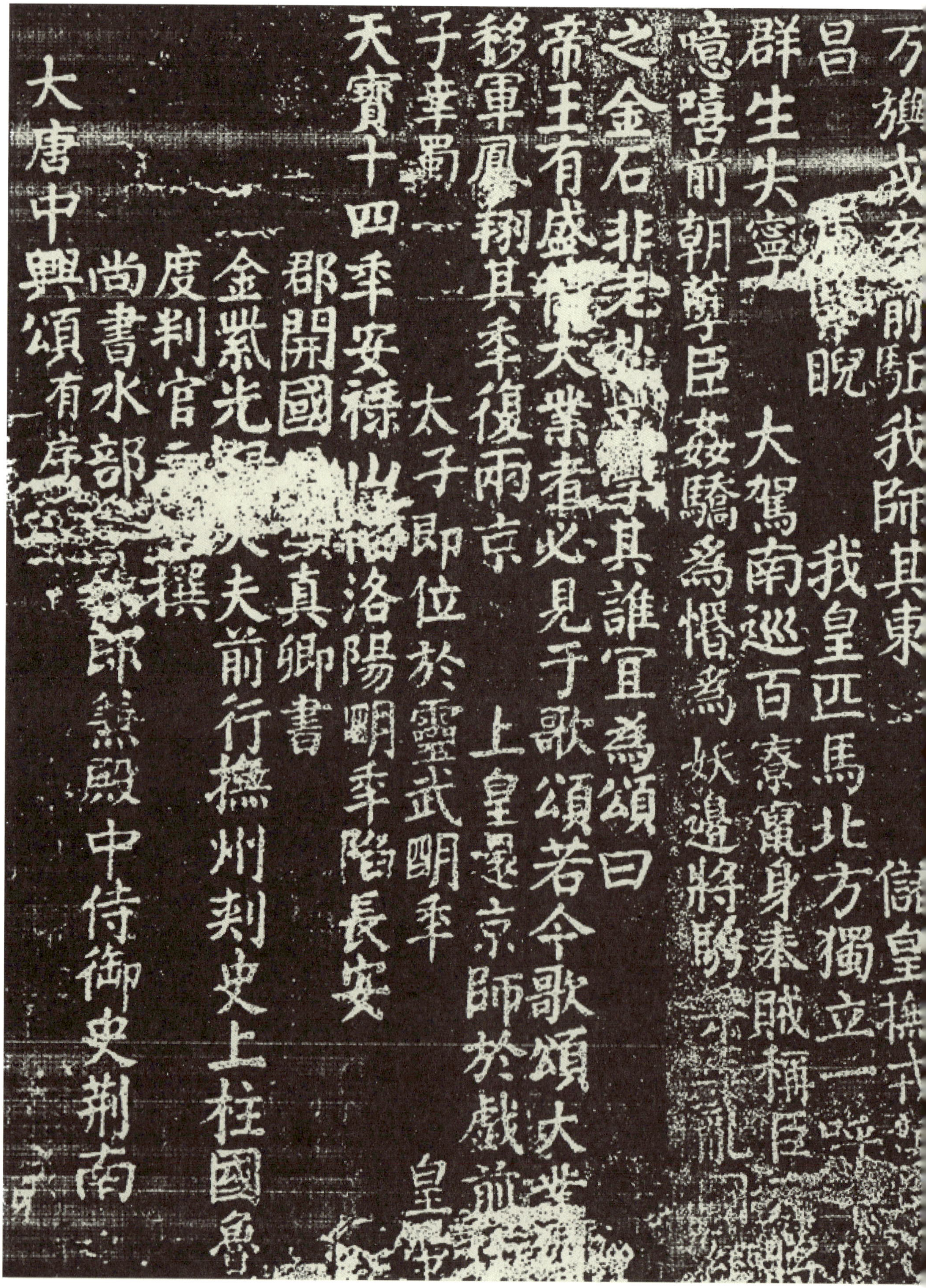

大唐中興頌有序

尚書水部員外郎兼殿中侍御史荊南節度判官元結撰

金紫光祿大夫前行撫州刺史上柱國魯郡開國公顏真卿書

天寶十四年，安祿山陷洛陽，明年陷長安，天子幸蜀，太子即位於靈武。明年，皇帝移軍鳳翔，其年復兩京，上皇還京師。於戲！前代帝王有盛德大業者，必見于歌頌。若令歌頌大業，刻之金石，非老於文學，其誰宜為？頌曰：

噫嘻前朝，孽臣奸驕，為惛為妖。邊將騁兵，毒亂國經，群生失寧。大駕南巡，百寮竄身，奉賊稱臣。天將昌唐，繄睨我皇，匹馬北方。獨立一呼，千麾萬旟，戎卒前驅。我師其東，儲皇撫戎……

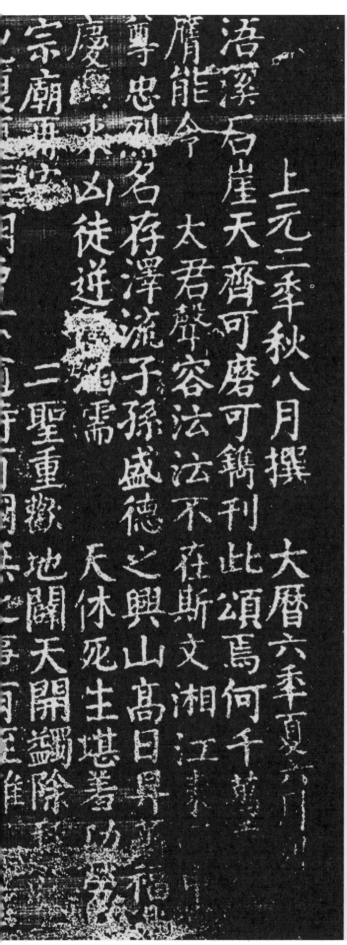

唐·元结《大唐中兴颂》

摩崖区 198-90 号，310 cm×320 cm，
字大 15 cm，楷书，颜体。

大唐中兴颂

尚书水部员外郎兼殿中侍御史、荆南节度判官元结撰。

金紫光禄大夫、前行抚州刺史、上柱国、鲁郡开国公颜真卿书。

天宝十四年，安禄山陷洛阳；明年，陷长安。天子幸蜀，太子即位于灵武。明年，皇帝移军凤翔；其年复两京，上皇还京师。于戏！前代帝王有盛德大业者，必见于歌颂。若今歌颂大业，刻之金石，非老于文学，其谁宜为？颂曰：

噫嘻前朝！孽臣奸骄，为惛为妖；边将骋兵，毒乱国经，群生失宁。大驾南巡，百寮窜身，奉贼称臣。天将昌唐，繄睨我皇，匹马北方。独立一呼，千麾万旟，戎卒前驱。我师其东，储皇抚戎，荡攘群凶。复复指期，曾不逾时，有国无之。事有至难，宗庙再安，二圣重欢。地辟天开，蠲除祆灾，瑞庆大来。凶徒逆俦，涵濡天休，死生堪羞。功劳位尊，忠烈名存，泽流子孙。盛德之兴，山高日升，万福是膺。能令大君，声容沄沄，不在斯文。湘江东西，中直浯溪，石崖天齐。可磨可镌，刊此颂焉，何千万年！

上元二年秋八月撰，大历六年夏六月刻。

注：繄 yī，惟。旟 yú，画着鸟隼的军旗。蠲 juān，免除。

唐·杜杰杜例等题名碑

摩崖区 154-44 号，

45 cm×25 cm，字大 3 cm，楷书。

贞元十八年三月十五日，时讨幽
奇，同游至此。……□林，尹海、略
阳权克……杜杰、杜例、成万王刻。

唐·元结《浯溪铭》

摩崖区 154-44-2 号，

45 cm×25 cm，楷书。

湘水一曲，渊洄傍山。山开石门，
溪流潺潺。山开如何？巉巉双石。临渊断
崖，夹溪绝壁。山实殊怪，石又尤异。吾
欲求退，将老兹地。溪古荒溪，芜没盖久。
命曰浯溪，旌吾独有。人谁游之？铭在溪
口。

注：经考证，黄庭坚给伯新长老的
信中提到，在浯溪写过元结的五个铭，托
他勒石。此碑与黄庭坚字体非常相似，疑
为黄补刻。

朝代不明·丘存节等题名碑

摩崖区 154-44-3 号，

45 cm×25 cm，楷书。

……石山保……

……豆伉丘存节……

注：此碑在杜杰杜例等题名碑右侧，
国家图书馆馆藏拓片上有，近代拓片上无，
碑刻文字已漫灭。

唐·皇甫湜《次山有文章》

摩崖区 180-73 号，45 cm×45 cm，字大 3 cm，楷书。

次山有文章，可惋只在碎。然长于指叙，约洁多余态。心语适相应，出句多分外。
于诸作者间，拔戟成一队。中行①虽富剧，粹美君可盖。子昂感遇佳，未若君雅裁。
退之全而神，上与千年对。李杜才海翻，高下非可概。文于一气间，为物莫与大。
先王路不荒，岂不仰吾辈？石屏立衙衙，溪口啼素濑。我思何人知？徙倚如有赖。

侍御史内供奉皇甫湜。唐元和五年岁次庚寅四月囗日。

原文注释：①：中行即"苏预"。

皇甫湜（777—835），字持正，睦州新安（浙江淳安）人，唐宪宗元和元年（806）进士，元和中任侍御史内供奉。累迁殿中侍御史内供奉，坐事免官。后为工部郎中，迁东都留守判官。师从韩愈，倡导古文运动。

湜，shí，水清见底。此为人名。

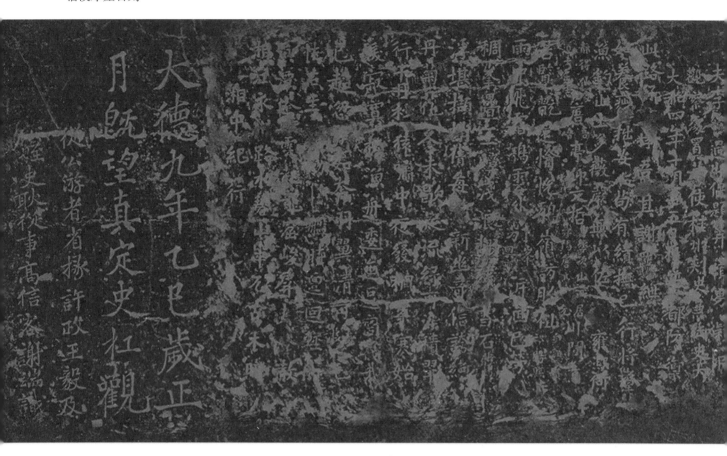

唐·李谅《湘中纪行》

摩崖区 181-74 号，50 cm×75 cm，字大 3 cm，楷书。

湘中纪行

湘江永州路，水碧山崒兀。古木暗鱼潭，阴云起龙窟。峻屏夹澄澈，怪石生溪渤。

巨舰时遭迴，轻舴已超忽。疾如奔羽翼，清可鉴毛发。寂寞棹渔舟，逶迤逗商筏。

我行十月秒，猿啸中夜发。枫叶寒始丹，菊花冬未歇。凝流绿可染，积翠浮堪撷。

峭蒨每惊新，幽奇信夸绝。稠峰叠玉嶂，浅浪翻残雪。石燕雨中飞，霜鸿云外别①。

泝洄已劳苦，览玩还愉悦。鹤岭访胎仙②，峿③亭仰文哲④。川间有渔钓，山上多薇蕨。

无以佐雍熙，何如养疵拙。安人苟有绩，抚己行将耋。此路好行桴，吾其谢羁绁。

太和四年十月廿五日，桂管都防御、观察、处置等使，桂州刺史兼御史大夫李谅过此偶题，并领男颖同登览。

原文注释：①回雁峰．②祁阳县白鹤岭，道士屈志静得仙处。③音吾。④祁阳峿亭，乃元中丞次山所居。

李谅（775—833），字复言，苏州人。贞元进士，永贞元年（805）为盐铁巡官，王叔文荐为左拾遗。元和二年（807）贬澄城令，历仕州县，入为祠部员外郎，迁仓部、度支郎中。长庆元年（821）出为寿州刺史。二年（822），徙苏州刺史。宝历元年（825）转汝州刺史。大和三年（829）由大理卿拜京兆尹。四年（830），出为桂管观察使。五年（831），转岭南节度使。七年（833）卒于镇。此诗是他溯湘赴桂之作。

唐·韦瓘题名碑

摩崖区 185-76 号，40 cm×65 cm，字大 3 cm，楷书。

　　大仆卿分司东都韦瓘，大中二年十二月七日过此。余太和中，以中书舍人谪宦康州，逮今十六年。去冬，罢楚州刺史，□次泗上，旅泊□□，今年二月，有桂林之命。□□□□绕八千余里，而□末，□□桂阳，才经数月，□□无□，又蒙除替，行次灵川，闻改此官，分司优闲，诚为忝幸。官途蹇薄，分亦可知。因吟"作官不了却归来，还是杜陵一男子"。余洛川弊庐，今崇让里，有竹千竿，有池一亩，罢郡之日，携猿一只、越鸟一双、叠石数片，将归洛中，方与猿鸟为伍。得丧之际，岂足介怀！

　　韦瓘（787—852），字茂弘，京兆万年（今西安市）人。元和四年（809）己丑科状元及第，拜左拾遗，历任殿中侍御史、淮南节度观察判官、颍州刺史、刑兵员外郎、太子少詹事、蕲州刺史、御史中丞、楚州刺史、淮南道营田副使、桂管观察使、太仆卿、太子宾客、秘书监等。大中六年（852）去世，追赠工部尚书。

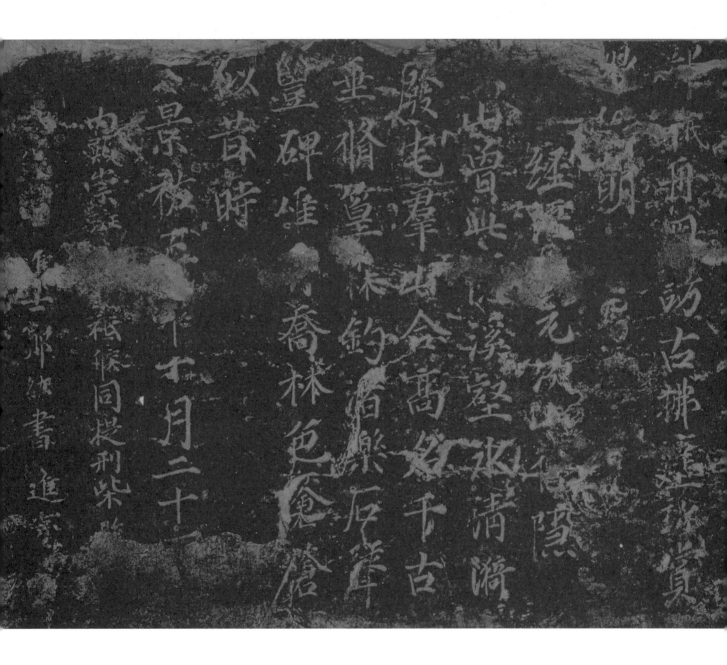

宋·陈统诗二首

摩崖区 153-43 号，45 cm×85 cm，

字大 4.5 cm，楷书。

读元颜二公中兴颂碑

提点湖南公事尚书刑部郎中陈统。

中兴碑颂立峥嵘，三百年来蠹不生。

湘水无穷流善价，青山长在耸高名。

文传幼妇词源赡，翰洒崩云笔力精。

按部舣舟因访古，拂尘珎赏眼偏明。

经浯溪元次山归隐

次山曾此隐，溪壑水清漪。

废宅群山合，高名千古垂。

修篁森钓渚，乐石耸丰碑。

唯有乔林色，苍苍似昔时。

景祐五年十月二十四日。

内殿崇斑□□祇候同提刑柴贻正，进士郑绂书，进士□□观。

陈统，仁宗景祐五年（1038）为湖南提点刑狱，祠部郎中（清嘉庆《湖南通志》卷二〇九），拜谒浯溪时，任提点湖南公事尚书刑部郎中。

注：珎，同"珍"。

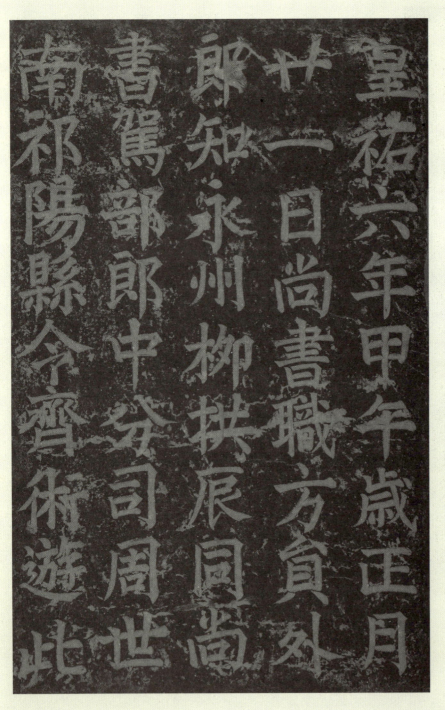

宋·柳拱辰等题名碑

摩崖区 178-71 号，
100 cm×65 cm，
字大 11 cm，大楷。

皇祐六年甲午岁正月廿一日，尚书职方员外郎知永州柳拱辰同尚书驾部郎中分司周世南、祁阳县令齐术游此。

柳拱辰，字昭昭，武陵（今常德）人，柳应辰兄。仁宗天圣八年（1030）进士。通判鄂、岳州。至和二年（1055），以尚书职方员外郎知永州。

周世南，祁阳人。真宗大中祥符元年（1008）进士。仁宗庆历二年（1042）以虞部郎中知袁州、郴州。仁宗皇祐六年（1054），累官驾部郎中。以少卿致仕。

齐术，衡阳人。仁宗庆历六年（1046）进士。尝知祁阳县。

宋·余靖题名碑

摩崖区 156-46 号，

102 cm×57 cm，

字大 8 cm，楷书。

嘉祐庚子再授命充广西体量安抚使，备御蛮寇。明年春，已事而旋。尚书吏部侍郎、集贤院学士余靖题。

余靖，字安道，韶州曲江人。官至工部尚书，有《武溪集》二十卷。

宋·佚名氏贬斥刘学雅题名碑

摩崖区 156-46-2 号，

字大 2 cm，楷书。

建安刘学雅，以广西帅按劾谓谤讪□政，斥骂宰相、台谏姓名，特降一官，停转运司，主管文字。见任仍永不与堂除，□□□经梧溪再题。

注：此碑在余靖题名碑落款处下方，第三行后面三个字疑被后人刻两方印章时所铲。

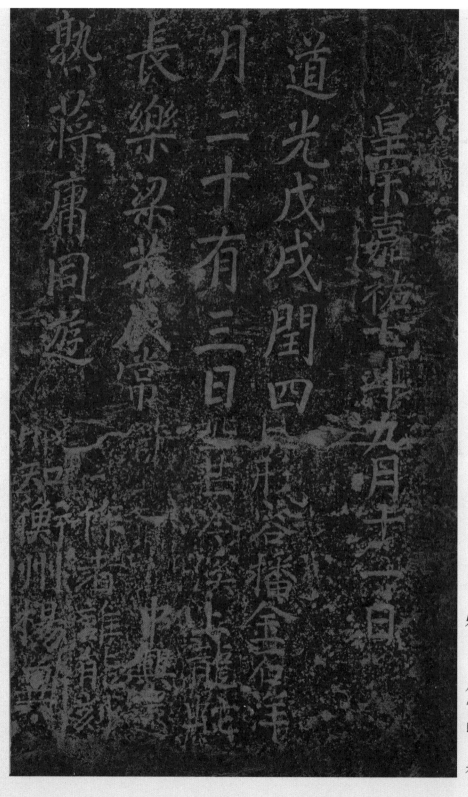

宋·穆演祖题名碑

摩崖区 203-95 号，
30 cm×17 cm，楷书。

庚午秋九峰穆演祖来。

注：祖，同祖。

宋·杨冀《长安失驭》

摩崖区 204-96 号，
53 cm×43 cm，字大 7 cm，楷书。

尚书职方员外郎知衡州杨冀。
长安失驭颂声沉，
作者谁能刻翠岑？
大业尽归文老笔，
中兴还死叛臣心！
天边奎壁垂芒冷，
溪上龙蛇倒影深。
当日形容播金石，
洋洋千载有遗音。
皇宋嘉祐七年九月十一日。

清·梁恭辰等题名碑

摩崖区 205-97 号，40 cm×48 cm，
字大 4~7 cm，楷书。

道光戊戌闰四月二十有三日，长
乐梁恭辰、常熟蒋庸同游。

杨冀，字叔贤，眉州青神（今四
川）人。仁宗嘉祐五年（1060）为都
官员外郎，七年（1062）以职方员外
郎知衡州。
杨冀的石刻每行上面的 7 字（中
有 2 处注释）应为梁恭辰所铲。

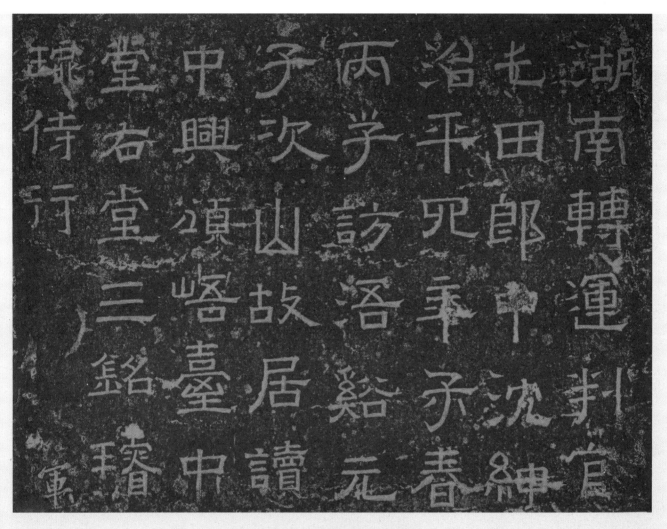

宋·沈绅等题名碑

摩崖区 165-57 号，32 cm×42 cm，字大 5 cm，隶书。

湖南转运判官、屯田郎中沈绅，治平四年孟春丙子，访浯溪元子次山故居，读《中兴颂》《峿台》《中堂》《右堂》三铭。璿、琬侍行。

沈绅，字公仪，会稽（今浙江绍兴）人。仁宗景祐五年（1038）进士，英宗治平四年（1067），以尚书屯田员外郎为荆湖南路转运判官，神宗元丰中，知庐州。

注：此碑可知浯溪有中堂和元结的《中堂铭》。其左下角另有他人刻的文字：军。

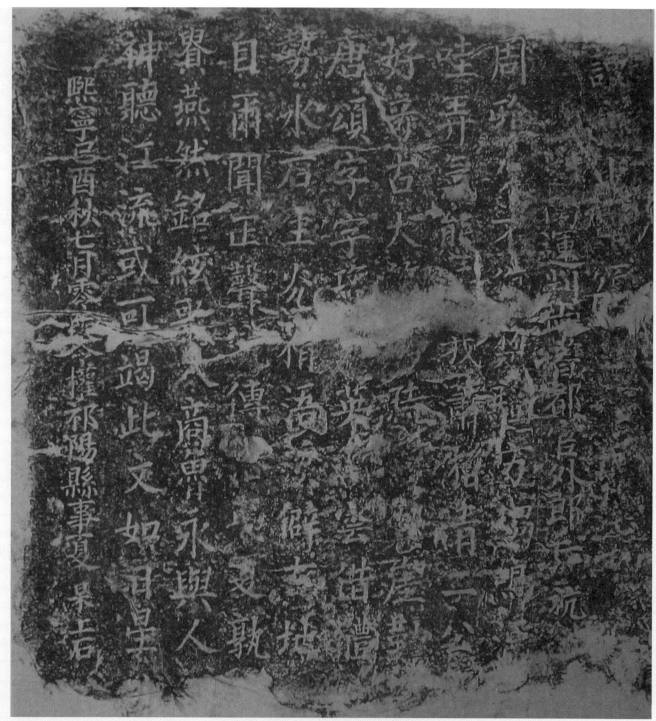

宋·毛抗《读唐中兴颂》

摩崖区 183-76 号，60 cm×50 cm，字大 5 cm，楷书。

读唐中兴颂

湖南运判尚书都官员外郎毛抗。

周雅久不复，楚骚方独鸣。漓哇弄气态，河我潇湘清。二公好奇古，大笔写时经。

摩崖勒唐颂，字字琼□英。烟云借体势，水石生光精。浯溪僻古地，自尔闻正声。

流传播夷夏，孰贵燕然铭？弦歌入商鲁，永与人神听。江流或可竭，此文如日星。

熙宁己酉秋七月零陵令权祁阳县事夏杲上石。

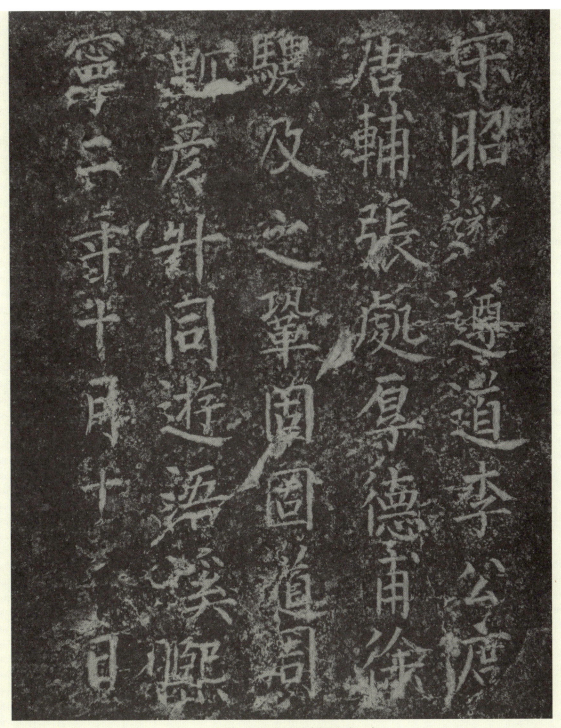

宋·宋昭邈等题名碑

摩崖区 186-77 号，55 cm×35 cm，字大 6 cm，楷书。

　　宋昭邈遵道、李公度唐辅、张处厚德甫、徐骥及之、巩固固道、周渐彦升同游浯溪。
熙宁二年十月十二日。

宋·柳应辰"夬"符

摩崖区 116-4 号，270 cm×200 cm，

字深 15 cm，楷书。

夬。

　　柳应辰，字明明，武陵（今湖南常德）人，拱辰弟，其先青州（山东）人。仁宗景祐五年（1038）进士。皇祐中，知昭州。神宗熙宁七年（1074），以都官员外郎通判永州，人称"柳都官"。工书，尝书鄂州摩崖碑径二尺四寸，笔势清劲。五过浯溪，五次题刻，有小夬符、大夬符、《浯溪》《心记》《老如》。

　　注：夬，guài，习惯叫"夬"符，又叫"柳押大符"，其上刻有柳应辰的《心记》诗。柳应辰依据《易经》中的"夬"卦题刻石上，本意是"决断""以柔克刚""以正气压邪气"，借用为"镇妖符"。

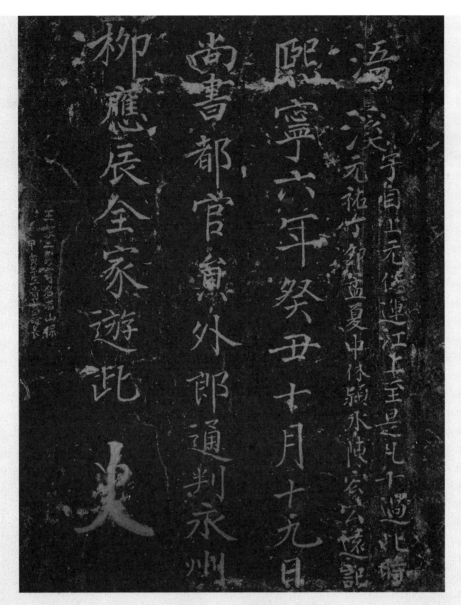

宋·柳应辰题名碑

摩崖区 168-60 号，66 cm×45 cm，楷书。

熙宁六年癸丑十月十九日，尚书都官员外郎通判永州柳应辰全家游此。夬。

宋·陈宏题名碑

摩崖区 168-60-2 号，66 cm×45 cm，楷书。

浯溪，予自上元储运江上至是，凡十过此。时元祐丁卯孟夏中休，颍水陈宏公远记。

宋·王家二男寄名碑

摩崖区 168-60-3 号，66 cm×45 cm，字大 2cm，楷书。

王家二男寄名石山保，甲寅年生，贵昌命长。

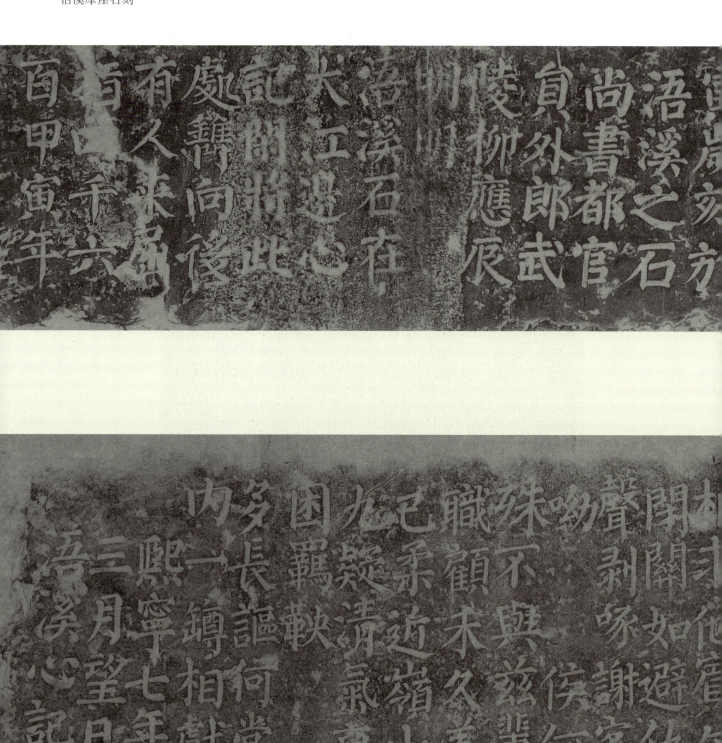

宋·柳应辰《心记》

摩崖区 115-3 号，56 cm×195 cm，楷书。

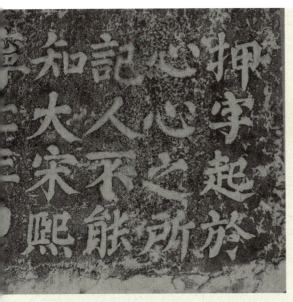

押字起于心。心之所记，人不能知。

大宋熙宁七年甲寅岁，刻于浯溪之石。尚书都官员外郎武陵柳应辰明明。

浯溪石在大江边，心记闲将此处镌。向后有人来屈指，四千六百甲寅年。

宋·柳应辰《老如》

摩崖区 159-51 号，57 cm×121 cm，楷书。

老如包苍黄，□□□□□。
身虽□□□，□□垂髭鬏。
□□□力疲，但为妻子谋。
道傍多朱门，势利交相求。
他宾尔虽佳，闭关如避仇。
敲门声剥啄，谢客语呻呦。
侯何所尚殊，不与兹辈侔。
摄职顾未久，善化应已柔。
近岭山更佳，九疑清气裒。
我方困羁鞿，侯想多长讴。
何当郡齐内，一罇相献酬。
熙宁七年甲寅三月望日，刻于浯溪心记之东。

注：髭鬏 dōu sōu，飘散的白发。侔 móu，相等，齐等。裒 póu，聚集。

宋·蔚宗题名碑

摩崖区 169-61 号，14 cm×35 cm，字大 5.5 cm，楷书。

会稽蔚宗登此，熙宁甲寅正月。

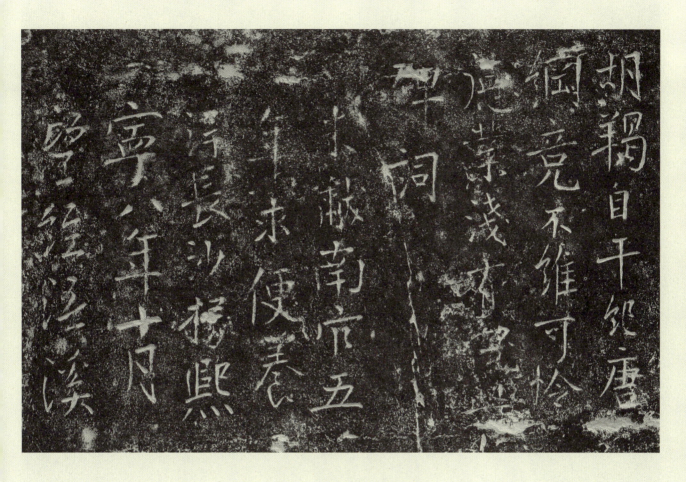

宋·米芾《经浯溪》

摩崖区 188-79 号，25 cm×45 cm，字大 5 cm，行楷。

经浯溪

胡羯自干纪，唐纲竞不维。可怜德业浅，有愧此碑词。

米黻南宫五年求便养，得长沙掾，熙宁八年十月望，经浯溪。

　　米芾（1051—1107），初名黻，41 岁以后改署米芾，字元章，自署姓名米或为芊，时人号海岳外史，又号鬻熊后人、火正后人。祖籍山西太原，迁居湖北襄阳，后曾定居润州（今江苏镇江）。以母侍宣仁后为南宫舍人，人称米南宫。北宋书法家、画家、书画理论家，擅篆、隶、楷、行、草等书体，与蔡襄、苏轼、黄庭坚合称"宋四家"。

　　注：竞，应为竟。

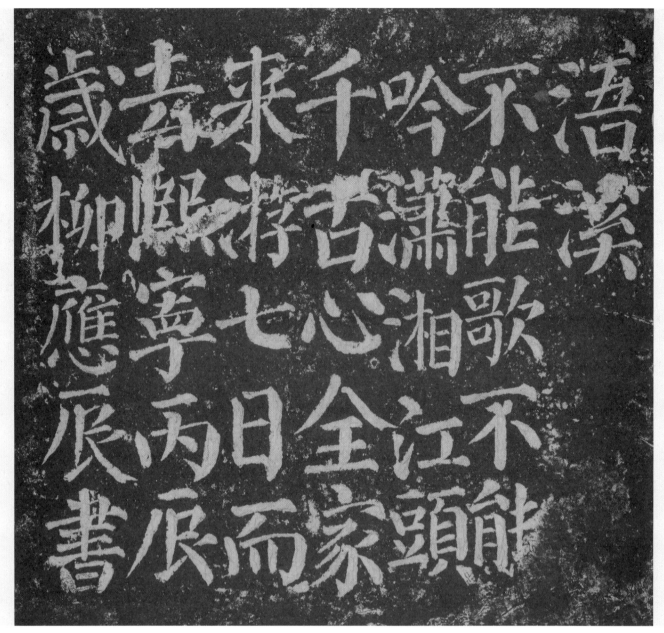

宋·柳应辰《浯溪》

摩崖区 167-59 号，37 cm×41 cm，楷书。

浯溪

不能歌，不能吟，潇湘江头千古心！

全家来游七日而去。熙宁丙辰岁柳应辰书。

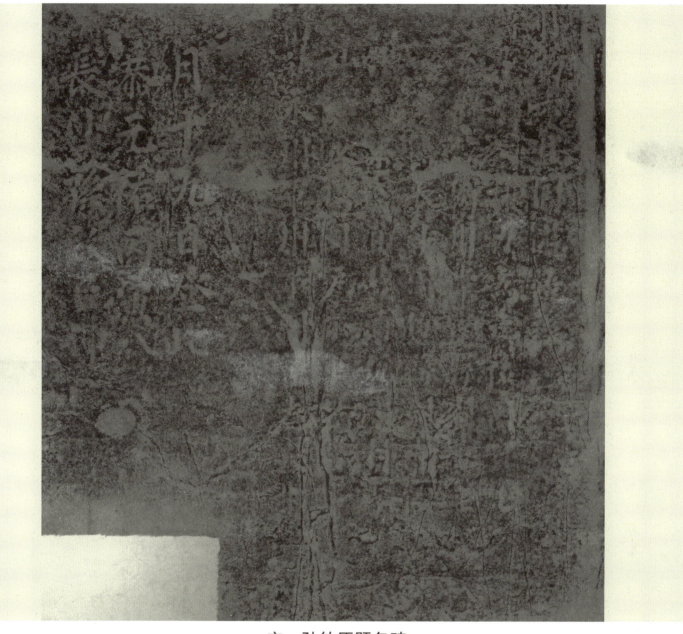

宋·孙钦臣题名碑

摩崖区 228-121 号，40 cm×60 cm，字大 5.5 cm，楷书。

长沙孙钦臣仲恭元祐丙寅八月十九日登此。

朝代不明·佚名氏题名碑

摩崖区 228-121-2 号，40 cm×60 cm，字大 5.5 cm，楷书。

……前知永州军州事朝清大夫仆□□山□永□司户参军□□□□□□梁□肖□酒税□□□□□□长沙……衡州……咸宁……月初六日同游浯溪。

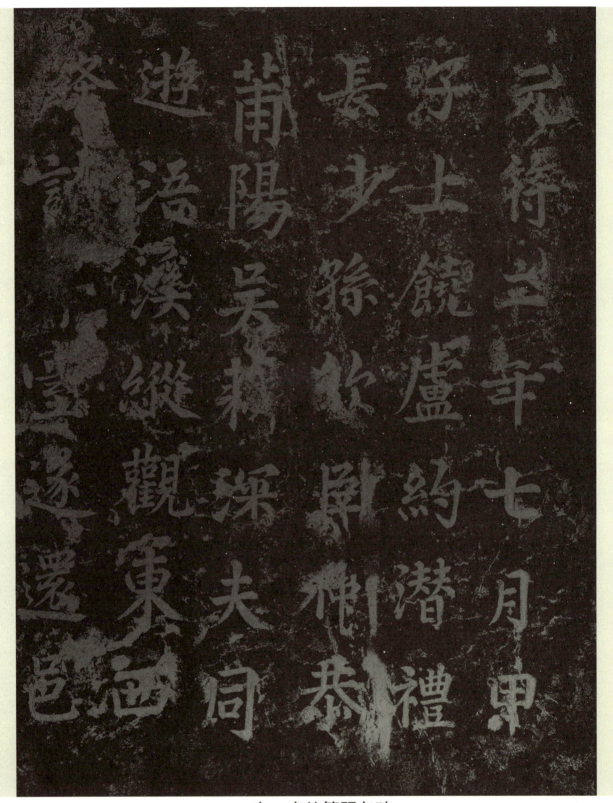

宋·卢约等题名碑

摩崖区 126-14 号，45 cm×38 cm，字长 5 cm，楷书。

　　元符二年七月甲子，上饶卢约潜礼、长沙孙钦臣仲恭、莆阳吴耕深夫同游浯溪，纵观东西峰，谈亭台。遂还邑。

宋·汪藻《崇宁三年太学上舍题名序、跋》

序：碑摩崖区 135-23 号，38 cm×72 cm，字大 2 cm，楷书。

跋：碑摩崖区 136-24 号，38 cm×45 cm，字大 3 cm，篆书。

崇宁三年太学上舍题名

（序）若稽古神考以聪明渊懿之资，慨然恢复成周之治，以乐育人材为先务，故于熙宁纪元肇新三舍之法，垂三十年于兹矣。于铄皇帝，圣学日跻，独冠百王之上，拳拳业业，惟继述是念。即国之郊，崇建辟雍，又颁教法于天下。郡县所在，学馆一新，纷袍肄业，云集响应。崇宁三年十一月四日，躬幸太学，取论定之士十有六人，官之堂下。诸生恩赐有光焉。礼行俄倾之间，风动四海之外。儒生之荣，古未有也。臣等亲逢圣旦，得预兹选，其为幸会，何可胜言！辄镂版刊石，记其姓名，以德上之赐且为子孙世世之光华，岂不休哉！

郑南、程振、朱□□、刘嗣明、吴揆、赵滋、崔琟、张绰、方开、李会、戴顾、叶祖义、江致平、林徽之、乔孝纯、胡尚文。

（跋）神宗皇帝以经术造士，始于熙宁之初。当时欲遂放三舍天下，未暇也。徽宗益新月书黍考之法。崇宁三年，首命太学上舍生赐第者十六人。盖经术之兴，至是三朝矣；而得人，此其选也。由是，政和翰林学士刘公，实在选中。后五十年，公之子襄通守永州，愿刻之石以纪其盛，于是乎书。绍兴廿年三月，左大中大夫、提举江州太平兴国宫、永州居住臣汪藻书。

汪藻（1079—1154），字彦章，号浮溪，又号龙溪，饶州德兴（今江西）人，宋朝文学家，崇宁二年（1103）进士，历任婺州观察推官、太常少卿、知湖、抚、徽、泉、宣等州，罢职居永州（今属湖南），官至左大中大夫，封新安郡侯，卒赠端明殿学士。

注：琟，同"宝"。

宋·黄庭坚《书元次山欸乃曲二首并跋》
摩崖区 199-91 号，35 cm×180 cm，字大 7 cm 左右，行书。

千里枫林烟雨深，无朝无暮有猿吟。停桡静听曲中意，好是云山韶濩音。

零陵郡北湘水东，浯溪形胜满湘中。溪口石颠堪自逸，谁人相伴作渔翁？

右元次山《欸乃曲》，欸音娓，乃音霭，湘中棹歌声。子厚《渔父词》有"欸乃一声山水绿"之句，误书款乃，少年多承误，妄用之，可笑。

黄庭坚（1045 年 8 月 9 日—1105 年 5 月 24 日），字鲁直，号山谷道人，晚号涪翁，洪州分宁（今九江市修水县）人，北宋著名文学家、书法家、盛极一时的江西诗派开山之祖，与杜甫、陈师道和陈与义素有"一祖三宗"之称。与张耒、晁补之、秦观合称为"苏门四学士"。与苏轼齐名，世称"苏黄"。书法别具一格，为"宋四家"之一。

宋·李若虚《元颜文字照浯溪》

摩崖区 200-92 号，35 cm×145 cm，
字大 9 cm，行楷。

元颜文字照浯溪，神物于今常护持。崖边
尚有堪磨处，留刻中兴第二碑？

绍兴五年五月二十四日，广平李若虚过浯
溪，观中兴磨崖，因成一绝。

李若虚，洺州曲周（今河北曲周县）人。
以小吏入仕，南宋绍兴五年至八年（1135—
1138）在岳家军中任职，后调至南宋中央政府，
官至司农卿。岳飞遇害后，李若虚也受牵连，
被罢官夺职，后又遭流放，最终死于贬所。

宋·贾时举等题名碑

摩崖区 200-92-2 号，35 cm×35 cm，行书。

贾时举、李仲威、王开叔同游浯溪。
建炎己酉二月十七日。

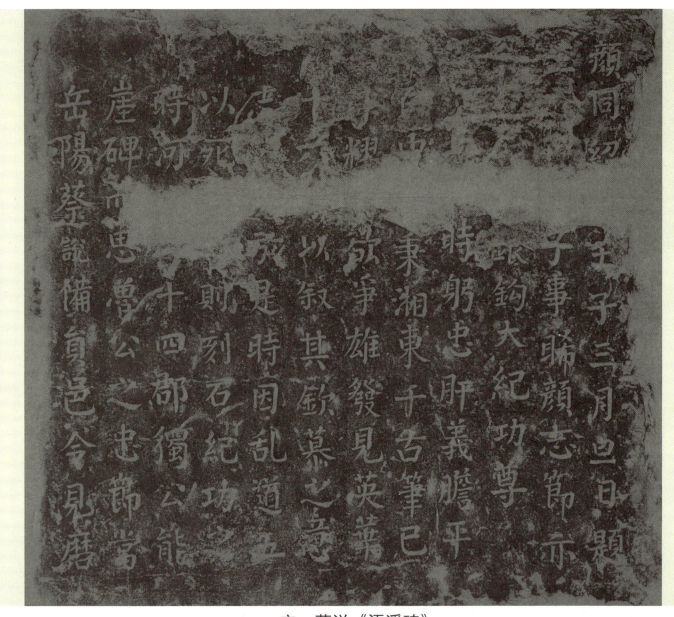

宋·蔡说《浯溪碑》

摩崖区 170-62 号，83 cm×104 cm，楷书。

岳阳蔡说备员邑令，见磨崖碑而思鲁公之忠节。当时河北二十四郡，独公能以死拒贼，则刻石纪功之志，盖发于是时。因乱道五十六言以叙其钦慕之意。

生非耀□欲争雄，发见英华□自中。□秉湘东千古笔，已思河北一时躬。

忠肝义胆平□□，铁画银钩大纪功。尊主□□臣子事，睎颜志节亦颜同。

绍兴壬子三月旦日题。

蔡说，高宗绍兴二年（1132）知祁阳县。

宋·薛公度《无相庵》碑

摩崖区 174-67 号，

70 cm×38 cm，榜书，篆书。

河东薛公度施于浯溪寺，

以奉

无相庵

无相大士绍兴二年二月望
日。

注：无相大士题刻，世称"无
相石"。

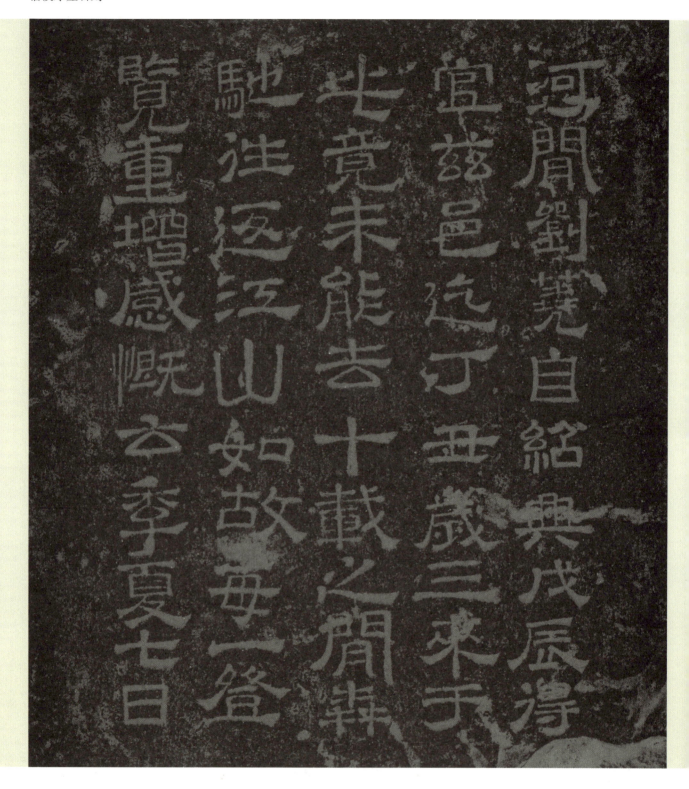

宋·刘尧题名碑

摩崖区 179-72 号，36 cm×41 cm，字大 4 cm，隶书。

河间刘尧，自绍兴戊辰得官兹邑，迄丁丑岁，三来于此，竟未能去。十载之间，奔驶往返，江山如故。每一登览，重增感慨云。季夏七日。

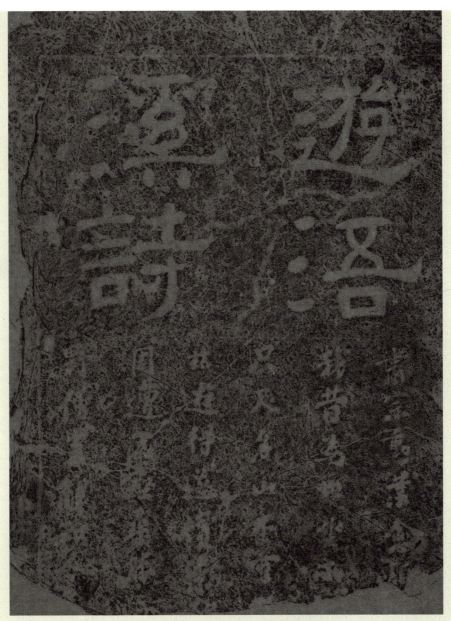

宋·范成大《游浯溪诗》

摩崖区 230-123 号，35 cm×39 cm，题字大 8 cm，诗字大 3 cm 左右，楷书。

游浯溪诗

浯溪一峰插天齐，上有李唐中兴碑。肃宗勋业愈显赫，次山文字真崛奇。
我昔为州坐两载，吏鞅缚束马就羁。咫尺名山不可到，抱恨常若有所遗。
兹游得遂偿素愿，况有文字古一夔。周遭崖壑寻胜迹，摩挲石刻亦多时。
野僧岂解知人意？满卮笑岘酒一杯。

范成大（1126—1193），字至能，一字幼元，晚号石湖居士。平江府吴县（今
江苏苏州）人。南宋名臣、文学家、诗人。

注：此系活碑，原在元颜祠壁，祠圮，碑被原祁阳三中裂而为四以作柱基，
今寻回四分之一。

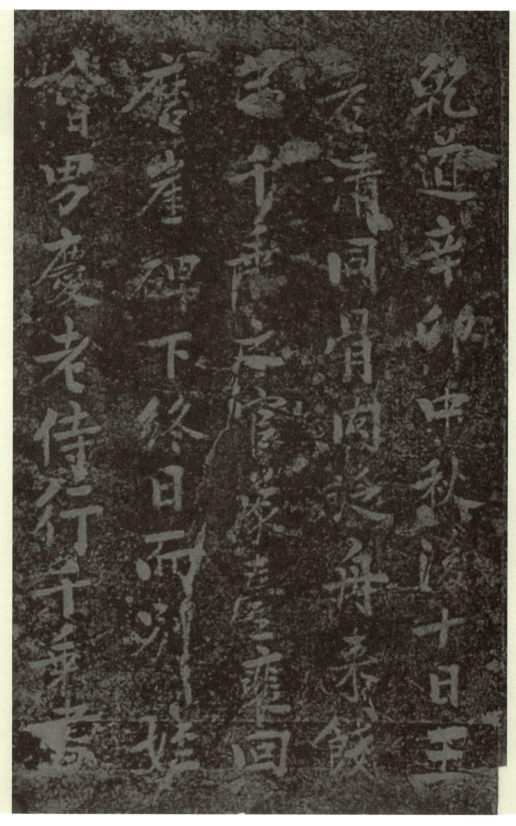

宋·王彦清等题名碑

摩崖区137-25号，
40 cm×25 cm，字大4 cm
左右，行楷。

乾道辛卯中秋后十
日，王彦清同骨肉泛舟来
饯弟千乘之官象台，裵回
磨崖碑下，终日而别。侄
会、男庆老侍行。千乘书。

注：裵péi，该字古
同"裴"，裵回即徘徊。
磨即摩。

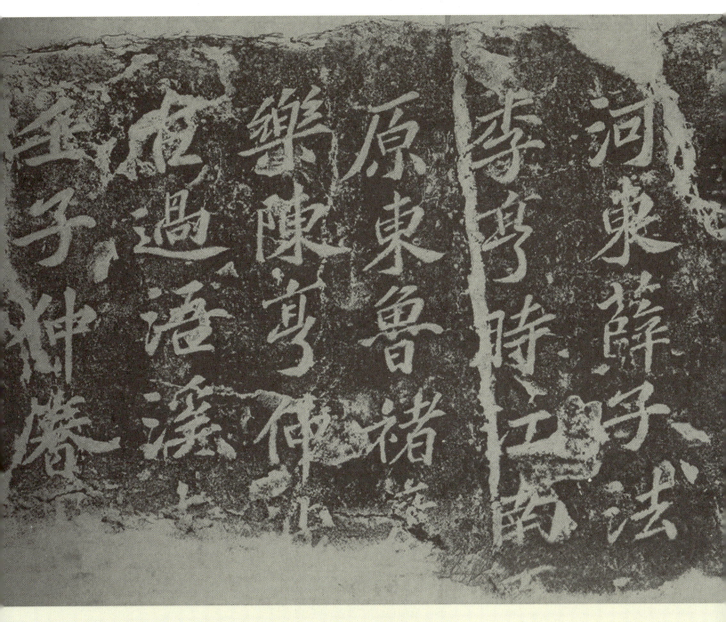

宋·薛子法等题名碑

摩崖区 146-36 号，64 cm×38 cm，字大 5 cm，楷书。

河东薛子法、祁山李亭时、江南夏少原、东鲁褚彦渊、
长乐陈亨仲，涉江览古，过浯溪寺。
大宋绍熙壬子仲春中浣。

宋·留筠《舟还浯溪再留二绝》

摩崖区 125-13 号，88 cm×80 cm，字大 10 cm，行书。

为爱浯溪风景幽，重临钓石系归舟。不昉细读丰碑下，墨本空看几白头。
自笑尘埃赋远飐，佳山招我莫徜徉。何当了却公家事，来伴高人枕碧湘。

筠舟还浯溪，再留二绝。

留筠，字端父，清源（今泉州晋江）人。宁宗嘉泰四年（1204）通判漳州（清康熙《漳州府志》卷九）。知邵州。嘉定九年（1216）使金贺生辰（《宋史》卷三九《宁宗纪》三）。出提点湖南刑狱。十二年（1219），移知广州（清道光《广东通志》卷一六）。十三年（1220），提点江西刑狱。十五年（1222），自广东经略罢领官观（清道光《福建通志》卷一七六）。此碑乃其回程再游所题。浯溪石刻存诗三首。

　　注：昉，应为妨。

宋·留筠《题浯溪》

摩崖区 140-29 号，140 cm×70 cm，
字大 10~13 cm，行书。

天生一代老文词，
留得高名日月垂。
山岸犹余元氏族，
溪痕几没鲁公碑。
未论再造中兴业，
却羡三吾高卧时。
崖石虽磨千古在，
度香桥下水空悲。
清源留筠嘉定丁丑腊前行
部来游。

注：度，应为渡。腊 là，
古同"腊"。

朝代不明·傅德良题名碑

摩崖区 140-29-2 号，行书。

傅德良在此一游。
住持行法僧恭□刻崖石。

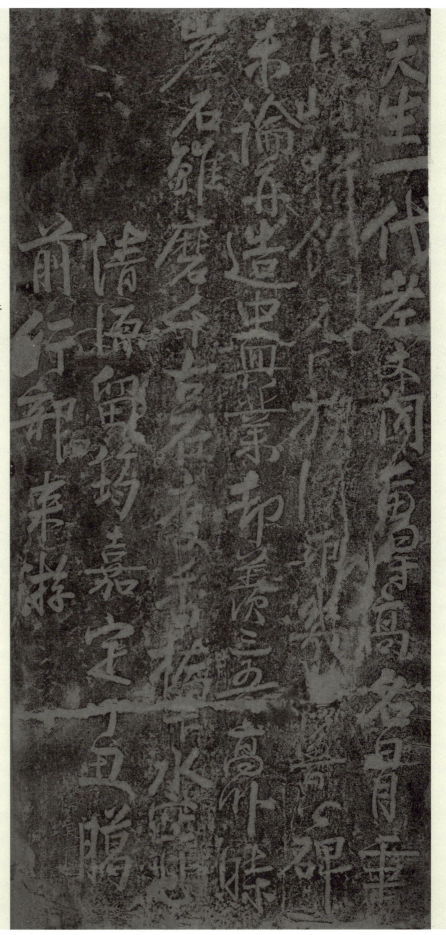

宋·林访《灵武储皇识事端》

摩崖区 201-93 号，49 cm×53 cm，字大 2 cm，楷书。

　　林访嘉定丁丑仲夏，秩满零陵郡决曹，理棹东归，过浯溪，观《中兴颂》，周览古今碑刻，辄叹□□之勋业、元颜之文笔，历年虽久，久□□□□□，黄太史以来，□□□者非止……□□林□□□。

　　灵武储皇识事端，解将权术济艰难。当时若徇区区节，宗社何由获再安？
　　文士相轻自古然，堪嗟嘲咏费雕镌。元颜文笔非余子，未可批疵议昔贤。
　　　　　　　　　　　　子庆孺，侄起子，二孙显、尔侍。

　　林访，嘉定九年（1216）为永州法曹参军。（清康熙《永州府志》卷七）

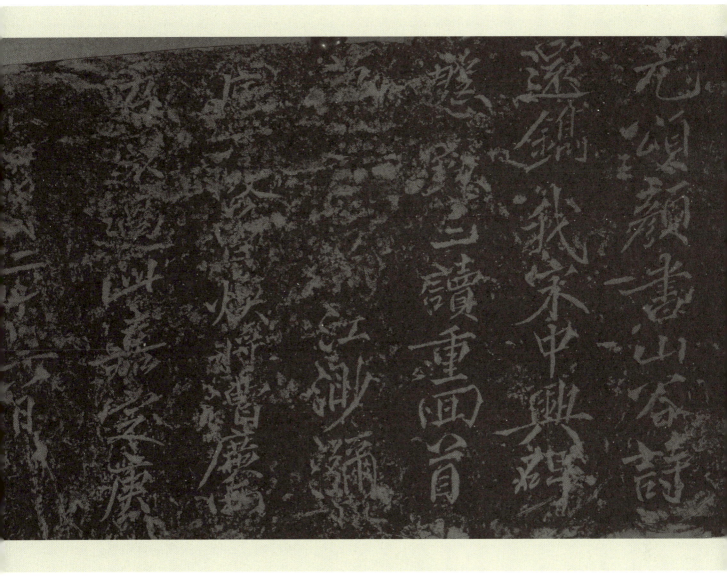

宋·曾焕《浯溪磨崖》

摩崖区 133-21 号，35 cm×55 cm，字大 5~5.5 cm，魏碑体，行楷。

浯溪磨崖

元颂颜书山谷诗，还镌我宋中兴碑。殷勤三读重回首，万□□□江渺弥！
庐陵曾焕将漕广西，召还过此。嘉定庚辰四月二十六日。

曾焕，字文卿，一字少卿，吉水（今属江西）人。光宗绍熙元年（1190）进士。宁宗嘉定七年（1214）除秘书郎。八年（1215），为著作佐郎。九年（1216），出为广西运判。十三年（1220），迁转运使。十七年（1224），除秘书少监。

宋·徐自明《游浯溪》

摩崖区 172-64 号，46 cm×90 cm，字大 6 cm，楷书。

磨崖三绝世间奇，金石相辉万古垂。论定固知名贵正，时危更识礼从宜。
溪山不老刊长在，天地重开继者谁？多少舣舟咸有纪，况予毕戍可无诗？
　　　　　　嘉定庚辰中秋后四日，郡守永嘉徐自明书。

　　徐自明，字诚甫，号慥堂，温州永嘉人。孝宗淳熙五年（1178）进士，任富阳主簿，历监都进奏院、国子博士。宁宗嘉定六年（1213），迁太常博士，寻被劾，当年放罢。八年（1215），起复为毗陵（常州）通判，转朝请郎。十年（1217），差知永州，"终零陵郡守"。

　　注：该碑刻在夏时《回首东风恨未穷》诗碑左侧，首句疑为夏时所铲。

宋·赵楷
《浯溪读中兴碑》

摩崖区 184-76 号，180 cm×72 cm，
字大 4 cm，楷书。

浯溪读中兴碑

南岳赵楷端父。

西风吹我著浯溪，玉洁摩空十丈碑。
不是开元久培植，可能灵武善扶持？
斯文未泯今千载，盛德之兴彼一时。
崖下漫郎应在否，不堪流涕手题诗！
端平丙申秋七月朔题。湘中万宗大
宗父、僧德中同游。

注：该碑还残留三块宋代碑，均楷
书，其中一块残留"丘"字，一块残留"庚
戌年丁卯日"字，一块残留"庚宙日"字。

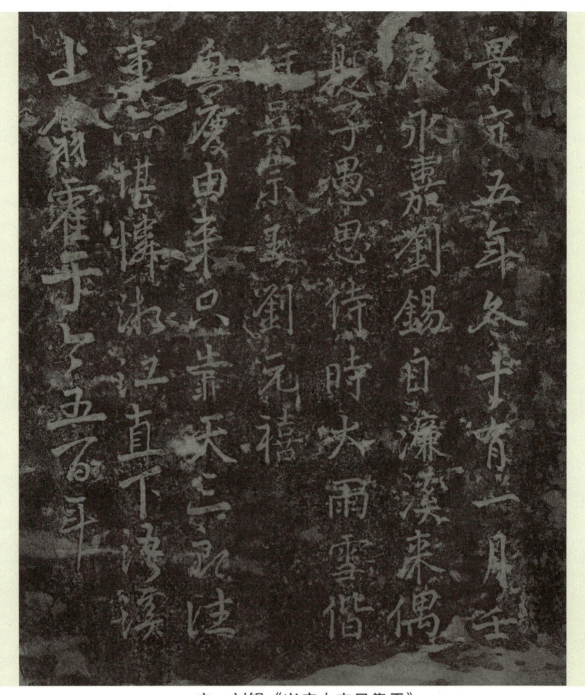

宋·刘锡《兴废由来只靠天》

摩崖区 118-6 号，60 cm×50 cm，字大 6 cm，行书。

景定五年冬十有一月壬辰，永嘉刘锡自濂溪来，偶题。子愚思侍。时大雨雪。楷行吴宗玉、刘元喜。

兴废由来只靠天，三郎往事亦堪怜。湘江直下浯溪上，翁霍于今五百年。

刘锡，字自昭，永嘉（今浙江温州）人。理宗淳祐七年（1247）进士。宝祐间以奉议郎辟充沿海制置大使，主管机宜文字。开庆元年（1259）添差通判镇江府。景定元年（1260）为国子监簿。

宋·朱天锡题名碑

摩崖区 122-10 号，44 cm×23 cm，楷书。

戊申孟秋，远迓石壁侍郎、石皷承节郎朱天锡偕第。

朱天锡，浙江吴郡人。宁宗嘉定间知丹阳县，抚爱百姓，留意学校，邑人感其恩，为立生祠。后移知武进县，擢守台州。

注：皷 gǔ，同"鼓"。

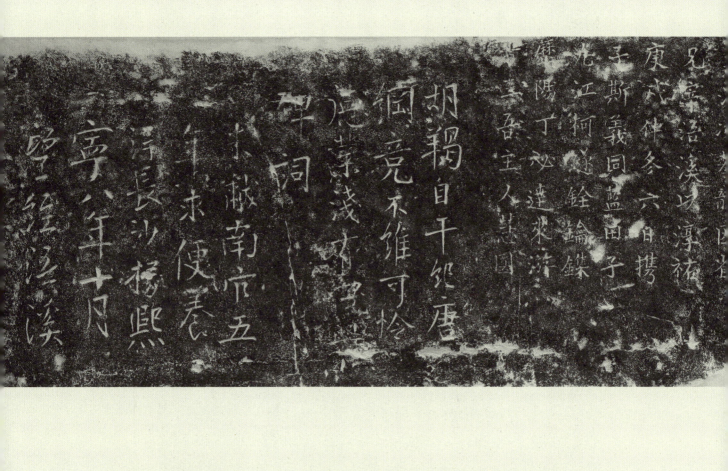

宋·凌攀龙等题名碑

摩崖区 187-78 号，74 cm×34 cm，楷书。

寿沙凌攀龙因省兄宰浯溪，以淳祐庚戌仲冬六日，携子斯义
同蓝田子九江柯遂铨铪鏶、历阳丁必达来游。岂三吾主人慧圎。

注：铪 lún，鏶 jí，圎 yuàn。

宋·杨恢《归舟》诗

摩崖区 150-40 号，111 cm×111 cm，楷书。

□□□□沧，□□□□□。□□□□□，□□□□□。
松□□浯溪，□□□鲁□。□□□□□，□□□□碑。
□□□□□，□□□□□。□□□□远，谁论后院梅。

宝祐六年十月，杨恢归舟。

朝代不明·佚名氏《浯石洼如墨》

摩崖区 150-40-2 号，111 cm×111 cm，草书。

浯石洼如墨，幽光拭水生。远收云树影，近映月华明。
文重鲁公笔，迹因元氏名。旷观今古事，鸟语杂江声。

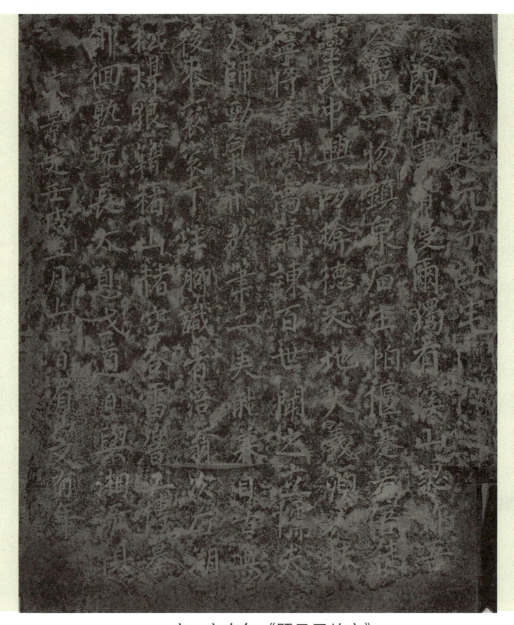

宋·文有年《题元子故宅》

摩崖区 190-81 号，71 cm×88 cm，字大 6 cm，行楷。

题元子故宅

漫郎百事皆漫尔，独有溪山认作吾。念无一物镇泉石，生怕偃蹇羞吾徒。
灵武中兴功掩德，天地大义须人扶。宁将善颂寓谲谏，百世闻之立懦夫。
太师劲气形于笔，二美能兼自古无。后来衮衮下注脚，识者涪翁次石湖。
松煤狼藉楮山赭，空谷雷响工传摹。徘徊熟玩长太息，世道日与湘流俱。

宋景定壬戌三月上七日眉山文有年。

文有年（1208—? ），字子传，眉州彭山（今四川）人。理宗宝祐四年（1256）
进士，景定三年（1262）通判永州。此碑在曲屏区有同款题诗。

宋·俞琰、赵与𣸣唱和诗五首

摩崖区 192-84 号，79 cm×94 cm，字大 5 cm，楷书。

俞琰《浯溪》二首

大唐有颂到浯溪，翠藓苍崖古画垂。西望函关今万里，淡烟斜日几荒碑。
宋朝一统旧山川，南北中分已百年。壮士不须夸此颂，健提椽笔上燕然！
景定壬戌仲春，广信俞琰以宪节行部过此，因赋两绝。检法天台赵与𣸣偕行。

宋·赵与𣸣奉和《浯溪》二首、《即事口占》一首

与𣸣幸侍，辎车敬赓韵严，与𣸣顿首百拜。
男儿有志竟成事，好把功名竹帛垂。今日舆图当混一，谁能得拭雁门碑？
细把中兴唐颂看，玉环遗恨忆当年。自从拥马回灵武，整顿乾坤岂偶然。
即事口占：
生平梦不到浯溪，此日欣从使者来。天放一晴舒眼界，大江横上入樽罍。

　　俞琰，字伯华，号松涧，永丰（今属江西）人。理宗淳祐四年（1244）进士。历知临江军、广东提刑。景定三年（1262）为湖南提刑。
　　赵与𣸣（1242—1303），字晦叔，号方塘，台州黄岩人。南宋咸淳七年（1271）进士，任鄂州教授。大德七年（1303）正月，卒于大都，终年62岁。

宋·蒋孝忠《题浯溪二首》

摩崖区 206-98 号，40 cm×80 cm，字大 4.5 cm，楷书。

好山好水占浯溪，中直磨崖一片碑。试问天齐齐几许？从他元子剩夸毗。

我宋中原二百州，版图渐入掌中收。只今更办河清颂，勒向燕然最上头。

景定壬戌长至日，东阳蒋孝忠戍满湘源，舟行浯水，领客登临，谩题二诗以识岁月。许子善、李公恕、许浩然偕行。子佛老，侄孙光大、伯大侍。

蒋孝忠，东阳（今浙江）人。理宗景定三年（1262）全州官满，归舟游浯溪。

宋·戴烨《断崖古字是唐碑》

摩崖区 207-99 号，50 cm×45 cm，字大 5 cm，楷书。

断崖古字是唐碑，无限名贤赞颂诗。莫把中兴诧前代，会须重见太平时。
景定癸亥仲冬旦，君山戴烨明夫偕何翼凤祥父同游，口占以纪岁月云。

戴烨，字明夫，一字明远，号南隐。戴复古侄。官迪功郎。

浯溪摩崖石刻

宋·文子璋《浯溪》

摩崖区 120-8 号，
127 cm×41 cm，楷书。

浯溪

漫郎直笔老文□，
太师□字尤卓荦。
天然二妙刻苍崖，
墨本传来重和璞。
三年流客居潇巇，
甚欲一来观此碑。
尽被前贤刚说破，
手磨苔刻难为辞。
为子从来止于孝，
古以敝屣匹天下。
□□神武妖氛清，
南内凄凉泪血洒。
一时大业中兴唐，
万世□□□虎狼。
从今罪案休拈起，
只挹□□与元郎。

岁景定甲子仲冬壬寅蜀东文子璋自濂溪来游，男起传、道传侍。

文子璋，字如斋，蜀东（今属四川）人。理宗景定五年（1264）游澹山岩、浯溪。

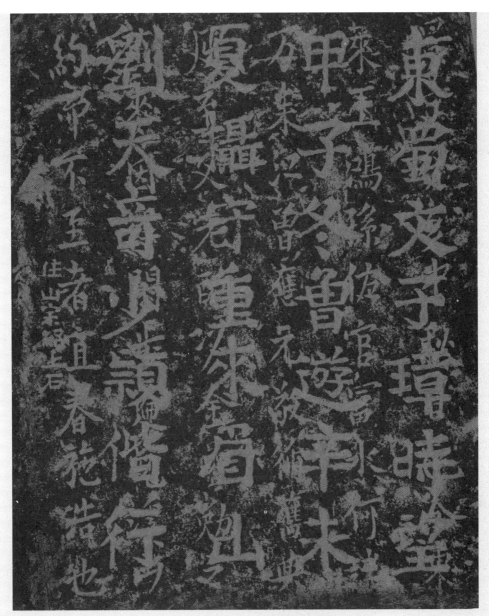

宋·文子璋等题名

摩崖区 175-68 号，44 cm×37 cm，字大 5.5 cm，楷书。

东蜀文子璋时望，甲子冬曾游；辛未夏，摄守重来。眉山刘天奇少颖偕行。

宋·王鸿孙等题名

摩崖区 175-68-2 号，44 cm×37 cm，楷书。

景定癸亥中秋日，邑令东莱王鸿孙，佐官富水何端方、耒江曾应元，敬循旧典，月至父老□，以金□勉勉□来，因□闲步，遍览溪山。

约而不至者，宜春施浩也。
住山宗绍上石。

注：文子璋等题名碑直接刻在王鸿孙等题名碑上。

宋·严应卯题名碑

摩崖区 119-7 号，83 cm×37 cm，楷书。

溪寄单中宫，观胜概者数日，阆中严应卯赴南宫偕行。九月一日题。

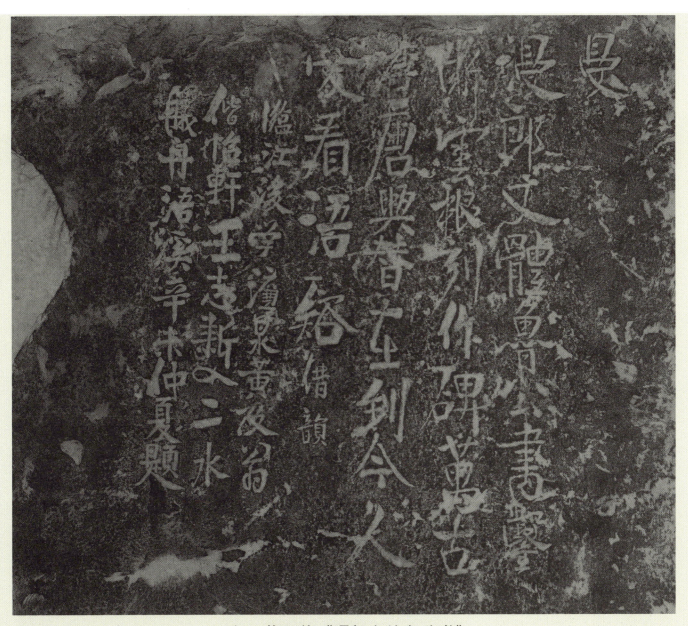

宋·黄及翁《漫郎文体鲁公书》

摩崖区 117-5 号，60 cm×50 cm，字大 4~8 cm，行书。

漫郎文体鲁公书，凿断云根刻作碑。万古李唐兴替在，到今人爱看浯溪。（借韵）

临江后学濂泉黄及翁，偕怡轩王志新入二水，舣舟浯溪。辛未仲夏题。

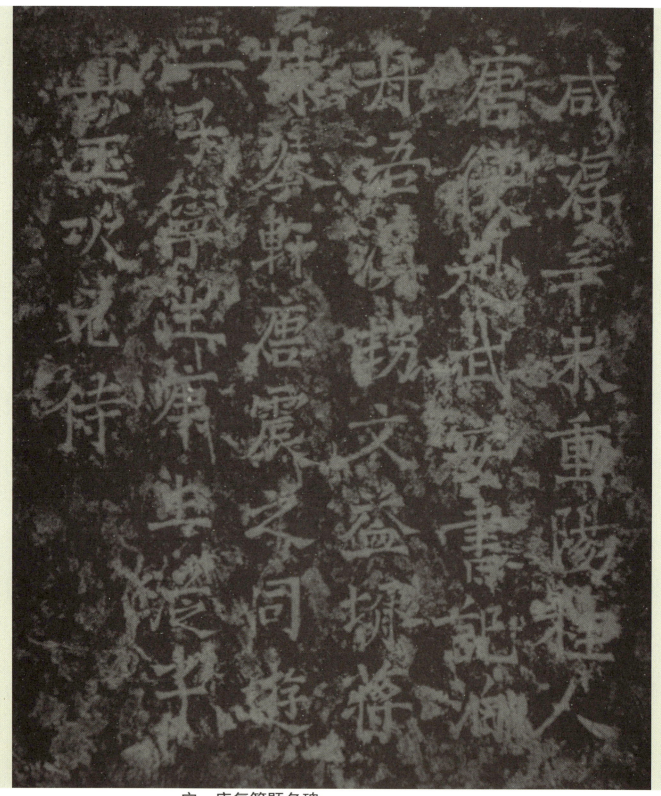

宋·唐复等题名碑

摩崖区 128-16 号，35 cm×30 cm，字大 4 cm，楷书。

　　咸淳辛未重阳，桂人唐复赴武安书记，泊舟浯溪。甥文益，婿
蒋栋琴轩，唐震之同游，二子宁生、庚生，从子真玉、次元侍。

宋·佚名氏《镜石》

摩崖区 132-20 号，50 cm×80 cm，篆书。

镜石。

注：诚，楷书，不知何人所刻。

宋·佚名氏《春日游》

摩崖区 141-30 号，72 cm×80 cm，行书。

……闲拥……嶙□……寻莎……铺锦……露滴……

注：此碑被铲，现存拓片，只剩六行，每行二字。

清·周士皇《游浯溪》

摩崖区 141-30-2 号，72 cm×80 cm，行书。

我闻次山爱樊山，又爱浯溪水潺潺。我住樊溪客峿台，登台凝望公复来。
天下如公十数辈，山高水清酒一杯。……

周士皇，字伟臣，号静庵，武昌人。康熙癸丑进士，历官通政使，康熙中御史。

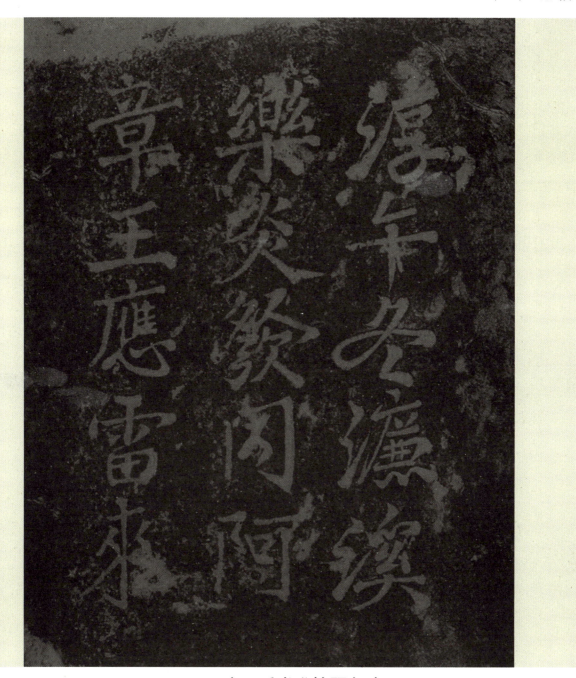

宋·乐炎发等题名碑

摩崖区 118-6-2 号，楷书。

淳午冬，濂溪乐炎发同阿章王应雷来。

注：此碑位于刘锡《兴废》诗碑右下侧。

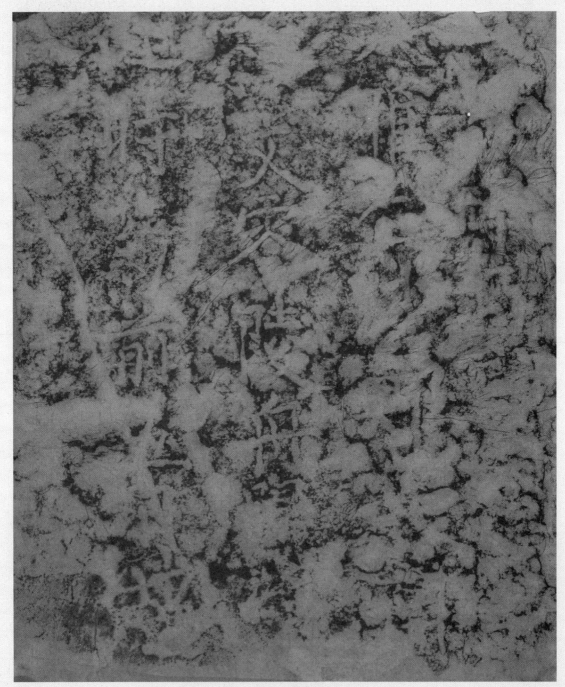

宋·佚名氏《舟过浯溪》

摩崖区208-100号，35 cm×41 cm，楷书。

……十二……大椎……郑……碑……文零陵，舟过浯溪，……时……前五日……

宋·佚名氏《九嶷太守三吾客》

摩崖区 211-103 号，120 cm×35 cm，
字大 8~9 cm，楷书。

九嶷太守三吾客，仿佛前身老漫郎。
溪上仅容寻故宅，石颠犹欠复中堂。
四铭长受尘泥涴，一颂能争日月光。

作者不知是谁，由"九嶷太守"句知是宋道州江华郡守。

注：涴 wò，污，弄脏。

元·杜明《一石犹能不染尘》

摩崖区 144-33 号，40 cm×40 cm，字大 4 cm，楷书。

一石犹能不染尘，照开万象本如真。宪官不究践民弊，着甚冠袍寄我身。

大德庚子冬至后一日，江南诸道行御史台监察御史杜明偕御史兀都蛮敦武，察吏刘祯、刘衍因按临湖广，舟经浯溪，书此以记岁月。

祁阳县典史李廷扬立石。

此碑左上角刻有两字，其中一字为"车"，另一字不完整。

注：着，即"著"。

元·史杠等题名碑

摩崖区 182-75 号，
50 cm×26 cm，
字大 7 cm，楷书。

大德九年乙巳岁正月
既望，真定史杠观。

从公游者，省掾许政、
王毅及公侄史耿、从事高
信。客谢端识。

史杠，字柔明，号橘
斋道人，真定县（今河北
正定）人。官至行省右（左）
丞。读书余暇，弄笔作人
物、山水、花卉、翎毛，
咸精到。

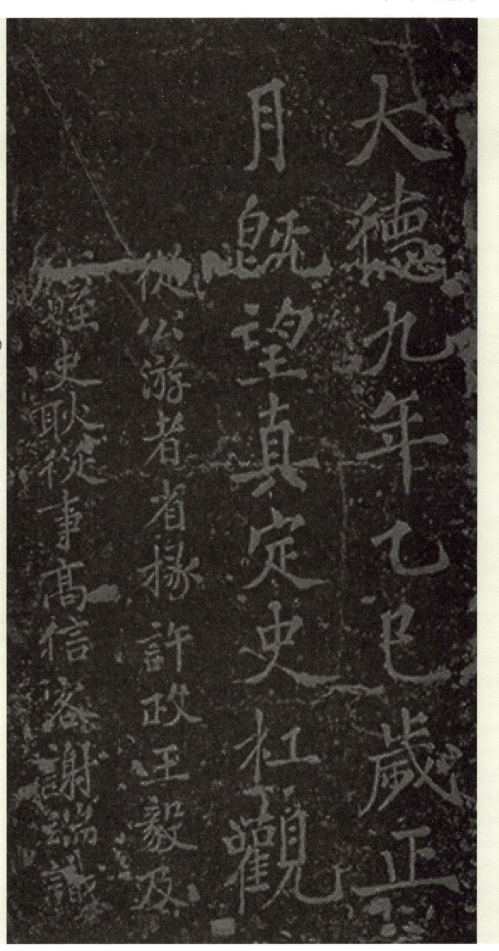

元·史杠等题名碑

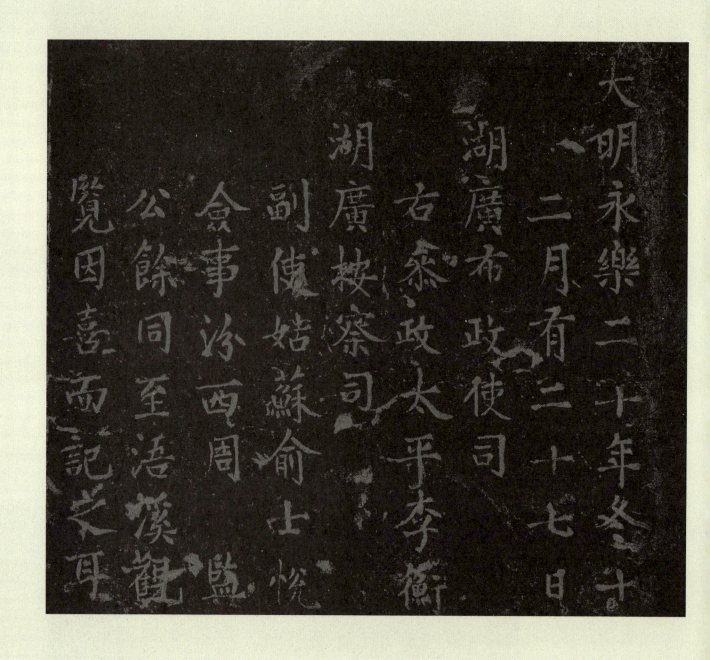

明·李衡等题名碑

摩崖区 176-69 号，32 cm×34 cm，字大 3 cm，楷书。

　　大明永乐二十年冬十二月有二十七日，湖广布政使司右参政太平李衡、湖广按察司副使姑苏俞士悦、佥事汾西周监，公余同至浯溪观览，因喜而记之耳。

　　俞士悦（约 1389—1468），字仕朝，南直隶苏州府长洲（今苏州）人，永乐十三年（1415）进士。曾出任湖广按察副使，官至刑部尚书、太子太保。

明·佚名氏《唐室中兴亦伟哉》

摩崖区 197-89 号，52 cm×50 cm，字大 5~6 cm，楷书。

唐室中兴亦伟哉！谁将颂勒最高台？武功文德符青史，铁画银钩带绿苔。
山雨欲收龙吸去，野花初落鸟衔来。当时妃子今何在，长使行人吊古哀。
湖广按察司□□□□。

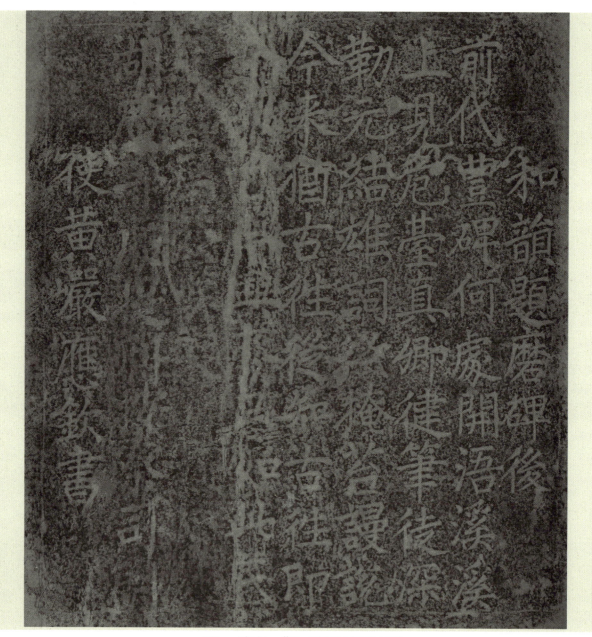

明·应钦《和韵题磨碑后》

摩崖区 213-105 号，52 cm×62 cm，字大 5~6 cm，楷书。

和韵题磨碑后

前代丰碑何处开？浯溪溪上见危台。真卿健笔徒深勒，元结雄词欲掩苔。

谩说今来犹古往，从知古往即今来。古今兴废皆如此，□□□□公莫哀。

湖广等处提刑按察司副使黄岩应钦书。

应钦，浙江台州府黄岩县人，景泰元年（1450）庚午科举人，辛未柯潜榜进士。
任监察御史，升江西按察佥事，终湖广按察司副使。著有《四留遗稿》。

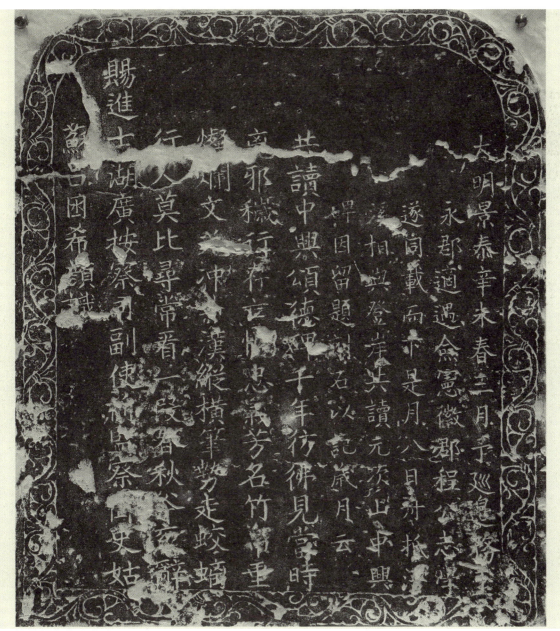

明·吕困《读元次山中兴颂》

摩崖区 166-58 号，50 cm×45 cm，字大 3 cm，楷书。

大明景泰辛未春三月，予巡边务至永郡，适遇金宪徽郡程公志学，遂同载而下。
是月八日，舟抵浯溪，相与登岸，共读元次山中兴碑。因留题刻石，以记岁月云。

共读中兴颂德碑，千年仿佛见当时。

凶邪秽行存亡恨，忠义芳名竹帛垂。

灿烂文光冲斗汉，纵横笔势走蛟螭。

行人莫比寻常看，一段春秋斧衮辞。

赐进士湖广按察司副使、前监察御史姑苏吕困希颜识。

吕困（yuān，同"渊"）（1418—？），字希颜，明朝常熟县人。正统四年（1439），
殿试登进士第三甲第五名，授行人，擢监察御史，迁湖广副使，官至云南布政使。

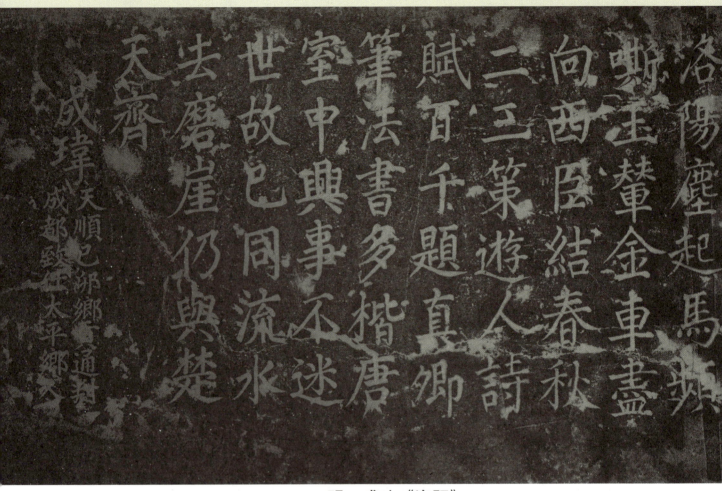

明·成玮《洛阳》

摩崖区 148-38 号，35 cm×65 cm，字大 6 cm，楷书。

洛阳尘起马频嘶，玉辇金车尽向西。
臣结春秋二三策，游人诗赋百千题。
真卿笔法书多楷，唐室中兴事不迷。
世故已同流水去，磨崖仍与楚天齐。
成玮，天顺己卯乡贡，通判成都，致仕，太平乡人。

成玮，明代湖南祁阳县太平乡人，今为湖南祁东县蒋家桥一带。
注：磨，同"摩"。

明·沈庆《题磨崖碑》

摩崖区 145-35 号，100 cm×100 cm，字大 4 cm，楷书、赵体。

题磨崖碑

　　予以翰林出金湖皋，因按部得来祁阳，十有三载。第因公务倥偬，弗克一往浯溪，览昔词苑所谓磨崖碑刻，迹其胜异。今春喜征蛮之便，舟泊崖次，得目偿所愿。且虑久而模糊，漫不可读，亟命工摹刻，以垂永久，因赋歌诗以寄兴云。

　　粤昔东阁阅图书，磨崖刻石谁能逾？遒劲颜笔迈羲献，购求墨本逾金珠。

　　次山之颂抗燕许，风雅体制扬海隅。唐季孽兴固自职，臣子爱君忠义俱。

　　婉辞讽谏极深刻，天意有待恢神谟。元勋将相克戮力，令有忠愤思捐躯。

□□□□虎龙撼，拔山倒海歼强胡。腥膻汛扫妖氛息，瑞应大来万物苏。

重欢二圣复宗社，举见万国来朝趋。表忠录烈逆俦殄，巍巍功业震寰区。

乱臣贼子鉴兹失，宪章百世宁逃诛。于戏！前车覆首后车鉴，岂独异世为无虞！

更相戒饬保家国，宴安鸩毒良嘉谟。风雨剥蚀否藓侵，石刻岁久几模糊。

重镌于焉作远图，不知莅兹其何如？□还有：

提兵靖边徼，盘桓过此溪。讵意老来眼，得看中兴碑。崖古石逾莹，世久刻□奇。

元颂焕星斗，颜书是蛟螭。铺张羡雄伟，恢复想当时。宜乎百世下，过客遗声唏。

猗彼老将功，哀此大腹儿。血流胡鬼哭，碑镌颂声驰。二圣得重欢，万民俱清夷。

事有不偶尔，天其实相之。扰扰臣贼徒，族诛污名贻。臣结颜真卿，役形书与辞。

南山石可烂，此刻终不隳。悠悠后来者，宁无动遐思？

大明天顺六年，岁在壬午春三月初吉，中宪大夫湖广等处提刑按察司副使奉敕征蛮，前翰林院五经博士东溪沈庆识。

沈庆，明代进士，翰林博士，著名诗人。明景泰五年（1454）春，时任湖广提刑按察司金事。

注：讵 jù，岂，怎。

明·阮韬题名碑
摩崖区 145-35-2 号，紧接沈庆诗碑的落款，楷书。

浙江布政司承差阮韬过访故记。

朝代不明·天字碑
摩崖区 145-35-3 号，楷书。

注：此碑疑为沈庆所铲，沈庆诗碑的第六行上面和第十三行中间，各有一个"天"字。第三、四行上面残存两处笔画。

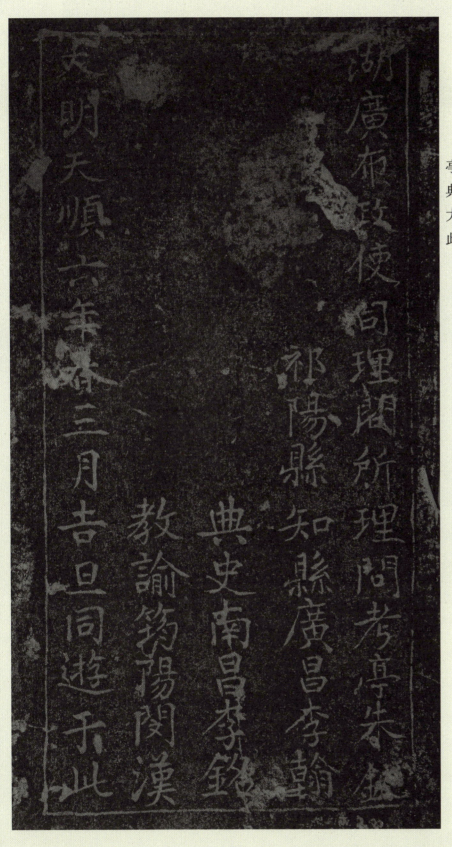

明·朱铣等题名碑
摩崖区 149-39 号，
22 cm×38 cm，楷书。

　　湖广布政使司理问所理问考亭朱铣、祁阳县知县广昌李翰、典史南昌李铭、教谕筠阳闵汉，大明天顺六年春三月吉旦同游于此。

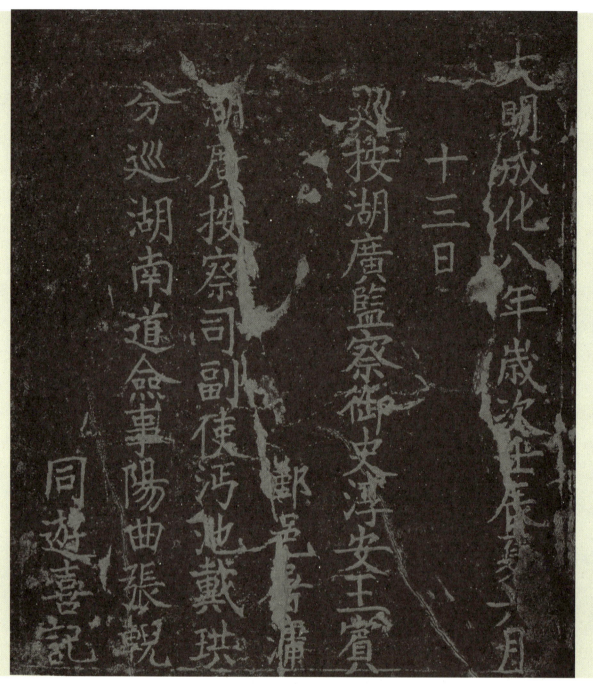

明·王宾等题名碑

摩崖区 177-70 号，32 cm×34 cm，字大 3 cm，楷书。

大明成化八年岁次壬辰夏六月十三日，巡按湖广监察御史淳安王宾、鄞邑屠滽，湖广按察司副使沔池戴珙，分巡湖南道佥事阳曲张輗，同游喜记。

屠滽，字朝宗，号丹山，1440 年生，鄞县城江北岸（今属江北区）人。明成化二年（1466）进士，历任监察御史、右佥都御史、右都御史、左都御史。弘治十年加太子太保，次年擢吏部尚书，进太子太傅，继加柱国。

戴珙，曾任都察院监察御史，博野知县，官至山东左布政使。注：輗，ní。

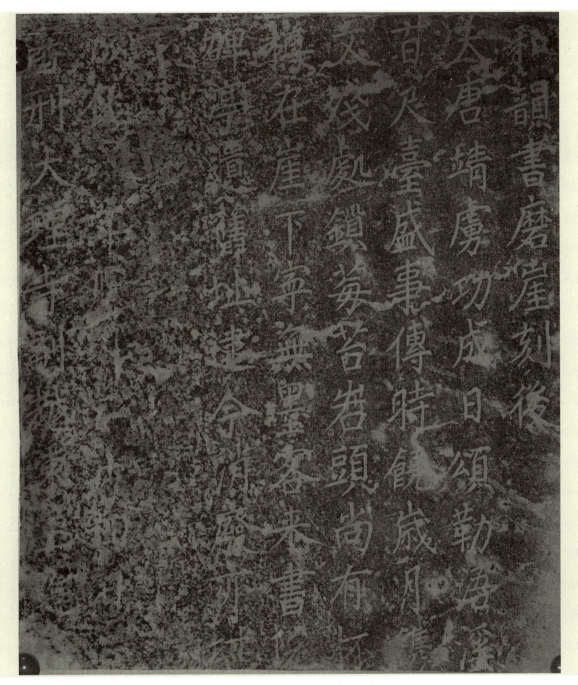

明·王襄《和韵书磨崖刻后》

摩崖区 193-85 号，55 cm×45 cm，字大 4.5 cm，楷书。

和韵书磨崖刻后

大唐靖虏功成日，颂勒浯溪百尺台。盛事传时饶岁月，镌文残处锁莓苔。
岩头尚有杯樽在，崖下宁无墨客来？书院碑亭遗旧址，逮今消废亦堪哀。
成化八年腊月二十四日，审刑大理寺副越东王襄。

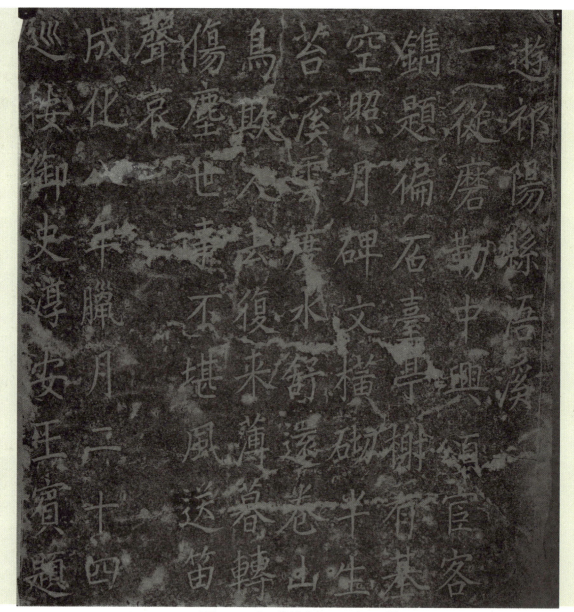

明·王宾《游祁阳县浯溪》

摩崖区 194-86 号，60 cm×55 cm，字大 5~6 cm，楷书。

游祁阳县浯溪

一从磨勒中兴颂，宦客镌题徧石台。

亭榭有基空照月，碑文横砌半生苔。

溪云度水舒还卷，山鸟欺人去复来。

薄暮转伤尘世事，不堪风送笛声哀。

成化八年腊月二十四巡按御史淳安王宾题。

注：徧 biàn，同"遍"。

明·唐道忠等题名碑

摩崖区 144-33 号，23 cm×19 cm，字大 3 cm，楷书。

祁阳县僧会官法祐、道会官唐道忠，成化九年秋七月同游记。

朝代不明·俞瑶仝玩

摩崖区 144-33-2 号，字大 2 cm，楷书。

俞瑶仝玩。

注：此碑在唐道忠等题名碑上方。
仝即"同"。

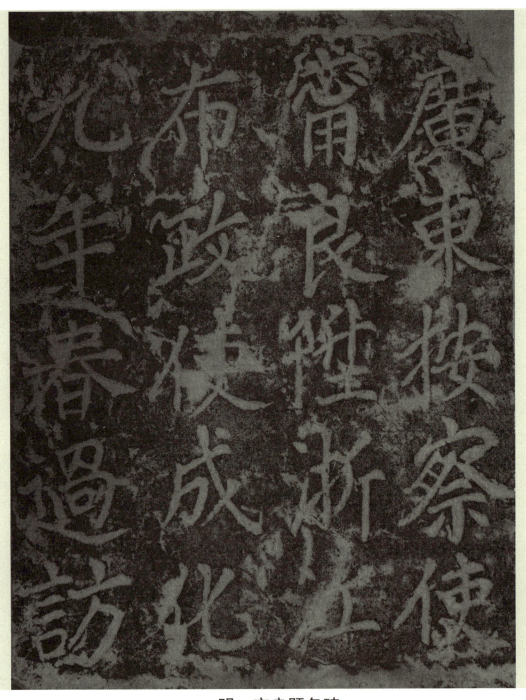

明·宁良题名碑

摩崖区 163-55 号，28 cm×20 cm，字大 5 cm，楷书。

广东按察使宁良升浙江布政使，成化九年春过访。

　　宁良，字元善，明朝重臣，生于明代永乐年间，祁阳县金兰桥（今衡阳市祁东县金桥镇）人。明正统十年（1445）进士及第，提升为行人首，后迁升刑曹。历任浙江省参政、广东按察使，浙江右、左布政使。

明·宁良《浯溪吊古》

摩崖区 196-88 号，42 cm×42 cm，字大 4~5 cm，楷书。

浯溪吊古　　宁良

路入浯溪碧障开，临风吊古思徘徊。胡尘北起空关右，玉辇西行堕马嵬。
王气收时龙逸去，前星明处凤归来。元颜词翰千金重，吊古今人扫绿苔。

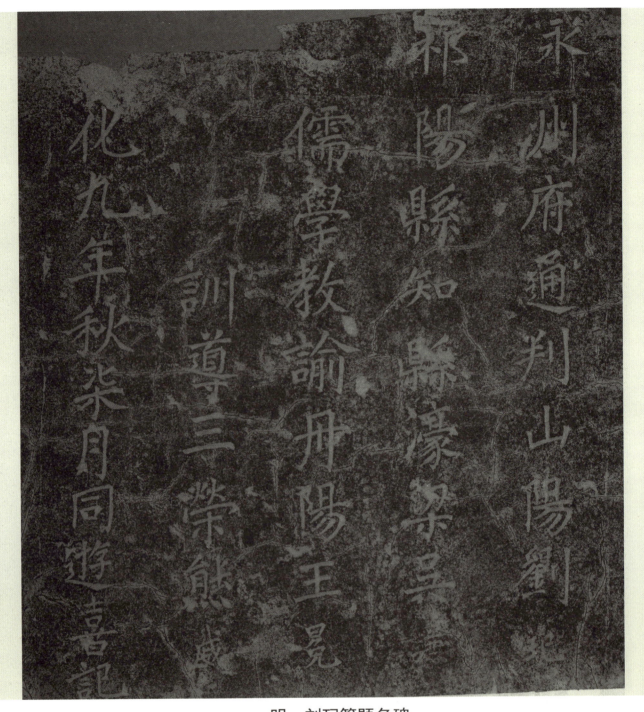

明·刘玘等题名碑

摩崖区 210-102 号，48 cm×45 cm，字大 4~5 cm，楷书。

永州府通判山阳刘玘、祁阳县知县濠梁吴谦、儒学教谕丹阳王冕、训导三荣熊威，成化九年秋柒月，同游喜记。

刘玘，字允璋。潮阳人。明成祖永乐十五年（1417）解元，十九年（1421）登进士，授兵部车驾司主事。坐忤大臣，放归。登临题咏，著述甚富。

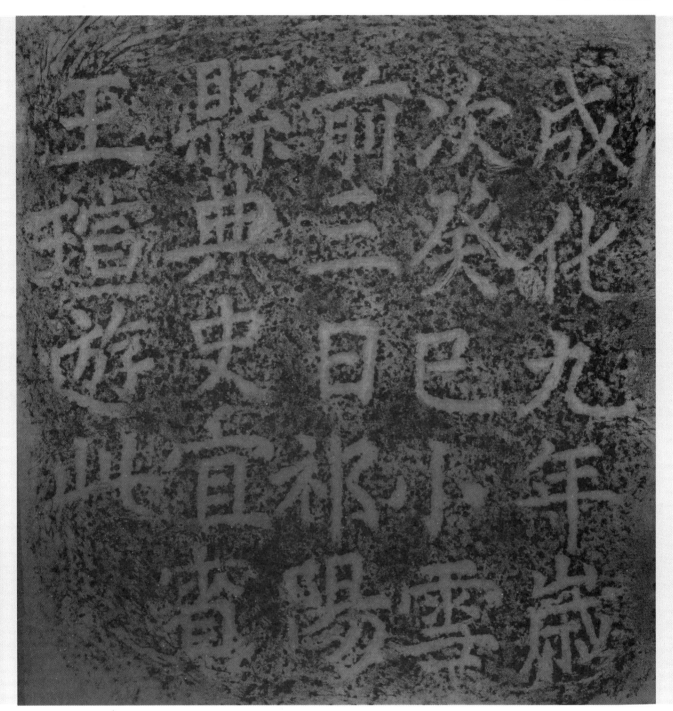

明·王瑄题名碑

摩崖区 215-108 号，35 cm×30 cm，楷书。

成化九年岁次癸巳小雪前三日，祁阳县典史宜宾王瑄游此。

注：王瑄与峿台北崖区题诗《游浯溪》的王宣，应是同一人。

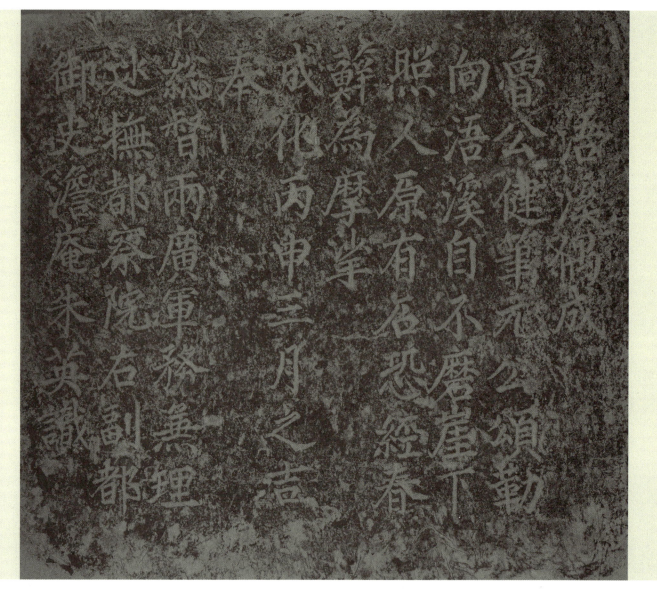

明·朱英《浯溪偶成》

摩崖区 195-87 号，55 cm×60 cm，字大 5.5 cm，楷书。

浯溪偶成

鲁公健笔元公颂，勒向浯溪自不磨。崖下照人原有石，恐经春藓为摩挲。

成化丙申三月之吉，奉敕总督两广军务兼理迸抚都察院右副都御史澝庵朱英识。

朱英（1417—1485），字时杰，号澝庵，又号诚庵、任真子。桂阳县（今郴州市汝城县）人。正统十年（1445）登进士第，授监察御史，历任广东、陕西、福建等地参议、布政使等职，又以都察院右副都御史之衔巡抚甘肃。成化十一年（1475），升任两广总督。成化二十年（1484），入朝授太子少保、都察院右都御史。此诗为他官两广时过浯溪所作。

注：迸同"巡"。

明·韦宁题名碑
摩崖区 202-94 号，81 cm×54 cm，字大 4 cm，楷书。

　　成化乙未冬，予奉命有事于湖湘。丙申夏四月，路由永州而至祁阳。偶见浯溪胜境，停舟造观，山川雄丽，草木奇秀。有唐颜真卿所书、元结所撰《中兴颂》及历代名公巨卿诗记，莫不锵然可诵，勒石以垂不朽。予徘徊瞻眺久之，旅怀洒然，如登蓬莱、瀛洲之为快也。特书以记之。

　　成化丙申夏四月上旬中官少监韦宁识。

　　注：宁 níng，同"宁"。

朝代不明·佚名氏题名碑
摩崖区 202-94-2 号，30 cm×20 cm，楷书。

……此以杨……泰元右……公昌门日□堂敬请……

　　注：此碑在韦宁碑右下角，疑为韦宁所铲。

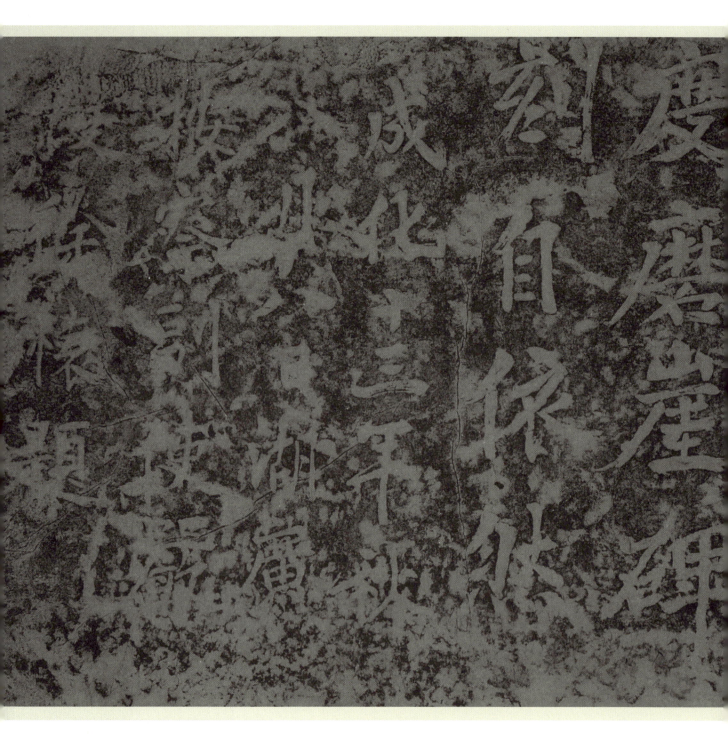

明·徐怀《鲁公书法因人重》

摩崖区 173-65 号，45 cm×100 cm，字大 10 cm，楷书。

鲁公书法因人重，元叟词章藉此传。景物变迁知几度，磨崖碑刻自依然。

成化十三年秋八月八日，湖广按察副使严陵徐怀题。

徐怀（1431 —？ ），字明德，浙江严州府建德县人，明朝政治人物。进士出身。浙江乡试第
六十一名。天顺四年（1460），参加庚辰科会试，得贡士第五十二名。殿试登进士第二甲第二十七名。
严陵，地名，属严州府，今建德市。

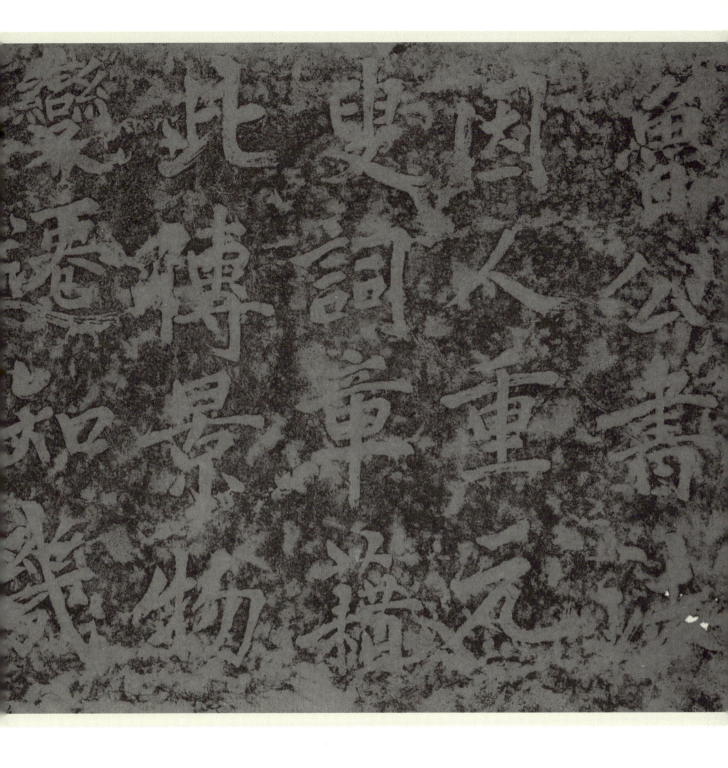

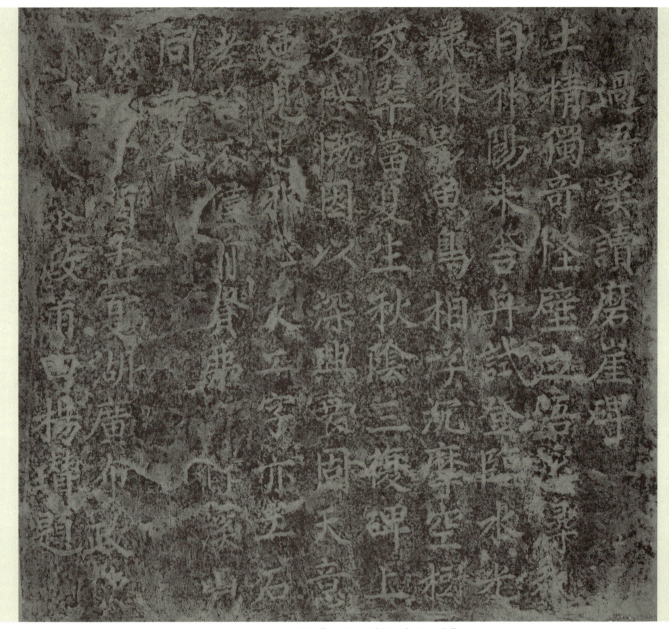

明·杨瓒《过浯溪读磨崖碑》

摩崖区 214-106 号，50 cm×55 cm，字大 4 cm，楷书。

过浯溪读磨崖碑

土精独奇怪，壁立浯溪浔。我自祁阳来，舍舟试登临。

水光漾林影，鱼鸟相浮沉。摩空树交翠，当夏生秋阴。

三复碑上文，感慨因以深。兴衰固天意，乃见忠邪心。

文工字亦工，石老苔不侵。前贤弗再作，溪山同古今。

　　成化丁酉孟夏，湖广布政使司□参政莆田杨瓒题。

　　杨瓒（1422 —？），字宗器，福建兴化府莆田县人，明朝政治人物。天顺元年（1457），参加丁丑科会试，得贡士第二百六十二名。殿试登进士第三甲第三十八名。

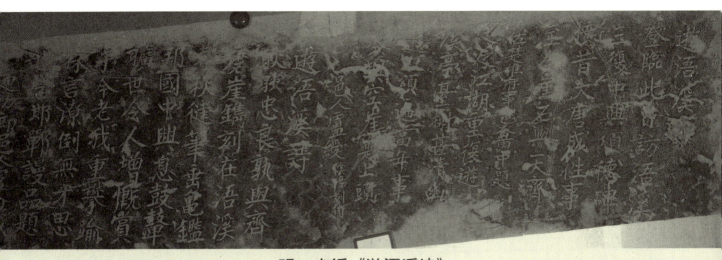

明·卢绶《游浯溪诗》

摩崖区 161-53 号，25 cm×50 cm，字大 3 cm，楷书。

泛泛江湖重复游，溪亭台榭甚清幽。
游人颂遍当年事，分与空崖题上头。
邑人卢绶，阴阳训术。

明·黄中《游浯溪诗》

摩崖区 161-53-2 号，25 cm×50 cm，字大 3 cm，楷书。

游浯溪诗

登临此日访浯溪，三复中兴颂德碑。
忆昔大唐成往事，至今崖石与天齐。
佐楚雄府事邑人黄中题。

明·卢纶《游浯溪诗》

摩崖区 162-54 号，25 cm×50 cm，字大 3 cm，楷书。

游浯溪诗

耿耿忠良孰与齐？磨崖镌刻在浯溪。
春秋健笔垂龟鉴，邦国中兴息鼓鼙。
旷世令人增慨赏，于今老我重攀逾。
休言潦倒无才思，也学邯郸谩品题。
迪功郎邑人卢纶识，成化甲辰六月。

明·夏时《回首东风恨未穷》

摩崖区 171-63 号，徐自明《磨崖》诗碑右侧，46 cm×55 cm，楷书。

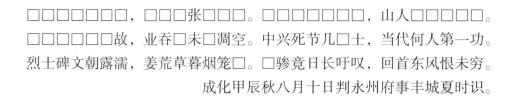

□□□□□□□，□□□张□□□。□□□□□□□，山人□□□□□。
□□□□□□故，业吞□未□凋空。中兴死节几□士，当代何人第一功。
烈士碑文朝露濡，姜荒草暮烟笼□。□骖竟日长吁叹，回首东风恨未穷。
　　　　　　　　成化甲辰秋八月十日判永州府事丰城夏时识。

　　夏时，字以正，明朝钱塘（今杭州）人。永乐十六年（1418）进士，授户科给事中，署尚宝司丞兼理吏、礼、兵、刑四科给事中，升江西按察司佥事，后提拔为广西左布政使。

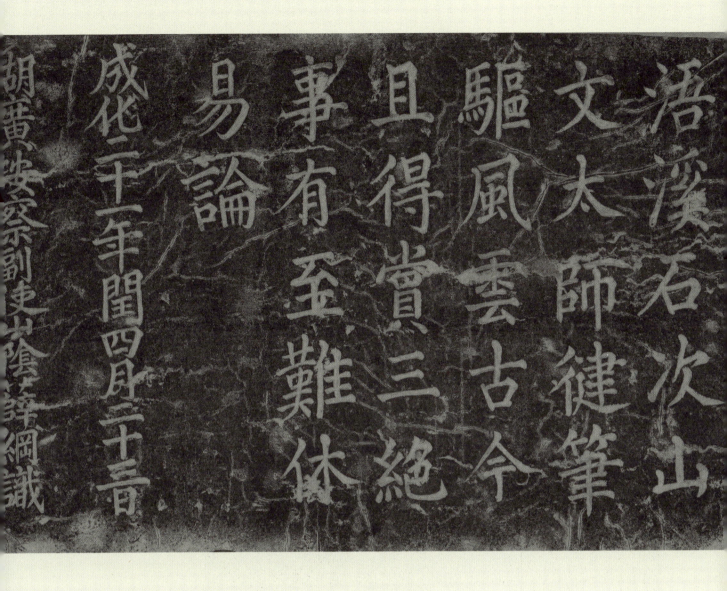

明·薛纲《浯溪石》

摩崖区 189-80 号，50 cm×96 cm，字大 8 cm，楷书。

浯溪石，次山文，太师健笔驱风云。古今且得赏三绝，事有至难休易论。
成化二十一年闰四月二十三日，湖广按察副使山阴薛纲识。

薛纲，浙江山阴人，字之纲。天顺八年（1464）进士。拜监察御史，巡按陕西，于边防事多所建言。官至云南布政使。有《三湘集》《崧荫蛙吹》。

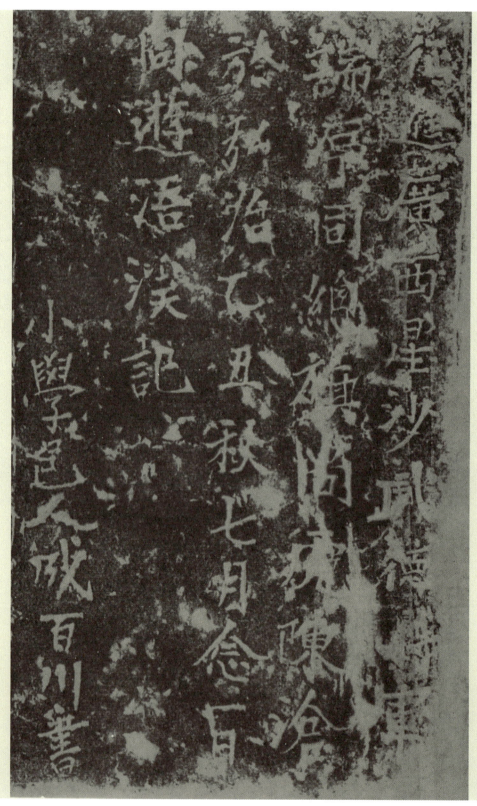

明·端序等题名碑

摩崖区 142-31 号，
36 cm×95 cm，
字大 2 cm，楷书。

征进广西，星沙武德将军端序，同总旗尚虎、陈沧于弘治乙丑秋七月念①一日同游浯溪记。

小学邑人成百川书。

注：①念应为廿。

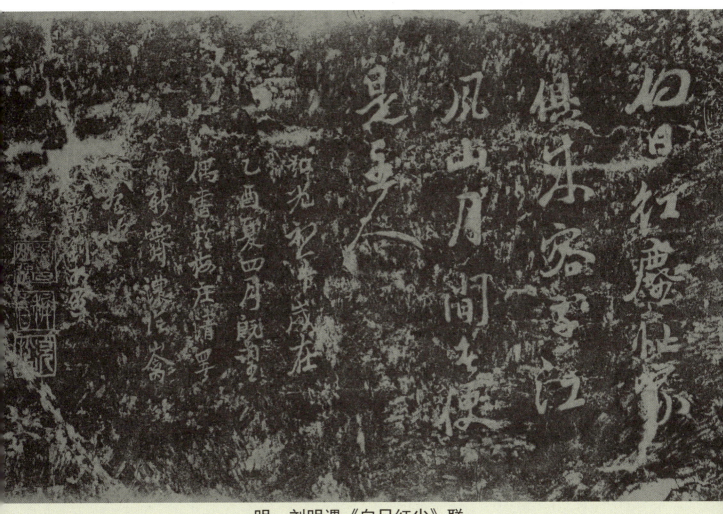

明·刘明遇《白日红尘》联

摩崖区 142-31-2 号，36 cm×95 cm，字大 4 cm，草书。

　　　　　白日红尘，忙家俱成客子；
　　　　　江风山月，闲者便是主人。
弘光初年，岁在乙酉夏四月既望，偶书于梅庄清署。时新霁浓阴，山禽应答也。
鹤岭刘明遇。

　　刘明遇，字浣松，由举人任祁阳县令，多著惠政。以诗学名于时，为西蜀名臣。（康熙十九年《祁
阳县志卷之八·人物志》）

明·张弘至《宿浯溪》二首

摩崖区 134-22 号，45 cm×46 cm，楷书。

为爱三吾七日留，苍崖溪口自维舟。隔江雨意开生画，到枕风声类早秋。
披草读碑论胜事，拂云镜石纪同游，千年遗迹无穷感，尽付湘江日夜流。

重舣浯溪信宿招，次山风致一时豪。何须台榭旌吾有，暂借江山寄兴高。
云拥杖藜临绝壁，雨催诗句度香桥。使槎不尽相留意，独倚天南望斗标。
　　　　　　　　　　　　　丙寅十月宿浯溪。东吴张弘至时行赋。

　　注：张弘至的《万里志》中，诗中的"溪口""论""尽付"分别修改为"渡口""寻""回首"。

　　张弘至，字时行，号龙山，明朝松江府华亭县人，弘治九年（1496）进士，改翰林院庶吉士，授兵科给事中。正德元年（1506），奉使安南，过浯溪，还迁都给事中。

明·陈凤梧《江山不尽古今游》

摩崖区 209-101 号，34　cm×60 cm，字大 2 cm，楷书。

□歌□□□□□，江山不尽古今游。漫郎风致依稀在，徒倚高台俯碧流。

正德改元丙寅十一月十九日予邀通政程德和同游浯溪，因次同年张司谏韵，□之石上，以记岁月云尔。卢陵陈凤梧谨志。

陈凤梧（1475—1541），江西泰和人，字文鸣，号静斋。弘治九年（1496）进士，授刑部主事，历湖广提学佥事，湖南提学道，河南按察使，累擢右副都御史，巡抚山东。官至南右都御史，巡抚应天十府，罢归卒。曾修《岳麓志》。道县月岩的石壁上今存明正德四年（1509）陈凤梧的诗刻三首。

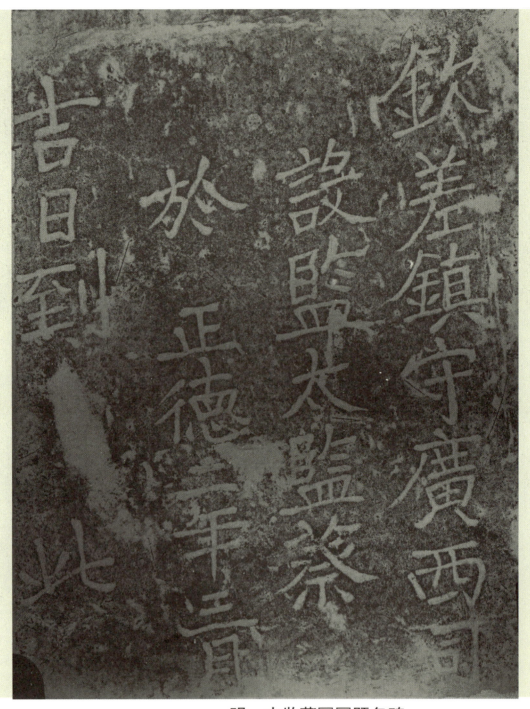

明·太监蔡□□题名碑

摩崖区 164-56，28 cm×20 cm，字大 4 cm，楷书。

钦察镇守广西司、设监太监蔡□□于正德二年三月吉日到此。

明·计宗道《冒雨游浯溪有作》

摩崖区 160-52 号，40 cm×57 cm，字大 5 cm，楷书。

冒雨游浯溪有作

浯溪烟雨几时休，起我幽怀千古愁。

元结心肠镌石上，肃宗勋业付江流。

大书岂尽中兴事，些丑终贻后世羞。

独坐溪头成浩叹，野花闲草不胜秋！

　　　　正德十年尚书户部郎中柳州计宗道书。

　　计宗道，字惟中，（1461—1519），明朝马平县人，始祖计国选是山东青州府益都县人。成化十六年（1480）乡试中解元及第，柳州历史上第一位解元。弘治十二年（1499）中进士，任常熟知县，正德三年（1508）升任福建延平府同知，历任户部郎中、湖广衡州知府。

明·刘养仕《西蜀山》

摩崖区 147-37 号，92 cm×64 cm，草书。

□□□□□□□，□□□□□□□。
□吟盛□□□□，□□□州西蜀山。
刘养仕书。

刘养仕，据《永州府志·历代官属姓氏表》："嘉靖知府刘养仕，内江人，三十六年（丁巳，1557）任。"零陵柳子庙内，有刘养仕1558年所撰《重修司马先生庙纪》。

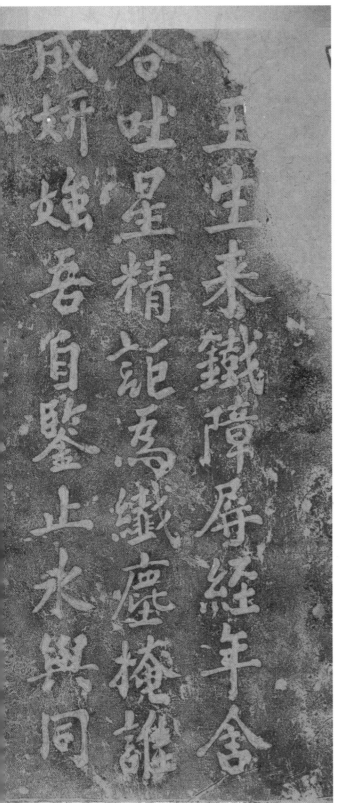

明·管大勋《镜石》

摩崖区229-122号，60 cm×38 cm，楷书。

□□□□玉，生来铁障屏。
经年含□□，□谷吐星精。
讵为纤尘掩，谁□□□成。
妍媸吾自鉴，止水与同□。
　　　　万历辛巳秋四明管大勋题。

管大勋（1530—?），字世臣，号慕云，浙江鄞县人，嘉靖四十四年（1565）进士。历任临江知府、四川提学副使、延平知府、衡永彬兵巡副使视上湖南学政、广西参政、广东按察使、广西右布政、左布政使，福建右布政使，加南京光禄寺卿。

注：媸chī，同"媸"，相貌丑陋。

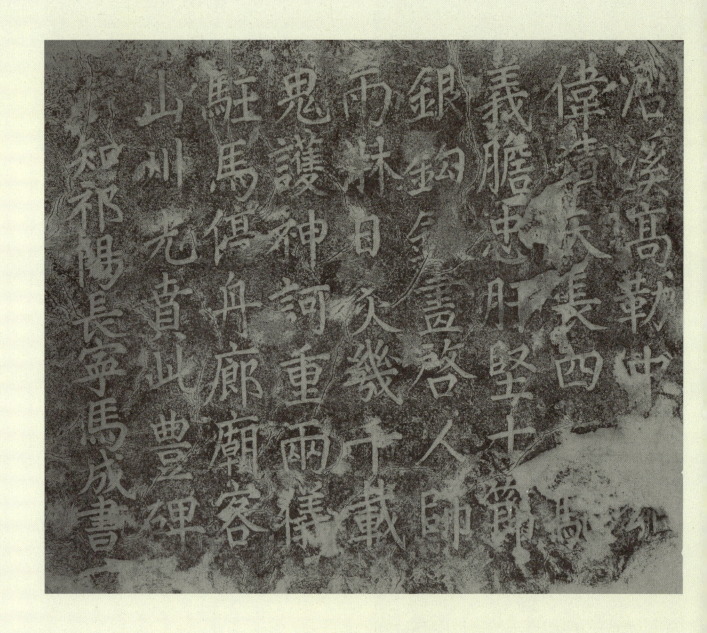

明·马成《浯溪》

摩崖区 124-12 号，37 cm×45 cm，字大 5 cm，楷书。

浯溪高勒中兴颂，伟迹天长四马驰。义胆忠肝坚士节，银钩铁画启人师。
雨淋日炙几千载，鬼护神诃重两仪。驻马停舟廊庙客，山川光贲此丰碑。

知祁阳长宁马成书。

马成，四川人，岁贡，据旧《祁阳县志·职官志》中记载，其知祁阳，任十二年。
注：诃同"呵"。

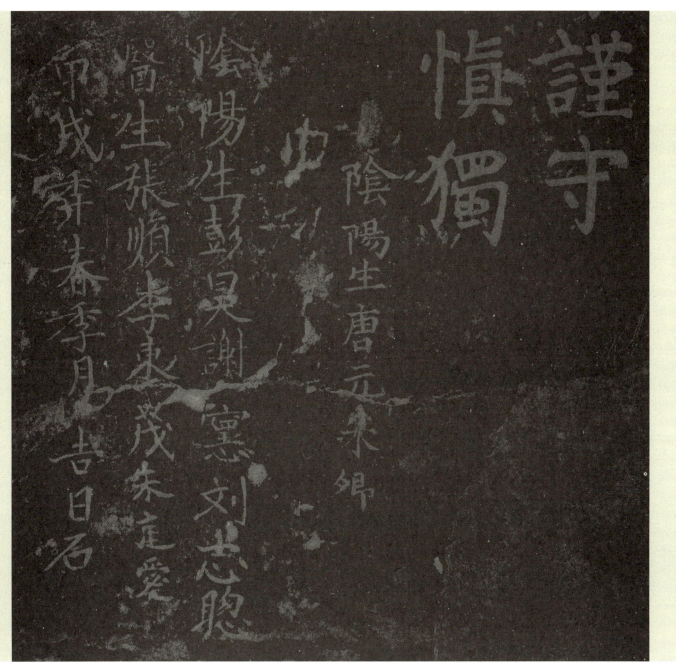

明·唐元等《谨守慎独》题名碑

摩崖区 129-17 号，30 cm×30 cm，四字大 5 cm，题名字大 3 cm，楷书。

谨守、慎独。

阴阳生唐元、朱卿。

阴阳生彭昊、谢宪、刘志聪。

医生张顺、李东茂、朱庭爱。

甲戌年季春季月吉日石。

注：该石刻应为三个不同时间刻成。

清·王颐重修黄庭坚《题摩崖碑后》诗

摩崖区 216-109 号，230 cm×180 cm，字大 6~9 cm ，楷书。

崇宁三年三月己卯，风雨中来泊浯溪。进士陶豫、李格，僧伯新、道遵，同至中兴颂崖下。明日，居士蒋大年、石君豫，太医成权及其侄逸，僧守能、志观、德清、义明等众俱来。又明日，萧褒及其弟襃来。三日徘回崖次，请余赋诗。老矣，不能为文，偶作数语。惜秦少游已下世，不得此妙墨劖之崖石耳。

　　　春风吹船著浯溪，扶藜上读中兴碑。平生半世看墨本，摩莎石刻鬓成丝。
　　　明皇不作苞桑计，颠倒四海由禄儿。九庙不守乘舆西，万官已作鸟择栖。
　　　抚军监国太子事，何乃趣取大物为。事有至难天幸耳，上皇局蹐还京师。
　　　内间张后色可否，外间李父颐指挥。南内凄凉几苟活，高将军去事尤危。
　　　臣结春秋二三策，臣甫杜鹃再拜诗。安知忠臣痛至骨，世上但赏琼琚词。
　　　同来野僧六七辈，亦有文士相追随。断崖苍藓对立久，涷雨为洗前朝悲。

宋豫章黄庭坚字鲁直。诸子从行：相、梲、相、楉。春陵尼悟超同来相观，南阳何……祁阳令陆弁，景庄，浯溪伯新，宣和庚子十二月廿日书，无诸释□□刻。

康熙癸丑仲冬月祁阳令曲安王颐重修刊，邑庠生蒋善苏监修，沁水张镕题，涪翁此诗作于崇宁三年三月，未及上石，稿藏子发秀才家，乃以私钱刻之中兴碑侧。

注：襃 xiù，同"袖"。襃 bāo，同"褒"。裵回，péi，徘徊。劖 chán，用锐利的器具凿或铲。局蹐：形容畏缩不安。涷，dōng，暴雨。相 sì，同"耜"，类似锹、臿的挖土农具。

清·许虬《胜景》

摩崖区 123-11 号，44 cm×72 cm，楷书。

□斗成□钗，风雨多悬脚。胜景三铭訮，□写咸无缺。
□画本管城，江华唐隽哲。岣嵝未足方，□应质仓颉。
康熙二十一年甲子仲春，古吴许虬竹隐氏题。

许虬（qiú），约公元 1662 年前后在世，改姓顾，后复姓许，字竹隐，江苏
长洲（苏州）人。卒年六十五。

注：訮 yán，争的意思。岣嵝，指衡山。

朝代不明·佚名氏《老人问》

摩崖区 123-11-2 号，44 cm×72 cm，楷书。

枧江笔今老人问，五□□□同到峰王□淹……王……铁……永奇……不□山坳。

注：此碑在许虬《胜景》碑右侧。
枧 zhù，古代乐器。

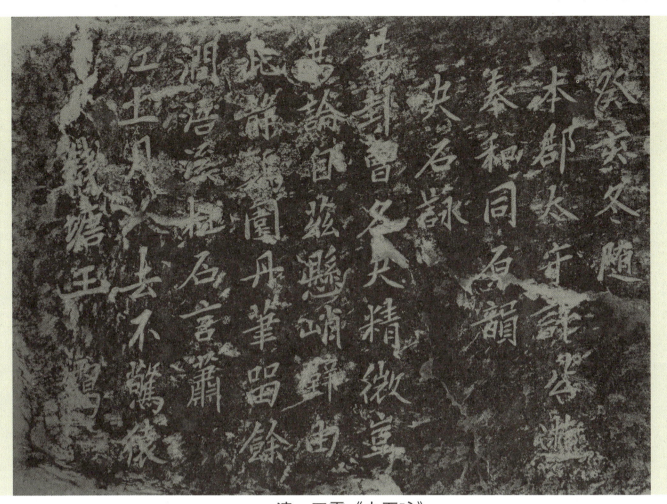

清·王霭《夬石咏》

摩崖区 121-9 号，36 cm×47 cm，楷书。

癸亥冬，随本郡太守许公游，奉和同原韵。

夬石咏

易卦曾名夬，精微岂易论。自兹悬峭壁，由此静鸡园。

丹笔留余润，浯溪杜石言。萧萧江上月，人去不惊猿。

钱塘王霭。

王霭，钱塘人，康熙十八年（1679）知祁阳县。浯溪石刻存诗四首。

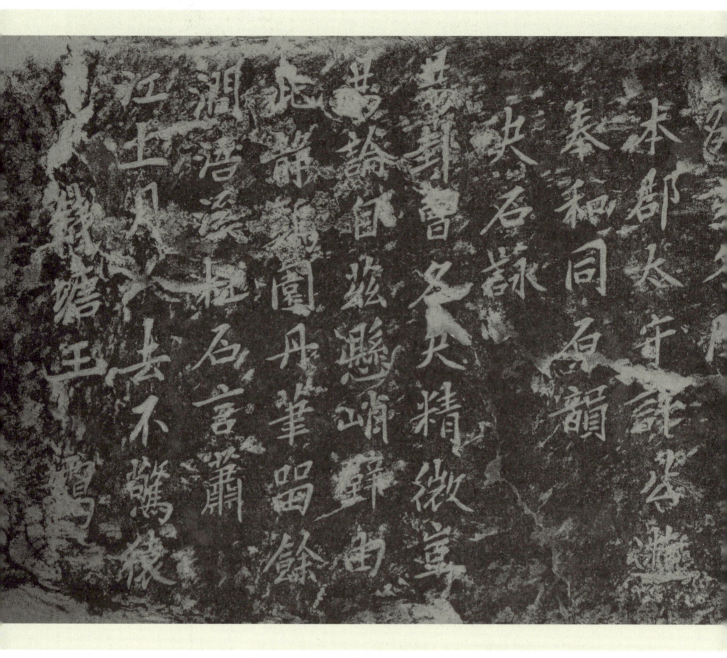

清·王霭《浯溪漱玉》《镜石涵辉》

摩崖区 151-41 号，36 cm×47 cm，行书。

癸亥冬，随本郡太守许公游，奉和同原韵。

浯溪漱玉

渡香香不断，漱玉玉喷渠。今古恒相续，斯流何自如！

镜石涵辉

温润颜如墨，偏含溪水明。妍媸因径尺，羡尔独持平。

钱塘王霭。

注：辉，同"晖"。媸 chī，同"媸"。

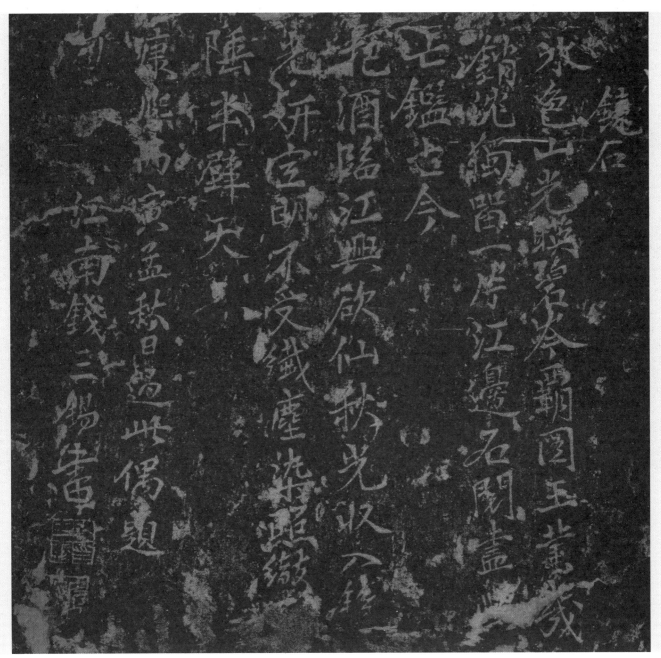

清·钱三锡《镜石》（二首）

摩崖区 130-18 号，30 cm×30 cm，楷书。

镜石

水色山光映碧岑，霸图王业几销沉。独留一片江边石，阅尽兴亡鉴古今。

把酒临江兴欲仙，秋光收入镜光妍。空明不受纤尘染，照彻南陲半壁天。

康熙丙寅孟秋日过此偶题。江南钱三锡书。

钱三锡，字宸安，一字葭湄，太仓人。康熙十五年（1676）进士，历任罗池知县、江西道监察御史、太常寺少卿、大理寺左右卿、光禄及太常卿、宗人府丞。晋都察院左副都御史、户部左侍郎。严核积弊，遭构陷后自缢。康熙丙寅年（1686）使粤，经浯溪作诗二首；五年后，由粤返还，再过浯溪，作《重过三吾》。

清·王永昌《镜石诗》二首

摩崖区152-42号，32 cm×60 cm，字大2~4 cm，行草。

月斧云斤别斫成，风磨雨洗净无尘。冰心铸出空传□，玉胆生来本姓秦。
天地有情留色相，山川无恙露精神。凭君阅尽千秋事，谁是当年具眼人。
落落乾坤一鉴存，高山流水渺知音。闲窥春色花千片，远照空江月半村。
溪雨洗妆香入梦，晓云开匣淡无痕。仪形静对忘机处，半勺清泉心自扪。

康熙二十六年岁次丁卯仲冬下浣易山王永昌题。

王永昌，兴化（易同"陽"，易山即阳山）人，康熙二十三年（1684）任祁阳县令。
注：该碑落款处康熙的"熙"字两边，分别有"仁""山"两字，原碑疑为
王永昌所铲。该碑中间偏左上方，后人刻了较大的"五信"二字。

清·孟廷简《跽辞丹陛到湘南》

摩崖区 157-47 号，55 cm×66 cm，楷书。

　　大清康熙庚辰岁，予陛辞适楚，葭月抵祁，憩公署，逢辛巳，履端朔，三吾邑尉俞君，友人安子靖公、鹏九、昆玉，暨婿兄文子诞先、婿右平伯仲登临浯溪，置酒称觞，览江山之胜概，仰昔贤之高风，不禁神为之，乐而忘疲。因思山水牵人，亦至于此！感而咏之，以志一时之胜！

　　跽辞丹陛到湘南，揽辔溪山漫许旋。因上峿台瞻此阙，思君万里颂尧年。

秦西孟廷简题。

清·俞士谔《华□宠临新楚岫》

摩崖区 157-47-2 号，55 cm×66 cm，楷书。

　　华旆宠临新楚岫，他人惊看锦衣旋。龙韬虎略君须续，圣主还应忆老年。

西陵俞士谔拜题。

朝代不明·曾兴仁题名碑

摩崖区 157-47-3 号，隶书。

　　曾兴仁。

注：此碑在俞士谔诗碑最后两行中间。

清·王臣《观峿亭偶成》

摩崖区 212-104 号，130 cm×162 cm，楷书。

观峿亭偶成

大清康熙四十二年三月十三日由武陵回永，观峿亭偶成。

其一

归帆迎镜壁，分草到亭台。杯舀宓尊酒，停云引鹤来。

其二

绿阴曲径岸，溪绕半山亭。水石皆幽静，江天两碧屏。

开原王臣艸。

注：峿亭应为峿台。该碑残留一些笔画，应为王臣所铲。

艸，即"草"。

清·王德《如登彼岸》榜书
摩崖区 139-27 号，59 cm×202 cm，字大 35 cm，榜书，楷书。

起首篆章：淳德堂（长方形，12 cm×6 cm）

上款：乾隆乙未仲夏。

榜书：如登彼岸。

下款：护理湖南衡永郴桂道、知衡州府事王德题。

落款篆章：王德

清·王宸《昔读舂陵行》

摩崖区 143-32 号，35 cm×52 cm，字大 1.5 cm，楷书。

昔读舂陵行，循循见良吏。后抚中兴碑，凛凛识忠义。更有李阳冰，篆铭在其地。
平生性好奇，中心难弃置。十载渔阳丞，闻声而未诣。一旦典永州，遂谓得所志。
扁舟屡游邀，探奇不言累。登岸石荦确，行径甚微异。横栏度香桥，香气知何自？
逶迤上山腰，有亭翼然置。其亭号曰唐，次山此焉次。有台高崔嵬，吾旁缀山字。
贤者信有托，往往发奇思。森然湘岸蠹，峥嵘负远势。后有老涪翁，过此追往事。
其势固突兀，其境颇幽邃。传闻柳应辰，辟符驱鬼魅。天下名胜处，得贤乃不蔽。
迄今已千年，山色犹佳丽。嗟予爱空寂，无复筑山计。只将数寸管，描出群峰霁。
更有好事者，谓我通妙谛。索诗不肯休，点缀各尽意。铿崖不可凿，难与前贤继。
有幸老能游，好为流光憩。登高勿用杖，逢胜犹能济。一编见感慨，贞石竞磨砺。
五字记所遭，逢时恐未逮。含笑谓妻孥，临川莫叹逝！
　　余守永州者七载，游宴于浯溪屡矣。戊申之岁，蔡君松若来令祁阳，索诗记并刻之石，乾隆己酉吴县王宸书。

　　王宸（1720—1797），字子凝，号蓬心，江苏太仓人。乾隆二十五年（1760）举人，官永州太守。尝画《永州八景》，《浯溪图》乃其中之一，何绍基为之作跋。

清·易学超
《重修三绝堂记》

摩崖区 231-124 号，

244 cm×31 cm，楷书。

　　浯溪，祁名胜地，自宋以来，历有元颜二公祠，明季久废。康熙丁亥，王君□公特修复之。洎乾隆丁丑，宋君怀山宰是邑，移建于书院旧址。寻就圯故址，委榛莽近四十年。前任崔君茶农甫议修，即量移去。事遂寝。予莅祁三载，公余至溪上，溯高风于荒烟蔓草中，堂庑无存，为之怅然者久之，因思二公忠义之气，彪炳史册。自天宝迄今，千有余载，不朽之精灵固与日月争光。而中兴一颂，尤为磨崖三绝。苟无祠以荐馨香，甚非所以妥忠灵而慰仰止也。今千秋岁大熟，集邑人士，于唐亭而议新之。余与同寅诸公捐廉以为之倡，一时□□□□人输天庠□不踊跃争先，迺仍于遗址，高其闳闳，厚……道光二十年岁次庚子嘉平月，上浣知祁阳理事晴川易学超谨记，□□□书。（捐款名单，略。）

　　易学超，湖北汉阳县人，举人出身。道光十六年（1836）九月，署任湖南永顺府龙山县知县。道光十八年（1838）十月出任祁阳县令。

　　注：迺同"乃"。闳闳 hàn hóng，大门。

　　此为活碑，中间断成两块。

清·李一枝《竹子图》
摩崖区 223-116 号，90 cm×45 cm，行书。

竹子图
道光丙午春日三吾培园李一枝写于浯溪石。

清·少诚《清光劲节》诗
摩崖区 223-116-2 号，90 cm×45 cm，楷书。

清光劲节雨漫漫，
巧匠公然伏笔端。
寄语游人须仔细，
浯溪莫作渭川看。
弟少诚初韵拜题。

清·佚名氏《无心有节》诗
摩崖区 223-116-3 号，90 cm×45 cm，楷书。

无心有节，
彼君子德。
志在干霄，
穿云弄月。
□□□题。

清·毛羽丰《皓月绝纤尘》诗
摩崖区 223-116-4 号，90 cm×45 cm，楷书。

皓月绝纤尘，
修竹有余态。
藉以写芳心，
虚灵无窒碍。
云衢弟毛羽丰识。

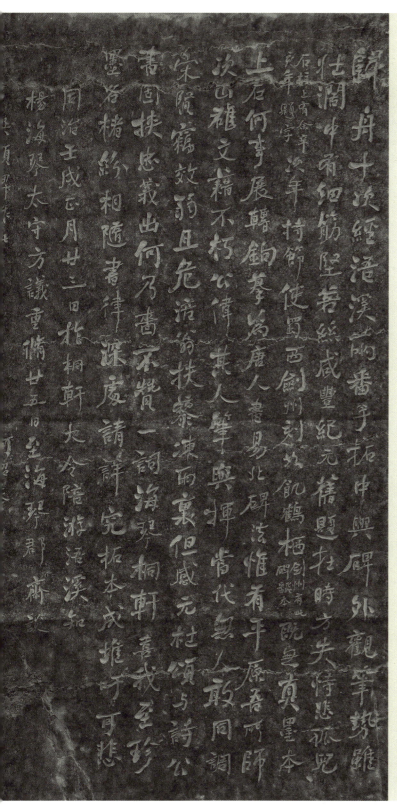

清·何绍基《谈中兴颂碑》

摩崖区 217-110 号，
150 cm×80 cm，
字大 5 cm~9 cm，行书。

归舟十次经浯溪，两番手拓中兴碑。
外观笔势虽壮阔，中有细筋坚若丝。
咸丰纪元旧题在，时方失怙悲孤儿[1]。
次年持节使蜀西，剑州刻如饥鹤栖[2]。
既无真墨本上石，何事展转钩摹为？
唐人书易北碑法，惟有平原吾所师。
次山雄文藉不朽，公伟其人笔与挥。
当代无人敢同调，宋贤窃效弱且危。
涪翁扶藜冻雨里，但感元杜颂与诗。
公书固挟忠义出，何乃啬不赞一词？
海琴桐轩喜我至，珍墨名楮纷相随。
书律深处请详究，拓本成堆吁可悲！
同治壬戌正月廿三日于桐轩大令陪游浯溪，知杨海琴太守方议重修。廿五日至海琴郡斋，谈中兴颂碑作此。何绍基。

原文注释：石刻上原有注释为①石柱上有余辛亥年题字。②剑州有此碑翻本。

何绍基（1799—1873），字子贞，号东洲，别号东洲居士，晚号蝯叟，湖南道县人，晚清诗人、画家、书法家。道光十六年（1836）进士。咸丰初简四川学政，曾典福建等乡试。历主山东泺源、长沙城南书院。书法初学颜真卿，又融汉魏而自成一家，尤长草书。此诗碑世推颜后第一。

浯溪摩崖石刻

清·杨翰三绝堂柱联
《地辟天开》

摩崖区 232-125 号，135 cm×30 cm，
字大 15 cm，楷书。

地辟天开，其文独立；山高水大，此石不磨。

咸丰戊午来守永州，庚申秋始游浯溪，惜亭台久废，频年军事，不得少休。壬戌春，略就安戡，爰将各故址重葺，以还旧观。并于元颜祠畔增置数椽，落成后，集《中兴颂》字作联，刻之碑亭。

楢间时闰月十七日书于郡齐德新堂。督亢杨翰记。

杨翰（1812—1879），原名汝栋，字伯飞，一字海琴，号樗盦，直隶河间（今河北河间市）人。一作宛平，自称督亢或上谷。道光二十五年（1845）进士，授官湖南辰沅永靖道台。咸丰八年（1858）任永州知府七年之久。晚退居浯溪，筑息柯别墅，又自号息柯居士。光绪五年（1879），病逝，年六十七，葬于浯溪。

注：此联原刻于三绝堂中兴颂碑前面的石柱上，现移到空心樟北面平地。

戡 mī，安抚，安定。

清·于学琴三绝堂柱联
《百代名臣》

摩崖区233-126号，139 cm×27 cm，楷书、行书。

百代名臣金石宝，

一溪明月水天秋。

余宰祁阳之明年春，典郡杨观察命重修元颜祠，次及碑亭，功成，仿集《中兴颂》为联，得十四字，抚宋拓本刻之。时同治元年秋九月也。

曲阿于学琴谨识。

注：此联原刻于三绝堂南面石柱上，现移到空心樟北面平地。

清·刘达善三绝堂柱联《彣彰开继事》

摩崖区 234-127 号，
100 cm×20 cm，篆书，楷书。

咸丰巳未长至。
彣彰开继事，持护后来人。
署知县刘达善题。

刘达善，字子迎，顺天府（今北京）大兴县人，江苏人，道光二十四年（1844）举人，咸丰八年（1858）四月任祁阳知县，后任直隶澧州知州，1868 年至 1871 年间任登莱青兵备道道台兼东海关监督。

注：此联原刻于三绝堂西面向外石柱上，现移到空心樟北面平地。

巳应为己。

清·蒋善苏三绝堂柱联《溪山留胜迹》

摩崖区 235-128 号，122 cm×37 cm，楷书。

咸丰己未嘉平。
溪山留胜迹，文字结奇缘。
邑人蒋善苏。

注：此联原刻于三绝堂西面向内石柱上，现移到空心樟北面平地。

清·孙宗弼题名碑

摩崖区 235-128-2 号，122 cm×37 cm，楷书。

吴孙宗弼来访碑。

孙宗弼（1868—1934），江苏吴县人。

清·王凤藻题名碑

摩崖区 235-128-3 号，122 cm×37 cm，楷书。

丙申十一月来拓唐宋元各石刻题记。
元和王凤藻来打碑。

癸巳三月三十日酉中遊浯溪讀中興頌次山谷詩韻

瀟湘奇氣鍾灃溪次山父字魯公碑我喜浯翁詩律

勁石欄坐對兩絲唐祚中襄冠憲起太息朔方無

健兒六龍遠去蜀江西鷰鳳紛枳棘栖鸞並武卯侯

上皇復歌功勒石臣熊爲作者父雄書者健忠清曉

直皆吾師若以墨本工磨剝徒資欠士霜毫揮古

今循吏爲君國身與磐石關安危杜老書名亘來

觀千秋猶誦春陵詩元祐殘碑未磨滅吁嗟蔑禍

起文詞宜州適眎去不遠清遊時有高僧隨兩碑

讀罷一慨歎蒼崖日暮啼猿悲撫湘使者吳大澂

清·吴大澂
《雨中游浯溪读中兴颂次山谷诗韵》
摩崖区 219-112 号，150 cm×80 cm，行书。

　　癸巳三月三十日，雨中游浯溪，读《中兴颂》，
次山谷诗韵。

　　　　　潇湘奇气钟浯溪，次山文字鲁公碑。
　　　　　我喜涪翁诗律劲，石栏坐对雨丝丝。
　　　　　唐祚中衰寇患起，太息朔方无健儿。
　　　　　六龙远去蜀江西，鸾凤纷纷枳棘栖。
　　　　　灵武即位上皇复，歌功勒石臣能为。
　　　　　作者文雄书者健，忠清亮直皆吾师。
　　　　　若以墨本工摩刻，徒资文士霜毫挥。
　　　　　古今循吏为君国，身与磐石关安危。
　　　　　杜老书名吾未睹，千秋犹诵春陵诗。
　　　　　元祐残碑未磨灭，吁嗟党祸起文词。
　　　　　宜州谪所去不远，清游时有高僧随。
　　　　　两碑读罢一慨叹，苍崖日暮啼猿悲！

　　　　　　　　　　　　　　　　抚湘使者吴大澂。

　　吴大澂（1835—1902），初名大淳，字止敬，又
字清卿，号恒轩，晚号愙斋，江苏吴县（今苏州）人。
清代官员、学者、金石学家、书画家，民族英雄 。同
治七年（1868）进士，任编修，陕、甘学政。河南、
河北道员，太仆寺卿，太常寺卿，通政使，左都御史，
广东巡抚，光绪十八年(1892)出任湖南巡抚。善画山水、
花卉，精于篆书。

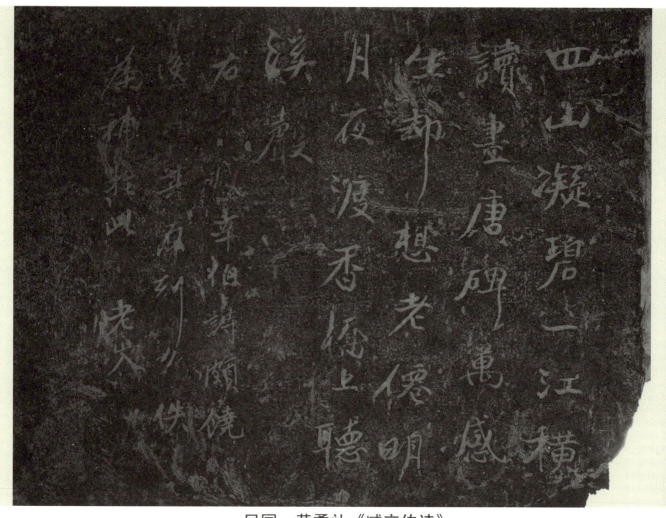

民国·黄霭补《臧辛伯诗》

摩崖区 158-48 号，30 cm×32 cm，字大 2~6 cm，行书。

臧辛伯诗

四山凝碧一江横，读尽唐碑万感生。却想老仙明月夜，渡香桥上听溪声。

右：宋臧辛伯诗，颇饶逸兴。其原刻久佚，为补于此。老岑。

　　黄霭（yù），字麓生，又名麓舜，自用名麓僧，笔名红豆渔翁、老岑（cén），因排行第五，人称黄五先生，祁阳城关镇（今祁阳县龙山街道）人。黄霭生于书香世家，为祁阳县生员第一，复转学长沙岳麓书院，以诗名。师事孝廉李馥，李馥著有《祁阳县志》，稿初成而卒，黄霭为之修订完成。1922 年曾任省参议，1930 年曾任祁阳劝学所长。大半生在祁阳从事中小学教学。黄霭嗜酒，性疏狂，醉后多谐谑。1951 年 4 月 9 日病故，葬于浯溪。黄霭工于书法和刻印，著述颇多。

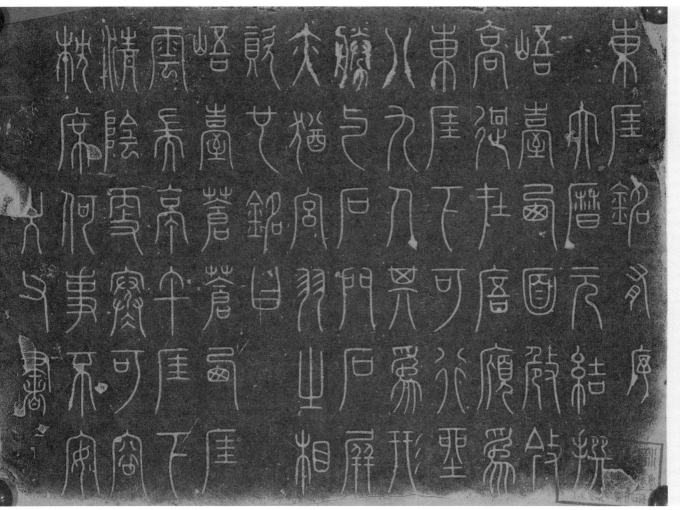

民国·黄乔补《东崖铭》诗

摩崖区 222-115 号，35 cm×47 cm，字长 4.5 cm，宽 2.5 cm，篆书。

东崖铭

大历元结撰。

峿台西面，攲今支高迥，在庼庼为东崖。下可行坐八九人。其为形胜，与石门、石屏亦犹宫羽之相资也。铭曰：

峿台苍苍，西崖云端。亭午崖下，清阴更寒。可容枕席，何事不安？

㳄父书。

注：此碑系邑人黄乔重篆，补刻元结《东崖铭》。

攲 qī，同"攲"，不正。

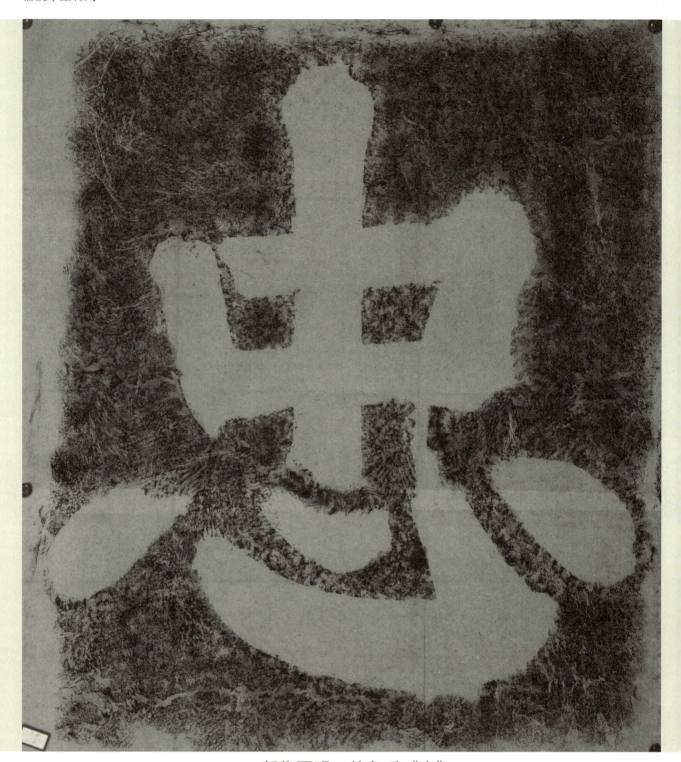

朝代不明·佚名氏《忠》

摩崖区 127-15 号，44 cm×37 cm，榜书，楷书。

忠。

朝代不明·佚名氏《我是镜湖人》

摩崖区 131-19 号，68 cm×55 cm，行书。

我是镜湖人，偶来瞻镜石。越水与楚山，镜中原咫尺。爱此镜中境，游人多自适。

……一山氏题。

注：此碑左下侧有字，疑为此碑铲了另一块碑。

朝代不明·佚名氏《假道浯溪》

摩崖区 155-45 号，38 cm×42 cm，楷书。

予授□命按刑岭南，假道浯溪，与从侄□□尉包□偕游于此。□□□四年四月……

注：假即"借"。

朝代不明·佚名氏《九思子思》

摩崖区 221-114 号，141 cm×41 cm，楷书。

……而所□沂护问……求……叔杠……九思子思寓士开，清东平……雨中中元……

朝代不明·佚名氏《山忠》

摩崖区 221-114-2 号，80 cm×41 cm，楷书。

……山忠□易……晚扬夏……百……

注：此碑应为两方，因字的大小和运笔的风格均不同。

1991重建三绝堂护碑亭时，挖基础
发现的大"佛、寿"字。　杨铁军摄影

朝代不明·佚名氏《寿》《佛》榜书

摩崖区 224-117 号和摩崖区 225-118 号，200 cm×210 cm，楷书。

寿、佛。

　　注：1991年重建三绝堂护碑亭，挖基础时在离地面3米处发现了这2方石刻，因刻在天然巨石上，无法移出，仍掩埋于地下。

朝代不明·佚名氏《读唐中兴颂》诗
摩崖区 226-119 号，40 cm×40 cm，行书。

读唐中兴颂

早听忠言杀禄山，何曾□□□□鉴。到了无惭觅玉环，□□□□□西还。

浯溪石上中兴颂，□□□□□□□。□□□□□□□，□□□□□□□。

……史……

朝代不明·佚名氏《游浯溪三首》

摩崖区，218-111 号，23 cm×69 cm，楷书。

……乙亥春□□雀……游浯溪三首……好……舟□浩渺……玩三颂……籁漫追寻台我……

注：此碑右侧另有四行字，运笔粗壮，仅剩一些笔画，无法辨认。

二、峿台北崖区

宋·狄青凯旋碑

峿台北崖区 263-34 号，
105 cm×55 cm，
字大 9 cm，楷书。

　　皇祐壬辰孟冬，"侬寇"复邕管，宣徽南院使、彰化军节度使狄青，奉诏致讨。明年季春朔，凯旋过此。

　　石州军事推官、掌机宜武纬，大理寺详断官、太子右赞善中大夫、掌机宜冯炳从行。

　　狄青（1008—1057），字汉臣，汾州西河（山西汾阳）人。善骑射，北宋名将，面有刺字，人称"面涅将军"。凭借战功，累迁延州指挥使，拜枢密副使、护国军节度使、河中尹。皇祐五年（1053）正月十五日夜袭昆仑关最著名，三月，回军过浯溪，刻此题名。

宋·佚名氏《余嘉祐中》

嵎台北崖区 238-2 号，60 cm×47 cm，楷书。

余嘉祐中……得从游浯溪……零陵幞再……事，复过此……马□年……

注：此碑下部为陈斗所铲。

宋·王世延等题名碑

崿台北崖区 253-23 号，80 cm×68 cm，字大 4 cm，楷书。

王世延曼卿、李修损之、侯绚□素、张绩公纪、巩固固道、邱昉晦之同游。熙宁戊申十二月，衡霖□□题。

注：此碑下方另有宋人刻的文字：……十日……公侍……水须目……汲□元颂……开禧改元五……

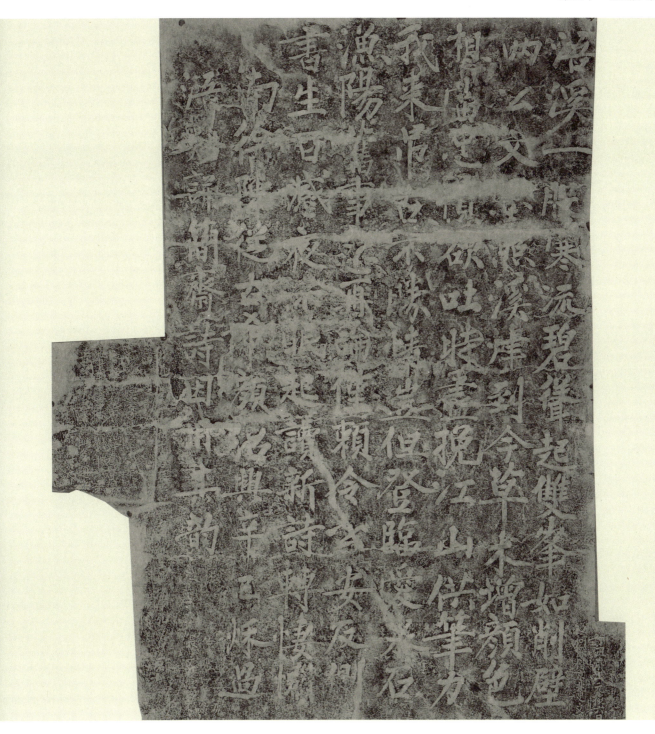

宋·陈从古《浯溪一股寒流碧》

浯台北崖区 245-10 号，150 cm×238 cm，字大 15~20 cm，楷书。

浯溪一股寒流碧，耸起双峰如削壁。两公文墨照溪津，到今草木增颜色。
想当忠愤欲吐时，尽挽江山供笔力。我来吊古不胜情，岂但登临爱泉石！
渔阳旧事忍再论？仅赖令公安反侧？书生百感夜不眠，起读新诗转凄恻！
南徐陈从古希颜绍兴卅一年辛巳秋过浯溪，诵简斋诗，因用其韵。

陈从古（1122—1182），字希颜，一作晞颜，号敦复先生，镇江金坛人。高宗绍兴二十一年（1151）进士。调富阳尉，改邵州教授，监行在左藏东库。擢司农寺主簿，起知蕲州。孝宗乾道七年（1171）为湖南提点刑狱，八年（1172），除本路转运判官。九年（1173），知襄阳府。有诗集，已佚。曾两过浯溪。

朝代不明·文振等题名碑
峿台北崖区 245-10-2 号，150 cm×238 cm，字大 4 cm，楷书。

……当过□虎臣武仲□□焱孙世长文振、文显……台……苑……

注：此碑在陈从古诗碑左下侧，为陈所铲。

朝代不明·佚名氏《浯溪》
峿台北崖区 245-10-3 号，150 cm×238 cm，字大 3 cm，楷书。

……浯溪□，登临思□商……镜石□苔藓看唐碑……□安□□佛……真卿笔……眦多题……伦……教谕……

宋·李处端题名碑
峿台北崖区 262-33 号，67 cm×57 cm，楷书。

李 处 端 能 伯 以 乾 道 壬 辰……

朝代不明·佚名氏《日月吟》
峿台北崖区 262-33-2 号，67 cm×57 cm，楷书。

□□□□□，□□□□襟。□□□□开，□□日月吟。

清·何深等题名碑
峿台北崖区 329-107 号，25 cm×15 cm，字大 3 cm，楷书。

丁丑岁上元后六日卢之、何深偕京兆史文胜观此。

何深（1678—1743），字顷波，别字让川，广东连平元善镇人。清康熙三十五年（1696）与其叔何多学同科中举人。康熙四十五年（1706）会试中进士，殿试中三甲第六名。历任河南扶沟县知县、山东高苑县知县、湖南长沙县知县等职。

朝代不明·佚名氏《穷□光云》
峿台北崖区 329-107-2 号，25 cm×15 cm，字大 3 cm，楷书。

穷□光云

注：此碑在何深碑右侧。

宋·臧辛伯《四山凝碧一江横》

嵝台北崖区 246-11 号，51 cm×46 cm，字大 5 cm，楷书。

四山凝碧一江横，读尽唐碑万感生。却想老仙明月夜，度香桥上听溪声。

嘉定四年辛未吴兴臧辛伯。

臧辛伯，吴兴（今浙江湖州）人。孝宗淳熙十六年（1189）进士，宁宗时通判永州。后任荆湖南路安抚制置使。

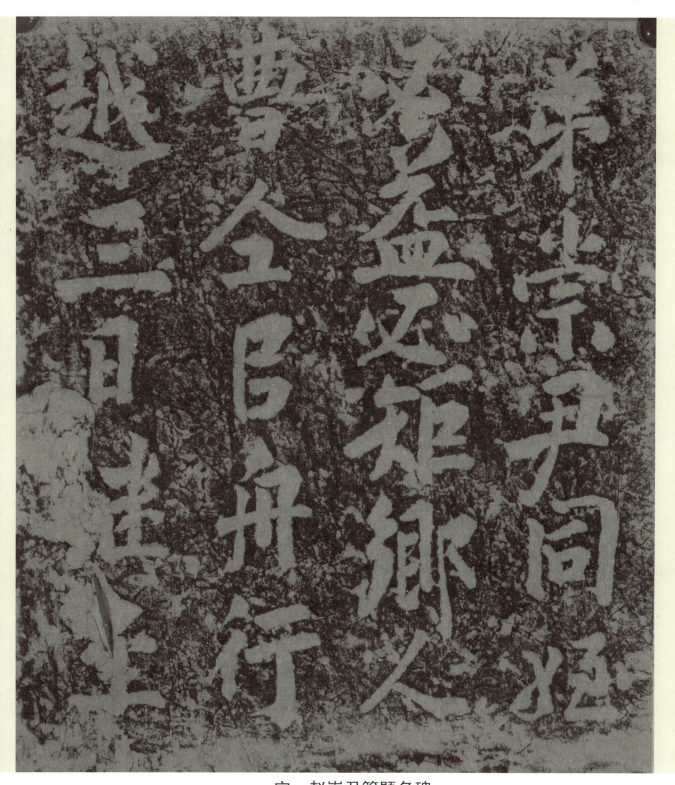

宋·赵崇尹等题名碑

峿台北崖区 278-51-2 号，59 cm×78 cm，字大 8~9 cm，楷书。

弟崇尹同侄必益、必矩，乡人曹全，目舟行越三日继至。

赵崇尹，江西余干县城西街人。赵汝愚次子，赵崇宪弟。
注：目 yǐ，同"以"。

宋·赵崇宪等题名碑
峿台北崖区 278-51 号，116 cm×52 cm，字大 10~11 cm，楷书。

赵崇宪与友成同游。嘉定乙亥四月廿四日。

赵崇宪（1160—1219），字履常，江西余干县城西街人。淳熙十一年（1184）进士。历任保义郎、从事郎、抚州军事推官、太府监丞、秘书郎、著作佐郎、江州（九江）知府、静江（桂林）知府、广西经略安抚。笃孝。

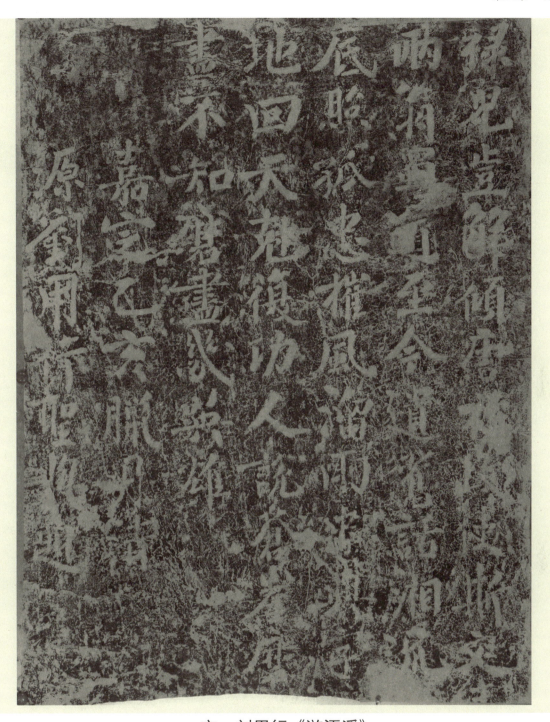

宋·刘用行《游浯溪》

岵台北崖区 279-52 号，104 cm×135 cm，字大 12 cm，楷书。

禄儿岂解倾唐祚，致使斯文寿两翁？蜀道至今遗旧话，湘流澈底照孤忠。
摧风溜雨中兴字，卷地回天克复功。人说苍崖磨不尽，不知磨尽几英雄！
嘉定乙亥腊月清源刘用行圣与题。

刘用行（1168—1249），字圣与，晋江（今福建泉州）人。宁宗嘉定元年（1208）进士。历扬子尉，知零陵、巴陵县，通判道州，知桂阳军、安庆府。理宗端平元年（1234），知潮州。淳祐九年（1249），知赣州，卒于官，年八十二。

宋·易祓《读唐中兴颂》

峿台北崖区 267-38 号，92 cm×89 cm，楷书。

读唐中兴颂

唐家基业重于山，宁许胡雏据九关。当日人心旋□堵，异时世变却循环。

壤分旄钺谁能制，政出貂珰不复还。千古高崖锁苍藓，空留遗迹蹈元颜。

（跋）尝谓禄山骋兵不足以祸唐，而唐祚中微，正在禄山既平之后。覆车不戒，祸变相仍，可胜叹哉！因次襄邑许玠介之韵。嘉定丙子七月三日。

易祓（1156—1240），字彦章，一作字彦韦，又作彦祥，号山斋，湖南长沙宁乡县（今宁乡市）巷子口镇巷市村人。淳熙十二年（1185）乙巳状元，礼部尚书，为孝宗、宁宗、理宗三朝重臣，宝庆二年（1226）封开国侯。与著名词人姜夔"折节交之"。

注：此碑右边有石刻痕迹，但无法辨认。

宋·林伯成《浯溪》

峿台北崖区 273-45 号，48 cm×88 cm，字大 6~7 cm，楷书。

读时方喜能戡乱，责备犹疑过颂功。归美从来臣子事，谁歌宋德乃心同。

嘉定丙子孟秋旦，长乐林伯成知万，携子元鼎、元泰，同□器之□□郡贡□□□卿、子享□□□□□，赋此以识岁月。

林伯成，字知万，长乐（今福建）人。孝宗淳熙十四年（1187）武举进士，宁宗庆元中为阁门舍人，嘉泰四年（1204）充贺金国正旦副使。历知高邮军、真州、桂阳军。

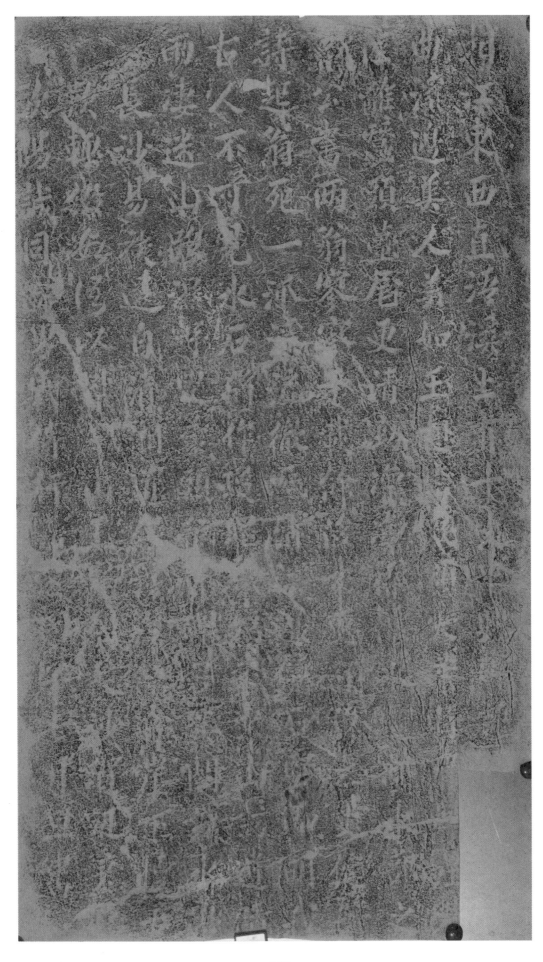

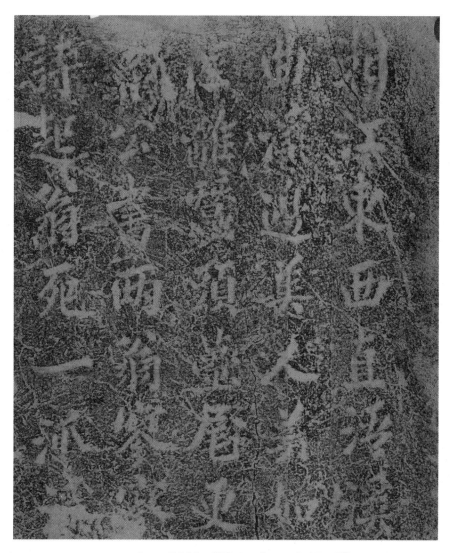

宋·易袚《湘江东西直浯溪》

峿台北崖区 274-46 号，136 cm×81 cm，
字大 6~6.5 cm，楷书。

湘江东西直浯溪，上有十丈中兴碑。
谁凿丰碑镇山曲？溪边美人美如玉。
想当歌颂大业时，胸蟠星斗光陆离。
蚕头蚕尾更清劲，凛凛襟怀冰雪莹。
水部之文鲁公书，两翁寥寥千载余。
后来更有黄太史，健笔题诗起翁死。
一派溪流彻底清，溪边镜石坚而明。
我思古人不可见，水石犹作琼瑰声。
朅来名山访遗迹，烟雨凄迷山路湿。
野叟蒙头看打碑，君其问诸水边石。
　　长沙易袚还自清湘，道由浯溪，维舟崖下，怀古兴叹，辄缀数语，以识我山邱□愿。长沙贺廷彦、始安欧阳诚同游，男霖侍行。嘉定丙子九年秋七月吉旦书。

宋·钟兴嗣《浯溪》

峿台北崖区 283-57 号，134 cm×59 cm，字大 3 cm，楷书。

兴嗣暂寓浯溪，得观古今碑刻，往往议论互相矛盾，其端皆由黄太史之诗而起。曾不知黄太史特以春秋之法责备肃宗，初不议次山之失，且云"臣结春秋二三策，臣甫杜鹃再拜诗。安知忠臣痛至骨，世上但赏琼琚词"，则是不讥元子之颂明矣。吁！至美不赎恶，大醇不掩疵，其唐宗之谓欤？曾未若我宋南渡，二帝圣德粹然，无瑕可指。千万世而下，又孰得容喙耶？予推明山谷不责元子之意，因降叹光尧孝宗圣明相继之盛云。时嘉定庚辰孟秋朔旦章贡钟兴嗣序。

羯奴祸唐室，宗社已倾危。翠华幸西蜀，大物孰主持？储君起灵武，事亦从权宜。
人望既有属，奸孽就诛夷。次山忧国切，闻此喜可知。归美颂君父，隐恶义当为。
涪翁仗正论，凛然寓刺规。指摘心中过，并及宫闱微。兹用春秋法，肃宗其何词？
曾无一半语，追咎元子非。后来好事辈，往往互诋讥。或立党同意，或费解嘲诗。
识者具眼力，理解夫奚疑。盍观我宋朝，崖上中兴碑。光尧再造绩，炳若日星垂。
功成体天道，退处志莫移。神器亲付授，嗣皇犹恳辞。数四不获命，黾勉祇受之。
饬躬备敬养，朝夕益孳孳。君不见帝典书之盛，端由揖逊基。
二圣尽慈孝，尧舜并驱驰。俯视于李唐，德业有醇疵。惟余克复愿，天每靳其机。
孙支继述责，未有易今时。出兵吊遗黎，孰不迎王师。免使读颂者，怀愤徒伤悲。

钟兴嗣，章贡（今江西赣州）人。宁宗嘉定间为荆湖北路安抚使。

注：醇 chún，同"醇"。摘 zhāi，同"摘"。

宋·廖应瑞题名碑

峿台北崖区 283-57-2 号，134 cm×59 cm，楷书。

庚午暮春八日，临江廖应瑞来游浯溪刻石为记。

廖应瑞，临江（今江西樟树西南）人。度宗咸淳六年（1270）暮春曾游浯溪。

宋·张潞《高棱巨壁立□苍》

峿台北崖区 297-73 号，39 cm×56 cm，字大 4 cm，行楷。

高棱巨壁立□苍，中直浯溪带样长。黄屋朝临蜀万里，翠珉暮刻楚三湘。
两朝功罪乾坤定，二子文书日月光。太息斯盟谁复主？代兴今者得黄张。
嘉定辛巳四月丙戌，桂林郡丞庐陵张潞之官，经游读碑感慨为赋七言。

宋·赵崇夏等题名碑

峿台北崖区 277-50 号，59 cm×78 cm，楷书。

宝庆丁亥十一月二十一日，弟崇夏以邑令之镡津，避兄经略亲挈家还乡，□过浯溪，裴回半日，得□□□同□□□满必奚必柄必爽必□，道隆郭从朴……

宋·赵崇模等题名碑

峿台北崖区 277-50-2 号，59 cm×78 cm，楷书。

……后十二年，宝庆丙戌九月二十五日，余以被命守桂，实继先兄吏部前躅，道由浯溪，敬瞻题墨，为之泫然。男必郎侍，万溪之、陈定、孙万时偕行。

宋·赵必愿等题名碑

峿台北崖区 280-53 号，68 cm×59 cm，字大 7 cm，楷书。

赵必愿假守清湘,道出浯溪,拜谒二公之祠,敬观先君吏部遗刻,整整一纪。岁月易流,不胜感慨。竹洲洪大成同行。宝庆丁亥四月三日。

赵必愿,字立夫,嘉定进士,崇宪子。知全州,即题名"假守清湘"。

宋·李伯坚等题名碑

嵋台北崖区 271-43 号，90 cm×75 cm，字大 8 cm，楷书。

绍定辛卯七月既望，东□李伯坚蒙恩东归，郡邑官士饯于唐亭者：张之生、裴朱、王嵩、潘立功、周□、唐梧、伍灵卿、□□□、赵师楸、王执中、唐□、唐大德、唐梦、何浩然、唐模、宋其、赵孟湜、宋中兴、王垚，男宏远侍行。

宋·卫樵《寄题中兴颂下》

峿台北崖区 286-61 号，51 cm×104 cm，字大 8 cm，楷书。

寄题中兴颂下

鼎沸渔阳塞马鸣，中兴宏业幸天成。且为当世邦家计，宁问他时父子情！
李郭功名无可憾，元颜文字有何评？若能铭刻燕然石，方许雌黄此颂声！
绍定□□□□元日郡守中吴。

卫樵，字山甫，吴人（今江苏昆山），进士。理宗绍定五年（1232）知永州（清
光绪《零陵县志》卷一四）。官终知信州。

注：每行上三字被杨翰所铲，依旧县志补正。

宋·吴少逸题名碑

峿台北崖区 248-15 号，76 cm×56 cm，字大 5 cm，楷书。

闽邵北吴少逸赴永州任，挈家游此。淳祐壬寅十月二十五日书。

吴少逸，自云"赴永州任"，当是郡守。但查《永州府志·历代官属姓氏表》，失记。

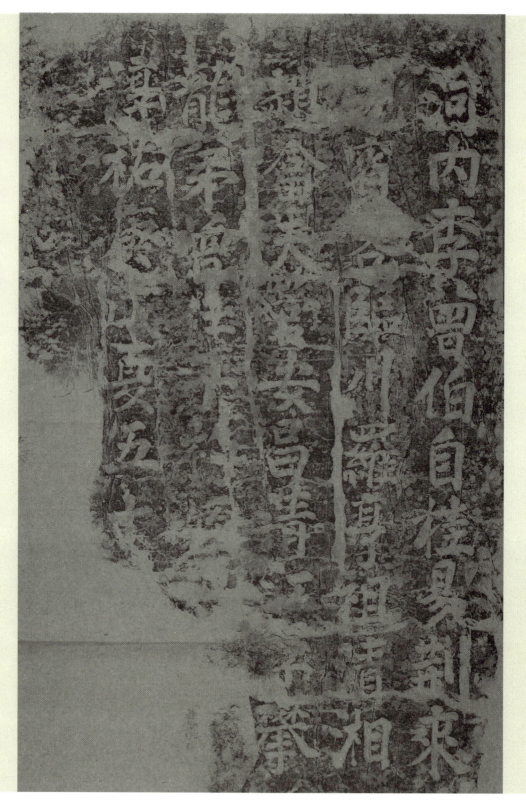

宋·李曾伯等题名碑

峿台北崖区 296-72 号，114 cm×68 cm，字大 9 cm，楷书。

河内李曾伯自桂易荆来观，宾客临川罗亨祖、清湘赵畬夫、管安昌，清江李攀龙，弟曾任，子□侄……

淳祐庚戌夏五月十六日。

宋·吴文震《读唐宋二颂诗》

峿台北崖区 270-42 号，73 cm×68 cm，字大 5 cm，楷书。

景定初元汛虏氛，掀天功业掩前闻。复唐社稷郭中令，造汉乾坤贾冠军。
好激浯溪湔旧案，重磨崖石纪元勋。信今已办湘山刻，未逊礐翁星斗文。

景定壬戌孟夏朔，清湘郡丞南海吴文震泝檝长沙校文，舣舟崖下，读唐、宋二颂。喜今日中兴未几，西复泸州，东复涟水，南交修贡，北狄请和，此一统之机也。已勒颂于湘石，因赋之。

吴文震，字竑发，番禺（今广州）人。理宗绍定五年（1232）进士，调郁林州司户。历南恩州司法，通判新州、钦州。景定三年（1262）由全州通判权知道州。

宋·江琼《题浯溪次张文潜韵》

崦台北崖区 284-58 号，120 cm×62 cm，
字大 4 cm，行楷。

题浯溪次张文潜韵

元水部磨崖碑，为唐中兴作也。唐事已矣，而碑崖□□独存。本朝诸贤相与题咏，如张宛邱时有游人打碑卖之句。虽经风雨，历久不泐。每诵惊人之句，辄赞叹而不已。况今打碑卖者，壹岂漫郎宅畔零陵诸孙自为之□□□□□也。亦供不应求。感天宝之陵功，嗟次山之坠绪，借宛邱所□实□□□□□。

凄凉浯水迹如扫，漫郎宅荒崖畔草。
雨淋日炙山骨瘦，磨得人间岁月老。
粤从天地开辟来，经济何代无奇才？
若得高名烂青史，只恨白骨埋黄埃！
孽臣边将乱国纪，郭公千载凛不死。
纪在中兴第一功，三绝宁论文与字？
吁嗟古往而今来，插天何处无石崖？
两京未复百战罢，铜驼荆棘谁能开？
世事浮云可悲慨，文学老生亦何在？
君不见零落寒溪几世孙，自打元家古碑卖！

咸淳六年立秋日，天台江琼彦藻因摄令祁阳，书而镌之崖石。

江琼，字彦藻，天台（今属浙江）人。度宗咸淳六年（1270）知祁阳县。

注：陵 jùn，古同"峻"。祈，应为"祁"。

朝代不明·佚名氏《读古碑》

崦台北崖区 284-58-2 号，120 cm×62 cm，楷书。

……读古碑……浯溪元……容……用□□林……

宋·李祐孙《浯溪》二首

崌台北崖区 293-69 号，130 cm×105 cm，字大 7~12 cm，楷书。

明皇何以致颠危？林甫国忠成祸基。妃子食心犹不悟，此机惟有九龄知。
浯溪崖石与天齐，两刻中兴大业碑。北向几多垂白叟，百年不见汉官仪。
广平李祐孙乙卯冬侍叔父赴零陵郡。次年元旦，舟泊浯溪，尝和馆人韵。
后十五年，咸淳已巳，复于元旦寓宿焉。感慨之余，追忆前和，因书
于独有堂，遗主人僧宗绍以志吾曾。时偕行者相台戴希禹。

李祐孙，衡州（今衡阳）人。理宗宝祐三年（1255），叔父芾为湖南
安抚司幕官，曾侍行。

朝代不明·佚名氏《浯溪》

崌台北崖区 293-69-2 号，130 cm×105 cm，楷书。

浯溪□□湘之胜，舟□之会几登临。重感千载舟□过，□□思想□以存。
古绍兄其勉之偶有余□。

注：正碑左侧另有其他人刻的文字：1. ……泉石……述溪……；2. ……卷
成……秋……消……浯溪……旦……；3. 声。

宋·陈逮玺《浯溪吊古》

嵝台北崖区 281-54 号，45 cm×55 cm，字大 5 cm，行书。

浯溪吊古

万古磨崖一□碑，何须秉笔赖玓襟。应知龙物潜云雾，俄有鸾雏振羽仪。
颜守遭知宜奋刻，人臣到此亦当为。浯溪本是祁阳境，输与邑人彼一时。

邑人国子生陈逮玺题。

注：陈氏自署邑人。据浯溪志、县志收录年代，应为宋人。

宋·江无□《满江红·使节行秋》

峿台北崖区 287-62 号，
138 cm×108 cm，行楷。

使节行秋，算天也、知公风力。
长啸罢、烟云尽卷，□□□□。重
九汉峰黄泛酒，五更泰岳□观日。
问杨公、去后有谁□，今朝集。

大华□，□□□。今古□，
□陈迹。甚牛山□□，□□□□。
□□□嫌□薄，高怀□□□□。
□□□、黄鹤□□□，心相识。

朝代不明·佚名氏《九月上旬》

峿台北崖区 331-109 号，
138 cm×108 cm，楷书。

……寅岁……火光……壁……嬉
庆……九月上旬感……以……先生游
同男……观之，犹……先生□□睹其
盛……谨刻此以记之……

宋·佚名氏《元颜之词》

峿台北崖区 287-62-3 号，
138 cm×108 cm，楷书。

……岳……盛明……元颜之词，
铸……
□□月即旦识。石工□□题。

注：正碑左侧另有其他人刻
字：……江仁……

浯溪摩崖石刻

宋·徐大节《浯溪》榜书

嵝台北崖区 305-82 号，135 cm×320 cm，篆书，榜书。

浯溪。

注：此碑右侧刻有文字：庆元己未重阳永州道州以出。"溪"字旁边还有些笔画，可能铲了别人的石刻。

元·郭友直等题名碑

峿台北崖区 252-22 号，51 cm×41 cm，字大 4 cm，楷书。

延祐元年仲春五日，湖南巡□佥郭友直同宪掾牛斗麟、王杰、王浩、赵谦，按治衡永，道过浯溪，读《中兴颂》碑，徘徊三叹，感慨曷已。青社郭友直记。

郭友直，湖北黄梅人，元至正举人。

明·邱致中等题名碑

峿台北崖区 237-1 号，110 cm×77 cm，字高 10 cm、大 9 cm，楷书。

　　正统壬戌中秋□□□□□良□□祁阳知县南昌邱致中，典史余干、赵伟，儒学训导庐陵罗深、金陵杨正同游此。
　　三吾驿丞昆明李厚书丹。

明·杨正《乘暇》

峿台北崖区 254-24 号，48 cm×38 cm，楷书。

乘暇移舟泊岸隈，师生三五上峿台。溪亭碑断横芳草，野寺庭荒满绿苔。
镜石照人人自显，山光悦鸟鸟飞来。吁嗟胜迹风霜古，三复中兴颂转哀。
金陵杨正祁阳儒学训导。

杨正，明正统年间（约 1438—1442）任祁阳儒学训导。

明·刘敬《游浯溪》

峿台北崖区 251-21 号，42 cm×51 cm，楷书。

游浯溪

浯溪此日纵游观，登上磨涯不殚难。刺史严词垂斧衮，真卿健笔走蛟鸾。

野花佳木随舒长，流水浮云任往还。况有古今文墨客，诗题勒石遍冈峦。

邑人刘敬乡贡进士。

刘敬，字克礼，湖南祁阳人。天顺三年（1459）己卯科举人，任澄江府（今云南澄江县）推官。

注：磨涯，应为摩崖。

明·胡英《游浯溪》

浯台北崖区 250-20 号，44 cm×40 cm，楷书。

游浯溪

磨崖屹立浯溪上，此日登攀望眼开。元颂颜书昭宇宙，古题今咏满浯台。

宨樽映月添吟兴，镜石涵晖绝点埃。日暮罢看伤往事，不堪樵笛一声哀！

邑人胡英乡贡进士。

胡英，字邦彦，湖南祁阳人，天顺六年（1462）举人。

注：浯台，应为浯台。樽，同"尊"。

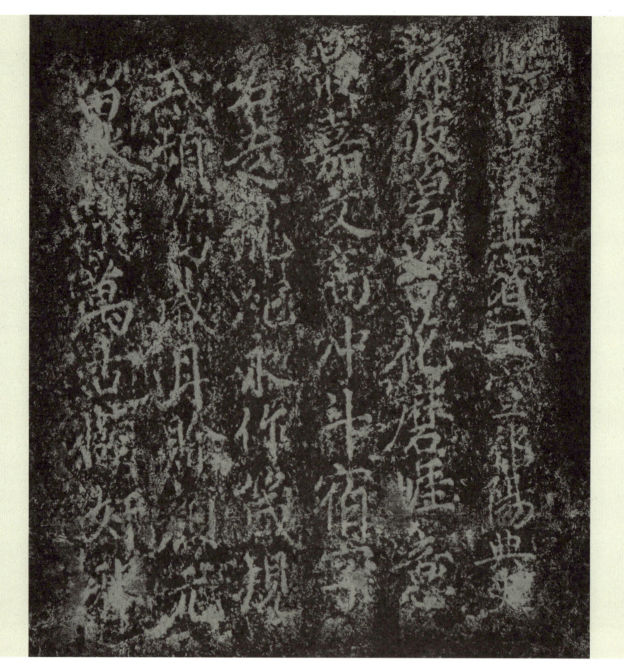

明·王宣《游浯溪》

峿台北崖区 240-4 号，40 cm×39 cm，字大 5 cm，楷书。

游浯溪

宜宾王宣祁阳典史。

扫破碧苔花，磨崖意最嘉。文高冲斗宿，字若走龙蛇。

永作箴规戒，频惊岁月赊。颜元留胜迹，万古警奸邪！

注：王宣与摩崖区题名碑王瑄，应是同一人。

明·吴盛之《浯溪》

峿台北崖区 304-81 号，69 cm×110 cm，楷书。

□□碑真好，　□□□山讯。□□□□□，驰骋江有□。□径枕杞□，□□□□边。
百职□身俱，颜遑□□□。□□岂动矢，□□□□军。□罗练储皇，独立一呼麾。
□□□□□，如斩芒舟边。乾坤恢社稷，□方□□□。力□之决策，夺神几成弼。
□岁演□源，□活□□□。上皇还紫袍。□□山乃□，□中兴颂抚，我文徒褒贬。
□□□□□，□之绿播□。□交缡□唐，王□□□□。□□壁垚。□□边雨□。
丰□□□州。□□□蜀还。自然野□无，□□朝□有。□□□□□，偏爱□弥收。
不惜□□留，□□□□□。昨夜溪上馆，□□□□□。一去高风远，千年□□□。
祁阳知县濠梁吴盛之。

吴盛之，即吴谦，濠梁（今安徽凤阳）人，明宪宗成化七年任祁阳县令。

明·蓝郁《漫郎文字鲁公碑》

崖台北崖区 330-108 号，49 cm×70 cm，字大 5~6 cm，楷书。

漫郎文字鲁公碑，添得江山分外奇。万古人心忠义共，可应名胜重浯溪。

赐进士第知祁阳县事盐城蓝郁题。

蓝郁，字国馨，直隶淮安府盐城人，弘治十五年（1502）进士，知祁阳县。

朝代不明·无名氏《唐代》

崖台北崖区 330-108-2 号，49 cm×70 cm，字大 5~6 cm，楷书。

唐代兴……百年……可……渔阳鼙鼓……便……标国……宙……朗月明……水洗……人……

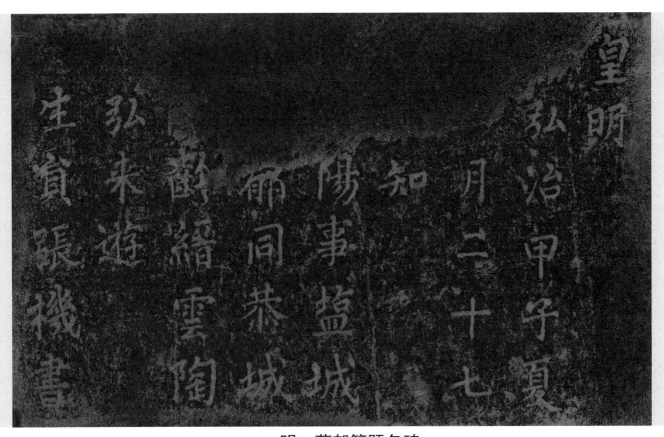

明·蓝郁等题名碑

峿台北崖区 247-13 号，44 cm×68 cm，字大 5~6 cm，楷书。

皇明弘治甲子夏四月二十七日，知祁阳事盐城蓝郁，同恭城陶龄、缙云陶弘来游。
生员张机书。

明·陈斗《重游浯溪》

峿台北崖区 239-3 号，47 cm×60 cm，字大 9 cm，楷书。

几度登临思往事，堪嗟天宝事乖哉！锦乡鼙鼓来燕蓟，玉辇蛾眉堕马嵬。
夜雨潼关新鬼哭，秋风长庆旧君哀。独留一片磨崖颂，唐室纲常赖挽回。
皇明正德丙戌仲春朔邑人陈斗书。

陈斗，字民仰，湖南祁阳人。官广西永宁县主簿，后挂冠归乡。《重游浯溪》还有一首同题古风，文章《栖真洞天记》载祁阳县志。

注：该碑上面是宋代残碑《我嘉祐中》，下面和左侧，留有笔画和字迹，疑为陈斗铲了宋人的石刻。
落款处"丙戌"有误：正德年间，只有"丙寅年""丙子年""甲戌年"，没有"丙戌年"。

明·傅伦《登眺层台诵石碑》

崤台北崖区 321-99 号，108 cm×40 cm，
字大 8 cm，行书。

登眺层台诵石碑，唐人风味满崖诗。
平生慷慨追前古，胜地留题岁月时。
嘉靖壬辰岁季夏，都知监太监湖南傅伦识。

明·涂伸《瞻仰浯溪是胜游》

峿台北崖区 322-100 号，65 cm×90 cm，字大 9 cm，行书。

瞻仰浯溪是胜游，公余漫约棹轻舟。两三亭坦依荒寺，千百吟豪映碧流。
共诧元颜遗石刻，都宽杨李买君仇。感深不觉添狂兴，愿借青蛇首乱瓯。

嘉靖癸巳孟冬月余干涂伸书。

注：坦 yí，桥。

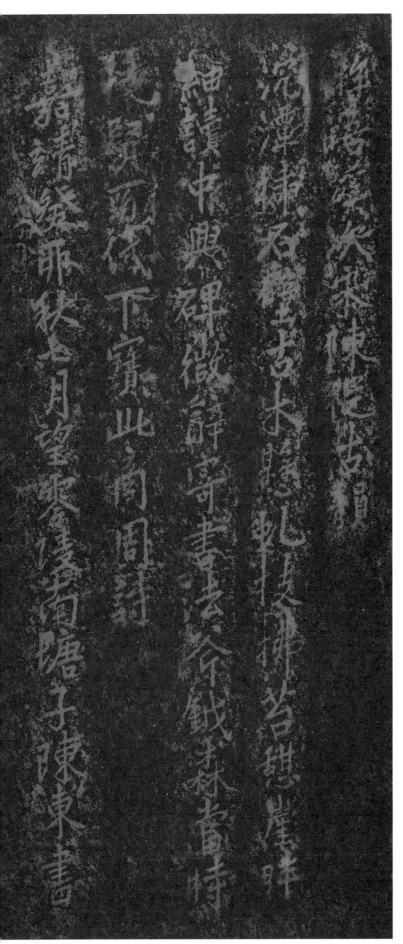

明·陈东
《游浯溪次宋陈从古韵》

浯台北崖区 242-6 号，
94 cm×45 cm，字大 5~6 cm，楷书。

游浯溪次宋陈从古韵
沉潭插石壁，古木悬虹枝。
拂苔憩崖畔，细读中兴碑。
微辞寄书法，斧钺森当时。
怀贤百代下，宝此商周诗。
嘉靖癸卯秋七月望，零陵南塘子陈
东书。

陈东，号南塘，永州零陵人。性耽
吟咏，博览群书，问字者履满户外．嘉
靖壬午，领乡荐，授四川井研令，改浙
江龙泉，以德化民，政成告归，诗赋自娱。

明·王国祯《游浯溪》

峿台北崖区 290-66 号，
137 cm×67 cm，
字大 8 cm，行草。

游浯溪

湘江江上古祠前，

佳胜风流属二贤。

青嶂丹崖悬碧落，

危亭高阁照清川。

欲探奇秘偏乘兴，

不厌追寻更上船。

拟续中兴继三绝，

独惭未有笔如椽。

兵科右给事中、山阴王国祯奉敕广右，游此漫书。时嘉靖丁未十月晦也。

王国祯，据《广东通志》："戊戌（1538）进士，历官兵科右给事中、广右布政使、福建左布政使，直声动天下。"

明·余勉学《漫郎废宅浯溪畔》

峿台北崖区 275-47 号，45 cm×51 cm，行书。

漫郎废宅浯溪畔，春去秋来草色迷。独有中兴遗颂在，至今烈日照穹碑。

　　　　　　　　　　　嘉靖辛亥仲秋八月东台余勉学。

　　余勉学，字行甫，广西柳州府马平县人，祖籍湖广孝感县，嘉靖二年（1523）进士。刑部郎中，嘉靖十三年（1534）任广东连州判官，嘉靖二十三年（1544）任徽州知府，嘉靖三十一年（1552）任贵州按察使司副使。

明·张北云《清秋》

峿台北崖区 275-47-2 号，45 cm×51 cm，行书。

清秋乘舸泊三吾，水碧沙明兴不孤。怅望浯溪隔湘水，何时勒石颂平胡？

　　　　　　　　　　　时张北云纪□□。

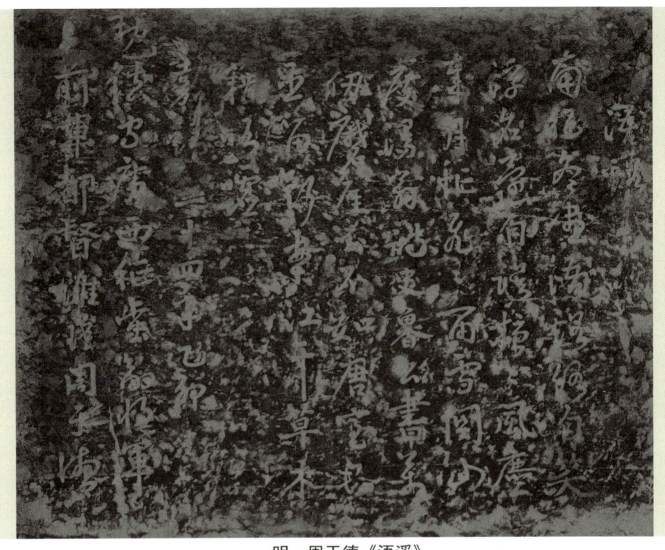

明·周于德《浯溪》

峿台北崖区 313-91 号，77 cm×97 cm，行草。

浯溪

南征冬尽浯溪路，自笑浮名适自误。扰扰风尘岁月忙，飞飞雨雪关山度。
漫翁诗史鲁公书，万仞磨崖玉不如。唐室君臣留断案，江干草木藉吹嘘。
嘉靖三十四年乙卯奉敕镇守广西征蛮副将军前军都督淮阴周于德。

周于德，淮阴人，嘉靖时武进士，积官南京前军都督，嘉靖三十四年（1555）升广西镇守，晋南京左府都督，致仕，七十七岁卒。

明·高歧《登浯溪》

浯台北崖区 301-77 号，68 cm×340 cm，楷书。

登浯溪

秋日倦行役，航苇湘之涯。忽指浯溪寺，登来观益奇。
巉岩倚层阁，藤木锁荒祠。江水深不流，寒映几残碑。
独有磨崖刻，唐颂千古垂。次山不可见，文采照江湄。
鲁公笔法神，忠烈堪伤悲。文因字得传，石缘文更宜。
想象江月升，万壑天风吹。爱此迟去辙，此意白云知！

朝代不明·佚名氏《修抚之》

浯台北崖区 301-77-2 号，68 cm×340 cm，楷书。

……修抚之，以……仪刑□宗庙……

注：此碑右侧另有其他人刻的文字：……事永山（山字头）……

明·刘养仕《浯溪记》

嵝台北崖区 272-44 号，
184 cm×100 cm，楷书。

浯溪记

浯溪居祁上流。去城数里许，望之苍然耸拔而秀蕴者，浯溪也。溪纡回盘曲，水流宗宗有声，漩浚清漪，泻于两峰之间，下与潇湘会。石径逼仄，斜达于屻岸。其屹然嵌岑而壁立者，浯之岩刻也。嘉靖丙辰，余领永州牧。是岁仲冬，舟过其下；丁巳孟秋，再过；戊午初夏，三过焉。至则敛牙檣、攀萝磴，沿岈石之差池，剪秽草之荒翳，俯仰徘徊于溪山之侧，愀然动感慨之思。客有过而问焉者，曰："清风明月之奇，沙鸥锦鳞之乐，竹树烟花之绮丽，皆足以怡心悦目，子于浯溪何独留意耶？"余曰："次山元子之颂，鲁公颜子之书，二先生翰墨名家，读其文，尚论其世，婉若见其人也。虽然，理义，人心之所系；山川，天下之所好也。夫以次山讨贼，光复中原之雠，言词慷慨，忠义激烈；鲁公并力以讨安史之乱，笔法精到，凤舞鸾翔。故山川胜处，非人不显。浯溪之秀，以二先生之词翰，名传湘楚间，九嶷、淡岩、月洞诸山，并濂溪先生之旧寓。浯溪也，虽若降志，浯溪托二先生以遗芳，至柳州，有余荣矣。

山谷黄先生一世人杰，载携僧友陶豫诸君辈，游览岩下，啸歌唱咏，磨崖作诗，亦可以想见其风采矣。后先良会，谓之异数，非耶？自嘉靖纪元，去唐天宝十四年，距二先生五百年余，其间骚人墨客登眺而游览者，不知其几，倏而来，倏而去，未有不慨然仰思，释然喜慰者矣。诗曰：'高山仰止，景行行止。'斯言也岂欺余哉！余放舟湘流，往来祠下俯仰兴思，肃然景慕，要亦嘉善之心，不能自已也。呜呼！古之视今，犹今之观后，庶几来世游览于兹，闻余言而兴起者，不有如今日矣乎？"客答曰："请书之以告来者。"余曰："唯！唯！"遂援笔纪之于岩石。

时嘉靖戊午仲夏上浣，中顺大夫、湖广永州府知府、前户部福建清吏司郎中、川西蜀山刘养仕书。

注：宗宗同"淙淙"。文史中五百年余有误，唐天宝十四年（755）至明嘉靖年间（1522—1566）约八百年。

明·阎士麒《圣寿万年》榜书

　　峿台北崖区 315-93，

　　900 cm×275 cm，

　　字大 225 cm，楷书。

　　圣寿万年。

　　明嘉靖卅七年戊午，阎士麒书。知县刘祉，训导陈忠诚、李长春，典史赵宠同刊石。

　　阎士麒，云南邓川人，举人。嘉靖三十五年（1558）任祁阳教谕。

明·林钟□《□石镜碑》

崿台北崖区 299-75 号，68 cm×340 cm，楷书，行书。

□石镜碑

山石犹□现□，德更新王心□□照……尘……交游怀中□□李老□□斩□□□鱼□□□水□□无生□□□有……山镜石□公□□怅思。

林钟□……永……

注：此碑右下和左下部另有其他人刻的文字：中兴颂……命……

明·邹善继《石镜》

崿台北崖区 300-76 号，68 cm×340 cm，楷书，行书。

水共□□□烟露，□□然间□绝尘。石镜□□山暝色，□□延缘珠未亭。

嘉靖壬戌夏□张正节相邓公邑令汝相游浯溪。□郡邹善继。

邓汝相，江西南丰人，字仲弼。嘉靖举人。嘉靖三十八年（1559）任祁阳县令。多善政，升云南宾州知州。有《南溪集》。

明·朱玉□《石镜》

峿台北崖区 282-55 号，38 cm×61 cm，行书。

石镜

闻道浯溪碑称奇，为□□处□□□。

□人为□□□□，□□□自□□□。

□□□漫郎□为，□□□□□□□。

万历乙亥春……东……朱玉□书。

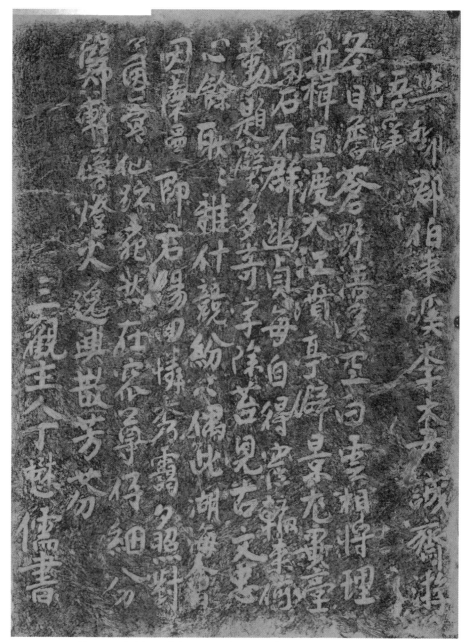

明·丁懋儒《与邓郡伯来溪李太尹诚斋游浯溪》

崖台北崖区 288-63 号，136 cm×102 cm，字大 8~12 cm，楷书。

与邓郡伯来溪李太尹诚斋游浯溪

冬目淡苍野，浯溪空白云。相将理舟楫，直渡大江。

亭僻景尤异，台高石不群。幽贞每自得，宦辙来何勤。

题壁多奇字，除苔见古文。忠心余耿耿，雅什竞纷纷。

偶此湖海会，因怀漫郎君。阳回怜秀霭，夕阳对氤氲。

仙迹宛然在，宓尊仔细分。归轩傍灯火，逸兴散芳芬。

三观主人丁懋儒书。

丁懋儒，字聘卿，山东东昌府聊城县人，乡试举人。嘉靖四十四年（1565）进士，万历永州知府。

明·丁懋儒《大明中兴颂》

浯台北崖区 298-74 号，240 cm×300 cm，字大 12 cm，楷书。

大明中兴颂

曰：若稽古帝王之兴，皆不繇楚，我世宗肃皇帝始以兴国，入继大统。盛德大业，超越前代。先是，帝星见于楚分，逆藩生心，历数所归，逆悖尽殄。四十六年，至顺极治。逮皇考穆宗，右文守成，号称圣主。今上皇帝以天纵之资，知兼天下，嘉靖殷邦，庆流罔极。顾发祥之区，不有摹述，曷以昭示来世？儒不敢佞，拟颂磨崖，彼唐宋所称，视此万万不及也。颂曰：

于皇献祖，圣德夙闻。宥密基命，龙潜楚渍。桓桓武宗，巡幸云从，悍夫竖孽，中外汹汹。皇天鉴降，圣祖神灵。世宗正位，海内以宁。乃定郊庙，尊上考妣，惟精惟一，于昭受祉。威加漠北，款纳交趾。露零河清，瑞不胜纪。享国久长，赖及万方，穆考渊默，道治韦章。肆我皇上，如日升东。至性英悟，孝奉两宫，逊志于学，讲筵是隆；师臣惟帝，德懋功崇。元辅良臣，寔生帝乡，靖共于位，后先相望。帝星所临，奕叶流光，丕迈有周，文武成康。受命自兴，万祀流芳。

万历三年，岁在乙亥春王正月上旬，湖广永州府知府、前进士、侍读经筵官、兵科右给事中丁懋儒撰并书。同知邵城，通判纪光训、郎尚纲，推官崔惟植。

祁阳县知县许公望、典史张应文刻石。

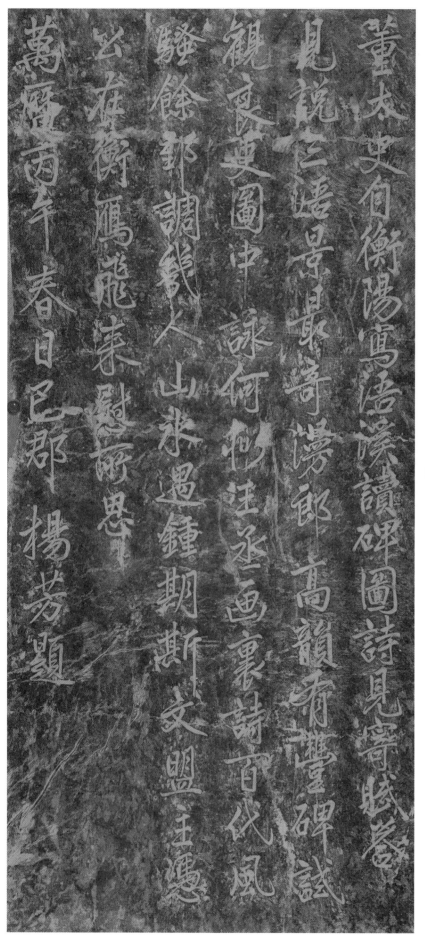

浯溪摩崖石刻

明·杨芳《董太史自衡阳写浯溪读碑图诗见寄赋答》

崆台北崖区 311-88 号，

188 cm×90 cm，

字大 8~14 cm，行书。

董太史自衡阳写浯溪读碑图诗见寄赋答

见说三浯景最奇，

漫郎高韵有丰碑。

试观良史图中咏，

何似王丞画里诗！

百代风骚余郢调，

几人山水遇钟期？

斯文盟主凭公在，

衡雁飞来慰所思。

万历丙午春日，巴郡杨芳题。

杨芳，四川巴郡人。万历三十四年（1606）任广西巡抚。

明·佚名氏《万里君王幸蜀西》

嵍台北崖区 255-25 号，34 cm×45 cm，楷书。

万里君王幸蜀西，中兴碑勒在浯溪。真卿笔法驾□□，元结文章映璧奎。
废宅重光□□□，荒台幽赏自□□。当时事□诚堪慨，徒令而今人品题。
　　　　　　　　　　　□□□□□□训导□□。

清·邬能焕《游浯溪》

峿台北崖区 264-35 号，140 cm×46 cm，字大 4 cm，楷书。

游浯溪

远出尘嚣外，幽阿曲曲成。孤亭容我杖，欹岸倩谁平？
书爱颜碑健，心惭镜石明。度香桥水响，曲径野兰生。
地僻长为客，往来□倍□。出道□□迎，席□□浴林。
今□□□□，□□长□□□。□□□□□，□□□中生。

樊昌邬能焕题。

朝代不明·章铿钧题名碑

峿台北崖区 265-36 号，140 cm×46 cm，楷书。

章铿钧题。

朝代不明·蒋秭亨题名碑

峿台北崖区 265-36-2 号，140 cm×46 cm，楷书。

蒋秭亨□仕□寄名石头保□保命。

朝代不明·佚名氏《浯溪》

峿台北崖区 265-36-3 号，140 cm×46 cm，楷书。

浯溪……无……生……水……还有血……戊辰四月五……

朝代不明·佚名氏《游学广大》

峿台北崖区 265-36-4 号，140 cm×46 cm，楷书。

……骡开西……日……游学广大……金以记之。

清·李渭阳《轻舟》

岣台北崖区 309-86 号，56 cm×102 cm，字大 5~7 cm，草书。

轻舟一叶绕溪行，爱煞湘流彻底清。水势远吞千里月，渔歌近壮三吾城。
辉含镜石形尤古，碑读摩崖字不明。愧我无才兼老病，敢云高卧薄功名？
丙午蒲望前舟过此，庚戌重阳后二日重刻。三吾李渭阳题。

清·岳宏誉《游浯溪怀古》

峿台北崖区 291-67 号，76 cm×76 cm，行楷。

游浯溪怀古

岳宏誉过浯溪题。

我徔湘江下，复来湘江上。上下经浯溪，溪光不一状。林木澹疏雨，空濛自幽旷。

晴烟豁楚云，杳渺恣遐望。缘溪陟危峰，遗迹爱延访。怪石悬溪滨，平崖作溪障。

山水会有神，性情纵高尚。漫叟之文章，鲁公之笔状。抽茧结构成，折钗钩画壮。

以兹三绝称，千载轶莽块。留题难屈指，争奇斗灵创。断碣半尘土，探搜藉筇杖。

期令怀抱抒，更为名贤仰。宬尊宛然存，想见豪饮畅。飞舄隔溪至，携厄到行帐。

野花杂幽径，鸟鸣答孤唱。含香渡石梁，幔亭留碧嶂。挥毫和前人，拂尘领清贶。

默契身觉轻，纵览目为放。石镜映襟期，万顷碧波漾。

注：徔 cóng，古同"从"。筇 qióng，竹名。筇竹，可以做手杖。

清·岳宏誉《题磨崖碑用宋黄文节公山谷刻碣原韵》

峿台北崖区 292-68 号，68 cm×74 cm，行楷。

题磨崖碑用宋黄文节公山谷刻碣原韵　岳宏誉

湘江南岸漫郎溪，停舟为读中兴碑。次山佳句鲁公笔，笔如老翰辞色丝。

九龄忠谏苦无益，翻信渔阳大腹踏。若非再造有神助，铜驼久作荆棘栖。

一字成泣书淋漓，举□□□非易为。倚栏带笑看妃子，蜀道霖铃悲六师。

九庙既安两宫惬，旋乾转坤凭指挥。马嵬遗恨鉴不远，张后固宠机复危。

太师天性□刚敬，银钩铁画高□诗。千秋不朽有忠义，钦仰岂止斧衮词。

……

　　岳宏誉(1634—1716)，字声国，号苪亭，又号白云山人，武进(今常州市)人。清顺治十八年(1661)
进士。历任灵丘知县、获鹿知县、户部福建司主事、湖广司员外、刑部云南司郎中、提督湖广全省
学政、后补布政司参议等职。

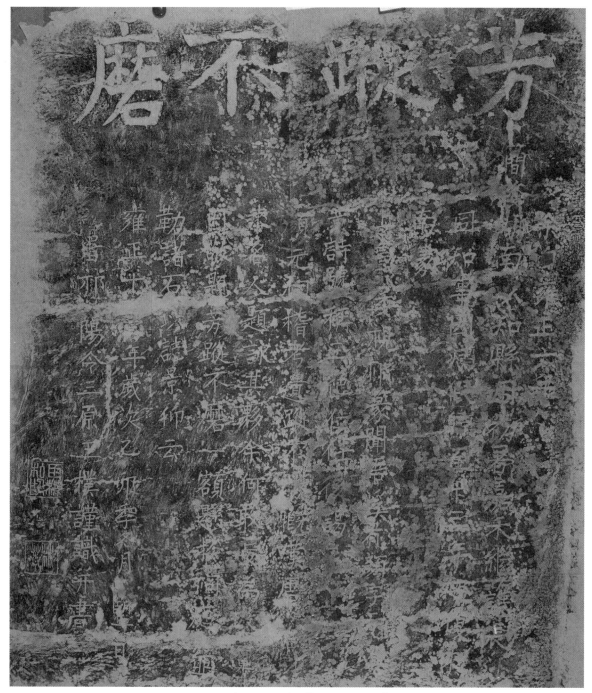

清·王朴《芳踪不磨》

峿台北崖区 306-83 号，130 cm×118 cm，横额四大字，字大 19 cm，榜书，楷书。

芳踪不磨

　　余自雍正六年，□□□□□□□，简发湖南以知县用。初署嘉禾，继获长沙同知事，因病假归。至十三年起复，来南蒙上书，乃委视祁篆。闻浯溪有颜字、元颂、黄诗，号称三绝。莅任后，谒颜元祠，稽考遗踪。不胜慨叹。唐宋以来，名人题咏甚多。余何敢妄为效颦。因敬题"芳踪不磨"一额，悬于祠庭，并勒诸石，以志景仰云。

　　雍正十三年岁次乙卯季冬月望日，署祁阳令三原王朴谨识并书。

　　注：此碑右侧另有其他人刻的文字：……浯溪颂……

清·李学虞《秋夜游浯溪》及唱和诗、跋

崌台北崖区 312-89 号，44 cm×112 cm，楷书。

秋夜游浯溪　　遂游山人李学虞

浯溪秋景夜宜人，心迹偏能与并清。星熠疑萤添野色，月华如水浸虚楹。
零零玉露空中下，皎皎银河分外明。笑岘有亭真适意，宷尊无酒亦舒情。
颜书元颂诗难咏，古树磨崖画不成。一夕欢娱豪兴健，徘徊三绝到鸡鸣。

次韵　　秀山弟学钟

智仁兼备是全人，八十犹矻山水清。岩壑松涛舒侧耳，江汀渔火映前楹。
参差镜里诸峰静，俯仰宷中双月明。二妙典型留胜迹，一家赓和畅幽情。
当年作颂因心爽，此夜高歌出性成。自号遂游真不愧，颜元复起亦诗鸣。

次韵　　男成性

归田依旧过庭人，灵镜从游笑语清。江畔烟迷樵子路，山间月淡漫郎楹。
蓬瀛地别寥天远，胜异亭高望眼明。追忆废兴原有自，空怀忠孝贤关情。
三年作宦冰心在，一梦还家野性成。谯罢曙分林影外，颜元祠下梵钟鸣。

次韵　　侄成素

前身应是谪仙人，秉烛宵游百虑清。山透秋光舒碧眼，波摇月影漾朱楹。
宷尊引得童颜醉，石镜窥来崔发明。万古江山余胜迹，一时凭吊动深情。
幽亭别院苍崖列，白雪银钩峭壁成，摄屐追随殊不倦，倚栏还听晓钟鸣。

次韵　　孙名玉

阿翁本是遂游人，扶杖追随眼亦清。遥望香桥浮野色，近亲石镜映丹楹。
出风入雅文饶古，铁画银钩字更明。峭篔松筠恢笔意，苍茫林壑助诗情。
星稀月朗精神爽，云淡风清锦绣成。赏遍亭台天欲曙，萧萧万籁一时鸣。

浯溪，自李唐来，题诗刻石者多矣，可传之作殊尠。吾友晴川先生作令归，以山水为乐。一日偕弟秀山、携子侄孙，夜游于此，饮酒，赋诗，唱和，至旦不倦，时先生年已八十矣。余诵其诗，皆有唐人风味。夫昼游，人所同也。而以八十老翁夜游，则先生之所独也。远近闻而索诗者无虚日。先生因命侄成珊书而镌之石。嘻！是可传矣！先生李姓，名学虞，字绍逊，号晴川，由附贡历官山东馆陶、直隶枣强、顺义尹，咸有去后思，继以朝议大夫致仕，家居三十余年，德望隆重，为合邑吨矜式，不第山水遂游与诗之，足羡已也。

嘉庆六年仲冬既望，姻愚弟伍棻敬跋。

注：尠，同"鲜"。姻，同"姻"。棻 fēn，有香味的木头。

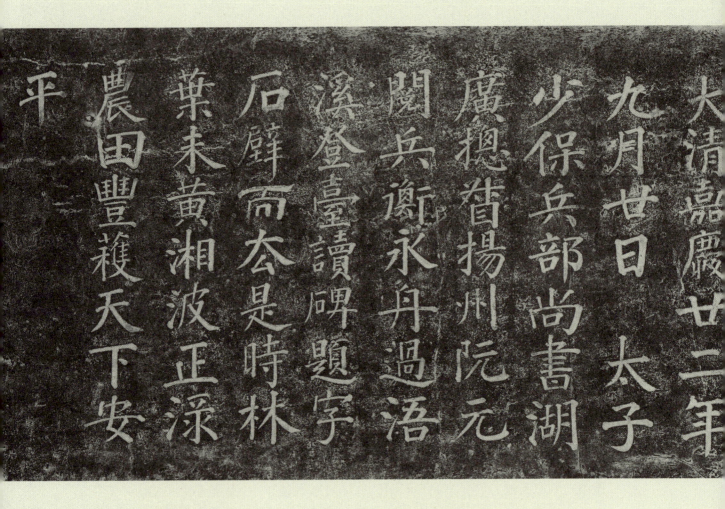

清·阮元题名碑

峿台北崖区 316-94 号，124 cm×65 cm，字大 6 cm，楷书。

　　大清嘉庆廿二年丁丑九月廿日，太子少保、兵部尚书、湖广总督、扬州阮元，阅兵衡永，舟过浯溪，登台读碑，题字石壁而去。是时林叶未黄，湘波正渌，农田丰获，天下安平。

　　阮元（1764—1849），字伯元，号芸台，江苏仪征人。乾隆五十四年（1789）进士，历任礼部、兵部、户部、工部侍郎，山东、浙江学政，浙江、江西、河南巡抚及漕运总督，湖广、两广、云贵总督，体仁阁大学士。曾两过浯溪，两次题诗。

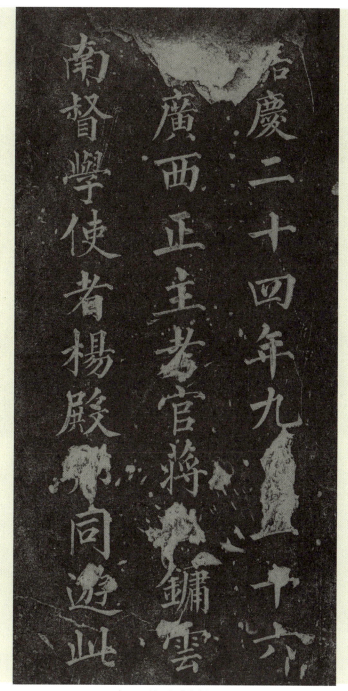

清·蒋金镛等题名碑

峿台北崖区 319-97 号，82 cm×32 cm，楷书。

嘉庆二十四年九月二十六日，广西正主考官蒋金镛、云南督学使者杨殿邦同游此。

　　杨殿邦（1773—1859），字翰屏，号叠云，安徽泗州（今江苏盱眙）人。嘉庆十九年（1814）进士，历任淮安漕运总督、云南学政、监察御史、太仆寺少卿、山东乡试正考官、贵州按察史、山西布政使、内阁学士兼礼部侍郎等。

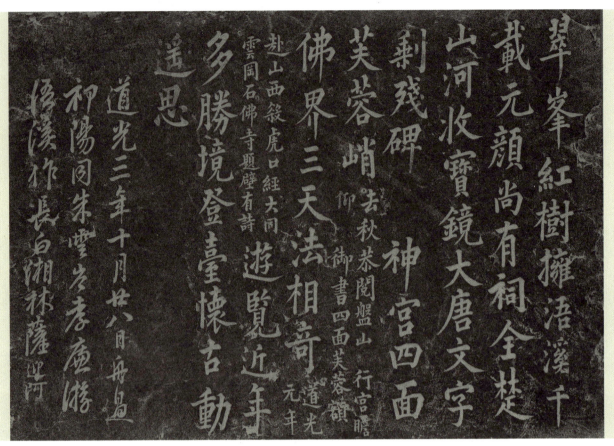

清·萨迎阿《翠峰红树拥浯溪》

峿台北崖区 317-95 号，58 cm×78 cm，字大 6 cm，楷书。

翠峰红树拥浯溪，千载元颜尚有祠。全楚山河收宝镜，大唐文字剩残碑。
神宫四面芙蓉峭①，佛界三天法相奇②。游览近年多胜境，登台怀古动遥思。
道光三年十月廿八日，舟过祁阳，同朱云岑孝廉游浯溪作，长白湘林萨迎阿。

原文注释：①去秋恭阅盘山行官，瞻仰御书"四面芙蓉"额。②道光元年，赴山西杀虎口，经大同云岗石佛寺，题壁有诗。

萨迎阿（？—1857），钮祜禄氏，字湘林，满洲镶黄旗人，自称长白人。嘉庆十三年（1808）举人。"由礼部郎中出守，道光三年任永州知府，甫三月，调长沙，后官至甘肃臬司。"（《永州府志》）历任按察使，副都统，哈密、喀喇沙尔办事大臣。

清·朱琦《舟过浯溪》

峿台北崖区 318-96 号，103 cm×56 cm，字大 2~6 cm，行草。

舟过浯溪，萨湘林太守邀同山阴戴质堂同游诗三首
逆风吹船头，上滩苦涉险。忽见好林峦，危亭半山掩。云是古三吾，移舟泊近崦。
石磴步屈盘，斑驳蚀苔藓。浯溪势蜿蜒，细流泻晴潋。栏护径仄仄，桥渡香冉冉。
差喜得平坡，插面石屏俨。尊之曰一品，嘉名信无忝。借问山阴戴①，兹溪何如剡？

峿台特高偃，唐亭稍逊退。遥遥东西峙，望若次肩背。俯瞰潇湘流，远挹众山翠。
竹树森下风，拔戟自成队。中间豁清旷，嶙峋杂无碍。疏密高低间，烟云变万态。
恰如漫叟文，其妙正在碎②。

言寻漫郎宅，再拜元颜祠。双忠自千古，何必磨崖碑。即以文字论，后来作者谁？
涪翁翻旧案，灵笔矜新奇。都官夸心记，说怪尤支离。其他累千刻，自桧余无讥。
卓哉中兴颂，终古长巍巍！

道光三年九月，如皋云岑朱琦题。

原文注释：①谓质堂。②翻用皇甫湜语意。
朱琦，字云岑，江苏如皋人。道光元年（1821）进士，任宜宾知县。另一同名朱琦写有《浯溪镜石》（苍崖削云根）。
注：崦 yān，同"崦"，指太阳落山的地方。

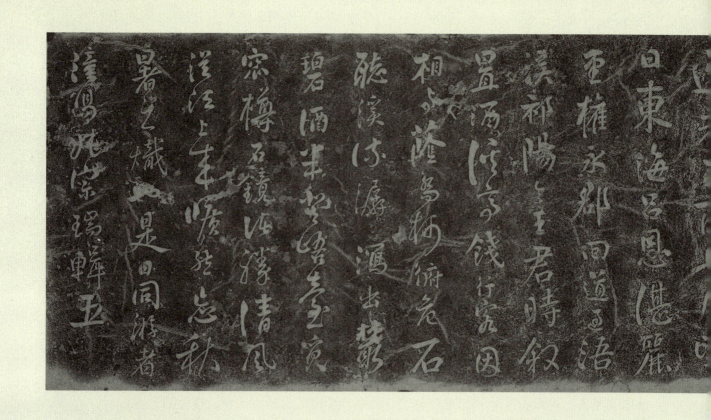

清·吕恩湛等题名碑

峿台北崖区 308-85 号，68 cm×136 cm，草书。

道光乙酉七月望日，东海吕恩湛丽堂权永郡回，道过浯溪。祁阳令王君时叙，置酒溪亭，饯行客。因相与荫乔柯，俯危石，听溪流潺潺，泻出丛碧。酒半，登峿台，觅窊尊、石镜诸胜。清风从江上来，旷然忘秋暑之炽也。是日同游者潼阳张宗瑞辑五。

吕恩湛，字丽堂，沭阳人。由员外分发湖南候补永州知府。道光五年（1825）署任。

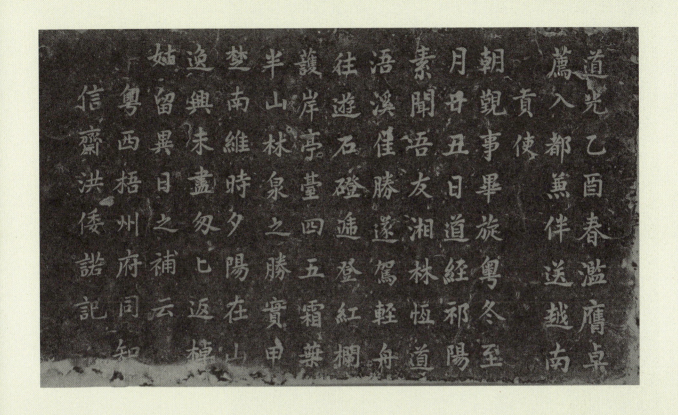

清·洪倭诺题名碑

峿台北崖区 320-98 号，45 cm×89 cm，字大 4 cm，楷书。

　　道光乙酉春，滥膺卓荐入都，兼伴送越南贡使朝觐，事毕旋粤。冬至月廿五日，道经祁阳，素闻吾友湘林恒道浯溪佳胜，遂驾轻舟往游。石磴递登，红栏护岸，亭台四五，霜叶半山，林泉之胜，实甲楚南。维时夕阳在山，逸兴未尽，匆匆返棹，姑留异日之补云。

　　粤西梧州府同知信斋洪倭诺记。

　　洪倭诺，镶黄旗汉军监生，嘉庆十二年（1807）三月任晋江县令，十七年（1812）正月回任。

浯溪摩崖石刻

清·崔偲
《浯溪名胜地》

崏台北崖区 307-84 号，
95 cm×48 cm，行书。

浯溪名胜地，
我辈得来游。
大笔垂千古，
纯臣剩一丘。
伊谁追盛轨，
投契作朋俦。
景仰芳踪在，
萧萧山木秋。
大清道光八年九月霸州崔
偲。

崔偲，号茶农，霸州人，
进士。道光七年（1827）四月
任祁阳县令。

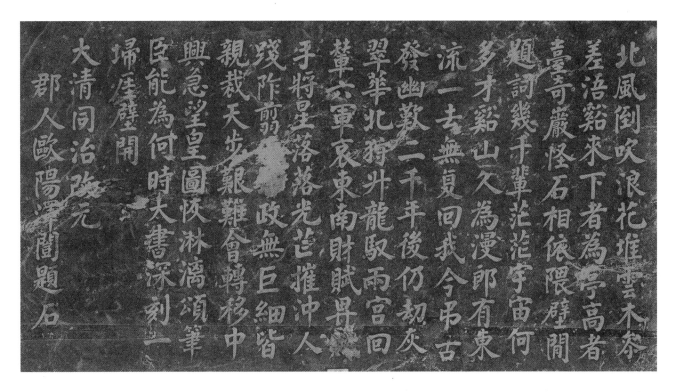

清·欧阳泽闿《北风倒吹浪花堆》

梧台北崖区 310-87 号，78 cm×138 cm，字大 7 cm，楷书。

北风倒吹浪花堆，云木参差浯溪来。下者为亭高者台，奇岩怪石相依隈。
壁间题词几千辈，茫茫宇宙何多才！溪山久为漫郎有，东流一去无复回。
我今吊古发幽叹，二千年后仍劫灰。翠华北狩升龙驭，两宫回辇六军哀。
东南财富畀贼手，将星落落光芒摧。沖人践阼翦羽翼，政无巨细皆亲裁。
天步艰难会转移，中兴急望皇图恢。淋漓颂笔臣能为，何时大书深刻一埽厓壁开！

大清同治改元郡人欧阳泽闿题石。

欧阳泽闿，晚清时曾任宁远崇正、冷南两书院山长。
注：畀 bì，分，与，予。沖，古同"冲"。埽 sào，古同"扫"。厓，同"崖"。

清·杨翰《浯溪话别》

嵝台北崖区 285-60 号，
170 cm×100 cm，字大 2~6 cm，
行草。

乌帽黄尘漫七秋，今情古意飞溪头。杜陵感事同声叟，山谷题诗忆少游。

独对江山悲往迹，欲镌石壁篆新愁。一痕凉月窥林入，照见劳人汔未休。

同治甲子去郡，与送行人浯溪话别。坐石上看月，依依不忍挥手。因亦用绿天庵九日韵纪事，书与桐轩。

息柯居士杨翰。

杨　翰（1812—1879），字伯飞，一字海琴，号樗盦，别号息柯居士，直隶河间（今河北河间市）人。道光二十五年（1845）进士，授官湖南辰沅永靖道台，官至永州知府。光绪五年（1879），病逝，年六十七，葬于浯溪。

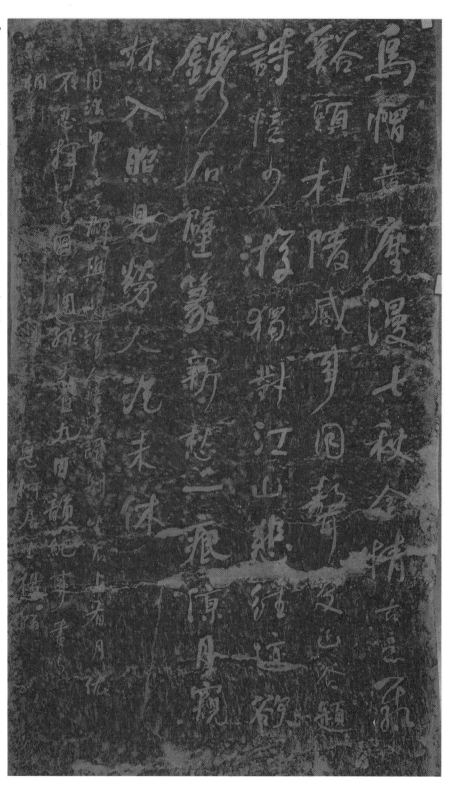

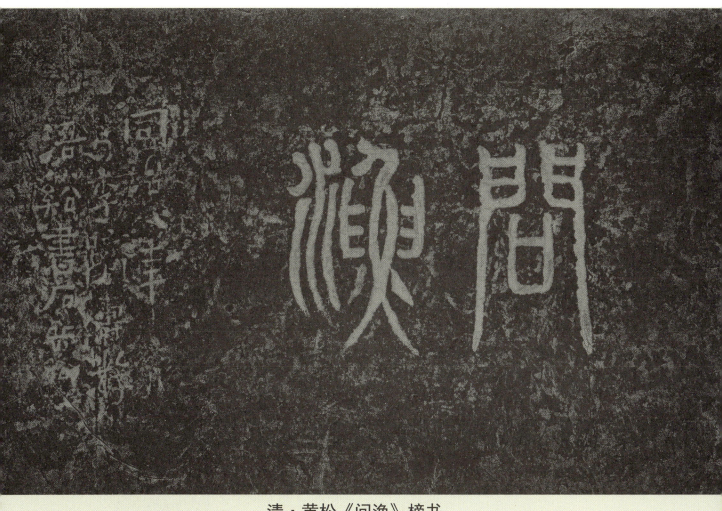

清·黄松《问渔》榜书

梧台北崖区 249-18 号，41 cm×68 cm，字大 17 cm，榜书，篆书。

问渔。

同治八年十一月与李跻寿游浯溪，书石黄松。

清·陈璚《画山》榜书

崖台北崖区 325-103 号，365 cm×215 cm，字大 155 cm~210 cm，楷书，榜书。

光绪戊戌上巳，衡湘观察使者陈璚书。同游者，上舍刘兆启、祁阳令林监中。

陈璚（1827—1906），字麓生、鹿生，号六笙，晚称老鹿，广西郁平（今贵港市）人。咸丰十一年（1861）廪贡。历任湖南岳常澧道，衡永郴桂道，长宝盐法道，湖南按察使，山西、四川按察使，官至四川布政使。

歲月愛摩巖石以紀 欣幸民物阜安為之 清肅 兩次來旬均值山川 畱題曾游一次 來巡閱見阮文達公 越六年丁丑二月再 唐宋題刻流覽竟日 臺唐亭觀《中興頌》及 衡永舟過浯溪登峿 撫仁和王文韶閱兵 右副都御史湖南巡 月兵部侍郎都察院 同治十一年壬申十

清·王文韶题名碑

峿台北崖区 314-92 号，77 cm×118 cm ，楷书。

　　同治十一年壬申十月，兵部侍郎、都察院右副都御史、湖南巡抚仁和王文韶，阅兵衡永，舟过浯溪，登峿台、唐亭，观《中兴颂》及唐宋题刻，流览竟日。越六年，丁丑二月，再来巡阅，见阮文达公留题，曾游一次；余则两次来旬，均值山川清肃，民物阜安，为之欣幸。爰摩岩石，以纪岁月。

　　王文韶(1830—1908)，字夔石，号耕娱、庚虞，又号退圃，浙江仁和(今杭州)人。咸丰二年(1852)进士。历任户部主事、湖南巡抚、兵部侍郎、云贵总督、直隶总督兼北洋大臣、户部尚书协办大学士、政务大臣、武英殿大学士。

　　注：旬，应为巡。

清·黄建笎《扁舟一夜到浯溪》

峿台北崖区241-5号，86 cm×48 cm，隶书。

扁舟一夜到浯溪，
满璧诗编妙咏题。
都为鲁公留翰墨，
同瞻胜景仰天齐。

光绪二十九年岁次癸卯四月，奉命致祭帝舜有虞氏陵，礼成，差旋同祁阳县知县余屏垣，随员张□效、方积铨、任焕枝、彭播馨、梁殿钧到此。

湖南按察使司黄建笎题。

黄建笎（1844—1911），字花农，号榆园、榆关等，广东顺德人。历任天津轮船招商局、天津海关道、湖南按察使、山东布政使，两任江宁布政使。有《寄榆盦诗抄》。

民国·杨济时《天下太平》

崌台北崖区 323-101 号，58 cm×120 cm，字大 45 cm，榜书，异体。

天下太平。
退省老人祝。

杨济时，字省吾，自号寻乐子，晚号退省老人，湖南祁阳下七渡杨家人。光绪二十七年辛丑（1901）进士。尝寓漫郎宅，筑劝孝祠于浯池之上。

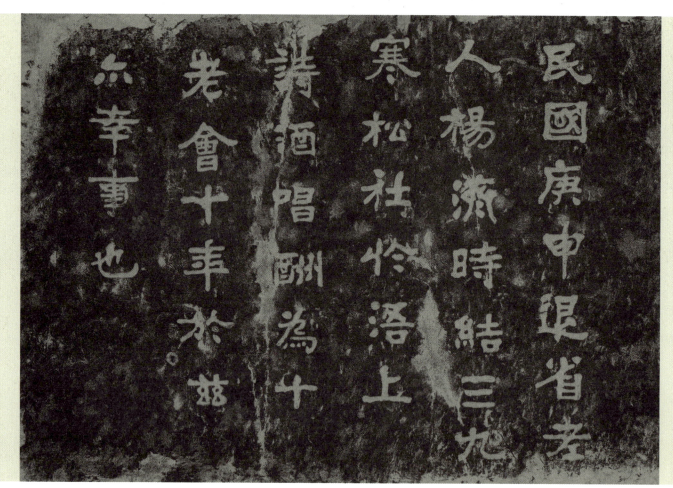

民国·杨济时题名碑
峿台北崖区 324-102 号，46 cm×66 cm，字大 6 cm，隶书。

民国庚申退省老人杨济时结"三九寒松社"于浯上，诗酒唱酬，为十老会，十年于兹，亦幸事也。

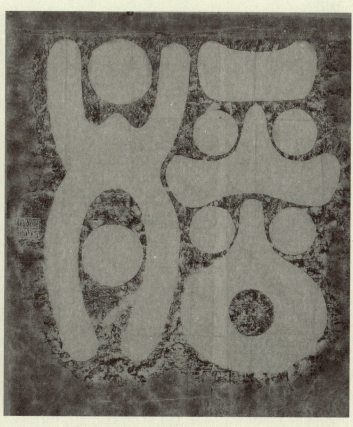

民国·文嵩儒《福》榜书
崿台北崖区 269-40 号，140 cm×110 cm，篆书，榜书。

福。

文嵩儒，清末民初祁阳人，号"木公山人""三吾居士""浯溪文俊""湘南松仙"。

民国·文嵩儒《禄》榜书
崿台北崖区 326-104 号， 180 cm×110 cm，篆书，榜书。

禄。
木公山人题。

落款印章："湘南松仙"。

民国·文嵩儒《寿》榜书

峿台北崖区 327-105 号，180 cm×110 cm，篆书，榜书。

寿。

落款印章："浯溪文峻""湘南松仙"。

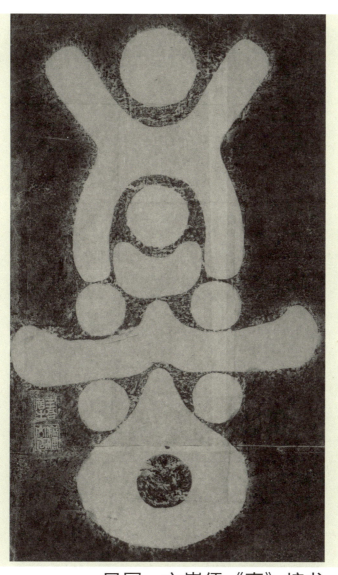

民国·文嵩儒《喜》榜书

峿台北崖区 328-106 号，180 cm×110 cm，篆书，榜书。

喜。

落款印章："三吾居士""文嵩儒印"。

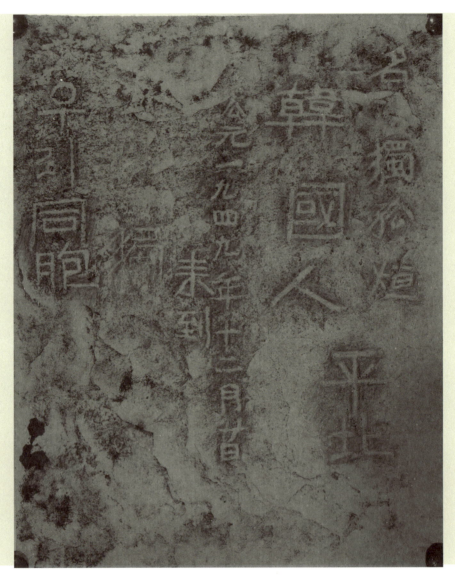

韩国·名独孤煊题名碑

峿台北崖区 394-110 号，45 cm×36 cm 楷书、韩文。

우리同胞独来到。公元一九四九年十二月廿日。
韩国人，名独孤煊，平壤。

注：우리，韩文，我们。

朝代不明·佚名氏《游浯溪次□韵》

峿台北崖区 256-27 号，73 cm×36 cm，行草。

游浯溪次□韵

秋风吹客过江濆，十里飞涛日夜闻。皛皛镜光凌玉壁，亭亭舣水逐青云。
摩娑古刻无双士，感慨中兴第一文。此地移留千载胜，夕阳孤棹影泊巾。
又绝句
浯江山岩何嶙嶙，二水中流万古清。□□□观碑□□，□□□□□□□。

注：pēn，涌起的高浪。皛皛 xiǎo xiǎo，洁白明亮。

朝代不明·王素《浯溪读中兴碑》

峿台北崖区 257-28 号，40 cm×69 cm，行书。

浯溪读中兴碑

磨崖□此□一□，林木萧森慨不禁。古刹松声清露下，老僧贝叶白云深。
宓尊痛饮留仙迹，石镜□香□水心。清□□□□□极，明朗□□□几沉。
□□乙亥秋□□□□□□王素。

朝代不明·杨诚题名碑

崆台北崖区 260-31 号，30 cm×57 cm，楷书。

……杨诚……来游。

朝代不明·刘□古《镜石》

崆台北崖区 261-32 号，30 cm×57 cm，楷书。

□□镜石听古今，磨岩□□□□□。□□□□□□□，氤氲□□□□□。
□□□□□□□，昔人意千载□□。□□□□□志立，□水照□匪足论。
□□□□刘□古题。

朝代不明·佚名氏《丰碑》

峿台北崖区 266-37 号，52 cm×86 cm，楷书。

□□□□□□□，□□□石几丰碑。□□□□思今古，□□□□□浯溪。
□□□□□□醉，□□□□□□吹。□□□□□评论，□□□□□直诗。
□□□□□□尤，□□□□□□□。

□庚登峿台书。

朝代不明·徐明《穿云入径》

嵝台北崖区 289-64 号，75 cm×90 cm，字大 35 cm，榜书，楷书。

穿云入径。

浮梁徐明书。

注：此碑上部、下部均被铲。

朝代不明·佚名氏《恕……出……州》

峿台北崖区 289-64 号，楷书。

……恕……出……州……

三、东崖区

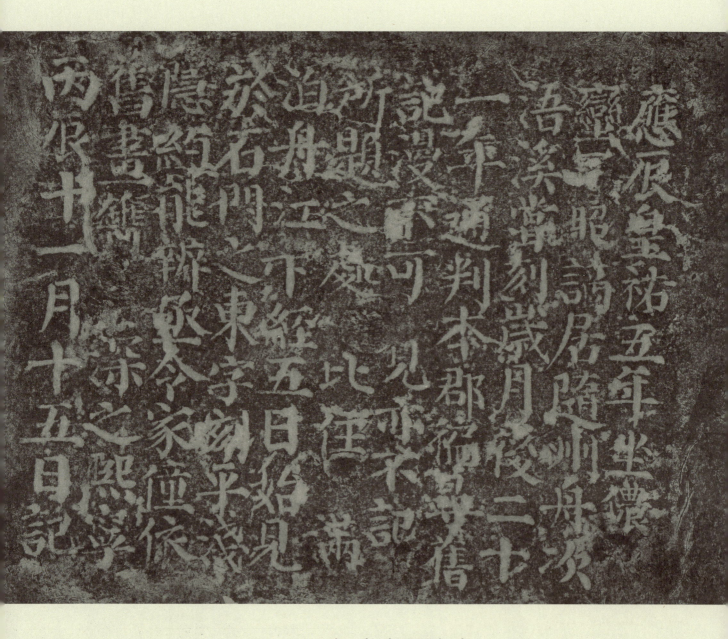

宋·柳应辰题名碑

东崖区 59-4 号，39 cm×53 cm，楷书。

应辰皇祐五年坐侬蛮罪昭，谪居随州。舟次浯溪，尝刻岁月。后二十一年，通判本郡，遍寻旧记，漫不可觅，亦不记所题之处。比任满，泊舟江下，经五日始见于石门之东，字刻平浅，隐约能辨。呕令家童依旧画镌深之。熙宁丙辰十一月十五日记。

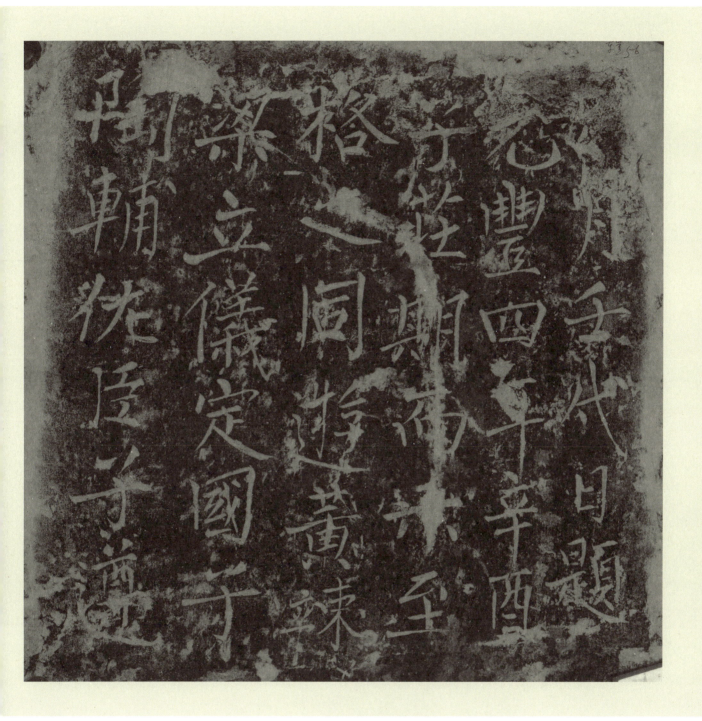

宋·陶辅等题名碑

东崖区 96-56 号，40 cm×40 cm，字大 6 cm，行书。

陶辅佐臣、子遵，梁立仪定国、子格之同游。黄竦、子庄，期而未至。元丰四年辛酉□月壬戌日题。

宋·游何等题名碑
东崖区 81-35 号，88 cm×62 cm，隶书。

潕川游何萧卿以绍兴乙丑再游浯溪，令尹赵不 瀛卿率邑官会于僧寺，锦屏□□连□蒲版穆沂季渊亦相继至，薄晚浮湘而下，舟中頫仰睇观，江流镜清，崖石壁立，安得记□□。

游何，字萧卿，幕谷（今陕西乾县西北）人。高宗绍兴十五年（1145）为荆湖南路转运判官。
注：此碑下部另有其他人刻的文字："……尺……缺……寥……祁兴……"疑被游何所铲。
頫，同"俯"。

宋·史尚忠《浯溪》

东崖区 63-8 号，107 cm×97 cm，楷书。

□□一忙□□阳，五里□船□□□。元文妙笔满天下，□□□□苔藓荒。四十四载□天子，奸妃妖孽昏纲常。□□□□□□罗，□更赐第□仁坊。渔阳一日□尘起，骑骡□刘拘□忙。天意尚幸犹昌唐，□□□兵□□方。□□五万国威振，再造帝室汾阳王。血腥□□□□□，□□衣踰时皆□。□攘之子阴天□，耳□□□□庸常。□□□时惕自畏，摇撼□就劝进□。云龙□□□□□，□国□符传嗣皇。徙居西内尤凄凉，□□霖伶□断肠。纫南□道宗□□，柱□徒下□德□。□知□□□碧□，□霄黄壤难比量。谁为此字颜鲁国，谁为此颂元漫郎。摩挲石刻五百载，风摧雨打烟苍苍。春秋书法褒贬具，无穷日月争辉光。

乾道辛卯四月，心庵居士史尚忠过浯溪碑下，怀古留题。弟尚思，男元鲁、元发，侄元礼、元德从行。尚义书。

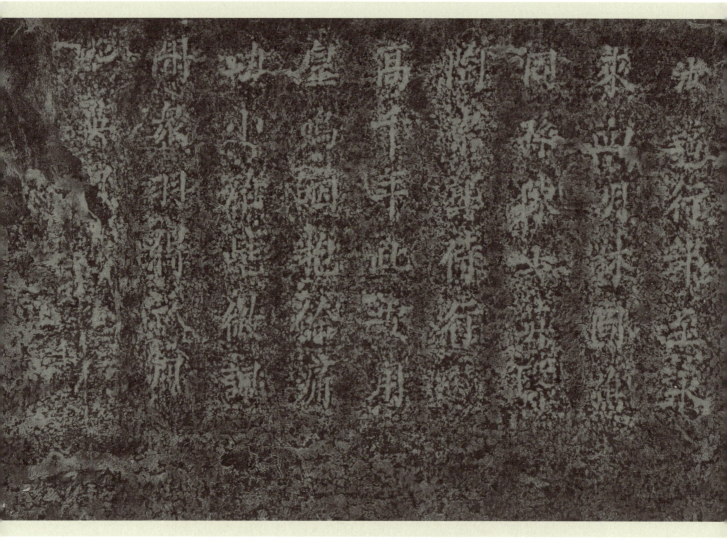

宋·赵汝谳《题摩崖碑》

东崖区 73-20 号，60 cm×89 cm，字大 5 cm，楷书。

题摩崖碑

……赵汝谳行部至永……来。四明林国樵……同孙陈士英，医……崇□陶崇龚侍行。

苍崖插浯溪，清涨湿元颂。费墨今屋高，千年此安用？

鲸翻天宝末，云潋朔方众。还都迎上皇，呜咽抱余痛。

两宫重宴乐，万国尽朝贡。当时记成功，小雅见微讽。

颜公发劲画，金玉相错综。我于碑刻间，众羽得孤凤。

艰危人物难，忠烈鬼神重。摹取挂野堂，英气凛生栋。

庆元三年丁巳春三月□日。

赵汝谳(《宋史》作说)(？—1223)，字蹈中，号懒庵，宋太宗八世孙。宁宗庆元三年丁巳(1197)，忤韩侂胄，坐废十年。除太社令，迁将作监簿、大理丞，知漳州。迁湖南、江西提举常平，湖南、江西、江东提点刑狱，温州知府。

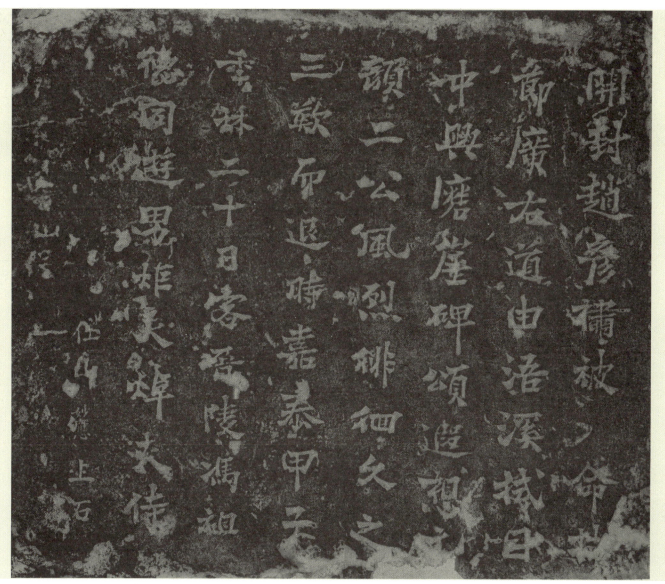

宋·赵彦櫹等题名碑

东崖区 90-45 号，35 cm×40 cm，字大 3 cm，魏碑。

开封赵彦櫹被命持节广右，道由浯溪，拭目中兴磨崖碑颂，遐想元颜二公风烈，徘徊久之，三叹而退。

时嘉泰甲子季秋二十日。客晋陵冯祖德同游，男炬夫、焯夫侍。

住山妙应上石。

赵彦櫹，字文长，乾道二年（1166）进士，擢监登闻检详院，迁湖广总领。

宋·无上宫主《宴罢高歌》

东崖区 108-68 号，127 cm×37 cm，狂草。

宴罢高歌海上山，月瓢承露浴金丹。
夜凉鹤透秋云碧，万里西风一剑寒。

永州之祁而北六十里，乌符山者，晖先世别业于其下。比岁，捐私帑建玉虚上真之宫，三年有成。绍定己丑中秋后十日庚申，有称宫先生者，青巾黄服，神彩飘爽，过门谓晖曰："佳山水也。"遂相携登殿。复云："可取针石，当为鉴之。"乃归呼茶，挈针石及茶榼出，先生已不见，但见壁上题诗，墨迹酣畅，末署"无上宫主"。"宫"字无上，吕姓也。传为吕纯阳复见。

注：此诗碑原在祁东县乌符观，不知何时移至浯溪。发现用作祁阳三中水池码头，收归浯溪，嵌置东崖区。

蒋晖作跋。无上宫主，实为李日新。祁城郊雷坛观（会真观）创始人。称雷泽洞真人。能诗文，善草书，此诗碑亦一气呵成，甚有"仙书"气势。今只寻得碑的二分之一。

帑 tǎng，钱财。神彩，应为神采。

宋·曾宏正《开元初政尽精明》

东崖区 99-59 号，40 cm×70 cm，字大 3 cm，行书。

开元初政尽精明，岁晚色荒司牝晨。胡雏若虎自遗患，马嵬罗袜污战尘。
幸哉有子系民志，宗社将倾犹未坠。当时监国若退避，大物必归安与史。
较轻量重法受恶，父子至情休责备。西内凄凉叶落时，尚使以侯有余悲。
铺辞欲写忠愤诗，磨崖作颂而作规。我来解嘲千载后，谁与九京共评之？
题此辞于数百载英杰者之后，可笑不自量。然从前似未有为肃宗解嘲者，则亦不得以鄙陋辞也者。淳祐二年壬寅季秋十二日，临江曾宏正识。

曾宏正，临江军新淦（今江西新干）人，历官大理寺丞、湖南提刑、广南西路转运使。

宋·佚名氏
《君臣大谊若亏缺》

东崖区 101-61 号，
122 cm×54 cm，
字大 4~5 cm，瘦金体，行书。

□□□□□□□，
□□□□□□□吐。
君臣大谊若亏缺，
子克家吉干父蛊。
上皇西内凄凉事，
万世不逃清议斧。
有臣元结颂中兴，
颂中微寓箴规语。
磨崖峭立浯溪边，
碑间有石犹堪镌。
春秋褒贬一字法，
乱臣贼子凛凛然。
更添山谷一重案，
后之作者难逾前。
于嗟忠臣无显报，
漫浪优虞□□□。
惟余子孙作赏鉴，
绿水青山千万年。
宋淳祐……

宋·杨瑾等题名碑

东崖区 100-60 号，40 cm×45 cm，字大 8 cm，楷书。

淳祐戊申□月，上瀚□□杨瑾被命□守藤，道由浯溪。偕婿永嘉倪梦鞠曾游。

杨瑾，字廷润，浙江余姚人，宝庆二年（1226）进士。端平元年（1234）任华亭知县。

宋·丰迈等题名碑

东崖区 66-11 号，71 cm×82 cm，字大 9 cm，楷书。

淳祐乙酉秋，□□□会稽丰迈献方□□右，双节舣舟浯溪，□读中兴碑，盘桓□□□行司卫□□□□□陈荣次，四明孙□还虚登□□□□□父，□□□孙子顾孙侍。

宋·庄崈节《浯溪》

东崖区 104-64 号，46 cm×70 cm，草书。

长沙庄崈节仝丁叔岩游浯溪，各成四韵，而崈公□疥诸壁，岜珤祐丁巳良月乃。

元翁作颂鲁公书，峭壁云烟万古垂。三绝堂边月浸碧，两峰亭下草生悲。

英风义概有存者，流水高山谁会之？便使中原归赵璧，磨崖再勒中兴碑！

右崈节诗。

庄崇节，长沙人。理宗宝祐五年（1257）曾游浯溪。

注：崈，同"崇"。

此碑五六七行字缝间，另有其他人刻的文字：……王□中……各……

宋·丁叔岩《游浯溪》

东崖区 104-64-2 号，46 cm×70 cm，草书。

相去祁阳五里余，斩江为谷断为溪。河南刺史老文学，石上真卿健笔题。

风月满堂无地著，云烟半壁与天齐。英雄说着唐朝事，泪溅长安蜀道西。

右叔岩诗。

宋·王壶《浯溪精舍偶来游》
东崖区 88-43 号，45 cm×60 cm，字大 4-4.5 cm，行书。

浯溪精舍偶来游，正值凄凉八月秋。入院伽蓝先稽首，题诗神鬼暗添愁。

几章镌石珠玑燦，一带临江泉石幽。读罢中兴碑去后，逢人便举伴茶瓯。

春陵西山王壶漫记曾游。时宝祐丁巳仲秋正澣浣。

王壶，湖南宁远（今属道县）人。理宗宝祐五年（1257）曾游浯溪。"浯溪精舍"指中宫寺。

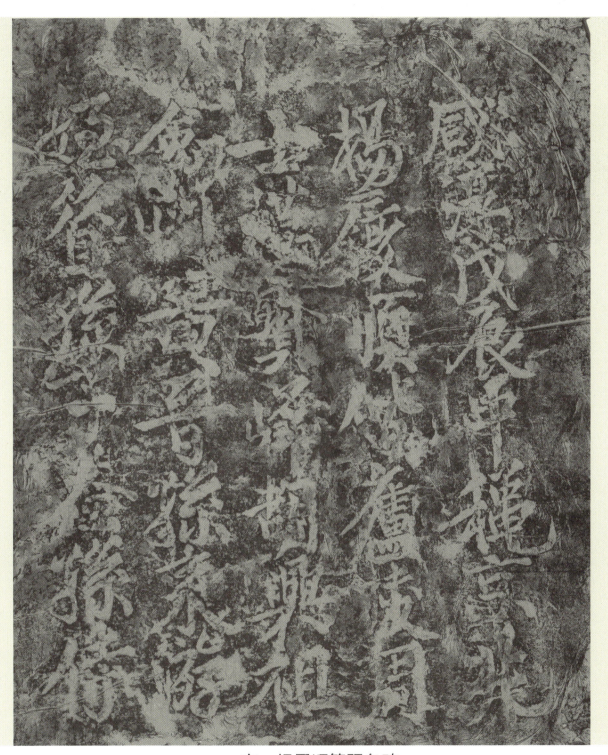

宋·杨履顺等题名碑

东崖区 69-16 号，65 cm×55 cm，字大 10 cm，楷书。

咸淳戊辰中秋，京兆杨履顺偕庐陵周士模、宝峰胡兴祖、剑南黄晋孙来游。侄甯孙、子谷孙侍。

注：甯 shěng，同"省"。

宋·佚名氏《藏》榜书

东崖区 65-10 号，34 cm×117 cm，榜书，楷书。

藏。

朝代不明·佚名氏《卷帛》

东崖区 65-10-2 号，34 cm×117 cm，楷书。

……卷帛……三月□磨崖……

注：此碑被《藏》字碑所铲。

宋·善临等题名碑

东崖区 86-40 号，103 cm×61 cm，楷书。

是岁联政同安丁亥秋八月，丁忧秩满，迎侍经从孙善临、善防、善……孙……

宋·佚名氏《绍兴元》榜书

东崖区 86-40-2 号，103 cm×61 cm，隶书。

绍兴元。

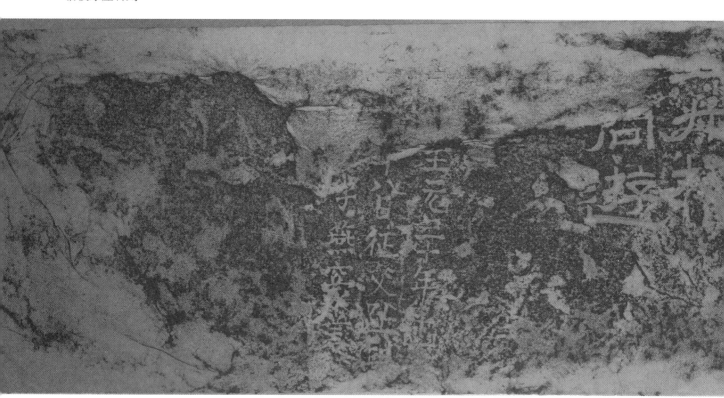

元·李燕豪题名碑

东崖区 91-46 号，21 cm×49 cm，字大 2 cm，行书。

至元三十年十一月二十八日，征交趾过浯溪。李燕豪书。

朝代不明·舟□同游题名碑

东崖区 91-46-2 号，21 cm×49 cm，字大 6 cm，隶书。

……舟□同游。

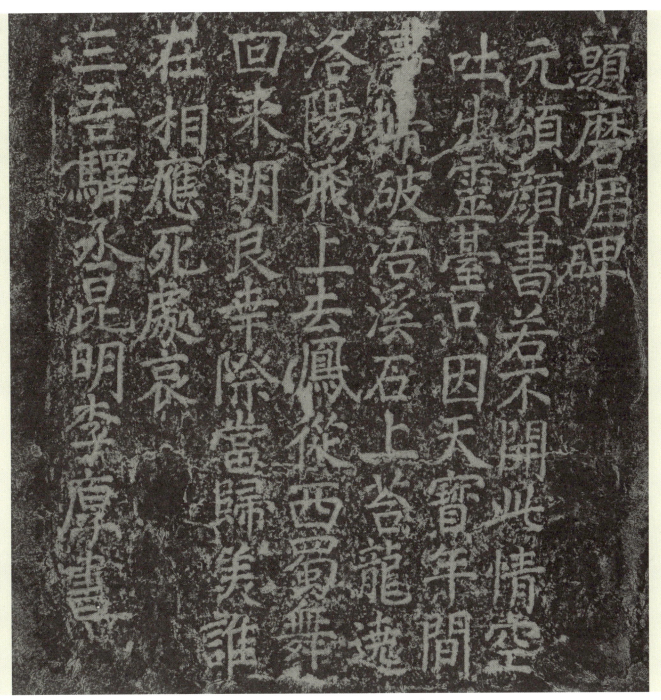

明·李厚《题磨崖碑》

东崖区 61-6 号，51 cm×44 cm，楷书。

题磨崖碑

元颂颜书若不开，此情空吐出灵台。只因天宝年间事，扫破浯溪石上苔。
龙绕洛阳飞上去，凤从西蜀舞回来。明良幸际当归美，谁在相应死处哀。
三吾驿丞昆明李厚书。

李厚，字文山，云南思明人。为三吾驿丞，刑部主事，后谪为安南掾，官至吏部主事。作有《祁阳县志》。

明·康显迪《鼐砌山门路记》

东崖区 102-62 号，楷书。

鼐砌山门路记

伏以天下名山素仰，仁□第一。湖南胜概，独推当□无双。辟开昔日门墙，□□前朝，向止乃强。乃理□□爰谋。面水背山，诸佛颙而出，□架□□浴十王□。厍以增光。籍群公□□□善缘，赖众力开条□□□□于南北界。平东三告□成功，须立穿碑而记，颂□其芳姓，能教后世，以仰□□泰山之安，巩盘石之□，维其嘉矣，不亦美乎。

谨皇明弘治十二年己未□□□元望日，劝首康显迪立。

（捐款人姓名从略。）

广西灵川石己未立刊，当代住持僧正禰墓□。

注：鼐，同"鼎"。厍 shè，村庄。

朝代不明·佚名氏《梦同蟉真》

东崖区 102-62-2 号，楷书。

梦同蟉真。

注：蟉 liú，蜷曲，盘曲。

明·张弘至补刻张耒《读中兴碑》

东崖区 67-12 号，126 cm×135 cm，字大 6~8 cm，楷书。

玉环妖血无人扫，渔阳马厌长安草。潼关战骨高于山，万里君王蜀中老。

金戈铁马从西来，郭公凛凛英雄才。举旗为风偃为雨，洒扫九庙无尘埃。

元功高名谁与纪？风雅不继骚人死。水部胸中星斗文，太师笔下龙蛇字。

天遣二子传将来，高山十丈磨苍崖。谁持此碑入我室？使我一见昏眸开。

百年废兴增叹慨，当时数子今安在？君不见，荒凉浯水弃不收，时有游人打碑卖。

张耒文潜，秦观少游书。

（张弘至跋）正德丙寅十月甲子，予奉使安南国，道浯溪□□。程银台德和、道州李式佐一元偕观。曰念缺宋黄张二□时李□祁阳磨崖，要予书既□，看文，乃山谷词也。嘅旹□□此心遂□别加颢惟□□文潜歌程云，殆非湮张□□□仍□书□□江华□参廷禧，按部适至，更为远处刻手成□□□□□□□。

　　□□师煜镌。

张耒（1052—1112），字文潜，号柯山，楚州淮阳人，晚居陈州宛丘。宋神宗熙宁五年（1072）进士，官至黄州通判。

注：曰，同"因"。嘅，同"慨"。旹，同"时"。颢 hào，白。

明·周蛊题名碑

东崖区 103-63 号，33 cm×35 cm，楷书。

靖江王府审理正崑山周蛊，因闻祁阳浯溪有明镜石之异，便道访焉。得览颜氏石刻，不胜景仰，乃命工刻于崖间，以识岁月云诗。

正德己巳六月初一日也。

明·曹来旬《读中兴碑》

东崖区 85-39 号，130 cm×132 cm，字大 7 cm，楷书。

读中兴碑

万里分符来守土，两年浯溪未一睹。乘时送客偶维舟，山明水秀真无愈。

摩挲老眼辩残镌，上下旁求勤仰俯。元子词章雅颂音，颜公笔翰蛟龙舞。

一行朗诵一回思，漫将唐事从头数。聿自锦褓裹禄儿，六宫养成双翼虎。

心轻中国势滔天，渔阳动地鸣鼙鼓。上皇幸蜀弃长安，太子即位于灵武。

金戈一挥复两京，开辟勋烈昭寰宇。至今人咎宠玉环，岂知兆端相林甫。

九龄不罢正气闻，羯奴敢羡塞酥乳？只将再造劳子仪，不念后患言可取。

三纲扫荡四海穷，中兴之功能何补？悠悠此恨世谁知？空使英雄泪如雨！

　　　　　　　　　　大明正德八年五月望日，河南郑州曹来旬识。

　　曹来旬，字伯良，河南郑州人。进士，历监察御史、中宪大夫。正德六年（1511）以武昌知府改任永州知府。

明·苍崖道人《暮春偶游浯溪》

东崖区 72-19 号，110 cm×92 cm，字大 6 cm，楷书。

暮春偶游浯溪

江上溪迴溪上山，兀然亭子翠微间。香风宛转花交树，清响高低水过湾。
万石戴题平琬琰，一碑称绝合元颜。斯文邂逅堪和煦，指点烟飞次第攀。
又曰
东风知我负追游，吹上溪亭暂写忧。万絮江头和雨坠，一花岩背为诗留。
芳尊小槛春迎酒，烟草斜阳客系舟，余兴未降怀远道，不胜沙鸟意悠悠。
正德甲戌岁既三月之吉，苍崖道人识。

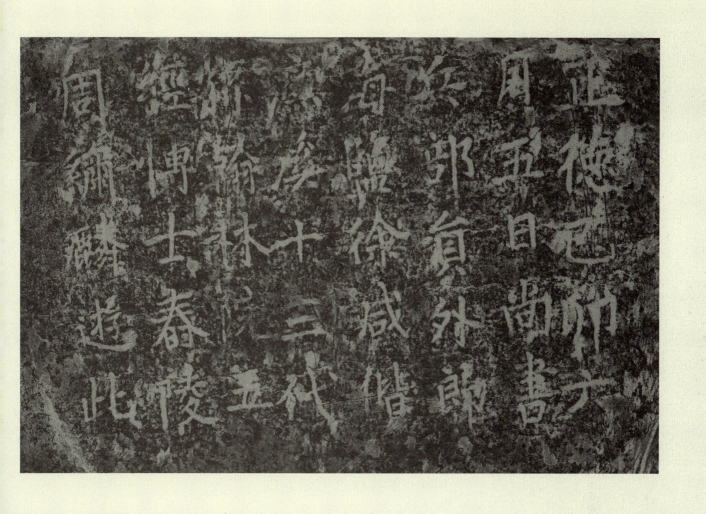

明·徐咸等题名碑

东崖区 57-2 号，42 cm×63 cm，楷书。

正德己卯六月五日，尚书兵部员外郎海盐徐咸，偕濂溪十三代孙、翰林院五经博士、舂陵周绣麟游此。

徐咸，字子正，浙江海盐人，正德六年（1511）进士，襄阳知府。有《近代名臣言行录》《四朝闻见录》等。

周绣麟，字圣兆，号酸斋，周敦颐十三世孙。于弘治十年（1497）承袭五经博士。

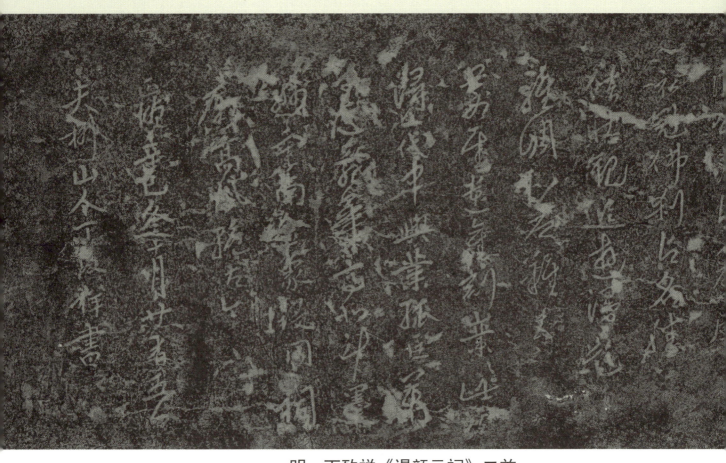

明·丁致祥《谒颜元祠》二首

东崖区 58-3 号，33 cm×60 cm，字大 3.5 cm，行草。

国乱识忠义，时危见胆肝。颂镌贞石壁，庙肃古衣冠。
佛刹占名胜，溪山信壮观。追游漫题品，雅调和应难。

苍崖遗旧刻，嶪嶪此溪浔。一代中兴业，孤臣万里心。
体隆高北斗，墨妙重南金。象设同祠庙，高风绝古今。
　　　　　正德辛巳冬十月廿有五日，夫柳山人丁致祥书。

　　丁致祥，字原德，号草仓，江苏武进人。正德三年（1508）戊辰科进士。授户部主事，历官陕西按察司副使、湖广左参议。嘉靖五年（1526）任分守关南道。（《兴安州志》）
　　注，嶪 yè，高峻。

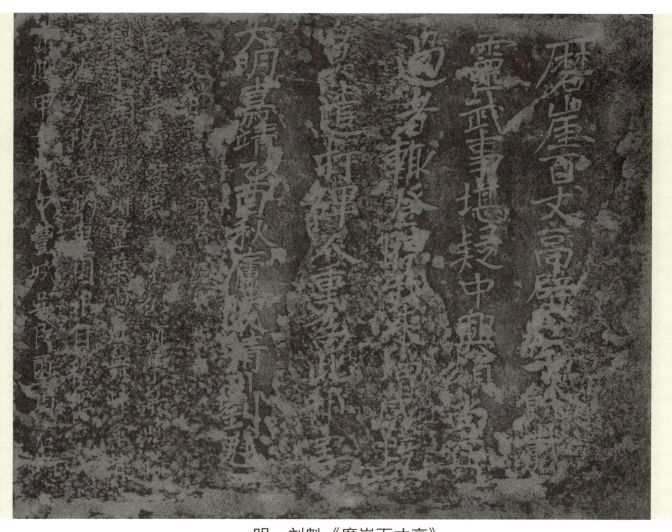

明·刘魁《磨崖百丈高》

东崖区 82-36 号，40 cm×32 cm，字大 4 cm，行书。

磨崖百丈高，壁立千余载。灵武事堪疑，中兴颂尚在。
过者辄登临，我来增感慨。莫遣打碑人，重为此邦害！

大明嘉靖乙酉秋，庐陵晴川刘魁。

刘魁（？—1549），字焕吾，江西泰和（自署庐陵）人。正德二年（1507）举人。历知钧州（今禹县）、潮州，工部员外郎。

清·吴良《冬泊浯溪用秦源先生韵》

东崖区 83-37 号，40 cm×16 cm，字大 4 cm，楷书。

冬泊浯溪用秦源先生韵

白月来寻涉，寒光不似前。亭欹窗倚树，水涸石盈川。
坠叶回风舞，归禽背霭旋。夕阳垂钓叟，因浪自移船。

康熙甲子冬中，丰城吴良尔周上石题。

明·陈铠题名碑
东崖区 75-25 号，
86 cm×45 cm，行书。

嘉靖壬寅四月，会稽山
人陈铠，督储至祁阳，吊元
子浯溪之上，慨然兴怀。

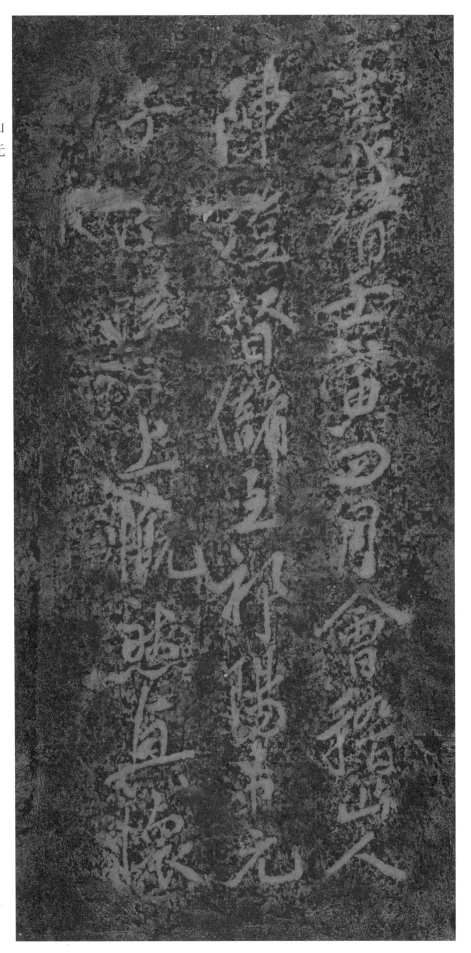

明·唐珏《谒元鲁二公祠》

东崖区 92-47 号，
85 cm×55 cm，
字大 5 cm，楷书。

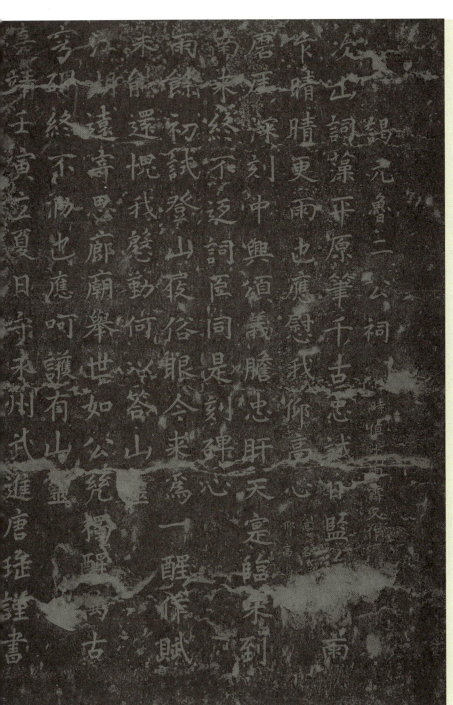

谒元鲁二公祠

时值小雨霁又作。

次山词藻平原笔，
千古忠诚日监临。
小雨乍晴晴更雨，
也应慰我仰高心①。

磨崖深刻中兴颂，
义胆忠肝天寔临。
宋到南来终不迨，
词臣同是刻碑心。

雨余初试登山屐，
俗眼今来为一醒。
作赋未能还愧我，
殷勤何以答山灵？

江湖远寄思廊庙，
举世如公几独醒。
万古穹碑终不泐，
也应呵护有山灵。

嘉靖壬寅立夏日，守永州武进唐珏谨书。

原文注释：①仰高，亭名。

唐珏，江苏武进人，嘉靖二十年（1541）任永州知府，文学家唐顺之之父。

注：寔 shí，同"实"。珏 bǎo，古同"宝"。

明·应榄《游浯溪》

东崖区 74-21 号，51 cm×79 cm，行草。

游浯溪

杰阁凌云气，宓尊德露恩。湘江□□□，巉石刻碑存。

□□嘉靖甲辰，□人应榄。

明·管大勋《读磨崖碑》

东崖区 93-51 号，174 cm×110 cm，
字大 7~8 cm，楷书。

读摩崖碑

浯溪之山云母石，青崖插天悬峭壁。
中有镌镂结构奇，雷霆呵护神仙划。
天宝以来几千载，螭盘凤舞依然在。
元公作颂鲁公书，当时国事真堪慨！
翠华幸蜀宗社迁，长安宫阙迷烽烟。
储皇匹马起恢复，仓卒灵武谁宣传？
吁嗟往事难具论，于烁文翰微义存。
两公忠胆贯星日，穹碑古篆垂乾坤。
宇内磨崖今余几？周原秦湫半埋圮。
三吾山水最幽奇，维石璘璘云气紫。
上国韶华有消歇，人间至宝常不灭。
湘南犹识漫郎居，关西谁湔马嵬血？
万历九年八月中秋日，兵巡督学使管
大勋题。

管大勋，号慕云，浙江鄞县人。嘉靖
乙丑（1565）进士。万历九年（1581）任
衡永兵巡副使，视学上湖南道，过浯溪，
作此诗。

注：此碑为活碑。

明·张乔松《镜石》

东崖区 89-44 号，68 cm×126 cm，字大 7~9 cm，草书。

镜石

浯溪溪上石，似镜隐岩阿。制出天工巧，明由水力磨。精光含日月，虚影照山河。
世态妍媸别，沧桑阅历多。人心皆类此，物欲自迷何！我愿灵台内，惺惺解世罗。

万历庚子冬十月，新喻张乔松书。

张乔松（1542—? ），字青徕，又字尔操，江西新喻（今新余）龙塘人。国子生，隆庆元年（1567）
丁卯科举人，万历八年（1580）庚辰科进士，授行人司行人，升工部主事。

明·龙津

《雩风沂浴》榜书

东崖区60-5号，

165 cm×75 cm，

字大40 cm，榜书，隶书。

雩风沂浴。

龙津书。

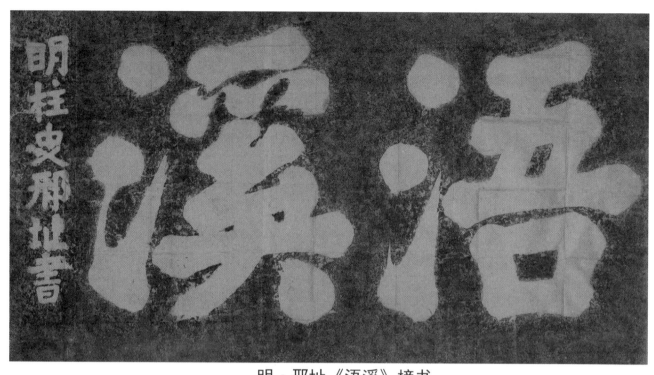

明·邢址《浯溪》榜书

东崖区 64-9 号，151 cm×265 cm，字大 120 cm，榜书，楷书。

浯溪。
明柱史邢址书。

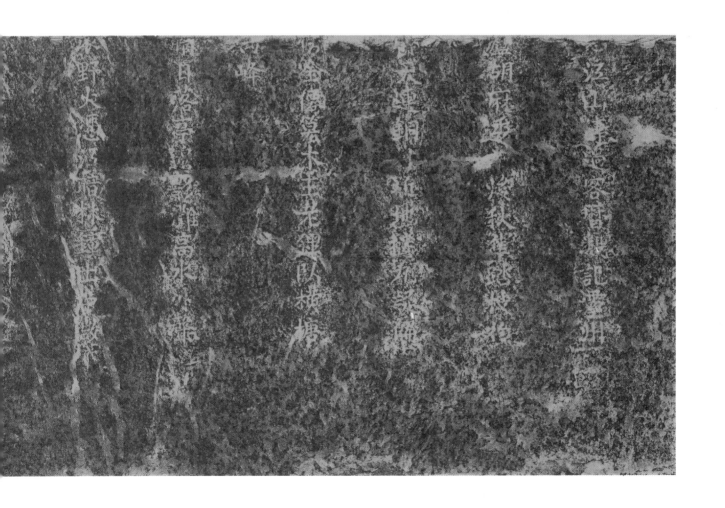

清·彭而述《重到浯溪》

东崖区 78-31 号，63 cm×121 cm，字大 5 cm，行书。

扁舟今再至，仓猝忆前游。削壁苍龙跃，枯枝怪鸟愁。
江山传过客，历数记灵州。不尽渔阳恨，潇湘日夜流。

南荒称二绝，佳句与良书。落日吞残寺，寒烟啮旧庐。
胡麻委草后，秋隼踏枝初。多少游人泪，伤心天宝余。

名山留胜迹，遗墨重千年。社稷孤臣泪，干戈死事传。
天连铜柱近，地接九疑偏。倚徙空亭上，夕阳急暮蝉。

寒渐连肿树，石径一荒凉。刺史何年去，菟裘古道傍。
金仙篆木主，老狸卧横塘。欸乃沧浪外，如闻呼漫郎。

……禹峰。

彭而述（1605—1665），字子篯（jiān），号禹峰，河南邓州市彭桥人。崇祯十三年（1640）进士，任曲阳县令、湖南督学。顺治四年（1647）分守衡永郴道，驻永州，历任广西布政使、贵州巡抚、按察使、云南左布政使。著有《归田记》。

注：此诗古刻本修改了 20 多字，本书按石刻收录。

清·彭始奋《题浯溪》

东崖区 78-31-2 号，63 cm×121 cm，字大 5 cm，行书。

逃暑寻山径，因之向此行。晚峰青不测，老树碧多情。
日落亭边影，滩高水外声。遇僧问故宅，犹说漫郎名。

旧有浯溪想，于今愿不违。平崖秋在树，高壁雾生衣。
野火凭江暗，林钟出寺微。可知佳憩少，日暮竟忘归。

亭午林烟合，苍苍欲隐天。寒螿石镜外，秋隼夕阳边。
槛俯潇湘水，碣残唐宋年。来游今古内，知复几何年？

极目清溪上，怀归去复停。好花函石镜，修竹抱唐亭。
露下何年草？沙明此夜星。可怜戎马后，惟有数峰青。

清顺治十六年己亥月吉旦赤符刊石。

彭始奋，字海翼，号中郎，河南邓州市彭桥人，彭而述第四子。著有《娱红堂诗草》。

清·戴梦熊《浯溪》二首

东崖区 97-57 号，25 cm×30 cm，字大 2 cm，楷书。

片石莹然倚楚岑，上图去树自浮沉。等闲经得风雷洗，葆抱光明直至今。

山若蓬莱人若仙，残冬景物更鲜妍。细看一片清虚处，疑是尘寰别有天。
……迁秩民曹，舟过浯溪，登临观览。见旧同寅钱君题镜石之句，因次其韵，以志胜游云。
仙苹戴梦熊。

戴梦熊，字汝兆，浙江浦江县人。康熙十五年（1676）以监生的功名任阳曲县知县，二十二年（1683）初升任汉阳知府。

清·黄犹龙《镜石》

东崖区 98-58 号，18 cm×16 cm，字大 2.5 cm，楷书。

镜石

天然雕琢就，嵌入巨岩旁。大道岂终晦，耴材宁独方？
苔痕映春色，溪水发奇光。尝试依崖岸，贞书写素肠。

康熙庚申冬仲，子其黄犹龙题。

黄犹龙，字子其，湖南祁阳人。
注：耴 yì，a. 众多的声音；b. 鱼鸟的状态。

清·邬能熿《镜石》

东崖区 87-42 号，45 cm×45 cm，行草。

镜石

妍嫫炤尽等冰壶，入影山川似画图。

盼面九嶷人世幻，纵饶秦镜亦模糊。

樊昌邬能熿。

注：盼 pā，分明。

朝代不明·佚名氏《借此□收永》

东崖区 87-42-2 号，45 cm×45 cm，楷书。

注：在邬能熿落款右侧，残留"借此□收永"四字。疑被邬所铲。

清·王永昌《镜石诗》二首

东崖区 94-52 号，38 cm×83 cm，行书。

镜石诗

月斧云斤别斫成，风磨雨洗净无尘。冰心铸出空传楚，玉胆生来本姓秦。

天地有情留色相，山川无恙露精神。凭君阅尽千秋事，谁是当年具眼人。

落落乾坤一鉴存，高山流水渺知音。闲窥春色花千片，远照空江月半村。

溪雨洗妆香入梦，晓云开匣淡无痕。仪形静对忘机处，半勺清泉心自扪。

康熙二十六年岁次丁卯仲冬下浣易山王永昌题。

注：此诗在摩崖区 152-42 同时题刻。

清·钱三锡《重过三吾》
东崖区 95-55 号，39 cm×40 cm，行书。

重过三吾二月天，水光山色共悠然。岩前片玉还如镜，照我东归载石船。

余于丙寅八月，奉敕过浯溪，留题镜石之旁。今由粤还都，重经此地，书此以识岁月云。时康熙辛未十月四日，江南钱三锡。

钱三锡，字宸安，太仓人。康熙十五年（1676）进士，授罗池知县。二十二年（1683）充同考官，以治行擢江西道监察御史，历大理寺左右卿，户部左侍郎。

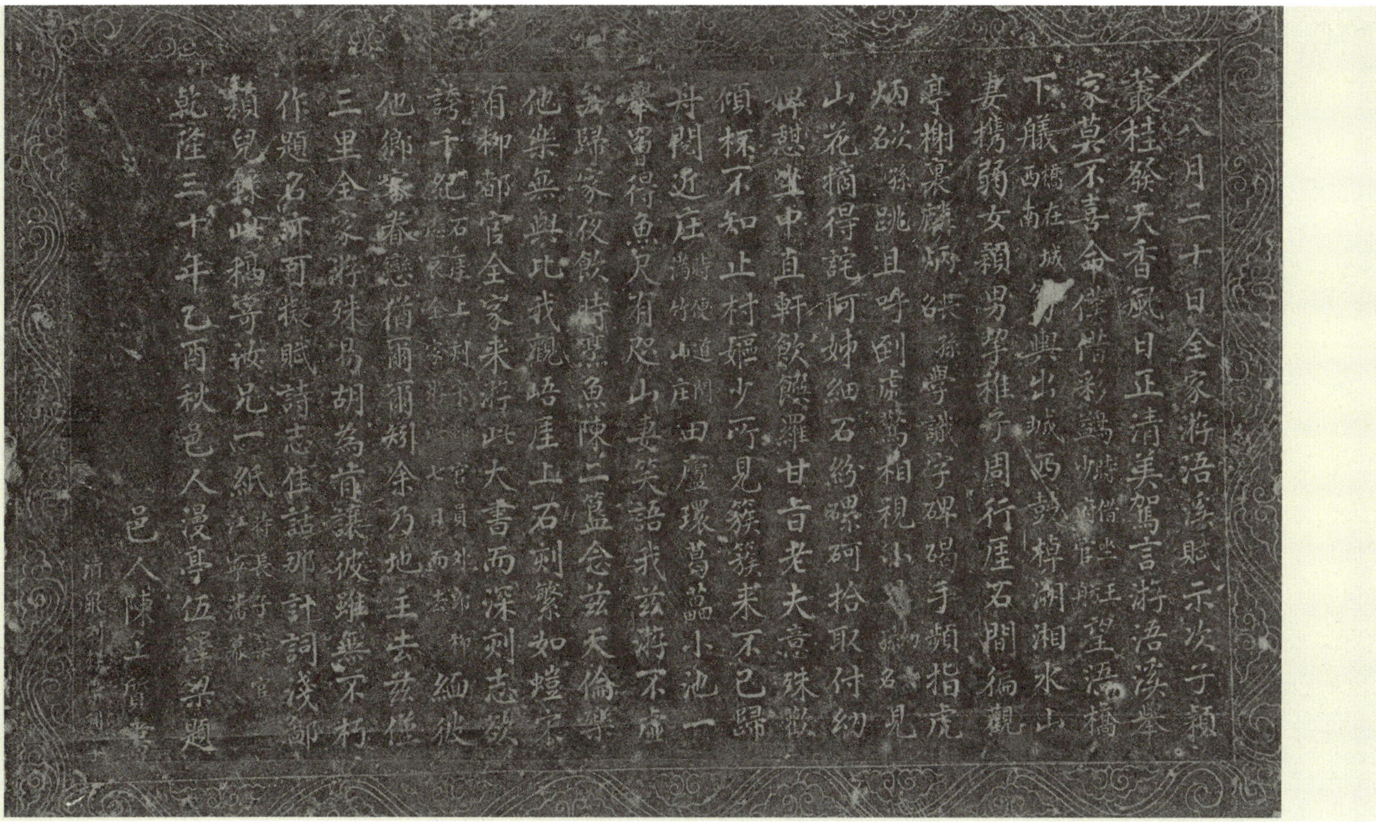

清·伍泽梁《全家游浯溪赋》

东崖区 114-74 号，77 cm×118 cm，楷书。

八月二十日，全家游浯溪赋，示次子颖。

丛桂发天香，风日正清美。驾言游浯溪，举家莫不喜。命仆借彩鹢①，望浯桥下舣②。笋舆出城西，鼓棹溯湘水。山妻携弱女，颖男挈稚子。周行崖石间，遍观亭榭里。麟炳③学识字，碑碣手频指。虎炳④跳且呼，到处惊相视。小藟⑤见山花，摘得诧阿姊。细石纷磥砢，拾取付幼婢。憩坐中直轩，饮馔罗甘旨。老夫意殊欢，倾杯不知止。村妪少所见，簇簇来不已。归舟阅近庄⑥，田庐环葛藟。小池一举罾，得鱼尺有咫。山妻笑语我："兹游不虚矣。"归家夜饮时，烹鱼陈二簋。念兹天伦乐，他乐无与比。我观峿崖上，石刻繁如蚁。宋有柳都官，全家来游此。大书而深刻，志欲夸千纪⑦。缅彼他乡客，眷恋犹尔尔。矧余乃地主，去兹仅三里。全家游殊易，胡为肯让彼？虽无不朽作，题石亦可拟。赋诗志佳话，那计词浅鄙！颖儿录此稿，寄汝兄一纸⑧。

乾隆三十年乙酉秋，邑人漫亭伍泽梁题。邑人陈上质书。

原文注释：①时借坐王少府官舫。②桥在城西南。③长孙名。④次孙名。⑤幼女孙名。⑥时便道门，满竹山庄。⑦石崖上刻宋都官员外郎柳应辰全家游此，七日而去。⑧时长子棻官江宁藩幕。

伍泽梁，字惠远，号更斋，又号漫亭。乾隆进士。官至按察使司副使。后主讲两粤书院。

注：藟 lěi，藤。磥同"垒"。簋 guǐ，盛食物器具。矧，shěn，况且。

朝代不明·刘枉宁题名碑

东崖区 114-74-2 号，77 cm×118 cm，楷书。

清泉刘枉宁刊字。

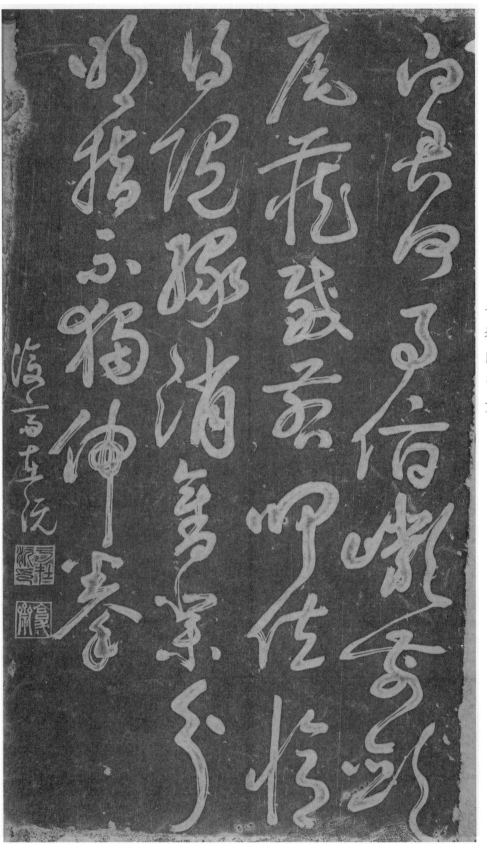

清·于在沅《题磨崖山人竹石图》

东崖区 109-69 号，83 cm×48 cm，草书。

问君何事俯崖前，
敛尾藏威若叩然。
忆得随缘消旧业，
分明指示独伸拳。
　　复斋在沅。

　　于在沅，字思南，号复斋，祁阳茅竹镇周塘村人。乾隆岁贡生。以馆授徒，岁以百计，皆有成立。生平正直端方，从未屈膝公庭。

清·磨崖山人《竹石图》

东崖区 110-70 号，83 cm×48 cm，行书。

（竹石图）

敦柏子磨崖山人。

注：于在沅为此画题诗《题磨崖山人竹石图》。

清·郑怀德《地毓浯溪秀》

东崖区 80-33 号，25 cm×45 cm，字大 5 cm，楷书。

地毓浯溪秀，山开镜石名。莫教尘藓污，留照往来情。
越南国谢恩使郑怀德癸亥端阳后题。

郑怀德（1765—1825），又名安，字止山，号艮斋，谥号"文恪"，华裔（明乡）人，祖籍福建省福州府长乐县，生于越南（广南国）镇边（今同奈省边和市）。1788年应举，官至协办大学士，封"安全侯"，越南阮朝初年政治家、文学家，著名诗人。

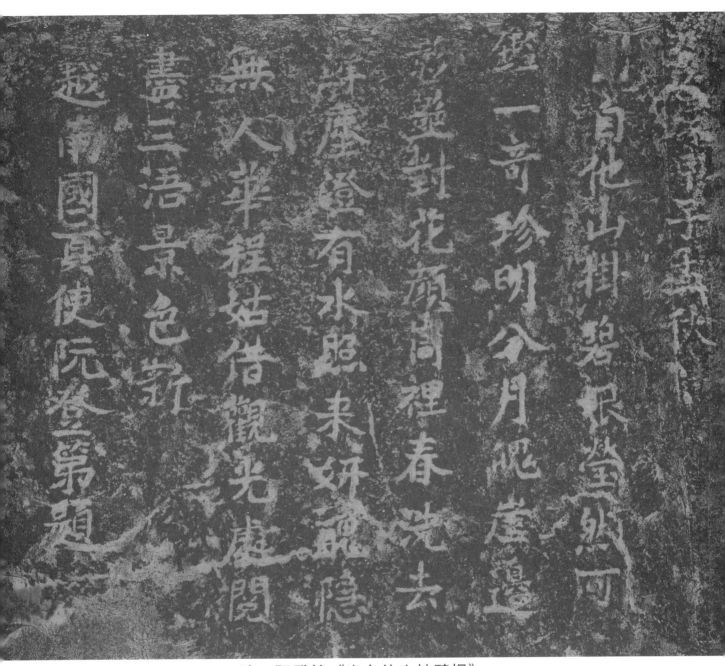

清·阮登第《出自他山挂碧垠》

东崖区 84-38 号，45 cm×50 cm，楷书。

嘉庆九年甲子孟秋。

出自他山挂碧垠，莹然可鉴一奇珍。明分月魄崖边影，艳对花颜峒里春。

洗去薜尘澄有水，照来妍丑隐无人。华程姑借观光处，阅尽三浯景色新。

越南国贡使阮登第题。

注：峒，同"峒"。浯，应为吾。

清·裕泰题名碑

东崖区 70-17 号，85 cm×294 cm，行书。

道光丁未秋九月，阅兵至此。长白裕泰书于浯溪石壁。

裕泰，字东岩，号余山，满洲镶红旗人，姓他塔喇氏。历任侍读、湖南按察使、布政使、巡抚。道光二十一年（1841）升湖广总督。

朝代不明·佚名氏《寒合兴》

东崖区 70-17-2 号，85 cm×294 cm，楷书。

……寒……合……兴……

注：在权中纲碑上方，残留"……寒……合……兴……"三字。

清·佚名氏《太平晴雨》榜书

东崖区 71-18 号，85 cm×294 cm，字大 60 cm，榜书，楷书。

太平晴雨。

朝代不明·权中纲题名碑

东崖区 71-18-2 号，85 cm×294 cm，楷书。

安癸权中纲书。

注：此碑在《太平晴雨》碑左上方，为左至右书。

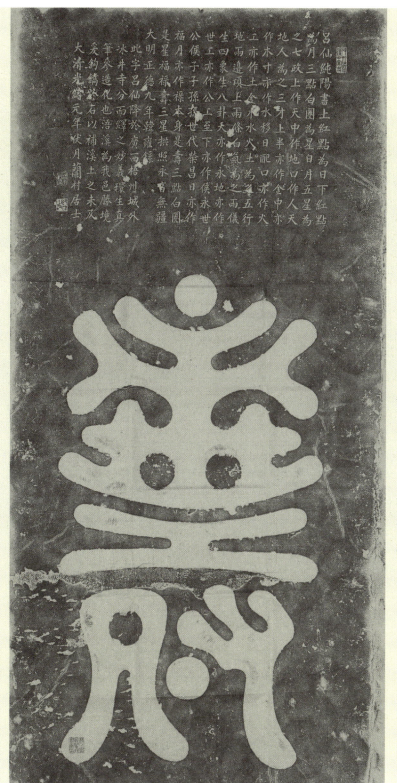

清·兰村居士《吕仙寿屏》

东崖区 113-73 号，

150 cm×70 cm，

榜书，楷书，篆书。

（印章）碑在浯溪中宫寺。

吕仙纯阳书。

上红点为日，下红点为月，三点白圈为星，日月五星为之七政；上作天，中作地，口作人，天地人为之三才；上半亦作金，中亦作木，寸亦作水，移日配口亦作火，工亦作土，金木水土火为之五行；地两边顶上两条白气为之两仪，生四象，生八卦。天亦作永，地亦作世，工亦作公，工至下亦作侯，永世公侯；子子孙孙，世代荣昌。日亦作福，月亦作禄，本身是寿，三点白圈是星，福禄寿三星拱照，永喜无疆。

大明正德九年韩雍录。

此字吕仙降于广西梧州城外冰井寺。分而绎之，妙义环生，真笔参造化也。浯溪为我邑胜境，爱钩镌于石，以补溪上之未及。

大清光绪元年伏月，兰村居士。

（印章）兰村居士。

（印章）祁阳之印。

注：喜 xiǎng，古同"享"。

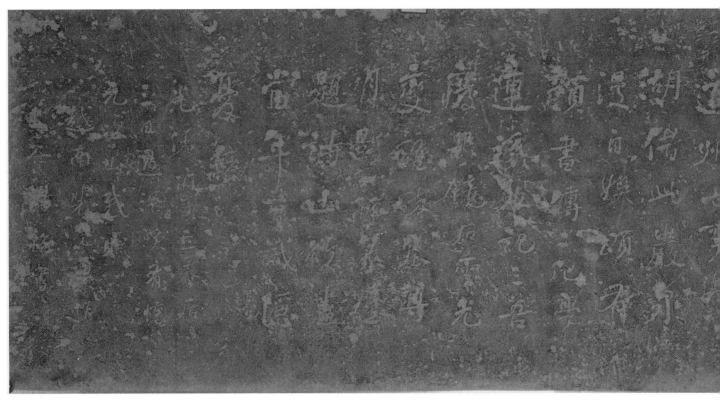

清·裴文禩《道州心事满江湖》

东崖区 105-65 号，60 cm×120 cm，行书。

道州心事满江湖，借此岩泉漫自娱。颂有颜书传二绝，亭连溪水记三吾。
废兴镜石云光变，醒醉宿尊月影孤。篆壁题诗山欲尽，当年曾识隐忧无？
光绪丙子立春后三日，过浯溪。有怀元次山，感赋。
越南裴文禩作，上谷杨翰书。

注：禩 sì，同"祀"。

清・吴大澂《浯溪铭》

东崖区 77-30 号，63 cm×121 cm，字大 7-10 cm，篆书。

浯溪铭

　　浯溪发源于双井，至祁阳县南五里入湘，本无名也，名之自次山始。余阅武至永州，过潇水之上，访柳子厚所居之愚溪，无一歇息之所；亭、池、邱、岛，眇不可追。独浯溪石刻，至今无恙，有亭有台，可登可眺。顾而乐之，乃为铭曰：

　　永州名迹，愚溪浯溪。浯溪之石，元公所题。石有时泐，台有时圮。万古常流，涓涓此水。涓涓不竭，汇湘入江。导源双井，绝壁飞淙。行者惊奇，游者心爱。爱公篆铭，一铭而再。

　　抚湘使者吴大澂，光绪十有九年夏四月。

　　吴大澂(1835—1902)，号恒轩，别号白云山樵，宪斋，江苏吴县(今苏州市)人，光绪十八年(1892)任湖南巡抚。其篆书纯热精练，浑厚丰润。所著《说文古籀补》《字说》《宪斋集古录》是研究古文字学、考释文字的重要著作。

朝代不明·裴梦睨等题名碑
东崖区 106-66 号，行书。

裴梦睨同谭碓飞来……

朝代不明·陈箕题名碑

东崖区 107-67 号，29 cm×42 cm，楷书。

己卯陈箕刊此□。

朝代不明·佚名氏《忠》榜书

东崖区 111-71 号，114 cm×107 cm，榜书，楷书。

忠。

注：原来是"忠爱廉明"四字，右起，直书，两行。下面"爱明"被铲。

朝代不明·佚名氏《廉》榜书

东崖区 112-72 号，114 cm×107 cm，榜书，楷书。

廉。

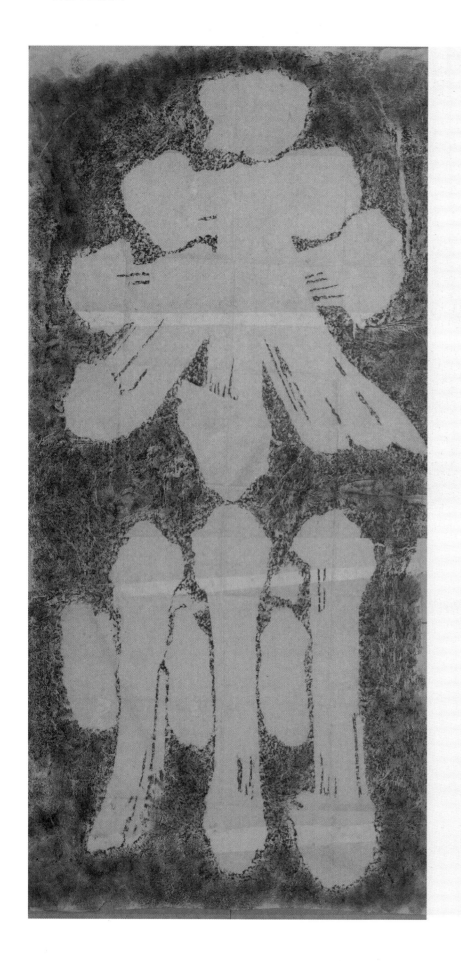

朝代不明·佚名氏《永州》榜书

东崖区 62-7 号，151 cm×256 cm，字大 130 cm，榜书，楷书。

永州。

朝代不明·佚名氏《溪寺》榜书

东崖区 68-14 号，56 cm×136 cm，榜书，楷书。

溪寺。

朝代不明·佚名氏《万古清流》
榜书

东崖区 76-27 号，

156 cm×69 cm，

字大 36 cm，榜书，隶书。

万古清流。

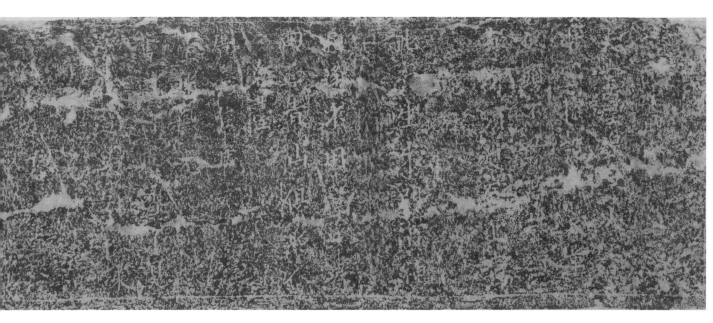

朝代不明·佚名氏《读中兴碑》诗三首

东崖区 79-32 号，47 cm×124 cm，榜书。

□□州

大宋煌煌□以□，山灵□□□文章。抵头不敢高耸□，□□□□□上□。

镜石

此石生来□□神，□□□□□□□。相逢不用禁贱贵，四面青山俱照人。

峿台

唐□□□住处□，□□□□怅凤鸾。□□□□□□旧，□□□回□不见。

浮□□□□□，□□□□□□来……

……题。

四、石屏区

唐·元结《溪园》榜书

石屏区 368-48 号，30 cm×51 cm，字大 19 cm，榜书，篆书。

溪园。

注：此碑作者有三种说法。一是元结，二是季康，三是李阳冰。

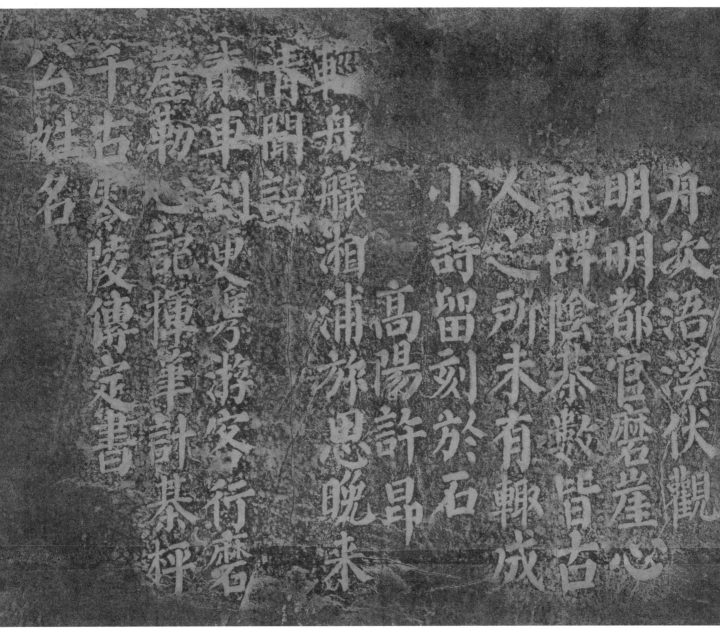

宋·许昂《舟次浯溪》

石屏区 356-32 号，70 cm×85 cm，字大 8.5 cm，楷书。

舟次浯溪，伏观明明都官磨崖心记，碑阴棋数，皆古人之所未有。辄成小诗，留刻于石。高阳许昂。

轻舟舣湘浦，旅思晚来清。闻说贰车到，更携游客行。

磨崖勒心记，挥笔计棋枰。千古零陵传，定书公姓名。

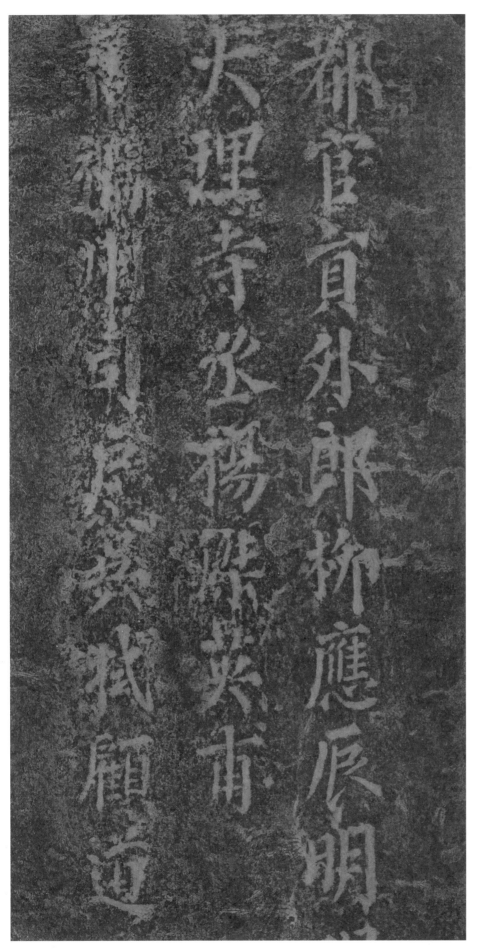

宋·柳应辰等题名碑

石屏区 357-34 号，73 cm×34 cm，楷书。

都官员外郎柳应辰明明、大理寺丞杨杰英甫、□福州司户吴拭顾道，熙宁十年六月初十日同游。

宋·邢恕《游浯溪》

石屏区 338-6 号，45 cm×51 cm，字大 5~6 cm，楷书。

归舟一夜泊浯溪，晓雨丝丝不作泥。指点苍崖访遗刻，更磨苔藓为留题。

元祐九年正月，原武邢恕和叔。

邢恕，字和叔，原武（今河南原阳西）人。早年从二程，举进士学，补永安主簿。神宗熙宁二年（1069），为崇文院校书，忤王安石，出知延陵县；十年（1077），复为校书，累官御史中丞，后夺职。复职归京时，过浯溪，题此诗。（《永州府志职官表》）

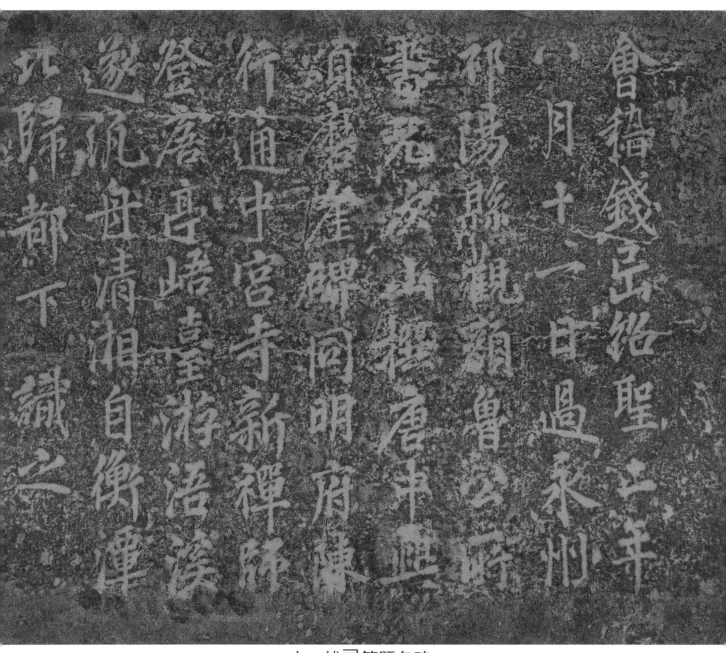

宋·钱昷等题名碑

石屏区 346-20 号，69 cm×84 cm，字大 6 cm，行楷。

会稽钱昷绍圣二年八月十一日过永州祁阳县，观颜鲁公所书、元次山撰《唐中兴颂》磨崖碑。同明府陈行通、中宫寺新禅师，登唐亭、峿台，游浯溪，遂泛舟清湘，自衡、潭北归都下，识之。

注：昷 jié。

宋·邹浩等题名碑

石屏区 354-29 号，43 cm×104 cm，字大 7 cm，楷书。

晋陵邹浩，子柄权，零陵张绶、蒋漳，祁阳成权、佚逸道人、文照、伯新、义明同游。崇宁四年二月五日。

邹浩（1060—1111），字志完，自号道乡居士，常州晋陵人。元丰五年（1082）进士，历任颍昌府教授、右正言、兵部侍郎，两谪岭表，复直龙图阁。卒谥忠。

宋·高卫题名碑

石屏区 354-29-2 号，43 cm×104 cm，字大 5 cm，楷书。

高卫措置荆湖茶事，崇宁四年十二月二十八日游。

高卫，历阳（今安徽和县）人。历任发运使、直秘阁，知平阳、洪州、鄂州、抚州。

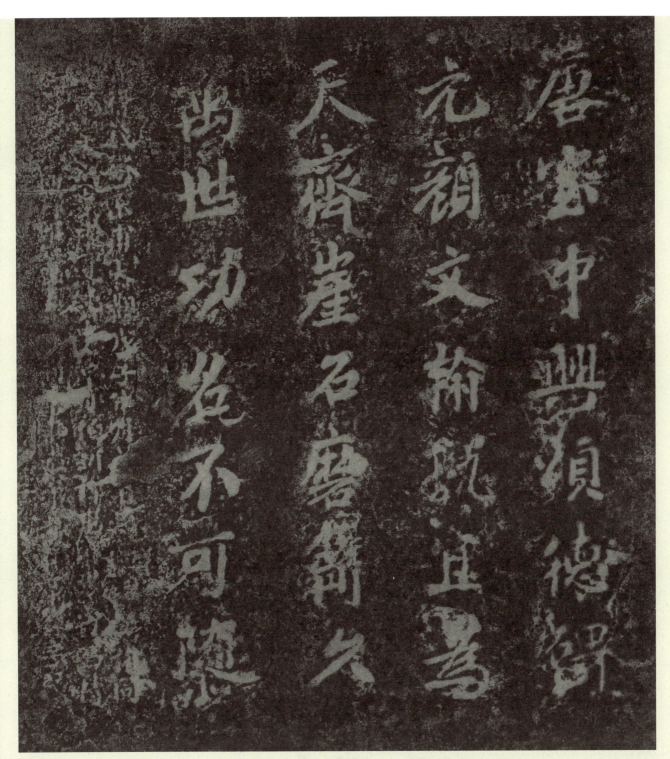

宋·钱昆《唐室中兴颂德碑》

石屏区 343-14 号，43 cm×41 cm，行楷。

唐室中兴颂德碑，元颜文翰孰宜为。天齐崖石磨镌久，万世功名不可隳。
会稽钱氏昷甫，大观戊子仲月□日……伯新……泊舟……

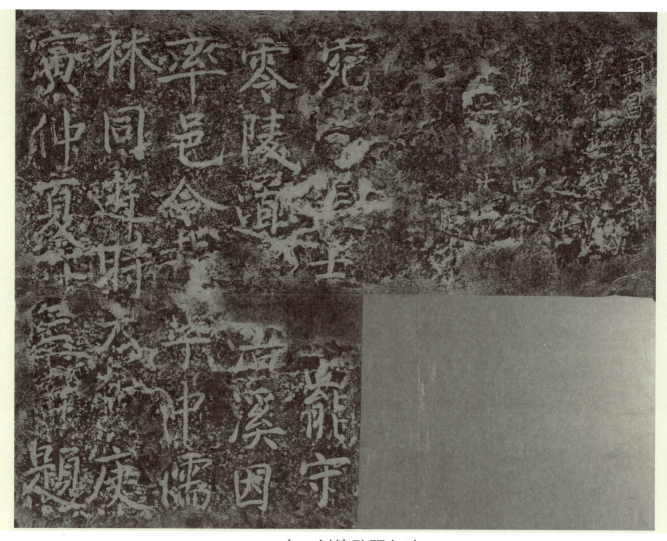

宋·刘德勋题名碑

石屏区 344-15 号，65 cm×84 cm，字大 4 cm，楷书。

颖昌刘德勋挈家游浯溪，读磨崖之碑。时大观四年十二月十二日□□题。

宋·张士□题名碑

石屏区 344-15-2 号，65 cm×84 cm，字大 8 cm，楷书。

宛平张士□，罢守零陵，道过浯溪，因率邑令戴孚中儒林同游。时大观庚寅仲夏廿三日题。

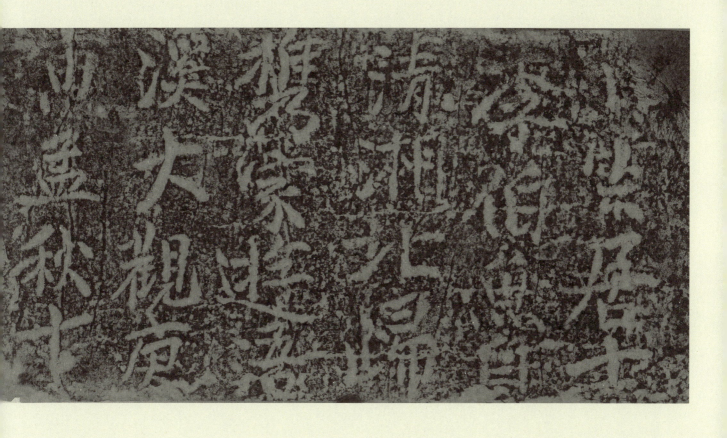

宋·李伯鱼题名碑

石屏区 355-30 号，34 cm×67 cm，字大 9 cm，楷书。

□云居士李伯鱼自清湘北归，携家游浯溪。大观庚寅孟秋十八日题。

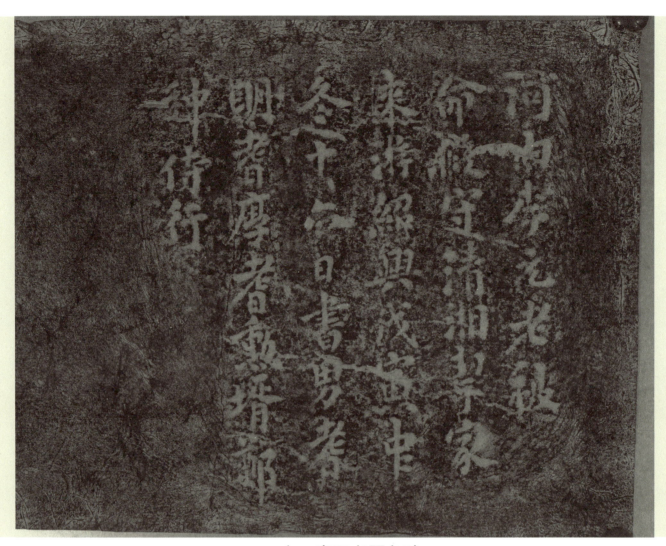

宋·李元老题名碑

石屏区 360-38 号，57 cm×37 cm，字大 5.5 cm，楷书。

河内李元老被命假守清湘，挈家来游。绍兴戊寅仲冬十六日书。男耆明、耆厚、耆勋，婿郑种侍行。

注：此碑左侧另有其他人刻了几行字。……清……十……注乙……壬……男……二月……

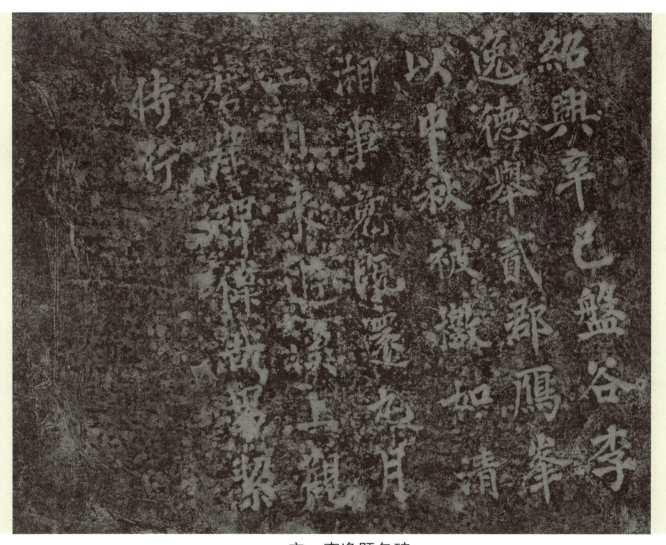

宋·李逸题名碑

石屏区 361-39 号，48 cm×60 cm，字大 5.5 cm，楷书。

　　绍兴辛巳，盘谷李逸、德举，贰郡雁峰，以中秋被檄如清湘，事竟既还。九月二日，来游溪上，观磨崖碑，伟哉！男絜侍行。

宋·徐大忠题名碑

石屏区 376-61 号，41 cm×61 cm，楷书。

柯山徐大忠以职事来游，丙申四月。

徐大忠，西安（今浙江衢县）人。孝宗乾道二年（1166）进士，主管官告院，知衢州。

宋·管湛题名碑

石屏区 375-57 号，43 cm×83 cm，楷书。

管湛守桂召还。乙亥五月十日，摩挲石刻而去。

管湛，字定夫，龙泉人，侨居临川。历官至大中丞、金部郎中、广西提刑兼经略安抚横山罗甸，三迁至大理少卿。著有《定斋类稿》甲、乙集。

宋·方信孺题名碑

石屏区 373-55 号，95 cm×150 cm，字大 20 cm，行书。

莆田方信孺绍熙癸丑、开禧乙丑、嘉定丁丑，凡三访浯溪。

方信孺（1177—1222），字孚若，号紫帽山人，福建兴化军（自题莆田）人。开禧三年（1207）假朝奉郎使金，历淮东转运判官、道州刺史、知真州，后奉祠归。在九嶷山玉官岩刻有"九疑山"。

宋·张□□《登临》

石屏区 399-67 号，42 cm×220 cm，楷书。

登临肯为□，山忙要读碑。□吊漫郎行，帛□□□□。
□□□□□纶兴……张□□□正□□□，时嘉定辛巳仲春二十四日。

宋·王枅题名碑

石屏区 379-68 号，42 cm×220 cm，楷书。

濡须王枅通官零陵，沿檄虑囚，归京经此，留连一夕而去。时嘉定戊寅十二月望□□□。

朝代不明·佚名氏《吹风》

石屏区 400-70 号，42 cm×220 cm，楷书。

……行……吹风……潭……钻……留……舟……过……

宋·朱纶等题名碑

石屏区 363-42 号，68 cm×98 cm，字大 4.5 cm，楷书。

豫章朱纶行之，嘉定庚辰长至日，拉金陵李植直夫、庐陵王□彦行、清江李天锡应祥、钱塘夏□华还、巴陵郑道□□、古桂项文子□卿，舣舟行磨崖之下，步自峿台，至于中堂，登览溪……

宋·王音题名碑

石屏区 364-43 号，46 cm×95 cm，字大 3 cm，楷书。

天宝六载元……游出而为祁……殆有光……古体绍定庚……

古有劳丘……俭不敢……格□□初……词……能知我今掩……王音作此。

注：王音，依古刻本取名，从排版分析，此两字左侧偏旁可能漫失了。

宋·廖应瑞《苍崖古刹》

石屏区 347-21 号，65 cm×15 cm，
字大 3~4 cm，行书。

苍崖古刹夹清泉，
中有唐碑几百年。
策杖摩挲看不足，
壮怀惆怅大江边。
庚午暮春廖应瑞题。

廖应瑞，临江（今江西樟树西南）人。
度宗咸淳六年（1270）暮春曾游浯溪。

宋·朱士杰《观镜石登峿台即事》

石屏区 348-22 号，65 cm×15 cm，行书。

观镜石登峿台即事

□□溪畔陡，□醉元子□。
千古□□身，傍□窥仙镜。
溯怀契日林，唱□□□暮。
俯仰恢披□，□□□□□。
宁衡永柳使者□□朱士杰。

注：此碑右上部另有人刻的文字。……
石苍畔……面□唱……

朝代不明·俞□□题名碑

石屏区 348-22-2 号，65 cm×15 cm，楷书。

……苍碑□朝……俞□□题。

朝代不明·佚名氏《中兴》碑

石屏区 348-22-4 号，65 cm×15 cm，楷书。

……中兴……古……漫郎……文……乙未
中□禾……书。

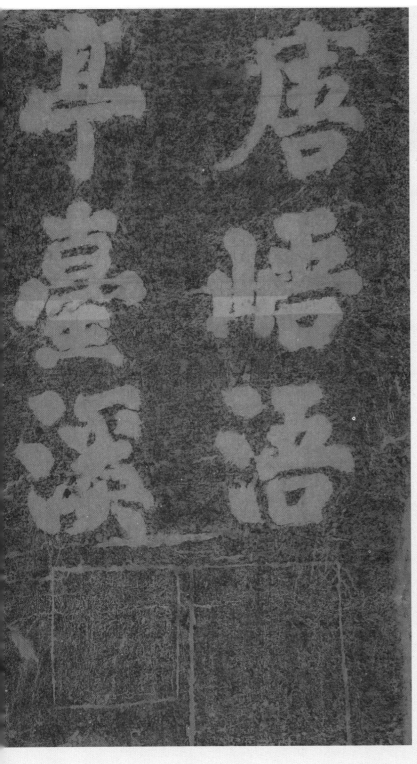

宋·佚名氏
《唐亭、峿台、浯溪》榜书

石屏区 349-23 号，150 cm×125 cm，

字大 43 cm，榜书，楷书。

唐亭、峿台、浯溪。

宋·颜□题名碑

石屏区 349-23-2 号，150 cm×125 cm，字大 5 cm，楷书。

保……领同察□颜□于辛亥季春一日到此谨记。

宋·游云龙《谒元颜二公祠》

石屏区 350-24 号，150 cm×125 cm，

字大 3 cm，楷书。

谒元颜二公祠

□史□□□，□□□□□。
□□□□藏，□□□辽□。
□□□日月，□□□□舟。
浯溪石镜□，勉□□□江头。
　　　　庐陵游云龙拜书。

宋·佚名氏《石镜》

石屏区 351-25 号，150 cm×125 cm，

字大 3 cm，楷书。

□□巉崖镜石……亭中……文……山……平丙……连……远暮……水…恋……浯溪……
……德祐六年乙亥春游此题。

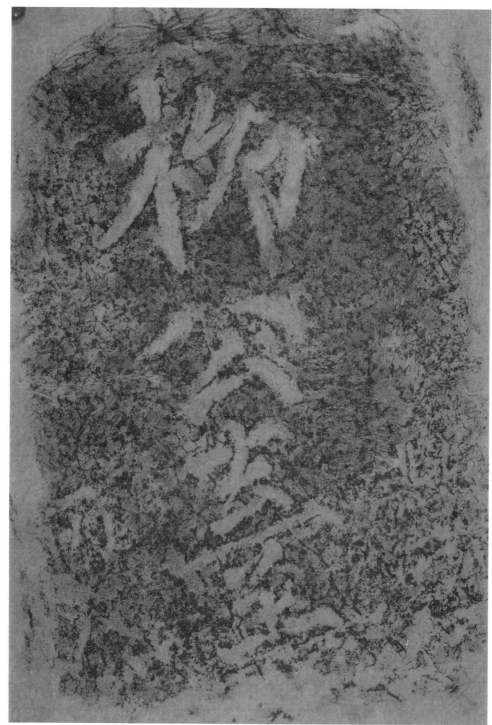

宋·佚名氏《柳公台》榜书

石屏区 374-56 号，66 cm×34 cm，榜书，楷书。

柳公台。

……丙戌……

注：柳公应是柳应辰。

明·王臣《过浯溪读中兴碑》四首、《咏浯溪》

石屏区345-19号，35 cm×115 cm，字大4 cm，楷书。

过浯溪读中兴碑（四首）

浯溪山石中兴碑，乾坤□此三□奇。还□磨崖□□诗，大书深刻□翁词。

溪上春云泼墨朱，寺下春江鸭头绿。石崖因着鲁公书，水怪潜形山鬼哭。

漫郎文章颂中兴，似为唐家写□□。春秋大义□□□，□□忠□□意□。

鲁公书法屋□□，佩玉棠□□□□。潭水倒影星斗□，□□细作蛟龙吟。

咏浯溪

浯溪怪怪又奇奇，秀甲潇湘陋九疑。最爱浯溪照水石，萧然仙客鉴清漪。

弘治甲子春仲，大中大夫、广西布政司左参政、前御林都尉官庐陵王臣世赏题。

　　王臣，字世赏，江西庐陵人，成化五年己丑（1469）二甲进士，庶吉士授编修。弘治间任广西参政，留有《马平平蛮碑》。

明·潘节《小峿台》榜书

石屏区 336-1 号，44 cm×82 cm，字大 18 cm，榜书，楷书。

大明嘉靖五年十一月之志。

小峿台。

同知永州府事高安潘节书。

明·彭澄《初春游浯溪漫兴二首》

石屏区 339-7 号，92 cm×63 cm，字大 5 cm 左右，行草。

初春游浯溪漫兴二首

胜日登临漫自奇，浯溪风雨欲催诗。鲁公笔扫岣崒藓，元氏词流湘水涯。
镜石乾坤留藻鉴，宪尊今古见醇漓。我来不但寻唐迹，节义文章慕此碑。
杰石凌空碧，断崖磨古青。渡香薰经野，遗像谒英灵。
忠义碑犹在，奸雄气久零。太平今万载，不用勒山铭。

嘉靖癸卯龙溪彭澄书。

彭澄，万载（今江西宜春）人，举人出身。嘉靖三十四年（1555）接替沈鑿任
延平府知府。

宋·范成大题名碑

石屏区 401-75 号，92 cm×63 cm，字大 5 cm 左右，楷书。

吴郡范成大……

注：此碑被彭所铲，可能是诗碑《书浯溪中兴碑后》。

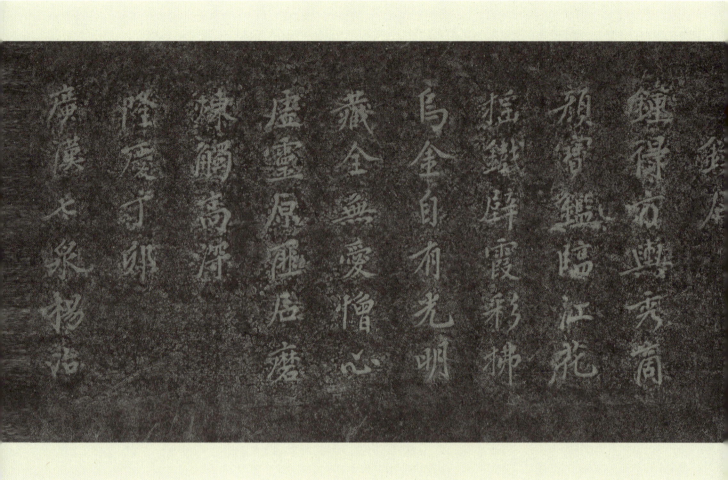

明·杨治《镜石》

石屏区 358-35 号，35 cm×80 cm，字大 5 cm，楷书。

镜石

钟得方舆秀，商颜宝鉴临。江花摇铁壁，霞彩拂乌金。
自有光明藏，全无爱憎心。虚灵原匪石，磨炼触高深。
隆庆丁卯广汉七泉杨治。

　　杨治，据《永州府志·历代官属姓氏表》："嘉靖推官杨治，汉州人。四十四年（乙丑）任。"此诗是浯溪碑林的哲理诗之一。

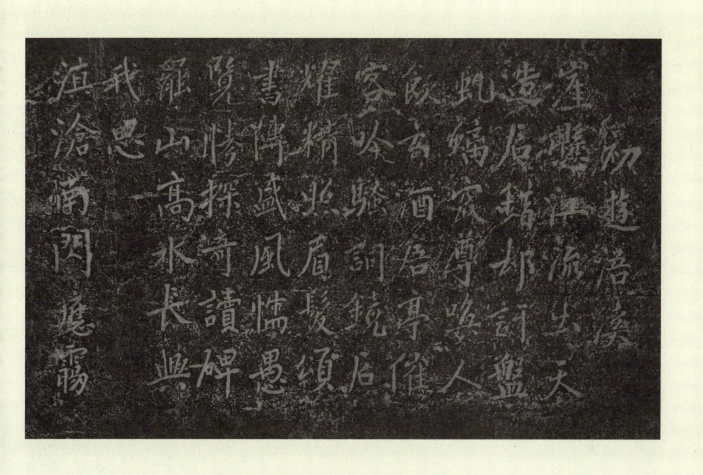

明·闪应霭《初游浯溪》

石屏区 340-8 号，40 cm×73 cm，字大 6 cm，行楷。

初游浯溪

崖悬江流出天造，石错却讶盘虬螭。宓尊唤人饮玄酒，唐亭催客吟骚词。

镜石耀精照眉发，颂书传盛风懦愚。览胜探奇读碑罢，高山水长兴我思。

滇沧南闪应霭。

闪应霭，据《永州府志·历代官属姓氏表》："隆庆管粮通判闪应霭，永昌（今保山）人，二年（戊辰）任捕盗通判；是年裁，即选管粮通判。"

明·华阜春《镜石次杨七泉韵》

石屏区 359-36 号，30 cm×30 cm，字大 3~4 cm，草书。

镜石次杨七泉韵

晓色青屏映，春妆宝镜临。阴崖常抱月，炼石为钻金。

看取匣中物，弥清尘外心。洋洋照今古，不觉洞闱深。

隆庆己巳岁仲冬月朏日衡阳七峰韩荆村华阜春留题。

明·胡文衢《三浯胜概》榜书

石屏区 337-3 号，82 cm×60 cm，字大 17 cm，榜书，楷书。

　　　　　三浯胜概。

　　　　　　　　　万历十八年季冬吉，新安胡文衢题。

　　胡文衢，字子达，歙县（今安徽省黄山市）琶塘人。明隆庆元年（1567）中举，明代万历十三年（1585）任永州府通判。

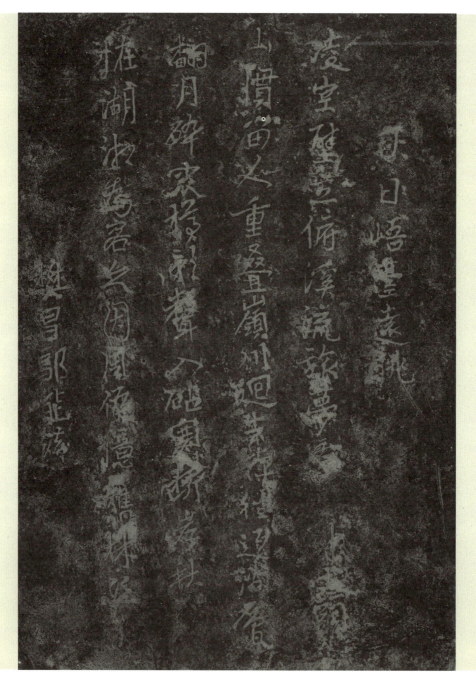

清·邬能燧《秋日峿台远眺》

石屏区 352-26 号，50 cm×30 cm，字大 4 cm，行书。

秋日峿台远眺

凌空壁立俯溪流，旅梦飞临最上头。山惯留人重叠岭，川回去棹往还洲。

层翻月碎宓樽影，声入砧寒断岩秋。身在湖湘为客久，因风偏忆旧林幽。

樊昌邬能燧。

邬能燧，武昌人，康熙二十年（1681）任祁阳训导。二十二年（1683）转任教谕。

清·吴全融《浯溪纪游》

石屏区 353-27 号，43 cm×56 cm，楷书。

浯溪纪游

昨过浯溪说胜游，重来溪水一维舟。纵寻仙履情偏杳，漫饮宋樽兴自留。
墨石镜开添雪鬓，珠林香动纫兴秋。可知吾字非穿凿，短句烦君勒石头。

学闲吴全融题。

清·王显文《游浯溪读次山诸铭书后》

石屏区341-12号，
100 cm×50 cm，
字大3 cm，楷书。

游浯溪读元次山诸铭书后

去祁阳五里，湘之南岸有溪……石秀峭。

唐元子次山居之，名其溪为浯……台为峿台，亭为㽍亭，皆铭之石，……为"三吾"。后之游者，皆慕三吾……于次山，而不知次山实公之天下后……也。何者？溪本无名，自次山吾之……天下后世之人皆吾之矣！而次山又……独有其吾也？余尝谓世之所有，不……有，乃无非吾有。既见者，形在吾……未见者，理在吾心。但使人皆得其……而吾，乃自得其为吾。此平泉、金……以同归于尽，而浯溪得以长留千古……

嘉庆甲戌春上巳前一日，余……便，游浯溪，顾而乐之，无一吾七……无一非吾。民吾同胞，物吾与也。……

次山有介操，刺道州，多惠……归隐此溪，曾作《大唐中兴颂》，……鲁公书，磨勒溪崖，盖能公所好于……后世者。余故读其铭而广其意。至……吾胜境，则前人备言之，余无庸赘……

山左王显文，字右亭，撰并书

清·龚维琳题名碑

石屏区 367-47 号，89 cm×22 cm，

字大 7 cm，楷书。

乙未督学使者、晋江龚维琳观此。

龚维琳，字承研，号春溪。道光年间进士，道光十二年（1832）任河南副考官。后任清秘堂办事，督学湖南，为楚地培养不少真才。归乡后，主讲清源书院，著有《芳草堂诗》《芳草堂赋抄》。

朝代不明·佚名氏题名碑

石屏区 367-47-2 号，89 cm×22 cm，

字大 2 cm，楷书。

……心……题……思……只……丁……
汪……

注：此碑疑为龚维琳所铲。

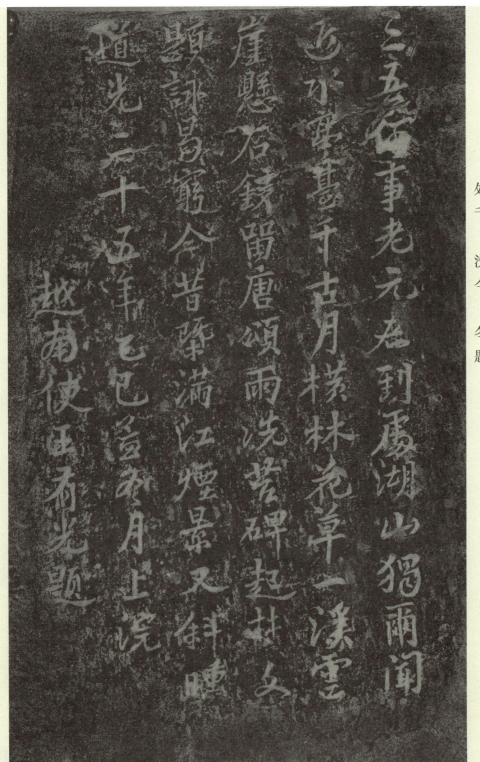

清·王有光《三吾何事老元君》

石屏区 342-13 号，
68 cm×34 cm，
字大 4.5 cm，行楷。

三吾何事老元君，到处湖山独尔闻？近水亭台千古月，横林花草一溪云。

崖悬石镜留唐颂，雨洗苔碑起梵文。题咏曷穷今昔概，满江烟景又斜曛。

道光二十五年乙巳孟冬月上浣，越南使王有光题。

清·符乐嵩《题镜石》

石屏区 362-41 号，38 cm×70 cm，行书。

洗眼溪头水，来读崖上碑。
古人不可作，溪流无尽期。
同治八年六月十八，游浯溪，读诸碑，
尘事代谢，不胜浩叹。作此题石。清泉符乐嵩。

清·罗含芬等《节用爱人》

石屏区 395-83 号，45 cm×65 cm，榜书，草书。

节用爱人

　　乡市共设善局育婴，每岁费金数百。无人之策，尚待筹画。芬忝与事，窃以是举于天地好生之心，诚不无少裨。然金由醵集，恐耗冗事，将莫济他日。呱呱黄口，难保无虞。宣圣有言曰：节用而爱人！意者爱人之道，在以节用为本欤？因借取其言，以泐石，后之踵厥事者，或当用以共勖也夫。

　　光绪己卯五年蒲月穀旦。

　　郁斋罗含芬谨志，翕如张志静谨书，三吾李映虎刊石。

　　注：醵 jù，凑集。勖 xù，同"勗"，勉励。穀 gǔ 旦，良晨。

清·林绍年题名碑

石屏区 365-45 号，30 cm×60 cm，字大 17 cm，楷书。

丙午十月，使桂还京，道繇于此。福州林绍年。

林绍年（1845—1916），字赞虞，福建闽县人。清同治十三年（1874）进士，授翰林院编修，历任御史、云南布政使、巡抚、云贵总督、军机大臣、度支部侍郎、中央任学部侍郎、河南巡抚、弼德院顾问大臣。

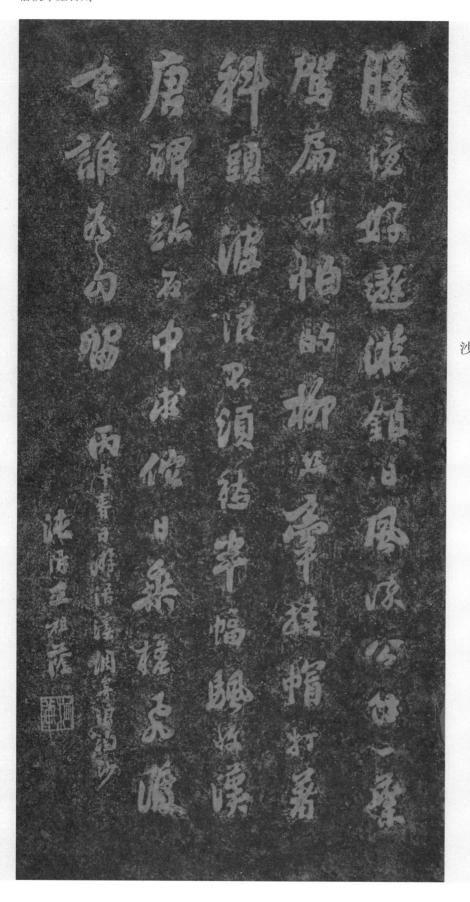

清·王祖荫《浪淘沙·春游浯溪》

石屏区 370-50 号，
84 cm×43 cm，行书。

浪淘沙·春游浯溪

胜境好遨游，镇日风流。
公余一叶驾扁舟。
怕的柳丝牵挂帽，打着科头。
波浪不须愁，半幅帆收。
汉唐碑迹石中求。
他日乘槎飞渡去，谁为勾留。
丙午春游浯溪调寄《浪淘沙》，沌阳王祖荫。

清·武□法僧《浯溪观磨崖碑即用黄山谷韵》

石屏区 371-51 号，57 cm×88 cm，字大 4.5 cm，楷书。

浯溪观磨崖碑即用黄山谷韵

泉陵西上探浯溪，浯溪之侧磨崖碑。白波青障杲晴日，落花乳燕捎游丝。
行穿云路不知远，两脚健欲追童儿。奇哉削铁一千丈，攀缘无藉雕鹘栖。
苟非鬼斧所成就，人间讵有良工为？鲁公浩气贯今古，慷慨独誓平原师。
临池亦如其本色，妥帖排奡千钧挥。次山作颂请公写，留赠万古掺心危。
吁嗟家国与骨肉，举世但赏舂陵诗。峨峨大书深刻处，粲粲灵武南内词。
三闾魂魄在湘水，枫丹橘绿相攀随。即今颜元祁并祀，不祠三忠吾所悲！
　　　　　浯溪观磨崖碑即用黄山谷韵。戊戌嵩山武□法僧。

注：杲 gǎo，日出明亮。奡，古同"傲"，傲慢。

民国·黄霁《溪园铭》

石屏区 369-49 号，40 cm×30 cm，字大 6 cm，篆书。

溪园铭

溪园两字，漫叟所识。引溪灌园，山居乐事。饮水饭蔬，枕肱肆志。富贵浮云，敢告作士。
尖父题。

朝代不明·季开诗

石屏区 366-46 号，32 cm×68 cm，楷书。

……季开诗人……相处明者□游翁，……春陵行贼子今□，□人有酸……所谓……由太……以□哉浯溪□石未□，翁本□命已……忧……移……子大……文□金石，□大师□节穷空，千古有耿□水□。

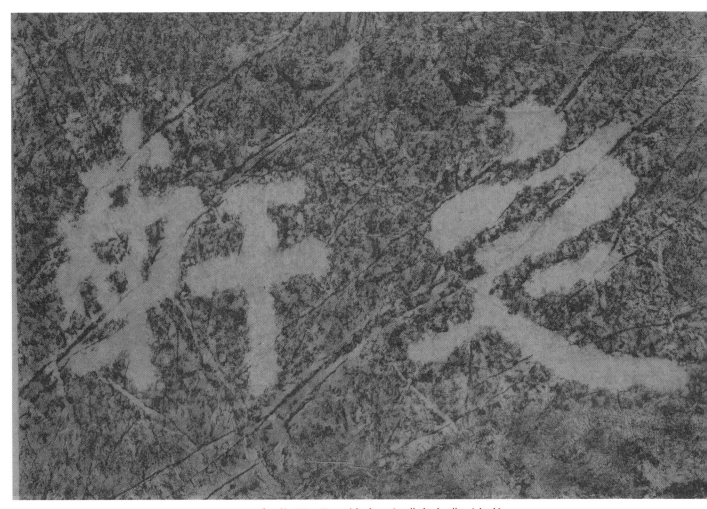

朝代不明·佚名氏《定轩》榜书

石屏区 377-63 号，72 cm×83 cm，字大 40 cm，榜书，楷书。

定轩。

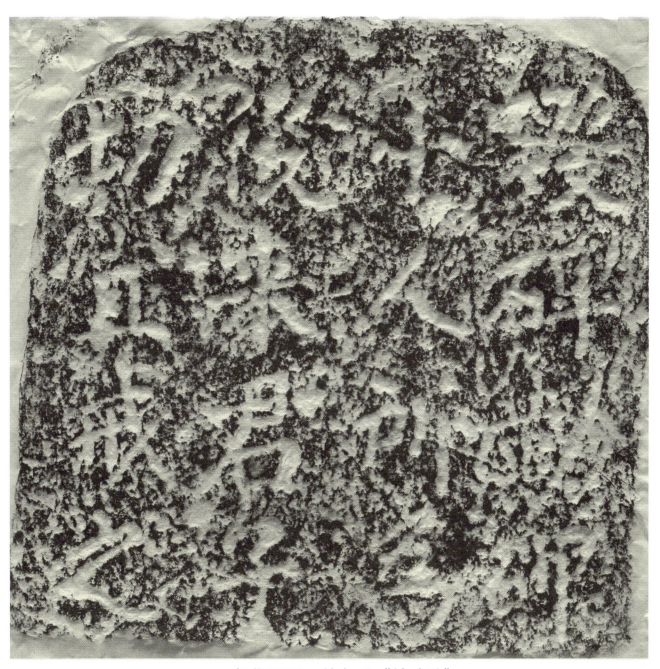

朝代不明·佚名氏《护碑歌》

石屏区 372-52 号，30 cm×30 cm，行书。

毁碑勒碑，小人所为；后来君子，切宜戒之。

宋·张强等题名碑

石屏区 380-69 号，41 cm×62 cm，楷书。

张强、张……山□眺□□绍……崴……熙宁□年四月。

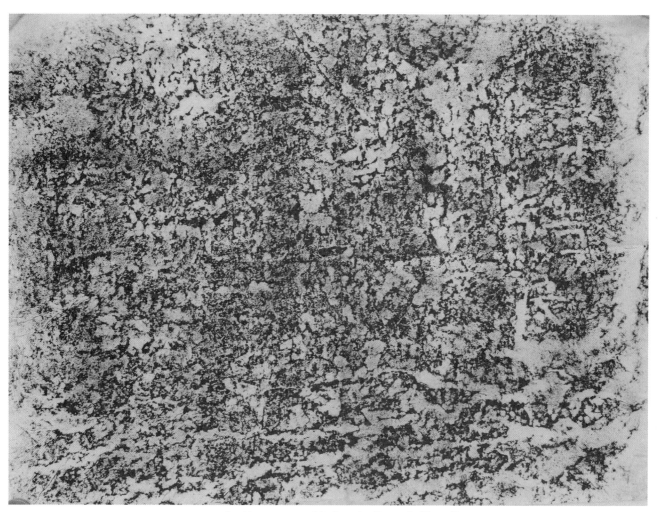

朝代不明·佚名氏《□陵黄□》

石屏区 405-28 号，25 cm×29 cm，楷书。

□陵黄□……侯……浯溪，过零陵……

朝代不明·佚名氏《春来浯溪游》

石屏区 378-66 号，50 cm×140 cm，楷书。

春来浯溪游，胜地多……非喜……聘驰来吾……熙……武僧……石……

朝代不明·佚名氏《浯溪》

石屏区 407-2 号，28 cm×62 cm，楷书。

……年……浯溪……将……世……雷……六月四日。

五、曲屏区

杨铁军　摄影

唐·元结《峿台铭》

曲屏区37-38号，

198cm×114 cm，

字长9~12 cm，宽5.5 cm，篆书。

峿台铭

河南元结字次山撰。

浯溪东北廿余丈，得怪石焉。周行三四百步，从未申至丑寅，涯壁斗绝；左属回鲜，前有磴道，高八九十尺，下当洄潭。其势砢碨，半出水底，苍苍然，泛泛若在波上。石巅胜异之处，悉为亭堂；小峰嵌窦，宜间松竹，掩映轩户，毕皆幽奇。于戏！古人有畜愤闷与病于时俗者，力不能筑高台以瞻眺，则必山巅海畔，伸颈歌吟，以自畅达。今取兹石，将为峿台，盖非愁怨，乃所好也。铭曰：

湘渊清深，峿台峭峻；登临长望，无远不尽。谁厌朝市，羁牵局促？借君此台，壹纵心目。阳崖砻琢，如瑾如珉。作铭刻之，彰示后人。

有唐大历弍年岁次丁未六月十五日刻。

注：宋欧阳修《集古录》跋。"右斯人之作，非好古者不知为可爱也。"此碑为瞿令问书，悬针篆。

唐·李行修等题名碑
曲屏区 38-39 号，36 cm×24 cm，字大 1.2~2 cm，
长 4 cm，楷书。

前广州刺史李行修，掌书记施肱、巡官李党，大中
三年四月十一日，赴阙过此。

李行修（？—849）宪宗元和四年进士。历任殿中侍
御史，刑部员外郎，广州刺史、岭南节度使。

唐·房鲁题名碑
曲屏区 39-40 号，36 cm×24 cm，字大 3 cm，楷书。

房鲁昌五中冬六日来。

房鲁，系宰相房玄龄七世孙。（见《唐书》宰相世系表）

唐·王轩、辂、李严题名碑
曲屏区 36-37 号，18 cm×18 cm，字大 3~9 cm．篆书。

王轩、辂、李严。大和五年五月廿四日。

王轩，字公远，生卒年、籍贯皆不详。文宗大和时
登进士第，曾为幕府从事。

唐·卢钧题名碑
曲屏区 34-35 号，25 cm×12 cm，字大 5 cm，楷书。

户部侍郎卢钧，开成五年十二月十一日，赴阙过此。

卢钧（778—864），字子和，祖籍范阳（今北京西南），
后徙居京兆蓝田（今陕西蓝田）。唐宪宗元和四年（809）
进士，历任左补阙，尚书左仆射，太保致仕。

唐·马植题名碑
曲屏区 35-36 号，18 cm×18 cm，楷书。

黔州刺史马植赴任黔中，后户部，九日过此。开成
五年庚申十二月二十日。

马植，字存之，陕西扶风人，元和十四年（819）进
士擢第，又登制策科，初任寿州团练副使，三迁饶州刺史；
历任迁安南都护，汴州刺史，武军节度观察等职。

宋·曹菊《行乐乘阴好》

曲屏区 20-5 号，
81 cm×52 cm，
字大 6~9 cm，行楷。

行乐乘阴好，
谁能困墨朱？
重阳邀数客，
尽日款三吾。
烟惦江山古，
风清竹木瘫。
漫郎如可作，
分酒酹茱萸。
旹淳祐丙午四明曹菊
书，住山慧圆上石。

注：惦 tiǎn，心悟，
心惑。旹同"时"。

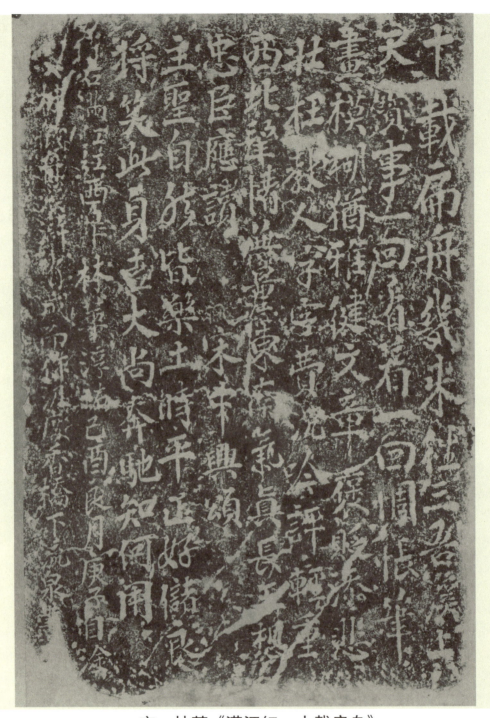

宋·林革《满江红·十载扁舟》
曲屏区 19-4 号，96 cm×64 cm，行书。

　　十载扁舟，几来往，三吾溪上。天宝事，一回看着，一回惆怅。笔画模糊犹雅健，文章褒贬添悲壮。枉教人，字字费沉吟，评轻重。

　　西北望，情无量；东南气，真长王。想忠臣应读，宋中兴颂。主圣自然皆乐土，时平北，正好储良将。笑此身，老大尚奔驰，知何用？

　　□右《满江红》，西皋林革，淳祐己酉良月庚子自淦入桂，舣舟溪畔，有感而作。汲度香桥下流泉书。

　　林革，号西皋，宋朝词人，生卒年、籍贯不详。

宋·文有年《题元子故宅》

曲屏区 21-6 号，81 cm×74 cm，字大 6 cm，楷书。

题元子故宅

漫郎百事皆漫尔，独有溪山认作吾。念无一物镇泉石，生怕偃塞羞吾徒。
灵武中兴功掩德，天地大义须人扶。宁将善颂寓谲谏，百世闻之立懦夫。
太师劲气形于笔，二美能兼自古无。后来衮衮下注脚，识者涪翁次石湖。
松煤狼藉楮山赭，空谷雷响工传摹。徘徊熟玩长太息，世道日与湘流俱。

宋景定壬戌三月上七日眉山文有年。

注：此诗在摩崖区 190-81 号同时镌刻。

宋·黄□□《题浯溪》
曲屏区 402-23 号，38 cm×25 cm，字大 7 cm，楷书。

题浯溪
蜀道于今似弈棋，要令一着定安危。朝廷独选李曾伯，勋业当如郭子仪。
虽扼咽喉动天阃，犹欣余脉得良医。□□□误平戎报，重续磨崖夬字碑。

黄□□，三山（今福建）人。与李曾伯同时．（《八琼室金石补正》卷九三）

唐·虚锋《登高望我岳峰头》
曲屏区 403-24 号，38 cm×30 cm，字大 3 cm，楷书。

……颜书元颂此……风……米……荷晴□水迈……寺，庤亭……磨崖……潭……元生……地
□国□书……中兴颂□此颂南江游。□□如……官游……泾还□祐□轻，古龙逐沙鸥。□寻思湖海
半山□□□潇湘一陵……自与漫郎相别后，登高望我岳峰头。
住山人虚锋题。

宋·刘芮等题名碑

曲屏区 53-56 号，52 cm×53 cm，字大 4~6 cm，隶书。

　　河间刘芮因常平茶、盐职事行部，祁阳令侍其光祖、监南岳庙赵公衡、寓士吴大光，送别浯溪，读《中兴颂》，阅古今题字，煮泉酌茶而行。隆兴甲申六月戊寅题。

　　刘芮（1108—1178），字子驹，号顺宁，东平（今山东）人，南渡后徙居长沙，遂为长沙人。初为永州司理参军，与知州争狱事，托疾而归。绍兴二十八年（1158），为大理司直，次年奉祠。三十二年（1162）起为国子监丞。乾道初，除湖北路提刑，后官终湖南提刑。

宋·吴国长公主驸马都尉潘正夫题名碑
曲屏区 54-57 号，103 cm×89 cm，字大 9~12 cm，楷书。

吴国长公主之荆湖，附马都尉潘正夫侍亲同来，渡湘江，宿浯溪寺，观唐中兴碑。亲属被旨从行者，舅赵子珊、子珮，兄节夫，弟尧夫，男长卿、粹卿、端卿、温卿侍。

潘正夫，宋代驸马，官至少傅，封和国公，历事四朝。薨于绍兴二十二年（1152），赠太傅。

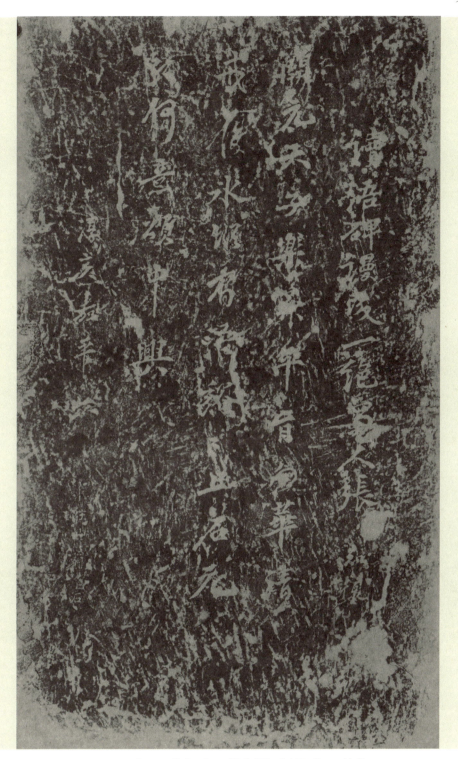

宋·张知复《读浯碑漫成一绝》

曲屏区 29-27 号，88 cm×52 cm，3~6 cm，行书。

读浯碑漫成一绝，蜀人张知复。

开元天子乐升平，肯向华清戒履冰？纵有浯溪溪上石，元颜何意颂中兴！

淳亥嘉平二日书。住山慧圆上石。

张知复，蜀（今四川）人。曾通判临江军。（明隆庆《临江府志》卷五）理宗淳祐十一年（1251）通判道州。（《八琼室金石补正》卷九三）

宋·佚名氏《舣舟访旧游》

曲屏区 17-2 号，36 cm×44 cm，楷书。

……骁……山……曾四日迨辛亥□山冗□□颖赴班，舣舟访旧游，盘旋两日，乃去。男□□侍。

元·何崇礼《行尽三吾数里程》

曲屏区 26-18 号，74 cm×57 cm，4~8 cm，草书。

行尽三吾数里程，风光苒苒入诗评。山围佛寺禅关静，霜彻浯溪眼界清。
石镜照开天地影，崖碑磨尽古今情。倚筇未足登临兴，目断重峦隔帝京。
　　　　　　　　　　　　　　　　昚至元五年冬十一月初七日，济西何崇礼题。

元·姚燧《转壑飞流落碧虚》

曲屏区 22-11 号，98 cm×68 cm，字大 4~6 cm，行楷。

转壑飞流落碧虚，舣蓬初得野僧居。辞严鲁史获麟笔，义抗马迁金匮书。
万世纲常垂宇宙，千年龙物护储胥。悬崖镜石明于水，几与游人照珮琚。
至元丙子夏六月，予分宪谳刑郴、道诸郡，历九疑，下泷江，游澹岩寺，读
浯溪碑，兹亦生平瑰伟奇观也。适会班文卿繇武冈至永，弭节湘浒，遂同观磨崖文。
宪椽张德新、许彦叔、马益速，县尉曾圭。陕郡姚燧书。

姚燧，字子徵，陕西人。元至元中，官岭北湖南道肃政廉访使，按部过浯溪，
题刻此诗。又嘱零陵尉曾圭建浯溪书院。
注：繇，古同"由"。

· 344 ·

明·黄焯《三吾胜览》榜书

曲屏区 40-42 号，82 cm×264 cm，字大 50 cm，榜书，楷书。

延平黄焯书。

三吾胜览。

黄焯，字子昭，号龙津子，福建延平南平人。嘉靖间任永州知府，官终湖广左参政。

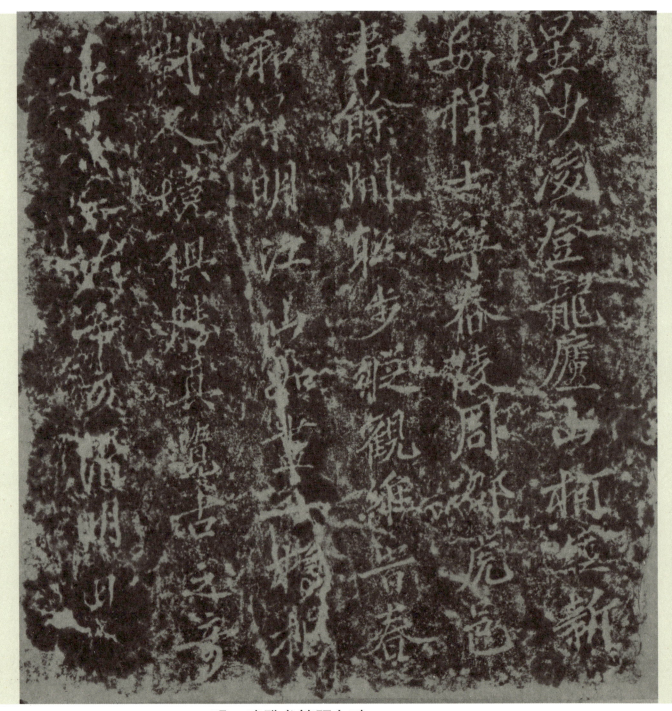

明·凌登龙等题名碑

曲屏区 24-16 号，58 cm×58 cm，字大 5 cm，楷书。

星沙凌登龙、庐山柯经、新安程士宁、舂陵周邵虎，邑事余闲，联步纵观。
维旹春和景明，江山如画，一樽相对，人境俱胜，真览古之奇趣也。
旹弘治辛亥清明日。

注：旹，古同"时"。

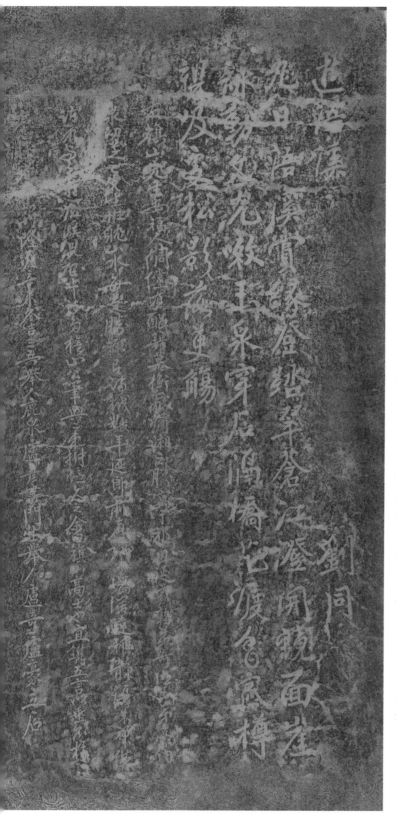

明·刘同《游浯溪》

曲屏区 50-52 号，124 cm×64 cm，
字大 5 cm，行楷。

游浯溪　刘同

九日浯溪赏，缘登踏翠苍。

江澄开镜面，崖咏动文光。

漱玉泉穿石，隔桥花渡香。

宓樽亲吸处，松影落莫觞。

明·卢彦等题《跋》

曲屏区 51-53 号，124 cm×64 cm，
字大 1.5 cm，行书。

　　右：旗山先生，安福人，倜傥有酝藉，慕衡岳潇湘之胜，寓于祁。因延家塾，弟奇怀玉、弟豪内泉幼从之。先生性耽山水，每览胜，辄有诗。越数年，乃郎前喜、口临、中瑞，阔达雅静，复来祁，偕诸弟与之游浯溪，见壁中诗，多旗山公笔，与二弟拊忆久之。余曰："旗山，高士也。宜镌五言以垂不朽。庶志胜者览焉。"

　　时隆庆辛未冬吉，三吾举人鹿泉卢彦书。门生举人卢奇、卢豪立石。

　　注：酝，应为蕴。

　　卢彦，嘉靖戊午（1558）举人；卢奇，嘉靖甲子（1564）举人，万历庚辰（1580）进士；卢豪，隆庆庚午（1570）举人。三人均为湖南祁阳人。

明·潘节等题名碑

曲屏区 31-30 号，62 cm×61 cm，楷书。

　　时余掌祁之县事，适会试期，举人永州王诰、张珮、唐庚、朱缙、陈东、蒋若愚、蒋廷兰、道州赵鼎、朱选、何汝贤、朱珪、周庠、何贲，东安蒋烈、石尚宝，北上道经，偕挹群士夫同游，因饯于此。

　　致仕：长史曾萧，通判王溥，经历李真，主簿陈琇、张应璧，教谕文让，举人成弘弼、漆廷资、萧栋、文宗颜、张拱北。

　　监生：周凤鸣、周佐、卢珣、李长春、卢环、陈珤、伍志华、李昕、蒋垾、申九霄、萧桂、谢表、程杰、萧柯、程炜、陈栋、陈仪、陈斗、张应轸、钱中选。

　　生员：卢益龄、陈廷器、周汝侃、唐朝用、邓凤翔、彭万里、曾希说、周国贤、卢瑗、卢世臣。

　　大明嘉靖四年冬，永州府通判高要潘节识。

　　注：垾 xǔ。

明·陶成秀、孙敬之《游浯溪联句》

曲屏区 47-49 号，26 cm×45 cm，字大 2 cm，行书。

游浯溪联句

弘治甲子夏月吉日，邑人陶成秀、吉水孙敬之游浯溪，联句。

览遍江湖景（敬之），浯溪胜景幽。

真卿文永在（成秀），声叟迹长留。

镜石涵辉润（敬之），磨崖聚讼悠。

留题看不尽（成秀），林外夕阳秋（敬之）。

明·滕谧《峿台》榜书

曲屏区 30-29 号，67 cm×144 cm，字大 50 cm，榜书，楷书。

峿台。

嘉靖五年春，副使滕谧书，通判潘节刻。

潘节，字与亨，高要人。弘治乙卯举于乡，孝友方正，未尝私谒郡庭。历融县、桂林教官助教。授永州同知，为政宽仁明断，上下敬爱。

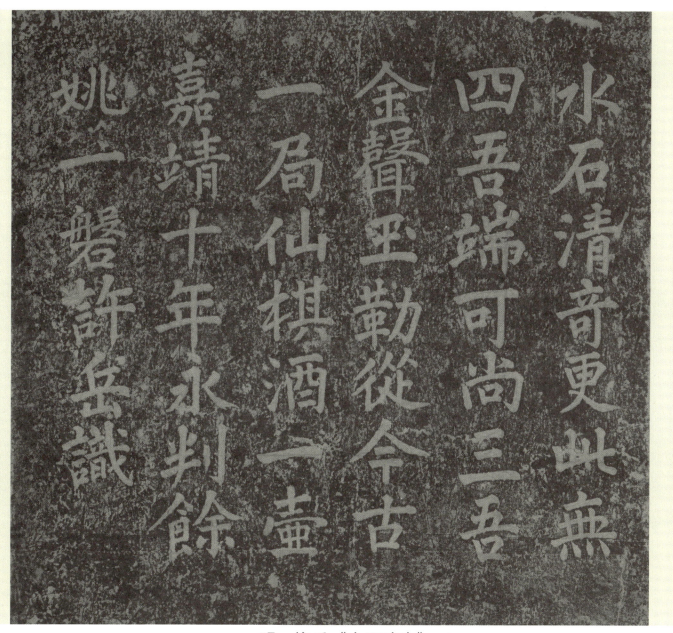

明·许岳《水石清奇》

曲屏区 28-22 号，101 cm×102 cm，字大 9 cm，楷书。

水石清奇更此无，四吾端可尚三吾。金声玉勒从今古，一局仙棋酒一壶。

嘉靖十年永判余姚一磐许岳识。

许岳，字字一磐，又字尧卿，余姚人，一作姚江人，嘉靖八年(1529)任永州通判。嘉靖十年(1531)，与同僚同游道州月岩，题有诗刻一幅，在零陵朝阳岩有诗刻两幅，在祁阳浯溪有诗刻一幅。

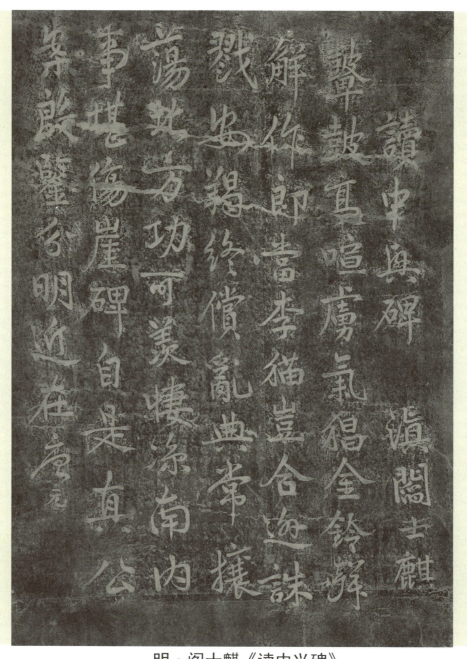

明·阎士麒《读中兴碑》

曲屏区 49-51 号，159 cm×114 cm，9~12 cm，行楷。

读中兴碑　滇阎士麒

鼛鼓高喧虏气猖，金铃声解作郎当。李猫岂合逃诛戮？安羯终尝乱典常。
攘荡北方功可羡，凄凉南内事堪伤。崖碑自是真公案，殷鉴分明近在唐。

阎士麒，滇邓川举人，明嘉靖三十五年（1556）任祁阳教谕。在峿台北崖有榜书"圣寿万年"，字大 225 厘米，十里外可见，气势磅礴。

注：此碑第二、三行下面有残存笔画，最后有一"元"字；左侧另有五行小字。……孙……月□□周……

明·周邵虎《小憩亭记》

曲屏区 27-20 号，71 cm×89 cm，字大 4~4.5 cm，楷书。

　　弘治己酉春，舂陵周邵虎以重征补邑佐。明年夏，文昌河内李公由桂节制京湖，道三吾，驻舟崖下，跨峿台，陟笑岘，徘徊半山间，得地盈数尺。大江带其前，奇石圭其后，修竹古木，且荫且映。公抚玩久之，载色载笑，曰："是可以小憩，何不亭之？"明日，祖别，请名于公，大书曰："小憩"。既名矣，邵虎乃出绵力，复得寺僧慧明相与落成之。又明年冬，邵虎得替东归，因援笔以记亭之所由命名，并备观李公之心，尽会名亭之真旨，然而敬，然而识，将来特为溪山驻，且当为李公驻。是亭也，盖与峿台、笑岘相刮目，而浯溪又添烟霞胜景云尔。

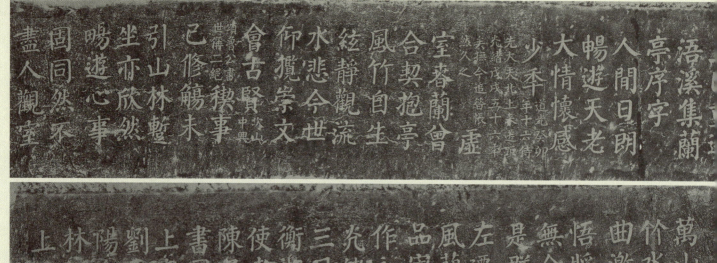

清·陈璃《上巳重游浯溪集〈兰亭序〉字》

曲屏区 33-34 号，41 cm×300 cm，字大 6 cm，楷书。

上巳重游浯溪集《兰亭序》字

人间日朗畅游天，老大情怀感少年[①]。虚空香兰曾合契，抱亭风竹自生弦。

静观流水悲今世，仰揽崇文会古贤[②]。禊事已修觞未引，山林暂坐亦欣然。

畅游心事固同然，不尽人观室内天。天放万山长修竹，水流九曲激幽弦。

悟将大化无今古，信是群贤有左迁。坐咏风兰列殊品，寄怀当作永和年。

光绪戊戌三月三日，衡湘观察使者郁平陈璃题并书。同游者上舍阳湖刘兆启、祁阳令侯官林鉴中并上石。

原文注释：①道光癸卯，年十六，侍先大夫北上来游，距光绪戊戌五十六年矣。抚今追昔，怅然久之。②次山中兴颂、鲁公书，世称二绝。

清·林鉴中《小憩》榜书

曲屏区 42-44 号，58 cm×113 cm，字大 30 cm，榜书，楷书。

小憩。

光绪戊戌九月，侯官林鉴中书。

林鉴中，字保三，福建省福州府侯官县人。光绪十二年(1886)进士，同年五月，改翰林院庶吉士。历任广东灵山、湖南祁阳、桂东、永兴县令。

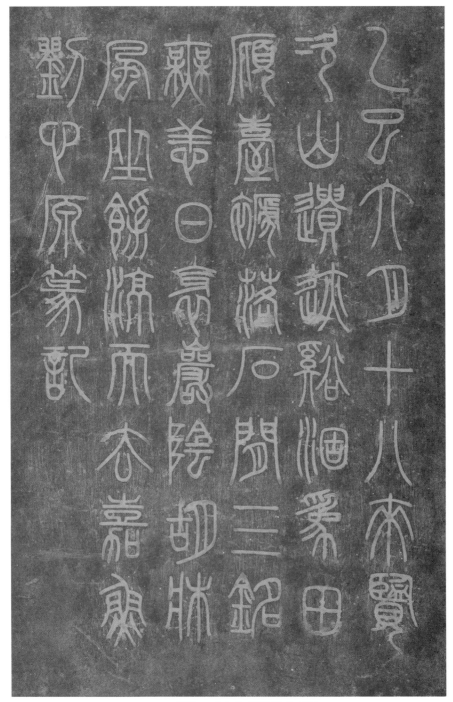

清·刘心原题名碑

曲屏区 48-50 号，118 cm×68 cm，篆书。

乙巳六月十八，来览次山遗迹，溪涧为田，顾台褫落。石间三铭无恙。日衰岩阴，胡床风坐，余渟而去。

嘉鱼刘心原篆记。

刘心原，湖北嘉鱼人。清末任湖南按察使。

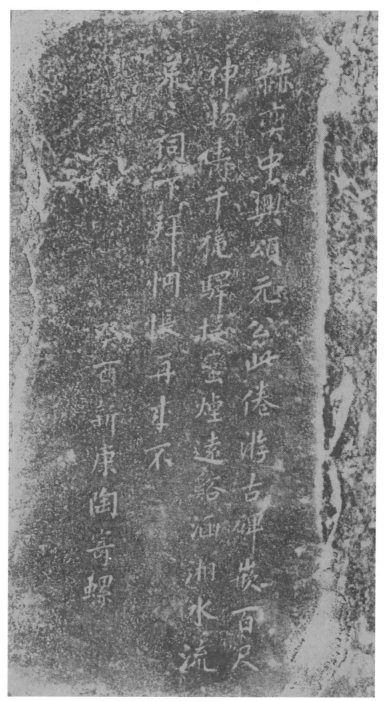

清·陶寄螺《赫奕中兴颂》

曲屏区 18-3 号，28 cm×51 cm，楷书。

赫奕中兴颂，元公此倦游。古碑嵌百尺，神物寿千穐。
驿接蛮烟远，溪涵湘水流。荒荒祠下拜，惆怅再来不？

癸酉新康陶寄螺。

陶寄螺，新康（今湖南宁乡）人。

注：穐，同"秋"。

清·吴大澂《峿台铭》

曲屏区 44-46 号，
98 cm×224 cm，篆书。

峿台铭

抚湘使者吴大澂，字憲斋，撰书。

湘江之水自南而北流，衡山之脉自北而南迤。奇峰怪石错立于湘滨。若熊罴，若虎豹，若麟，若狮，若古柏之皮裂而莽缠；可惊，可愕，可图，可咏。舟行三百里，不可殚述，峿台其最著也。远而望之，巉崖陵嶻，如斧削成；右江左溪，隐相回抱。古木阴森，松竹相间，环翠耸青，幔岩塞窦，峦壑清幽之致，或为所掩。台据其颠，乃次山之旧址也。地以人传，兹山之幸矣。鲁公书《中兴颂》，刻于崖壁；后有山谷诗刻。次山之铭去台后百余步，字多完好，无风雨剥蚀之难。余抚是邦，有愧前贤。惟于篆籀古文，习之有年，铭而刻之，以志向往。铭曰：

园林之美，豪富所私；山川之胜，天下公之。公者千古，私者一时。大贤已往，民有去思，思其居处，思其文辞。次山私之，谁曰不宜？

光绪癸巳夏五月，乐炳元刻。

吴大澂（1835—1902），字止敬，一字清卿，号恒轩，又号憲斋、郑龛、白云山樵（病叟）等，江苏吴县人。金石学家。同治七年（1868）进士，光绪十八年（1892）出任湖南巡抚。

注：憲 kè，同"恪"。陵，同"峻"；嶻 jié，挺立。

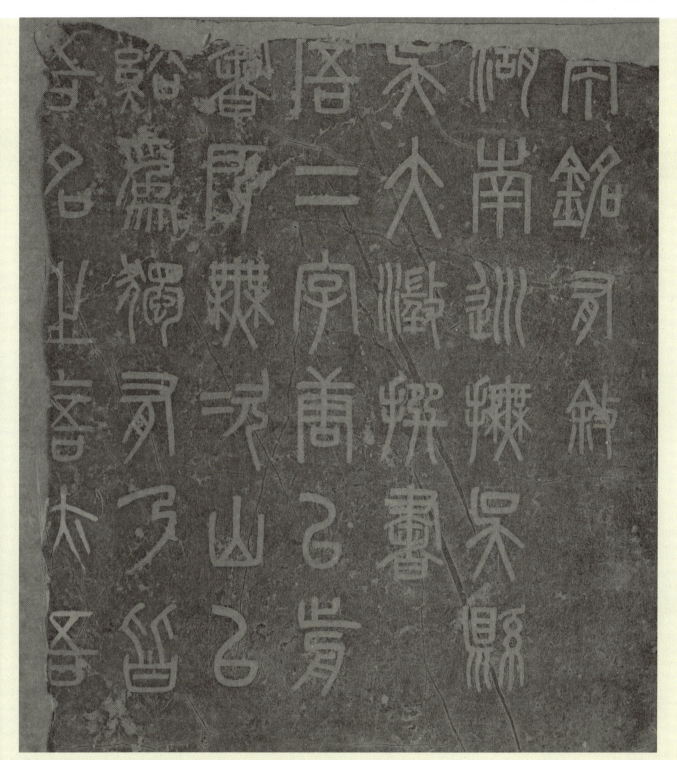

清·吴大澂《唐亭铭》

曲屏区 45-47 号，53 cm×53 cm，字长 7 cm、宽 5 cm，篆书。

唐亭铭

湖南巡抚吴县吴大澂撰书。

峿唐二字，唐以前字书所无。次山以浯溪为独有，乃皆以吾名之，唐亦吾也……

清·吴铭道题名碑

曲屏区 25-17 号，57 cm×52 cm，楷书。

康熙丙戌一月二日，贵池吴铭道夜登峿台，与慈瑞长老倚窊尊酌数杯而别。

吴铭道（1671—1738），字复古，安徽省贵池县人。

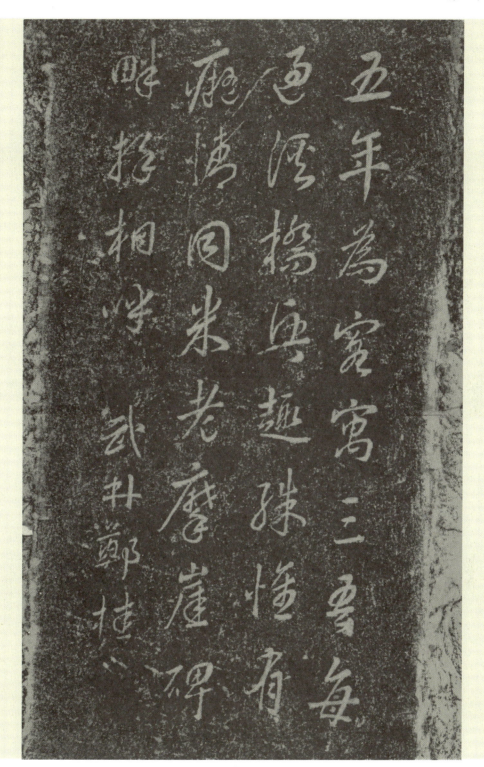

清·郑桂《五年为客寓三吾》

曲屏区 43-45 号，34 cm×58 cm，行书。

五年为客寓三吾，每过溪桥兴趣殊。惟有痴情同米老，摩崖碑畔拜相呼。

　　　　　　　　　　　　　　　　　　　武林郑桂。

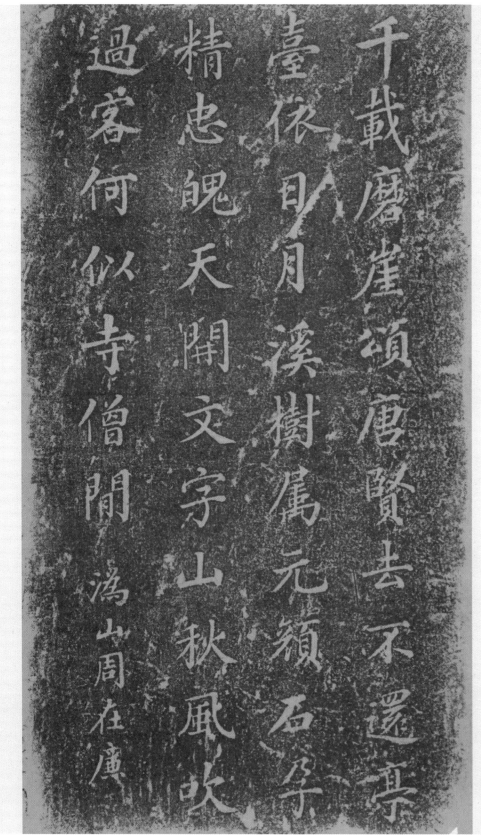

清·周在廉《千载磨崖颂》
曲屏区 23-15 号，
56 cm×34 cm，
字大 4 cm，楷书。

千载磨崖颂，
唐贤去不还。
亭台依日月，
溪树属元颜。
石孕精忠魄，
天开文字山。
秋风吹过客，
何似寺僧闲！
沩山周在廉。

周在廉，沩山（今湖南省宁
乡东湖塘）人，周志勋兄子。

清·周志勋《杨花入水春萍浮》

曲屏区 41-43 号，87 cm×153 cm，字大 2~6 cm，行草。

杨花入水春萍浮，三年五度浯溪游。浯溪与我旧相识，数月不见心绸缪。
今年好春雨中过，杜门兀坐青颤破。寻芳尺咫不得来，匪我愆期事无奈。
黄梅蒸雨天乍晴，春波剪绿湘舟轻。恰有良朋共蜡屐，溪山草树争逢迎。
泊船溪口当崖立，对碑诉别奉长揖。山灵嗔喜不必猜，忠魂曾否时来集？
掬水洗镜寒生光，髩须今照添老苍。溪桥重来石径滑，亭台又到山花香。
坐听溪流洗凡俗，千年树老连天绿。举酒酹树树生风，醉酣吹我穿云曲。
前年搜奇赤日下，呼童洗碑泥没踝。字残碣断土花深，模糊姓氏知谁者？
人生得游便清福，何用虚名骇眯目？罔两愚人柳应辰，蒿藤聚讼黄山谷。
元颜二老相知真，此碑此颂新千春。何当置田筑屋此溪上，四时借倾宿尊称酒民？
癸酉初夏，同诸友并偕门人王东及兄子在廉、在麓、在宸游浯溪作。长沙周志勋。

注：髩 bìn，同"鬓"。

周志勋，字亚侯，号云台，宁乡东湖塘人，嘉庆辛酉（1801）拔贡，长期在祁阳为官。著有《还湘集》《粤游草》。

清·黄霈《石冢铭》

曲屏区 32-31 号，59 cm×59 cm，字大 2 cm，楷书。

石冢铭

石幸文传，文期石永。摩崖纪功，周秦尚矣。浯溪以唐《中兴颂》名，后之游者，辄争题焉。然石有时泐，前者剥，后者削。文固巨以石存，石转曰文而厄矣。甲辰春，与能道人游溪上，见崖壁为镌字者凿落寻丈，残珉塞磴，不胜怆然。命童子以卮酒拾瘗溪濑，聚沙成冢。能道人为文吊之，属予铭，以示后。铭曰：

石乎，石乎！尔之生兮，钟楚南灵；尔之旌兮，名创畸人。羌漫郎兮不再，何伦父兮争临。剥尔肤兮失尔真，折尔角兮残尔形。予不忍尔骸碎露兮，以卮酒瘗尔溪濑。尔固能言兮，曷不向来者告以斯文！

尖道人题石。

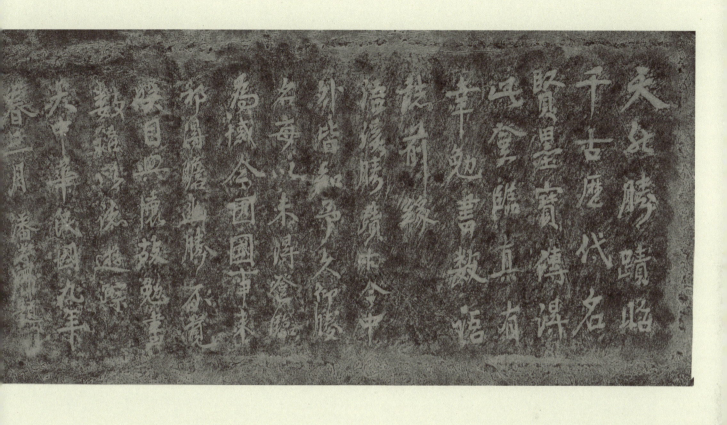

民国·潘学洲《天然胜迹昭千古》

曲屏区 52-54 号，44 cm×92 cm，行书。

天然胜迹昭千古，历代名贤墨宝传。得此登临真有幸，勉书数语志前缘。

　　浯溪胜迹，古今中外皆知。予久仰胜名，每以未得登临为憾。今因国事来祁，得瞻幽胜，不觉娱目兴怀，故勉书数语，以志游踪。

　　大中华民国九年春三月，潘学洲题。

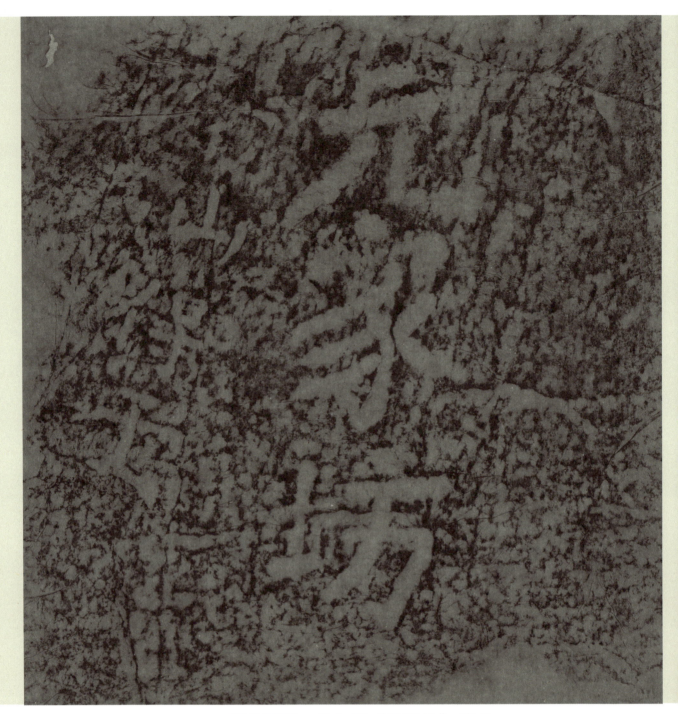

朝代不明·佚名氏《元家坊》榜书
曲屏区 46-48 号，44 cm×44 cm，榜书，楷书。

元家坊。

注：此碑左侧另有其他人刻的文字。石山保口。

元·燕莫白等题名碑

曲屏区 404-12 号，65 cm×50 cm，楷书。

　　江南□道行御史□监察御史燕莫白……亥……过……洛阳高绚□□□来……仰……溪……忠
兴史□玄观……新余。至元丁丑仲□日，邑令……

朝代不明·佚名氏《美一时》

曲屏区 55-60 号，46 cm×89 cm，楷书。

神□兴……州□浯溪□羯□盘……历……神嗔……谁……美一时……永州……作……神花益……人……

六、唐亭区

唐·元结《浯溪铭》

唐亭区 388-9 号，50 cm×186 cm，
字大 8 cm，玉箸篆。

浯溪铭

道州刺史、河南元结字次山撰，季
康篆。

浯溪在湘水之南，北汇于湘，爱其
胜异，遂家溪畔。溪，世无名称者焉；
为自爱之故，命曰浯溪，铭于溪口。铭曰：
湘水一曲，渊洄傍山。山开石门，溪流
潺潺。山开如何？巉巉双石；临渊断崖，
隔溪绝壁。山实殊怪，石又尤异。吾欲
求退，将老兹地。溪古荒芜，芜没盖久。
命曰浯溪，旌吾独有。人谁游之？铭在
溪口。

有唐大历二年岁次丁未四月□日。

注：篆文者季康，为元次山在道州
主管文学的幕僚，书法家。

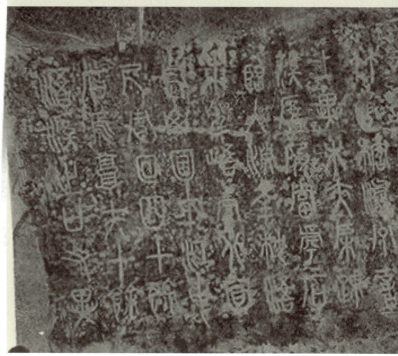

唐·元结《峿颐铭》

唐亭区 387-8 号，48 cm×148 cm，字大 6 cm，钟鼎篆。

峿颐铭

　　河南元结字次山撰，陈郡袁滋书。

　　浯溪之口，有异石焉。高六十余尺，周回四十余步；西面在江中，东望峿台，北面临大渊，南枕浯溪。峿颐当乎石上，异木夹户，疏竹傍檐。瀛洲言无，谓此可信。若在颐上，目所厌者远山清川，耳所厌者水声松吹，霜朝厌者寒日，方暑厌者清风。于戏！厌，不厌也；厌，犹爱也。命曰峿颐，旌独有也。铭曰：功名之伍，贵得木土；林野之客，所眈水石。年将五十，始有峿颐，惬心自适，与世忘情。颐旁石上，篆刻此铭。

　　有唐大历三年岁次戊申闰六月九日林云刻。

　　袁滋（749—818），字德深，郡望陈郡汝南（今河南汝南）人。唐朝官员，书法家。元结内弟，经荐引入仕，授试校书郎，宪宗时，拜中书侍郎同中书、门下平章事，后迁湖南观察使，累封淮阳郡公，卒赠太子少保。

宋·黄庭坚《浯溪题壁》

唐亭区 386-7 号，42 cm×112 cm，字大 6 cm，楷书。

余与陶介石绕浯溪，寻元次山遗迹，如《中兴颂》《峿台铭》《右堂铭》，皆众所共知也。与介石裵回其下，想见其人，实深千载尚友之心。

最后，于庽亭东崖，披剪榛秽，得次山铭刻数百字，皆江华令瞿令问玉箸篆，笔画深稳，优于《峿台铭》也。故书遗长老新公，俾刻之崖壁，以遗后人。山谷老人书。

清·江标题记
唐亭区389-10号，
175 cm×77 cm，字大10 cm，篆书。

三吾者，浯溪、峿台、𢈪顾也。顾本高字，后世不察，转写为亭，有宋以来，皆未正读，独钱潜𢁕能知其误。兹寀元刻，循诵遗文，台顾并峙，未有亭字。千载之谬，至当辨正。刻石记之，用告后人。

有清光绪二十二年丙申十一月湖南督学使者元和江标题记。

江标，字建霞，江苏元和（吴县）人。光绪进士，二十年（1894）任湖南学政。

注：高，同"𢈪"。𢁕同"研"，寀同"采"。

清·周善培等题名碑
唐亭区390-11号，
44 cm×76 cm，楷书。

光绪戊戌闰月二十有六日，徐仁铸、华祖绥、宋绍曾、陈祺寿、江善述、许北魁、郭祖葆、徐仁华、王鸿铣、徐思允、周善培自永州之桂阳，经浯溪，来游。

周善培题。

周善培，字致祥，号孝怀，原籍浙江诸暨县，随父宦游定居四川。任督署副总文案兼广东将弁学堂监督。1908年任川省劝业道总办。民国后，潜心治学，不问政事。解放初任全国政协委员。

清·黄中通《寒泉》榜书及补写元结《寒泉铭》

唐亭区 392-13 号，274 cm×192 cm，榜书字大 125 cm，铭文字大 7~11 cm，楷书，行草。

元次山曰："湘江西峰直平阳江口，有寒泉出于石穴。峰上有老木寿藤，垂阴泉上。近泉堪维大舟。惜其蒙蔽，不可得见，踟蹰行循。其水本无名称也，为其当暑大寒，故命曰寒泉。铭曰：

于戏，寒泉！瀛瀛江湄，堪救渴喝，人不之知。当时大暑，江流若汤；寒泉一掬，能清心肠。谁谓仁惠，不在兹水？舟楫尚存，为利未已！"

　　　　　　　　　　　　　　　　寒泉。

顺治辛丑冬，前永阳备兵使者、晋江黄中通录，粤西桂理晋江苏燮国书，知祁阳县事孙斌勒石。

注：当时大暑，《次山文集》为"时当大暑"，应为刻石之误。

黄中通，字不明，号抑公，福建晋江人。顺治六年（1649）己丑进士，历任永阳兵备使者、永州知府、分守衡永郴道、湖南布政使参政、广西布政使。

朝代不明·佚名氏《佛》榜书

唐亭区 383-1 号，156 cm×130 cm，榜书，楷书。

佛。

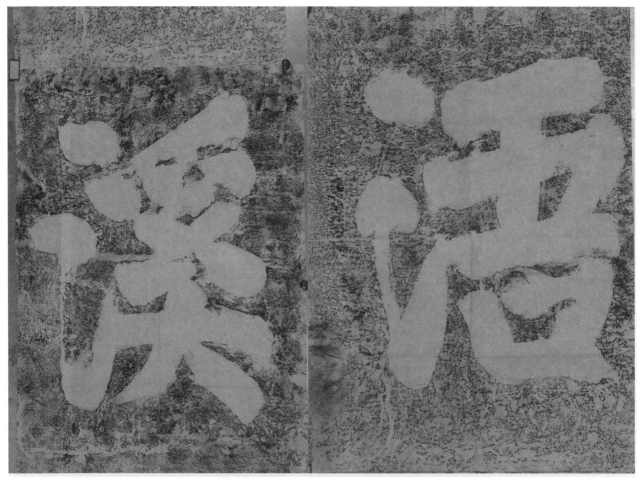

朝代不明·佚名氏《浯溪》榜书

唐亭区 391-12 号，74 cm×106 cm，字大 85 cm，榜书，楷书。

浯溪。

注：此碑在渡香桥至溪口中间的浯溪东边石壁上。

朝代不明·佚名氏
《唐亭磴道》榜书
唐亭区 385-4 号，80 cm×28 cm，
字大 20 cm，榜书，楷书。

唐亭磴道。

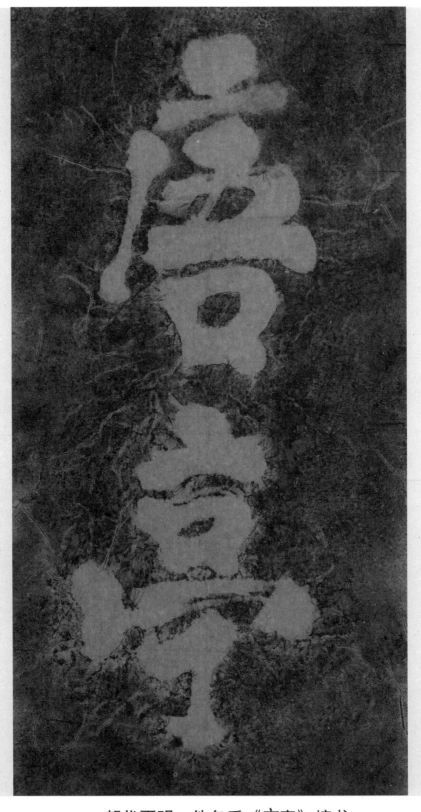

朝代不明·佚名氏《唐亭》榜书

唐亭区 384-3 号，138 cm×68 cm，字大 55 cm，榜书，楷书。

唐亭。

七、右堂区

唐·元结《右堂铭》

右堂区 16-15 号，28 cm×30 cm，篆书。

右堂铭。

注：此铭刻于大历六年（771）闰三月。宋黄庭坚《题浯溪崖壁》和沈绅等题名碑，都说读过《右堂铭》；清朝犹可识十余字，依史志记述，补辑如下：

右堂铭

河南元结字次山撰。

高重明书。

右堂在中堂之西，……铭曰：……

有唐大历六年岁次辛亥闰三月□日刻。

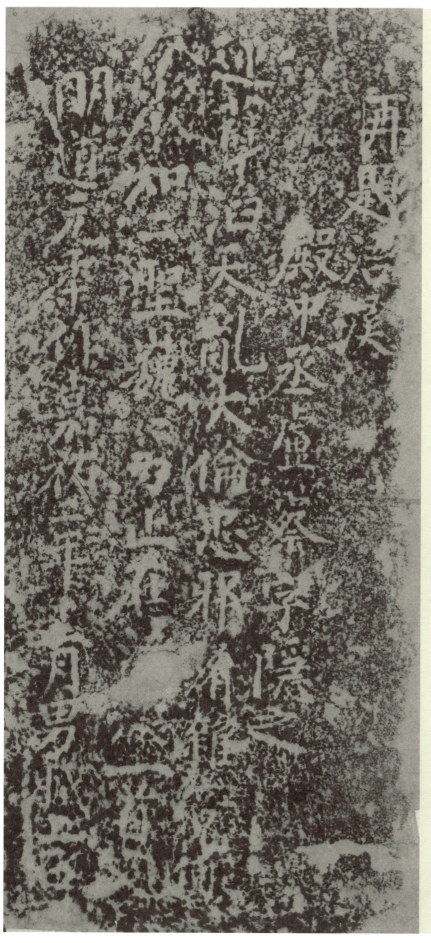

宋·卢察《再题浯溪》

右堂区 12-11 号，
69 cm×33 cm，
字大 3.5~5.5 cm，楷书。

再题浯溪

殿中丞卢察，字隐之。
逆孽滔天乱大伦，
忠邪淆杂竟何分。
欲知二圣巍巍力，
止在浯溪一首文。
明道元年作，嘉祐二年十二
月男臧上石。

卢察（985—1039），字隐之，
河内（今河南沁阳）人。景德二
年（1005）举进士，授复州司士
参军。累调乾德、襄阳二县主簿，
夔州奉节令，改泉州观察推官，
迁大理寺丞。登朝为太子中舍、
殿中丞、国子博士，入尚书省为
水部、司门员外郎。历知河南密、
江陵公安、彭州永昌三县，天圣
九年（1031）知蒙州，后为白波
发运判官，终通判河南府。

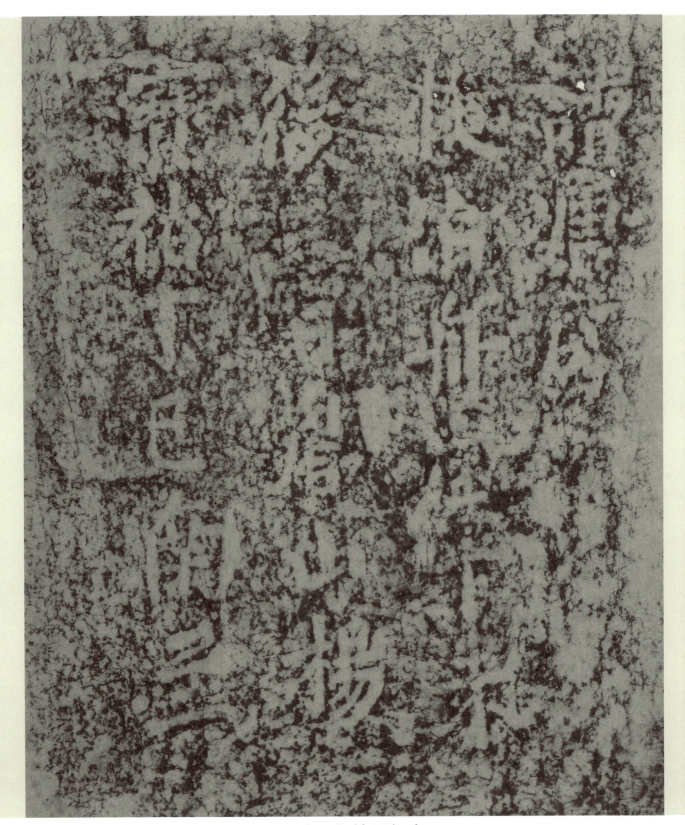

宋·杨惔题名碑

右堂区 11-10 号，51 cm×43 cm，字大 5 cm，楷书。

宝祐丁巳，南至后三日，眉山杨惔泊舟崖下，来读唐碑。

宋·俞洵直等题名碑

右堂区 13-12 号，38 cm×44 cm，字大 7 cm，楷书。

新仪真司民俞洵直君仪，侍亲按永，先还，舣舟登此。嘉祐丁酉五月晦题。

清·王时叙《游浯溪》六首

右堂区 5-1 号，28 cm×68 cm，字大 2 cm，行书。

才到溪头便爽然，高低石径去蜿蜒。渡香桥畔阴浓甚，樟寿曾经数百年。

三一荒亭乱石稠，峌亭徙倚小冈头。萦纡磴道青迷眼，不尽清湘槛外流。

林树虚含镜石光，碣残碑断尽琳琅。磨崖独有唐兴颂，风雨江头岁月长。

迤盘曲径陟崖阿，胜异亭中胜异多。万绿参天青满地，石尊一品最嵯峨。

最高敞处爱峿台，平远江山一帐开。说是此间宜对月，窊尊注酒约重来。

宝篆亭东屋数楹，元颜并坐貌如生。游踪约略知何处？镇日浯溪自水声。
嘉庆庚辰上巳初游浯溪。秦中王时叙。

王时叙，字揆卿，号远山，陕西秦中（今商州）人。嘉庆年间拔贡，嘉庆二十五年（1820）任祁阳知县。著有《远山诗集》。

清·陈濬《和王远山游浯溪诗》六首

右堂区 6-2 号，27 cm×68 cm，字大 2 cm，楷书。

一

浯溪风景本超然，水绕山环势蜿蜒。今日贤侯吟眺处，定传佳话胜当年。

二

护岩常见碧云稠，元颂颜书在上头。想得披萝读碑字，津津齿颊古香流。

三

荒祠人比鲁灵光，一一悲歌夏八琅。剑阁铃声空咽恨，藉抒忠愤祝延长。

四

参差亭榭傍岩阿，古木苍藤历劫多。鹤影笛声何处去，只留片石郁嵯峨。

五

曾厕无官御史台，峥嵘楼阁五云开。分符更遂探奇愿，琴暇何妨一再来。

六

笑我青毡守一楹，溪山缘亦结三生。年年枫叶飘红日，曳履桥边听水声。

陈濬，号商岩，武陵廪贡。自云曾作御史；嘉庆二十二年（1817），任祁阳训导。王远山，即县令王时叙。

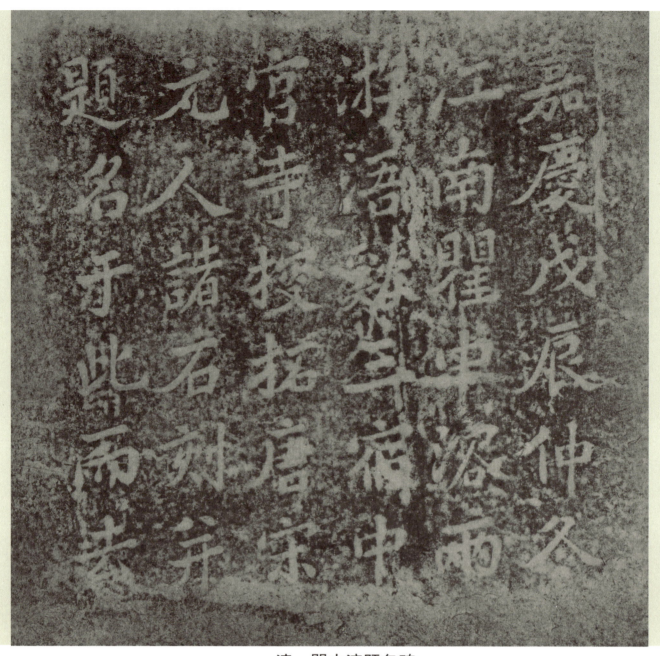

清·瞿中溶题名碑

右堂区 15-14 号，39 cm×38 cm，字大 4 cm，楷书。

嘉庆戊辰仲冬，江南瞿中溶两游浯溪，三宿中宫寺，搜拓唐、宋、元人诸石刻，并题名于此而去。

瞿中溶（1769—1842），字苌生，号木夫，上海嘉定人。嘉庆进士，曾任郴州府通判、安福知县，援例捐湖南布政司理问。瞿氏工书，善画。篆刻家、书画家，辑成《石镜轩图录》《古镜图录》。

清·阮辉㑅《题石镜诗》

右堂区8-4号，68 cm×80 cm，字大5 cm，楷书。

题石镜诗

补天渡海寔多端，争似山头作天观。洞借余辉光可鉴，花揩剩彩秀堪餐。

月将地影装春轴，水引银章摆素纨。莫谓无心偏徇客，也曾经照古人还。

乾隆丙戌安南阮辉㑅。

阮辉㑅，清安南（今越南）使臣。

注：寔shí，通"实"，确实，实在。

清·王霭《峿台怀古》

右堂区 10-9 号，64 cm×41 cm，字大 3 cm，楷书。

癸亥冬，随本郡太守柯许公游，奉和同原韵。

峿台怀古

素影流光星影稀，白云零落作山围。幽然若与世相违，登临不惮此崔巍。
俯看城郭灯火微，水花泊石云霏霏。仰见归鸿缭乱飞，清言相对坐忘归。
漫郎宅院徒存畿，惟有文章千古辉。山川留藉公之威，亭吞江水水沉扉。
水亭相与浑忘机，衡岳诸峰是也非？个中深省知之希，磨崖崒嵂凌高矶。
古人功业如电挥，今人文采夺璇玑。今古同兹皓魄晖，千载悠悠照客衣，
满山烟树恒依依。　　　　　　　　　　　　　　　　　　钱塘王霭。

注：崒嵂 zú lǜ，高峻。

元·姚瓛《游浯溪韵》

右堂区 10-8 号，60 cm×35 cm，字大 4~4.5 cm，楷书。

持节三吾三访春，萧条云木水粼粼。澄潭峭石露鲸脊，青壁写影成仙人。
僧瓢贮月供茶鼎，樵笛穿云动客绅。千古雄文有深趣，回舟空羡白鸥驯。

清·伍泽梁《胜异亭记》

右堂区 7-3 号，96 cm×101 cm，楷书。

胜异亭记

　　浯溪旧亭最著者，唐亭，而外曰宛尊，曰笑岘。邑侯七松李公，既新唐亭，以宛尊亭基甃石为露台，于玩月宜。考笑岘亭基，旧志称在唐亭之南，即次山右堂故址。今按其地，已成墟墓。侯于峿台侧建室一楹，题曰"笑岘山房"，以存昔人之意。唯台上有"虚白"，旧亭遗址，尚未葺理，侯将取次营之。时邑中父老子弟，燕集笑岘山房。酒半，前西宁令陈子眉湖谂于众曰："兹役也，侯丝毫不假民力，所捐清俸不少矣。台上之亭，吾侪盍协力为之，以明子来之义。"佥曰："诺！"耆老段翁以济，遂毅然倡捐三十金。由是众皆踊跃醵金助之。佥议市民急公者鸠其工，台西畔断崖如门，旧架木桥通行。余外舅徐梅园先生虑其久而敝也，乃独捐货易之以石，工并讫功。佥属余记其颠末，余以"虚白"旧名，殊未切当，因读次山《峿台铭》序云："石颠胜异之处，悉为亭堂。"爰取"胜异"二字易之，而名其桥曰"引胜"。于是复偕父老子弟燕集于亭上而落之。酒半，余复谂于众曰："吾邑浯溪之胜，著于古今，闻于海内。忆余龆龀时，从长老游此，犹及见亭榭完好，乃岁久圮废，阅四十余年，至我侯而始复之，岂兴废会有时耶？侯以浙西名孝廉来莅吾祁，本经术为吏治，五载以来，政平讼理，弊革利兴，福星所照，民不能忘。乃以游刃之余，景慕昔贤，修复名胜，使吾侪今日得相与优游以乐于此，即此善政之一端，其又可忘耶！"佥曰："然！请以吾子之语，刻诸崖石，以志不忘。"至眉湖建亭之议，段翁倡捐之功，诸君任事之劳，与吾侪同志捐助姓名，皆不可使泯也，并备勒之附以不朽。若夫名贤胜迹之卓绝，溪山景物之幽奇，则前人之叙备矣，何庸赘述也哉。

　　侯名莳，字环青，浙江钱塘县举人。

　　乾隆三十年乙酉季夏，邑人漫亭伍泽梁撰，陈上质书，石工刘梁学刻字。

民国·黄霭补《右堂铭》

右堂区 14-13 号，65 cm×98 cm，字长 11 cm、宽 5.5 cm，篆书。

右堂铭

铭曰：阳崖之颠，松竹苍然。筑堂其上，幽异毕瞻。奇峰当户，怪石临轩。高吟远眺，心目皆鲜。闲处于此，无羁无牵。

《右堂铭》有题无辞，为摹《峿台铭》字补之，以篆法同也。火道人黄霭志。

清·佚名氏《漫郎》

右堂区 9-8 号，41 cm×34 cm，楷书。

宋□唐欲□节……漫郎文如……守□命……司宼尊……竹……中……

八、峿台区

宋·米君平等题名碑

峿台区 4-7 号，42 cm×39 cm，楷书。

米君平会卢臧、吴克谨食。嘉祐二年六月九日，臧题。

卢臧，字鲁卿，河内（今河南沁阳）人，卢察之子。仁宗景祐五年（1038）进士。嘉祐中任潭州湘潭县主簿，权永州推官。

浯溪摩崖石刻

宋·陈从古题名碑

峿台区 2-5 号，22 cm×7 cm，楷书。

陈从古来游。

宋·陈从古
《重过浯溪》

峿台区 2-5-2 号。

重过浯溪

小憩唐亭上，悠然倚一枝。
云埋漫郎宅，水落鲁公碑。
兴废悲前古，登临记昔时。
重来头已白，忍看旧题诗。

注：此碑已失，宋溶溪志"刻小峿台北"。

宋·佚名氏《读中兴颂》二绝

峿台区附 4-8 号，36 cm×44 cm，楷书。

　政和戊戌五月十日，游三浯。□□□山人揖予于窊尊绝顶□快乐，□源荷公一到，览□源二绝句书以纪之。

　　　　天宝谁知蕴祸胎，华清不解洗氛埃。浯溪一片中兴石，始信乾坤不乏才。

　　　　榭柳溪桃次第栽，却因山水始徘徊。秦人自取终身悔，胜概津源欠一来。

　　　　　　　　　　　　　　　　　　　　　　　　　汝阳□□□。

宋·卢察《留题浯溪》

峿台区 3-6 号，36 cm×49 cm，楷书。

留题浯溪

太子中舍知蒙州卢察。

死后声名人始贵，真卿笔札次山文。二贤若使生同世，□□□悲不放君。

天圣辛未九年八月作。嘉祐丁酉二年六月，男臧上石。

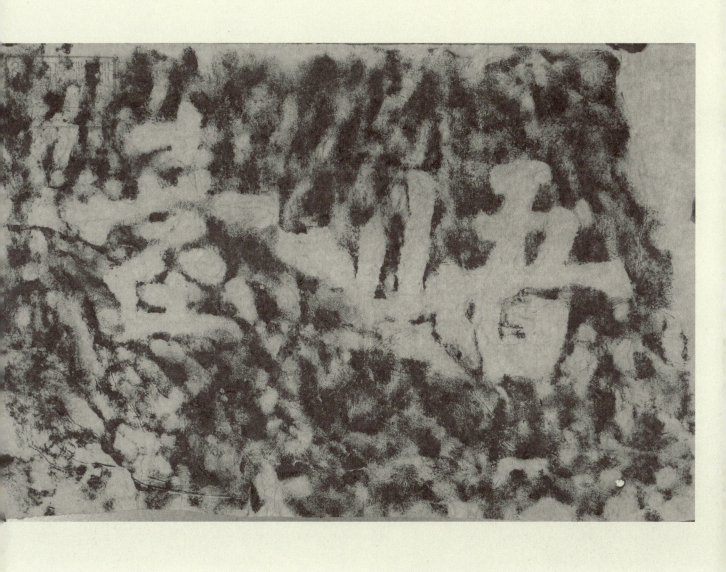

朝代不明·佚名氏《峿台》榜书

峿台区 1-4 号，40 cm×20 cm，字大 20 cm，榜书，楷书。

峿台。

九、浯洞区

浯溪摩崖石刻

民国·李江《孝》榜书及铭、跋

浯洞区 333-2 号，100 cm×67 cm，字长 65 cm，宽 40 cm，榜书，篆书，隶书，行书。

孝。

幼寅庐州唐公先生均政。

公固贤良，庐慈墓旁；旌表孝义，劝世文章。

公昔庐墓三载，名高山斗，望重圭璋。旌表孝义，宜也旋刱。贤良劝孝，祠于浯池之上。愚兹题古孝字于浯岩之中，容有青及此。因孝劝孝不几乎，天下为唐虞之天下也乎？

乙卯秋，石丁弟李江书并识。

注：刱 chuàng，同"创"。

清·文嵩儒《寻乐先生吾洞》

浯洞区 334-3 号，40 cm×54 cm，隶书。

寻乐先生吾洞

雅是溪园主，同人乐处寻。孔颜延道脉，山水晤知音。

劝孝风徽远，思亲岁月深。先生名不朽，吾洞见丹心。

宣统元年木公山人题。

注：木公山人即湖南祁阳人文嵩儒。

清·杨济时《吾洞》榜书

浯洞区 335-4 号，65 cm×79 cm，字大 25 cm，榜书，楷书。

大清宣统元年。

吾洞。

寻乐子题。

注：寻乐子，即湖南祁阳人杨济时，字省吾，晚号退省老人，清光绪二十七年（1901）进士。

民国·唐维国《浯洞》榜书

浯洞区 332-1 号，29 cm×39 cm，榜书，行书。

浯洞。
民国十年辛酉唐维国题。

第三章　传奇故事

　　千年浯溪，不但有瑰丽的诗文、雄奇的书法，为世人倾慕，同时也演绎了无数精彩的传奇故事和艺林佳话，成为浯溪文化的重要组成部分，在民间广泛传颂，深得人们的喜爱。这里，我们根据有关资料或民间传说，重点整理了部分传奇故事，以飨读者。

石韵金音

　　沿右堂区西南角而下，有一块架在两石之上的船形巨石，叫石韵金音，是浯溪的一大奇观。

　　这块巨石，长1.5米，宽0.7米，厚0.3米。捡一块小卵石，在石面上任何一个部位轻轻一敲，它就会发出金属般的响声，还可按不同音阶敲出悦耳动听的乐曲来，真是妙不可言。

　　相传，元结曾在此自吟《清廉美曲》，引来百鸟和鸣，松声为之和韵，浪声为之拍板，连八仙之一的韩湘子也来吹笛为之伴奏。由此可见，其音韵是何等优美动听，引人入胜。

　　元结以《自箴》明志，主题是弘扬"忠、直、方、正"。当时，有一个所谓的识时务者劝元结说："君欲求权，须曲须圆；君欲求贵，须奸须媚。不能此为，穷贱勿辞。"元结听了极为反感，驳斥说："不能此为，乃吾之心；汝若全德，必忠必直；汝若全行，必方必正。终生如此，方为君子！"那人听后哑口无言，无地自容而去。元结不但自己坚持这个为人准则，还给三个儿子取名为：长子以方，字友直；次子以明，字友正；季子以仁，字友让，以勉励孩子们正直为人。如此清白传家，实在可敬可佩。

　　在元结看来，人臣有两种：一为"社稷之臣"，一为"禄位之臣"。元结以"社稷之臣"自勉、传家，值得我们借鉴、继承和发扬。须知："政"从"正"起，"财"自"才"来，老祖宗造字的用意不能忘记，而更不能忘记的是，历来选举用"正"字计算票数，"正"字越多，正气越足。

　　电视剧《宰相刘罗锅》片头曲《清官谣》唱得好："天地之间有杆秤，那秤砣是老百姓，秤杆子挑江山，你就是定盘的星。什么是功？什么是名？什么是奸？什么是忠？留下多少好故事，传给那后人听！"置身"石韵金音"美景，我们仿佛看到了诗人傲然独立的身影，听到了诗人自勉与勉世的铿锵曲韵。

宧尊夜月

"宧尊"，原是古代装酒的器皿。峿台上有个圆坑，也叫"宧尊"。相传此为元结所凿，可容斗酒。

当年，元结每逢月夜，常邀好友来峿台，围坐宧尊畅饮、赋诗、赏月。但因酒不能继，往往不能尽兴。山神知道后，敬仰元结的清廉，故引湘水入尊，变成醇浆。从此，每逢月夜，宧尊便会酒满，月落尊中，饮之不尽，元结与友人乃得夜夜尽欢而归。这真是："树为帘幌石屏风，鸟语泉声弦管中，更遣湘江作春酒，宧尊无底不愁空。""神斤鬼斧何年凿，云影倒吞天上阔，夜夜月华出海来，珠光飞向尊中落。"从此，宧尊便成了神奇的宝贝。

祁山深处有一酒妖，经常夜入民宅盗酒。酒妖得知浯溪有宧尊这个宝贝后，贪心顿起，于一月夜直奔浯溪。酒妖到得峿台，一眼看见装满美酒的宧尊，正想拿走。其时，吕洞宾突然腾云驾雾而来，他大喝一声，举剑向酒妖劈去。酒妖见势不妙，双手撑扶石头，转身就跑，在石上留下了手掌和指印，躲过了吕洞宾的第一剑。这一剑，吕洞宾用力过猛，把一座石山从上到下劈到了底。接着，吕洞宾向东劈出第二剑，酒妖见了，手臂一撑，蹦起身子急往回转，由于太过慌张，身体失衡，一屁股坐在石上。酒妖一连串的避剑动作，在石上留下进退两个方向相反的脚印，以及屁股和两个睾丸的痕迹。当吕洞宾横着劈出第三剑时，酒妖躲闪不及，只好化作一阵黑风逃走了。从此，宧尊因酒妖弄坏了与湘江相连的管道，也就不再出酒了。

镜石含晖

古人用水作镜、以铜作镜，却没有用石头作镜子的。在《大唐中兴颂》右侧的崖壁上，就有这么一块石头镜子，可谓浯溪一绝。

这块石头镜子高46厘米，宽72厘米，学名"镜石含晖"，俗名"照妖镜"。石镜表面乌黑光滑，抹之以水，照人须眉如画，湘江对面景物清晰可见。明《永乐大典》主编解缙诗曰："水洗浯溪镜石台，渔舟花草映江开。不如元结中兴颂，照见千秋事去来。"意思是说，镜石与《大唐中兴颂》都是一面镜子，均可借鉴。

据说，这块镜石特别神奇，能洞鉴万里。当年，石镜一抹上溪水，唐玄宗皇帝与杨贵妃在华清池沐浴，李林甫、杨国忠等奸臣所干坏事，都能一幕幕闪现出来。皇上得知后，将镜石要去皇宫，却顿失其景；返还浯溪，又光彩如故。原来，镜石为浯溪之石，要抹以浯溪之水才现各种奇景。皇上恼羞成怒，下令以脏物污染石镜，就不能再显现唐宫情景了。明尚书杨廉诗曰："此石曾将献凤池，赐还仍对次山碑。分明照见唐家事，不向旁人说是非。"清汤锷诗曰："一槛凌空架石台，千年神物壮溪隈。游人莫作浑闲看，也向唐宫照胆来。"于是，人们便把镜石附会开来，说镜石能照人面，能辨人心，来游浯溪，必先面对镜石，整理衣冠，照其肝胆，方可拜读《大唐中兴颂》碑。清才子袁枚重游浯溪，拜读中兴碑前，面对镜石说："浯溪镜石光可爱，立向荒山照世界。照尽东西南北人，镜里依旧无人在。五十年前临汝郎，白头再照心悲伤。恰有一言向镜诉，照侬肝胆还如故。"意思是说，我五十年前来照镜石，正当年青，如今再来，已经白头，心里感到悲伤。可是，有一句话要告诉你，五十多年来，我不像李林甫、杨国忠和安禄山、史思明那样扰乱朝庭、背叛国家，我对国对民一直忠心耿耿。这充分证明，石镜能照人面、照人心，还能鉴别"忠""奸""贪""廉"。

传说有一树怪，对元、颜二公非常敬佩，也想看中兴碑以吸正气，早日成仙。可是，树怪还未到镜前，就被一股凛然正气挡住，近前不得。树怪非常恼火，乘一个月黑风高的晚上盗走了镜石。山神一觉醒来，发现镜石丢失，闭目施法一查，原来为树怪所盗。于是一路穷追猛打，追回了镜石，"照妖镜"也因此而得名。

镜石有深刻的国际意义。清乾隆年间，越南国谢恩使郑怀德来浯溪，深感石镜的神奇，照镜后留下诗刻："地毓浯溪秀，山开镜石名。莫教尘藓污，留照往来情。"这就是中越人民友好往来的历史见证。

镜石还有凄美的爱情故事。传说宁远有个杨姓国子监生，一年，他去京城国子监读书，路过浯溪，住在中宫寺。浯溪附近有个文姓姑娘，父母双亡，寄居在舅妈家里。她每天来溪边浣衣、洗菜，到镜石前理发掠鬓，这天清晨恰与杨公子相遇。一个窈窕村姑，一个翩翩少年，不觉一见倾心。可是，姑娘的舅妈却要将她卖给一个豪绅家作婢女。姑娘死活不从，逃到镜石前以泪洗镜。中宫寺打更小和尚发现后，跑去告诉杨公子。这时，豪绅家丁已抬着轿、打着灯笼追来，姑娘无处可逃，就跳崖自尽了。杨公子悲痛万分，于镜石前泪如雨下，不料两泪相合，竟然金光闪耀，现出一首诗来："莫道今生孽，前生并蒂莲；三生如可话，镜石证前缘。"杨公子见了，也题诗一首："空析章台柳，谁为古押衙？三生何处话？对镜泪如麻！"其时，镜石里忽然蝴蝶飞舞，两首诗四十个金光大字化作二十只彩蝶，一对对飞出镜石，飞过浯溪，飞向九嶷……

还有一个传奇故事，说的是一个小伙子爱上了一个姑娘，却遭到父母反对。一天，他到浯溪来玩，无意中在石镜前照了一照，竟然看到了心爱的姑娘。小伙子灵机一动，把父母领到浯溪，说石镜里有他们未来的媳妇。父母半信半疑，上前一照，果见一俊俏姑娘在石镜中冲他们微笑。父母惊喜地说：真是前世修来的姻缘，顿时答应了他们，成全了一桩人间美事。

夬符镇妖

浯溪不但有照妖镜，还有"镇妖符"。

镇妖符在《大唐中兴颂》旁的崖壁上，直径2.7米，也叫"柳押夬符"。符顶刻有楷书小字："押字起于心，心之所记，人不能知。大宋熙宁七年甲寅岁，刻于浯溪之石。尚书都官员外郎武陵柳应辰。"因此又叫"柳押符""心记符"。柳应辰，号明明，常德人，曾当永州通判，是"儒、释、道三教合一派"的忠实信徒。

传说，柳应辰一次带家眷乘船来游浯溪，晚上就在船上安睡。中宫寺和尚提醒他说："浯溪是荒凉之地，有山妖水怪，你们睡在船上，要多加小心。"柳应辰说："不要紧，心正不怕邪，我从来就不怕妖魔鬼怪。"柳应辰虽然这么讲，心里却想还是要提防一点为好。他安排家眷睡下后，来到船上小书房，先将毛笔蘸满朱砂，以备降鬼伏魔。接着，他静坐案前，低头看书。

三更时分，嵑台上刮起一阵山风，湘江波浪翻滚，不断冲向船帮，气温也骤然下降。柳应辰打了一个寒战，心想，鬼怪真的来了。

突然，一阵狂风破窗而入，桌上油灯几乎被风吹灭。柳应辰抬头一看，怪物毛茸茸的手已伸到案前。说时迟，那时快，柳应辰将手中笔尖一转，顺势在怪物掌上画了一道"夬"字押符，天空顿时雷火闪电，风雨大作，怪物也眨眼间不见了。

第二天早上，柳应辰到三绝堂读元、颜摩崖石碑，只见左边一丈三尺高的摩崖上有一个巨大的、他昨夜画在怪物手上的押符，殷红的血还在滴滴答答地往下流。

中宫寺和尚双手合十，对柳应辰说："施主法力无边，镇住了怪物，以后浯溪就是佛门净地了，游客也不用担心害怕了。"从此，果然平安无事。

夬符中间，现在还呈暗红色，那是被柳应辰镇在顽石上的山妖还在流血。只要夬符还在，山妖就永远无法出来，浯溪也就天天太平了。

柳公护樟

浯溪树种繁多，古木参天，其中有棵古樟，全身倾斜，树身空得像一个圆长的木桶，高达 10 米。游人从洞口钻进树身，可往上爬，从最高的树杈口伸出手来。这一胜景叫"柳公护樟"，树旁石上留有宋代石刻"柳公台"三个大字，亦可作见证。

这棵樟树为何空心斜躯呢？相传，宋代武陵人柳应辰，在永州当通判的时候，对浯溪石刻倍加喜爱。他曾五次带全家人来游浯溪，有时一住就是七八天。他每次读完中兴碑后，就在樟树对面的石台上静坐练功，以纳元、颜二公之正气。谁料有一妖魔从中作孽，将一种恶臭邪气灌入樟之，恶臭邪气散发，致使樟树日趋枯萎。

柳应辰闻知后，深恶痛绝，立马赶到浯溪，静坐樟树对面石台上苦练气功，以降妖除魔。练到七七四十九天，突然一阵怪风刮来，顿时天昏地暗，飞沙走石，恶臭连天。柳应辰知道妖怪来了，深吸一口气，运至丹田，将全身之力聚于右手，狂吼一声，一掌击向妖怪，天空刹时电闪雷鸣，乌云翻滚，妖怪发出一阵惨叫声。稍顷，天空云开雾散，霞光万道。柳应辰睁眼一看，只见树干倾斜，树身洞开，里面的腐渣已从树杈里冲出，撒得满地皆是。从此，这棵樟树便变成了空心树，邪气尽除，樟香复原，枝繁叶茂。"柳公护樟"的传说也一代一代流传了下来。

吕仙寿屏

吕洞宾姓李，叫李纯阳，唐朝蒲州永济县永乐镇人，曾任浔阳（今九江市）县令。当时，他对兵起民变的混乱时局十分厌倦，便弃官出走，到庐山仙人洞、终南山等地隐居修道。因他别子携妻，两口子相敬如宾，又住在山洞，故定仙号"吕洞宾"。

一次，吕洞宾来到浯溪，见此地山清水秀，摩崖悬空，竟然流连忘返。他后悔未携妻前来，便在这块石上篆刻了一个异体"寿"字，以表对爱妻的遥远祝福。"寿"字高 160 厘米，宽 72 厘米，字形奇特，含意丰富，仔细端详，活灵活现，令人叫绝。

这个"寿"字，上圆点为日，下圆点为月，三个小圆点为星，日月五星（日为太明，月为夜明，五星指木星、火星、土星、金星、水星）为之七政；上作天，中作地，口作人，天地人为之三才（这是我国古代天人合一的哲学思想，是我国传统文化的基础，一切学术思想的根源）。上半亦作金，中亦作木，寸亦作水，移日配口亦作火，工亦作土，金木水火土为之五行（天地相合而产生这五种物质，有了这五种基本物质而能生化万物，这是我国古代朴素的唯物主义哲学观点。地两边顶上两条白气为之两仪（即阴阳两仪），生四象（即东方青龙、南方朱雀、西方白虎、北方玄武四种表示星形的吉祥灵兽），生八卦（它恰巧是两个相同的符号，把它配成一个圆圈，正是八卦中的太极图）。还有，天亦作永，地亦作世，工亦作公，工之下亦作侯，永世公侯（子孙世代做官）；石刻前言：日亦作福，月亦作禄，本身是寿，三点圆圈是星。那就是，祝愿大家福禄寿三星拱照，永享无疆，子孙发达，世代荣昌！

这个"寿"字，灌注了吕洞宾对纯洁爱情的诚挚祝愿，也体现了愿天下有情人恩恩爱爱、永结同心的美好祝福。

无上宫主

无上宫主碑，乃一隐语，颇有故事。

这是一方1982年从原祁阳三中水池码头边寻得的半块石碑，另一半已随吕洞宾的仙踪而去，不知所踪。

碑上文字狂草，神龙飞舞，一气呵成，很有"仙书"气势。碑曰："宴罢高歌海上山，月瓢承露浴金丹。夜凉鹤透秋云碧，万里西风一剑寒。"署名为"无上宫主"。

无上宫主是谁？下面刻有楷书小字，蒋晖跋曰："永州之祁而北六十里，乌符山者，晖先世别业于其下。比岁，捐私帑建玉虚上真之宫，三年有成。绍定己丑中秋后十日庚申，有称宫先生者，青巾黄服，神彩飘爽，过门谓晖曰：'佳山水也。'遂相携登殿。复云：'可取针石，当为鉴之。'乃归呼茶，挈针石及茶楯出，先生已不见，但见壁上题诗，墨迹酣畅，末署'无上宫主'。'宫'字无上，吕姓也。传为吕纯阳复见。"原来这块宋代碑石上的诗文，是唐代吕洞宾复现的"仙迹"！

前人这么说，后人这么传，仿佛是真的一样。我们是唯物主义者，应该用唯物的观点来进行科学判断，当年老道长蒋晖编此神话，神化此碑，实是神化他自己，是借以提高乌符山道观的名望。把碑装置浯溪，更是想借此胜境扩大影响，招揽信徒，以旺香火而已。

祁阳笔鱼

浯溪摩崖石刻，吸引着无数中外游客，而最令游客惊奇的是：溪水进入湘江处至上游老山湾一带，有一种独特小鱼，长八九寸，头部圆小，嘴溜尖，身子细长若圆筒，全身呈紫棕色，极像毛笔。捕来烹食，嫩腻甘甜。当地人叫它"笔鱼"，或叫"竹鱼"。

笔鱼的来历非常神奇。相传北宋元丰年间，苏东坡大学士因"乌台诗案"遭贬后，带书童云游名山大川，一天路过祁阳。苏东坡见县令口称"先生"，态度诚恳，就同他饮茶品酒，谈赋论诗；傍晚时分，县令邀他驾舟夜游浯溪，也就没有推辞。

这晚正值农历十五，皓月如银，加上浯溪美景如画，苏学士心境很是愉悦。县令自忖机会难得，赶紧躬身施礼，拜请题诗，竟然得到应允。他叫人搬桌掌灯，拿出文房四宝，亲自摊开宣纸，把墨磨浓。苏学士雅兴大发，唤书童去取紫毫，可寻了半天也未找到。苏学士正待责备，一拂袖，忽觉里面撑着什么，一摸，竟是那管紫毫。于是挽袖执笔，饱蘸浓墨，正要挥毫，谁知一阵旋风凭空刮来，呼呼作响。苏学士一惊，笔竟往上一蹿飞脱落入江中。风停后，忽听江面一声水响，一根长条形的东西跃上船板，定睛看时，正像那支"笔"。县令伸手拾取，"笔"又活动起来，扑腾一下跃入江中，分明是一条活鱼！

第二天清早，苏学士告辞后，县令想找回那笔送还先生，派人沿河打捞。可除了捕得十几条昨晚见过的那种酷似紫毫的小鱼外，一无所得。而这种小鱼也只苏学士掉笔的那段水域才有。县令拎起一条问当地人，都说以前从没见过。一渔翁笑道："这小鱼恐怕是苏先生大笔变的吧！"县令思忖有理，对大家说："以后就叫它'笔鱼'吧！""笔鱼"的命名就这样传开了。

这真是：天意东坡不留字，神笔化作席上珍！

抗法英雄欧阳利见

欧阳利见（1824—1895），字赓堂，号剑飞。祁阳县长虹街道白鹭町人。欧阳利见幼时家贫，住县城以卖豆腐、蔬菜为生。

算命投军

一天，年满30的欧阳利见与几个农民在城里搜集杂肥，路经福星街刘某课棚，顺便测课算命。刘某见欧阳利见长相非凡，一测算，惊喜地说："呀！你有官运出现，将来定做高官。当前太平军兴起，时局混乱，曾国藩在衡阳招募团练，训练水师，乱世出英雄，你赶快去当兵，到外面闯闯！"欧阳利见认为刘某是逗他玩的，很不在意，说："我这个农民大老粗，哪有当官的命啰？莫懵起我了！"

过了半个月，他又经过刘某课棚，刘某惊问："你还没出去？官运难得呀！你快去衡阳团练投军，没有盘缠，我资助！"说完拿出8吊铜钱，递给欧阳利见。

咸丰四年（1854），欧阳利见到衡阳参加团练，一开始就当上了扛大旗的"什长"。

打摆子立功

咸丰四年二月十五日，曾国藩率17000湘军由衡阳出发到岳阳镇压太平军，屡遭挫败。

一次，太平军发动冲锋，湘军为避主力，开始后撤。这时，扛着大旗的欧阳利见本来走在最前头，却突然发高烧，打起摆子来。他浑身一阵热、一阵冷，脚步跟跄，无法紧跟队伍，便举旗蹲在地上。其时，太平军已冲到阵前，见湘军大旗未倒，疑有埋伏，不敢前进。过了一会，欧阳利见见太平军畏缩不前，猛劲大发，擎旗大喊："冲呀！杀呀！……"太平军听到那雷鸣般的喊杀声，吓得一窝蜂似的乱窜，湘军乘机奋起反扑，喜获全胜。

又一次，队伍开到纸坊，因连战不歇，疲劳过甚，扎营酣寝。深夜，欧阳利见身患腹泻，忍无可忍，蹲在营外火炮旁边拉肚子，突遭太平军前来劫营，他忙把抽着的烟火熄灭，无意中火星溅落炮眼，引得火炮震响，炮子喷飞，凑巧又打死了太平军前卫十几人。这时，营兵都被炮声震起，火速乘势出击，又获全胜。

湘军统兵者认为欧阳利见有勇有谋，会抓战机，连立战功，将他由"什长"提升为"千总"。

巧克田家镇

湘军进攻田家镇时，太平军守备很严，用了十几条大铁索，钉在大江南北两岸，横江串锁一排排木船，并在船上建水寨，架炮台，使湘军无法飞渡。

欧阳利见奉命与孙凯昌等 8 人负责专断铁锁。凯昌原是铁工，熟悉冶炼技术。他们用两只木船载炉炭，一只木船载粗大的剪子、斧子、锤子，趁深夜驱船鼓炉锻索，砸锁剪缆绳，速使船只、水寨满江飘散。他们配合湘军水师猛打猛冲，一夜就攻克了田家重镇。

欧阳利见又立新功，由千总晋升为参将游击，以后官至记名提督、淮阳镇总兵。

镇海大捷

光绪九年（1883）十二月，中法战争爆发。

法军远东舰队入侵台湾基隆，又以主力进攻福州，发生马尾海战。清军因无准备，被击沉军舰 11 艘，马尾船厂也被击毁。

1885 年 3 月，法军又进攻镇海甬江口，镇海为浙东门户。欧阳利见以 3500 人屯驻金鸡山，严守南岸；提督杨歧珍以 2500 人屯驻招宝山，严守北岸；总兵钱玉书以 3500 人为游击师；另派守备吴杰指挥威海、镇远等 3 座炮台，再调"元凯""超武"两军舰于海口，以备策应。

部署刚一完毕，法军舰即到，当进入火力圈时，欧阳利见即令炮台、舰队放炮猛击；一发炮弹击中法军主将孤拔的指挥船。孤拔受重伤，后来死去。法军连发鱼雷，也被击退。随后法军舰队并力进攻，匀未得逞。相持一月，法舰终于败退。

在这次战役中，欧阳利见布防周密，善于听取正确意见，大胆使用贤才，且经常视察地形，认真收集情报，重视整顿军纪，粉碎了法军企图在浙江登陆的侵略阴谋。

第四章 石刻保护

浯溪摩崖石刻，在中华人民共和国成立以前，历代均未设专门机构进行管理，主要由浯溪禅寺的僧人护持，加上官府和民间的珍惜，以及文人和名流的爱慕，才得以继承和发展。中华人民共和国成立后，组建了管理浯溪摩崖石刻的专门机构，使浯溪摩崖石刻得到了很好的保护，浯溪文化也因此得以发扬光大。

一、官府力护

官府力护，主要是对浯溪硬件设施的增置、扩展，以及对浯溪文化遗产的传承、整理。官府组织编纂的溪图溪志或县志专卷，多达 20 余种。浯溪大的营建，大都靠官员或郡县拨款，宋代以来，府县大都重视浯溪的亭台设施修复或营建。浯溪自元结开创以来，有十二次大的营建或维修：

次数	朝代	年号	年代	主持人
1	唐	元和十三年	818	元友让
2	宋	皇祐五年	1053	邑令齐术
3	宋	元祐元年	1086	寺僧承亮
4	元	至元五年	1339	邑令王荣忠
5	明	成化年间	1465-1487	中宫寺僧正禰
6	清	康熙八年	1669	邑令王颐
7	清	康熙三十四年	1695	邑令王启烈
8	清	乾隆二十九年	1764	邑令李莳
9	清	乾隆三十四年	1769	邑令宋溶
10	清	同治元年	1862	永州知府杨翰
11	中华人民共和国		1989-1993	祁阳县委、县政府
12	中华人民共和国		2017	祁阳县委、县政府

历代官员对浯溪胜景都有增置和扩展，其中突出的有：宋熙宁六年（1073），永州通判柳应辰曾五过浯溪，五次题刻，除刻大小押字"夬"符，还刻有诗、歌；清乾隆知县宋溶寄寓浯溪，营建"唐庐""浯池""峿岩"，称"后三吾"；清同治郡守杨翰落籍浯溪，营建别墅，全面复修胜迹；清光绪湖南巡抚吴大澂，多次游浯溪，有一次前后达三个月之久，为浯溪篆刻"浯溪、峿台、唐亭"三铭巨碑，称"新三铭"。

浯溪自元、颜之后，历代不断增置胜迹，现存的主要有：

1. **三绝堂** 宋皇祐五年（1053），祁阳知县齐术，称元颂、颜书和摩崖石为"摩崖三绝"，为保护"摩崖三绝"《大唐中兴颂》碑而作堂以护之，故名"三绝堂"，又叫"护碑亭"。皇祐六年

杨铁军 摄影

（1054）三月，永郡推官孙适有《浯溪三绝堂记》碑刻。后经历代多次修复、扩建、重建，至今尤为壮观。康熙九年（1670）知县王颐及万始作过修复；道光二十年（1840），县令易学超召集乡贤重修三绝堂；咸丰九年己未（1859），知县刘达善修砌石脚，重建以崖壁为垛、三面倒水的重檐围亭；清同治元年（1862），郡守杨翰扩建，为紧贴崖壁，下置八根四方石柱，上架木柱楼式重檐，盖青瓦，成三面倒水的长方亭，俗名"半边亭"。亭内方石柱上刻有对联四副，一副在"中兴碑"前，是杨翰集《大唐中兴颂》字作联："地辟天开，其文独立；山高水大，此石不磨。"一副在亭南口，为知县于学琴集《大唐中兴颂》字作联："百代名臣金石宝，一溪明月水天秋。"一副为邑人蒋善苏题在亭西面向内："溪山留胜迹，文字结奇缘。"一副为知县刘达善以篆书题在亭西面向外："彣彰开继事，持护后来人。"1989年7月湖南省调拨经费，省六建公司承包施工，重修、扩建为二层楼台，楼层设回栏重檐，改方石柱为钢筋混凝土圆柱，刷红漆；改青瓦为橙黄色琉璃瓦；八根楹联方石柱全部移装石屏前空心樟西北边沿。重修扩建后的三绝堂，通高 12.5 米，长 14 米，宽 9 米，底部为料石台基，高出江岸 3.9 米。扩建清基时，于地下 3 米处发现两扇巨石斜面，刻有直径 2 米的"寿""佛"两字，无题款，以前的县志溪志无记载。拓了拓片后，掩埋于地下。

2. **元颜祠** 为祭祀元结、颜真卿二公而建。唐、宋称颜元祠，明以后称元颜祠，历代屡废屡建，规模也有所扩张。元颜祠面江北向，祠中塑二公像，也北向正坐，以示忠于朝廷，不忘故里。旧《浯溪志》："古有两祠，不详所自，宋绍兴中（1151），郡守许永嘱邑令修建，合而为一。"祠壁嵌置石碑有：宋代杨万里《浯溪赋》、张耒《题摩崖碑后》、许永《颜元祠堂记》，明代程温《重建浯溪元颜祠记》，清代蒋永修《重建浯溪元颜祠记》、王启烈《新修元颜二公祠复诸古迹记》、刘希洛《改元颜祠记》、邓显鹤《浯溪元颜祠碑记》等。抗日战争中，祠被飞机炸毁，碑石无存，而碑文都早有收录。其旧址现建为"陶铸生平事迹陈列馆"。

3. **中宫寺** 宋初在漫郎宅，宋庆历中（1041），僧显光建于溪北，宋元祐间（1086），僧承亮迁徙到浯溪入江口 80 米处东侧，宋崇宁三年（1104）三月，黄庭坚题院额"浯溪禅寺"四个大字。明成化庚子（1480），僧正禰重建昆卢法堂和千佛阁，始建今址。清初，僧仁端因书院改建佛寺，又迁回浯溪书院旧址。未几，千佛阁基被占，康熙戊申（1668），知县王颐复之，僧海聪命其徒寂光募建，再迁至千佛阁故址。雍正庚戌（1730），僧普佃改建今处。后知县王式淳重修，有记。后毁于 20 世纪五六十年代，其旧址被原祁阳三中改建为教师宿舍。有记载的，已七建七迁。

4. **浯溪书院** 在漫郎宅右，元代至元三年（1337）廉访使姚龑命零陵尉曾奎始建，为祁阳最早的书院。元代苏天爵有记："中奉先圣，东庑为元颜祠，西庑为明伦堂，前为三门，周以崇垣，下枕崖石，前临浯溪，规制宏伟，请于行省，设官以司其教。奎又割私田三百亩以饩学者。"明成化中，僧正禰募修是第一次；明嘉靖中，郡守延平黄焯于书院内建仰高亭；清邑令王颐重修是第二次。后因失修而毁，旧址在浯溪三中校内，原有一棵古桂花树。浯溪书院对祁阳文化的发展起到了极大的促进作用。

5. **渡香桥**　在西峰南麓，跨浯溪。溪水过此，汇入湘水。"两岸幽篁古木，细蕊浓花，四时不绝，游者至此，裙履俱染余香矣"，故名"渡香桥"。南宋嘉定四年（1211）有永州通判臧辛伯题《度香桥》诗刻石："四山凝碧一江横，读尽唐碑万感生。却想老仙明月夜，度香桥上听溪声。"明弘治三年（1490），黄俊《重修渡香桥记》刻在小峿台。原桥历代多次维修，抗战时遭飞机炸毁。1983年9月，湖南省政府拨款复修为现在的雕栏单孔石拱桥。"香桥渡香"为胜景。

6. **宝篆亭**　乾隆三十四年（1769），知县宋溶因寻得元结《峿台铭》，特于元颜祠西侧建亭以志喜，名曰"宝篆亭"。清同治元年（1862），郡守杨翰重建。1961年，县文教科进行维修。1982年10月，省拨经费，浯溪文物管理所重修。"宝篆文光"为浯溪胜景。1998年，省建设委员会拨专款重修为现今风貌。

7. **虚怀阁**　在浯溪东峰上，东临祁阳湘江大桥，西与峿台亭遥对，北抚湘江，下为虚怀崖和浯洞。乾隆三十四年（1769），知县宋溶始建，因"亭外旷而中虚，故以虚怀名之"。同治元年（1862），郡守杨翰重建，毁于抗战时期。1961年重建，蒋钟谱设计，盖上从文庙拆来的琉璃瓦。1982年浯溪文物管理所再次整修。2003年10月由祁阳人陈昌世及其在外办企业的儿子陈寿生、陈冰、陈金山兄弟合家捐资25万元，改建为现在的"虚怀阁"，并新建利见碑廊。"虚怀水色"为浯溪胜景。

8. **利见碑廊** 在虚怀阁西南 50 米处，是 2003 年陈昌世父子捐资改建虚怀阁时一并设计，同时施工，从欧阳利见旧居将清同治四年（1865）皇帝敕封欧阳利见及其家人的四通御制碑迁建于此。欧阳利见是祁阳县长虹街道白鹭町人，浙江提督，在中法战争镇海之役中多次击退来犯法舰，名震中外。将他的碑记建廊保护，具有重要的历史意义和爱国主义教育意义。

9. **元颜塑像** 位于浯溪西峰南麓、渡香桥东北侧、浯溪东岸，面向东方。1990 年始建，孙霁岷设计，以白水泥灌铸，基座铜板题刻，省建委主任孟起撰文。曾获国家雕塑设计二等奖。

10. **峿台亭** 位于浯溪中峰，峿台南侧，是浯溪公园的标志性建筑物，元结始建。元结喜与好友相携至峿台，围坐宴尊饮酒、吟诗、赏月，在此搭建了一个竹茅结构的小亭子，命名为宴尊亭。经历代不断修缮，直至上世纪八十年代改建为重檐歇山顶、砖混结构的亭子。2017 年在县委、人大、政府、政协的高度重视下，总投资 238 万元（其中湖南楚天科技有限公司董事长唐岳捐资 150 万元）重建峿台亭、庼亭及附属设施，由湖北省楚风园林古建筑有限公司设计，河北若成航艺园林有限公司承建，12 月落成，并立碑《峿台亭重修记》记之，为第八次重修。

11. **庼亭** 位于西峰顶上，元结修建时为庼廎，是四面有矮墙的亭子。因为元结的母亲陈郡太夫人最爱到这里看风景，但江边风大，太夫人年老体弱，易受风寒。于是，元结就为母亲遮风挡雨，修建了一个四面有矮墙的亭子，取名"庼廎"。后世有人把矮墙拆了，"廎"便变成了"亭"，"庼廎"也就成了"庼亭"。1993 年，由长沙晚报社倡议，广东太阳神集团有限公司、湖南日用化工总厂、长沙五一文化用品商场资助重修。2017 年 12 月，又与峿台亭一起重修。

12. **陶铸铜像和陶铸纪念馆** 为纪念无产阶级革命家陶铸，1988 年 1 月，于陶铸诞辰 80 周年时，县委县政府在浯溪公园进门广场上敬立陶铸铜像。铜像高 3.45 米，重 4.2 吨，是一尊紫铜雕坐像，

由湖南省文联雕塑家张祖平、陈卓明创作设计，广州精密铸造厂铸造，著名书法家启功题写"陶铸同志"四字。政府将当时用作祁阳三中学生食堂的元颜祠改建为陶铸生平事迹陈列室，由时任全国人大副委员长王任重题写匾额。同时，将祁阳三中更名为陶铸中学。1998年1月，纪念陶铸诞辰90周年时，改为陶铸生平事迹陈列馆。2008年，更名为陶铸纪念馆。

陶铸铜像和陶铸纪念馆，于1995年1月，被中共湖南省委宣传部公布该馆为湖南省爱国主义教育基地；2012年8月被命名为湖南省廉政文化教育基地，12月公布为湖南省红色旅游景区；2015年7月公布为国家国防教育示范基地。

二、民众爱护

首先是僧人护持。宋庆历中（1041），僧显光建中宫寺，自此即延僧居守浯溪。浯溪园内历代石刻路标、戒律，多为僧人所刻，而接待游人的导游、餐宿，均系浯溪禅寺包揽。正如宋黄庭坚诗所言："同来野僧六七辈，亦有文士相追随。"清吴大澂在诗文中也这样提起，并称赞道："宜州谪所去不远，清游时有高僧随。"不但浯溪历代僧人对碑石多有了解和爱护，而且浯溪禅寺还是浯溪摩崖石刻游客的接待站。正因为历代有寺僧居守，一般人不能在浯溪刻石，从而很好的保存了浯溪石刻。祁阳人在浯溪留下的题刻，仅有33人次29方，占总数的5.7%，即是很好的证明。

其次是文人爱慕。文人、名流爱慕浯溪摩崖石刻，他们的言行或影响力使浯溪得到较好地爱惜和保护。尤其是新建或重修浯溪基础设施，需要募集资金，募款的碑刻显示他们的作用非常大。宋著名词人、大书法家黄庭坚，崇宁三年（1104）三月风雨中来泊浯溪，一连住了七八天，书刻了《题摩崖碑后》七言长律，《浯溪题壁》和元结《欸乃曲五首》中的第三、第四两首，并作跋；写了《摩崖题名》《题成子浯溪图》诗，为浯溪禅寺榜书院额；还在祁阳县署写陶靖节诗四首，有"祁阳草圣"之称。黄庭坚同中宫寺僧伯新长老，结下了深厚的友谊，他离开浯溪以后，在《答浯溪长老新公书》中，还着意提出："凡唐亭之东崖石上，刻次山文，合袁滋、季康篆，共七十一行，为崖溜檐水所败，当一日不如一日矣！若费三十竿大竹作厦，更以吞槽走檐水，其下开掘沙土见崖，令走水快，亦使元公房祠干洁，院门免时有聒噪也。"

清光绪三十年（1904），邑人黄蕍对浯溪碑刻护之如命，敬之如祖。"甲辰春，与能道人游溪上，见崖壁为镌字者凿落寻丈，残珉塞磴，不胜怆然，命童子以卮酒，拾瘗溪濒，聚沙成冢，能道人为文吊之，属予铭以示后"，并书刻《石冢铭》于曲屏"之"字路旁，告诫后人，切莫再损碑文。他还在浯溪重书补刻了元结《东崖铭》《右堂铭》《溪园铭》和宋藏辛伯《度香桥》诗碑，还编纂了《浯溪尚友录》上下卷。黄蕍实为酷爱浯溪文物之典范！他于1951年4月病故，享年78岁，葬于浯溪村内。

第三是拓碑人关照。浯溪历代都有人拓碑，故有较多拓片流传出去，供人观摩、研究。科学拓碑能更好地保存石刻的原貌。浯溪拓碑人代代相传，先用清水洗碑，用软刷刷去碑面的苔藓、尘

杨铁军 摄影

土；再刷白芨，上宣纸、绵纸，平推舒展；拓包蘸墨，均匀轻拓；拓毕，务必用清水、软刷把碑面洗刷干净，免得污损。居住在浯溪附近，靠在浯溪拓碑为业的文遗生、文士贤、文忠恕、文良训一家祖祖辈辈，犹如伴碑而生，敬碑如敬祖。文良训到了老年，还常到浯溪园内转转，察看石刻的状况，关心石刻的变化，对石刻很有感情。现在浯溪拓碑实行专管，主要由贺勋、董八桂、刘耀芝3人掌握拓碑技术，严控拓碑的频次，切实保护好浯溪摩崖石刻。

第四是居民爱护。浯溪周边居民，历来视浯溪为宝，世世代代传承要爱惜保护，对浯溪怀有深厚的感情。即使在"破四旧"年代，除了路边的活碑被移走挪作他用外，居民都没有人去损毁摩崖石刻。1977年底，祁阳三中出台了保护浯溪的六条戒规：严禁砍树和攀折树枝，严禁刻画石碑，严禁在山中放牛，严禁在山中大小便，严禁端饭到山里吃，严禁动用山中石料。此六条戒规先在校内宣布执行，后送给浯溪公社和附近大队，相约共同遵照执行，并把它写在墙上，张贴在浯溪路口和附近村庄。

三、科学维护

中华人民共和国成立后，省地（市）县数次拨款整修、抢救浯溪摩崖石刻，先后成立浯溪管理所、浯溪文物管理所、浯溪文物管理处、浯溪公园文物（陶铸故居）管理处，浯溪日益受到重视，其行政规格不断提升，维护手段逐步专业化、科学化。

1958年对浯溪石刻进行普查，当时以为元结所刻仅存《大唐中兴颂》和《峿台铭》，普查中重新发现了《浯溪铭》《峿庼铭》，遂成完璧，并在《峿台铭》和《浯溪铭》上新建护檐、围栏。

1963年，陶铸同志回祁阳视察浯溪，建议迁移公路渡口，设立浯溪管理所和文物整理、研究小组，指示要加强对浯溪的研究和保护。

1966年祁阳县设立了浯溪管理所，以保护、建设浯溪；又组成文物整理小组，纂写溪志，后

桂花园畔发现的被泥土埋没的"福"字碑

修筑防洪堤，再埋"福"字碑

来搜集不少宝贵资料，并写出《浯溪的历史》；《浯溪的石刻》尚未著笔，后因故撤销管理所、整理小组，资料全失。

1978年，湖南省、衡阳地区、祁阳县文化部门决定重纂溪志。

1981年，浯溪文物管理所正式恢复，任命桂多荪为顾问，纂写《浯溪志》。确定重点保护范围，修筑围墙，开挖排水沟渠，对碑刻采取了防风化、防腐蚀的保护措施。随即搬迁了煤场和石灰场。

1984年，浯溪文物管理所做了一件前人没有做过的工作，即对浯溪摩崖石刻清了一次家底，将所有石刻全部拓出四套拓片：国家文物局、湖南省文物局、零陵地区文物工作队、浯溪文物管理所各存一套，利于永久收藏、保存。

1988年，"浯溪摩崖石刻"被国务院公布为第三批全国重点文物保护单位，并拨款全面进行维修。祁阳县政府将浯溪文物管理所升格为浯溪文物管理处。经过文管处全体工作人员近三十年的收集、清理与研究，查出石刻505方，比历届《县志》《溪志》所收录的多225方，多项论文获全国及省级奖励。

1989年，重修三绝堂，对《大唐中兴颂》加以重点保护。

1998年6月12日，《祁阳浯溪碑林维修加固设计方案》被国家文物局批复（文物保函[1998]401号），同意对浯溪峿台北崖区、摩崖区危崖体进行抢险加固和水患治理，清理有损碑刻的植被。1999年，国家文物局下拨全国重点文物保护单位专项经费120万元，崖体加固工程于当年3月开工，2010年2月完工。工程主要采用钻孔锚索锚固山体、砌护灌浆、开沟排水、加檐盖帽、砌护石坡、围以钢筋栏杆等措施进行施工，有效地消除了隐患，使浯溪石刻重要得到了很好修缮和保护。

2009年4月16日，《浯溪摩崖石刻抢救性保护工程方案》被国家文物局批复同意（文物保函[2009]415号文件），并下拨全国重点文物保护单位专项经费199万元。2012年9月26日，抢救性保护工程在湖南省招标有限责任公司进行招投标，北京凯莱斯建筑工程有限公司中标。工程于当年10月25日开工，2013年3月30日完工，顺利完成了浯溪碑林397块碑刻的表面污染去除、裂隙修补、顶部导水阻水及表面防风化渗透处理工作。其主要完成工作如下：A. 资料留取及其档案建立；B. 表面污染清洗及其生物病害的处理；C. 表面聚氨酯涂层的处理；D. 裂缝灌浆锚固与黏合处理（不含危岩体加固部分工作，但添加题刻周边小范围疏水阻水处理）；E. 不正当修复处理；F. 碑体表面修复与浅表性裂隙修补工艺；G. 石刻表面防风化处理（憎水封护及其抗生物侵蚀处理）。

2010年，为减少和修复因浯溪水电站泄洪对浯溪山体和石刻的破坏，由浯溪摩崖石刻防洪护坡工程施工管理领导小组，组织浯溪水电站、县水利局、县规划局、县浯溪文物管理处等部门出资800余万元，实施浯溪摩崖石刻防洪护坡工程。工程主要内容：一是对寒泉山庄垮塌岸坡进行护坡。该段岸坡基岩出露高程在74米左右，原坡顶地面高程为86米，原边坡采用干砌石挡墙护坡，但挡墙没有坐落在基岩上，洪水掏脚后，挡墙被冲垮，导致边坡冲刷。此次护坡设计基本上恢复原边坡形状，采用C20砼挡土墙，挡土墙形式经比较采用衡重式设计，墙顶高程为86.3米，顶上设栏杆，墙顶宽0.5米，墙底宽4.795米，墙高12.3米。二是在浯溪河岸坡实施防护，对冲毁的边坡用卵石掺黏土回填密实和浆砌块石回填护坡，恢复到原状。三是在三绝堂西面建设透水排架墙减缓泄洪冲刷。

在西峰东北侧修建防洪墙和防浪堤，在樱花园沿江修建防洪大堤，于樱花园畔发现了被泥土埋没未被记载的"福"字碑。

2013年9月11日，《浯溪摩崖石刻（东崖区）抢救性保护方案补充方案》被国家文物局批复同意（文物保函[2013]1795号），并下拨全国重点文物保护专项资金400万元。2014年2月17日，在湖南省招标有限责任公司进行招投标，北京凯莱斯建筑工程有限公司中标。工程于2014年7月18日开工，9月28日完工。此次危崖体加固工程原设计是38个锚固点，后来根据具体情况，经方案设计人员论证，在原来的基础上增加了3个点，共计41个锚固点，其中锚索29个，锚杆12个。主要完成工作如下：A. 资料留取及其档案建立；B. I区3块危崖体治理；C. II区8块危崖体治理；D. III区6块危崖体治理；E. 题刻石质本体保护。

2014年6月，《全国重点文物保护单位浯溪摩崖石刻安全防范系统设计方案》被国家文物局批复同意，并下拨全国重点文物保护专项资金362万元。工程于当年11月21日开工，于2015年3月26日完成系统初验，3月30日开始系统试运行，5月7日通过省文物局验收。此次浯溪摩崖石刻安防工程，完成了周界电子围栏入侵报警系统、高清网络视频监控系统、安防系统供电及防雷、通信及线缆传输、监控中心设计及综合管理平台等五个方面的工程建设内容，共设33个室外立杆，49个摄像机。特别是对摩崖石刻核心区域做了重点防范，在景区出入口都设置了视频监控，基本做到在国保文物保护范围内无死角安防监控。

2016年以来浯溪碑林景区先后完成了峿台亭、庼亭重建，景区内景观绿化、亮化等基础设施建设，共投资600余万元。

浯溪公园现为国家AAAA级旅游景区、湖南省爱国主义教育基地、湖南省十大文化遗产、国家全民国防教育示范基地等，她以其博大精深的文化内涵、与时俱进的时代风貌焕发出夺目的光彩，享誉中外。

第五章　浯溪研究集锦

西安碑林与浯溪碑林

桂多荪

今年夏初，我以八十之龄偕老伴作西安十日之游。能访问西安碑林——浯溪碑林这位远隔千里的姊妹，感到十分荣幸！

浯溪碑林创始于唐代宗大历元年（公元766年），今年已1227岁。西安碑林创始于宋哲宗元祐二年（公元1087年），今年906，算是个妹妹。两个碑林南北遥望，各有不同特色，值得比较评介。

西安碑林有许多特色，有人称为"十多一少"：一是碑数多。总计达2300多碑，展出的亦在千碑以上，可说是全国第一（唯西安碑林原碑不多，大多是后世从本省各处或从外省移来，有人戏称为"义子"）。二是全系活碑。全在室内，故无雨打苔蚀之患，大多字迹清晰。三是唐碑、清碑多，共近五百碑，几乎占展出的一半。四是石经多。儒经、佛经、道经共315碑，占展出三分之一强；儒家石经达255碑，占展出四分之一强。五是墓碑多，达836碑，展出只34碑，是个尚待开采的宝藏。六是各种书体都有，尤以楷书为多。计篆碑18、隶碑36、草碑89、行碑230，而楷碑达327。惜未按年代、书体分类陈列，显不出书法"史"的规律来。七是书法法帖总集多，计12种、440碑。八是名家名碑多。九是石雕造像多。十是线刻画多，共86碑，若加上墓碑的碑盖、碑头、碑侧装饰画，就更洋洋大观了。一个"少"，就是诗词碑少。总之，西安碑林最大的价值在书法，史料价值也很大。而浯溪碑林，与西安碑林则大不相同，有些几乎恰恰相反。

第一，总数只505碑，但都是"亲生儿女"，"义子"很少，只3碑，而且这些"义子"碑在浯溪碑林中没有什么重要意义。

第二，浯溪碑林全是唐以后碑。唐碑30本，今只16本；宋碑最多，187碑以上，比明碑74、清碑91之和还多。

第三，浯溪碑林是历代游人在各处天生石崖上任意题刻的，少数活碑除嵌在元颜祠壁外，多嵌置在各处石崖上或倚立崖麓，成了杂乱的露天碑林。雨打苔蚀，现在较清晰的只366碑，不少名碑成了残碑。元颜祠活碑也遗失殆尽。唯自宋筑"三绝堂"以来，摩崖碑林区《大唐中兴颂》和唐皇甫湜，宋米芾、黄庭坚，清何绍基、吴大澂等诗碑，才得到保护。

浯溪水石清幽，碑石散布各处。"绝壁照字江清妍，影落波底字写天"（清程恩泽诗），既是奇景，又如梦游。这也是别的碑林所少有的。

第四，浯溪碑林几乎全是诗碑，作者往往是诗人兼书法家，因而作品多是内外俱美的珍品，故有"诗海""书林"之誉。游人到此既能欣赏诗的美，又能欣赏书法美。且不少诗有令人至今不解的谜，谜多了浯溪又成了诗迷宫。这是浯溪碑林独有的特色，是国内其他碑林所没有的。

若从"书林"来看，篆隶楷行草五体齐全，各有名碑；尤以楷、行为多，其中又以颜体为主。所藏"颜碑"（《大唐中兴颂》碑），宋人列为"神品""天下颜碑此第一"，这里只指出它的两个大胆的改革，一是俗书，多至12字，竟写在庄严的颂碑上；二是直行自左右行，实较自右左行为便，浯溪后世有17碑效法。这都可见颜真卿书法革新的勇气。同元结颂文的文学革新，恰是比美而同步。浯溪碑林若能尽快解决保护问题，确乎有希望建设成世界独一无二的旅游胜地。

（1995 年 5 月）

浯溪与元结

桂多荪

浯溪是我省重点文物保护单位，也是我国名闻中外的名胜古迹之一。

浯溪是怎样得名的呢？元结是何许人，什么时候爱上浯溪、为她命名，并怎样建设浯溪的？留下了哪些胜迹？旧《浯溪志》和旧《祁阳县志》都没有详细具体考证、记述。现在就我所知，略加介绍如次。

浯溪原是湘江南岸的一条无名小溪，发源于三泉岭双井，曲折流五里，注入湘江。县城未扩建时，浯溪口北距祁阳县城约五里。就在这浯溪口以北的湘江南岸，石灰岩经过长期风化和雨水侵蚀，发育成为"岩溶地貌"；奇峰怪石，悬崖峭壁，还有溶洞无数，加上湘清溪碧，竹树浓荫，有如画屏，清秀极了。以此得到元结的钟爱。

现在的浯溪，远看起来，三峰耸起；唐元结时只有中峰和西峰；清以后才包有南峰（就是现在的虚怀亭所在峰）。中峰"周行三四百步""高八九十尺。厓壁斗绝……下当洄潭。其势硐礅，半出水底，苍苍然，泛泛若在波上。"（元结《峿台铭》序）。峰峦险峻，但峰顶却是平台，故元结叫她"峿台"。摩崖就是她的西崖。西峰在浯溪口东，"周回四十余步，高六十余尺"，虽低于中峰，却突出湘江中，别有胜异。元结曾建"庼庼"于其上，世称此异石为"庼庼石"，也叫"庼亭石"。公元 763 年［唐代宗广德元年］，元结被任命为道州刺史，次年五月到任，一过浯溪。

公元 765 年（永泰元年）夏，次山罢道州刺史，赴湖南观察使治所衡阳述职，二过浯溪。次年（大历元年）春三月，再任道州刺史，三过浯溪。这年冬，去长沙讨论军事，四过浯溪。公元 767 年（大历二年）春二月才回道州，五过浯溪。这次，元结在湘江衡永航道上作《欸乃曲五首》，其第三首说："零陵郡北湘水东，浯溪形胜满湘中。溪口石颠堪自逸，谁能相伴作渔翁？"

从这首诗看出，至少这年他已给浯溪命名；从"形胜满湘中"，说明这里早已以风景秀丽著称；从"溪口石巅"的"作渔翁"，证明溪口有钓台石，是元结在这里垂钓的地方。总之，元结已明白宣称他爱上浯溪、欲隐居于此了。也就是在这年，元结在浯溪石上刻了《浯溪铭》（约在三、四月）

和《峿台铭》（六月十五日），次年（大历三年）闰六月，再刻《峿庼铭》，合称"浯溪三铭"。从"三铭"看，元结在"两刺道州，五过浯溪"时就爱上了浯溪，为之命名，并从事营建，作铭刻石了。

　　在浯溪三铭中，元结自造"浯"字为溪命名，"峿"字为台命名，"庼"字为庼命名，"旌独有也"。这就是"三吾"得名的由来，也是浯溪主要胜景的由来。例如浯溪有"浯溪漱玉""苍龙戏珠""钓台垂竿"诸景。峿台有"峿台晴旭""百步阶梯""宧尊夜月""酒妖趾迹""吕仙剑划"诸景，庼庼有"庼亭六厌""螺旋磴道"诸景。"三铭"虽是小品，叙事、抒情、议论，特别是写景，都写得非常生动有趣，实可说是上继郦道元《水经注》，下开柳宗元山水记的杰出作品，也是三篇唐代古文运动的范文。浯溪三铭，元结请了三位篆刻家各用不同篆体书写上石。可说是他的精心安排。如《浯溪铭》，季康书，玉箸篆，《峿台铭》石上无书者姓名，传为瞿令问书，悬针篆；《庼庼铭》，袁滋书，钟鼎篆。各有特色。以书法言，亦足以千古。季康，籍贯和生卒年都不详。据陈玉详县志，颜元祠配享牌位，有"文学季康""掌以五经教授诸生"，则季康是次山在道州管文教的幕僚，或者还在"交游、门墙、子弟之列"（邓显鹤《浯溪颜元祠碑记》），即或是学生，或是亲戚。他所写的"溪铭"很有特色。由于"石面凸凹，字亦大小、长短、横斜不一"（钱邦芑《搜访浯溪古迹记》）。宋大书法家黄庭坚赞它"笔画深稳"（题浯溪崖壁）。瞿令问，次山内弟，先是道州幕僚，后出为江华县令。其籍贯、生卒年也不详。"台铭"至今完好如新。宋大文学家欧阳修在《集古录跋》中说："右斯人之作，非好古者不知为可爱也。"袁滋，新、旧《唐书》均有传。滋字德深，新《唐书》说其先世是蔡州朗山（今河南确山县）人，旧《唐书》说他是陈郡汝南人。"少以外兄道州刺史元结有重名，往依焉。滋，博学强记，通《春秋》，每读书，玄解旨奥。结甚重之。工篆隶，雅有古法"（新《唐书》）。清人邓显鹤也说："德深善篆隶，《庼庼铭》即其所篆也。"（《浯溪颜元祠碑记》。宋人黄庭坚云："滋，唐相也。他处未尝见篆文。此独有之，可贵也。"（《答浯溪长老新公书》）。宪宗时，滋尝与杜黄裳拜中书侍郎同中书、门下平章事，后迁湖南观察使，累封淮阳郡公。公元 820 年（元和十五年）卒，年七十。三铭篆书者，世少人知，并多异说，因详考之。

　　从浯溪三铭，我们还可以看出次山营建浯溪的情况。其所记述，就是可靠的记录。例如：溪铭就是次山在浯溪的最早刻石。"溪铭"序说："爱其胜异，遂家溪畔。"一个"家"字表明次山早已修建住宅并名曰"中堂"和"右堂"，刻有《中堂铭》和《右堂铭》。溪铭说："山开石门。"原东崖左有"石门"二字，据《广湖南考古略》，就是次山自己题的字，可见石门也是次山所命名。

　　《峿台铭》可说是次山在浯溪的第二碑。溪序说："前有磴道。""前"指峿台南面；"磴道"就是上山的路。峿台曾有百步阶和曲屏之字路，也为次山所创修。加上庼亭螺旋磴道，合称浯溪三大磴道，设计精巧。铭序又说："石巅胜异之处，悉为亭堂；小峰嵌窦，宜间松竹。"古人推为浯溪"甲观"；其中又以宧尊和"回鲜"（曲屏）二处为最。次山在峿台凿了宧尊，又建了宧尊亭。"峿台晴旭""宧尊夜月"，一处便占了两景。又在"回鲜"建了右堂。"右堂探趣"，石趣、竹趣、苍松古藤趣、奇花异鸟趣，不可胜举，也不可胜探。

　　《庼庼铭》则是次山在浯溪的第三碑。《庼庼铭》序说："浯溪之口，有异石焉……庼庼当乎石上。"即在异石上修了庼庼（后世叫庼亭）。当然也修了磴道。它与百步阶和之字路大不相同。它绕亭盘旋曲折而上，呈螺旋状，故叫螺旋道。有些地方是石为阶，有些地方又凿石为梯，有些平道则以卵石铺之。磴道两旁，或植小竹，或生野刺，或种迎春花，游人只能沿磴道盘旋而上，别无捷径，颇饶逸趣。上了庼亭，"异木夹户，疏竹傍檐，瀛洲言无，谓此可信。若在庼上，目所厌者远山清川，耳所厌者水声松吹，霜朝厌者寒日，方暑厌者清风。于戏！厌，不厌也；厌，犹爱也。"（元结《厓庼铭》序）。这就是"厓亭六厌"一景的由来，也是厓亭别有胜异的地方。据说，厓庼和中堂、右堂、寔尊亭等都是竹茅结构。厓亭俗称"伞把亭"，其结构如伞哩！近闻友人说，江华、道县山区，还有此种"伞把亭"，可证。

公元768年（大历三年）夏四月，次山升任广西容州经略使，便把母亲和小孩送到浯溪，自己只身赴容了。所以他在《让容州表》中说："举家漂泊，寄在湖上。"湖上即湖南，指浯溪。次年（大历四年，公元769年），约在四月，"丁陈郡太夫人忧"。元结便再上《让容州表》辞职奔丧回浯溪，在此守丧住了三年。公元771年（大历六年），守丧期满，才继续在浯溪刻石。中堂、右堂、东崖诸铭，都系这年上石；寔尊铭和诗，也是此时从道州移刻。

最值得大书的是这年六月，鲁公颜真卿亲至浯溪（作者对此另有详文考证），把次山十年前（上元二年，公元761年）在江西九江作的《大唐中兴颂》大书刻于摩崖（颂词末六句系大历六年上石时补作），后人以其文奇、字奇、石奇，称为"摩崖三绝"。宋皇祐中，祁阳县令齐术建"三绝堂"以护之，永州推宫孙适有《浯溪三绝堂记》，可说是"摩崖三绝"正式得名之始。从此，"摩崖三绝"名满天下，千里过访，无不以睹此三绝为快，遂成为浯溪胜景的中心。

"摩崖三绝"即文奇、字奇、石奇。

《大唐中兴颂》可说是元结文学革新的典范创作。在内容上，他"寓讥于颂"（或"明颂实讥"），即"以史为鉴"，有揭露的作用，而在形式上，革新更是突出。"序"，不用骈文而用散文。"颂"，虽用韵文，三句一韵，不用偶句，每段韵数多少依内容需要不等。不是一段一韵，而且平韵到底。不求平仄相间；更不讲对仗，不饰词藻，不用典故，大破陈规。这就是文奇一绝。

再从颜字看。同文学一样，魏晋六朝以来，书法"二王（羲之、献之）"，竞尚柔媚。有如"美女婢娟，不胜罗绮"。中唐以后，鲁公崛起，别树一帜，力倡"复北碑之法，革行楷之俗"，形成了一个书法革新运动。所以，从颜氏在中国书法史上的地位看，他可说是唐代书法革新运动的首倡者。他的书法，世称"颜体"。宋人列之于"神品"，比之于诗家的杜子美、画家的吴道之、文学家的韩退之。

《大唐中兴颂》碑，也可说是鲁公书法革新的示范作品，后人也可公认为"鲁公遗墨此第一"。此碑特点，"融篆隶之法入行楷"。即正笔用篆法，一横一竖，皆用中锋，力透纸背，刚正遒劲；出笔用隶法，撇捺勾勒，皆用正锋，力送笔外，能挽千钧，而改方笔为圆笔，更显苍劲。在结构上，横平竖直，匀称紧密，以正面形象示人，写出的字就方圆正大，壮阔浑厚。因此，后人说他字如其人，只有颜鲁公这样刚直的人，才能"浩气盘胸腕力劲""心正笔正字也正"，只有颜鲁公这种胸怀"万古千秋讨贼心，二十四城忠义气"的人，才能"毫端隐有孤忠气""杀贼余力存毛锥！"特别是此碑更多俗书，即简体字。如"驱"作"駈"，有人赞道："駈之一字，若干金骏马倚丘山而立。"不但字写得好，尤其简化得好。又此碑直行却自左向右书写，似亦有意打破陈规，书写更为方便。后面这些革新，在封建时代都是不许可的，颜鲁公曾自作《千禄字书》，明知故犯，表现了他革新的勇气。这就是字奇，二绝，并且是最具魅力的一绝。

再从摩崖看，悬崖峭壁，下临深潭，"高二百余尺"，雄伟壮丽，特别是石色清润，质理坚细，正如元结所说：是"可磨可镌，刊此颂焉，何千万年"的好地方。何况整个浯溪，范围虽小，奇峰怪石，溪清湘碧，竹树浓荫，宛如画屏，更是使人一见倾心的风景胜地，这就是石奇，三绝。

公元771年冬，次山扶母柩回河南鲁山，次年（大历七年）春进京（长安），病卒，得年53岁，归葬于鲁山，颜鲁公为撰并书表墓碑铭。次山三子，长友直（直者），次友正（正者），后中了进士，季友让（让者），元和中由袁滋"荐假"（代理）道州长史，过浯溪，曾修复浯溪旧居，有诗纪其事，并请江州司马韦辞为作《复浯溪亭记》，共刻一石，嵌置《中兴碑》左崖。上世纪六十年代碑失。

次山去浯溪后，祁阳人民便把中堂和右堂分别作为奉祀元结和颜真卿的祠宇，后来合祀于中堂，延僧居守，改叫中宫寺。宋以后，中宫寺迁建于溪南，原址便叫元颜祠，并筑渡香桥以利交通。湘江渡口亦由摩崖迁至溪南沙岸渡。

这便是浯溪与元结的关系简史。

（1994 年 8 月）

元结在永州文明发展进程中的地位和作用

曾昭薰

元结是中唐时期一位极有作为的政治家和卓有建树的文化人。作为政治家，他具有文武才略，守土保民，政声卓著，而且清廉肃下，明惠公直，深受百姓拥戴；作为文化人，他是新古文运动的开创者，其作品不仅在当世备受推崇，好评如潮，而且传颂千古，历久弥新，至今还屡被选入大、中学的语文教科书。他两度刺道州，三年居浯溪，足迹遍及永道州山水胜迹，留下了五十多篇精丽雅逸的诗文。他的思想言行，对永州有着多方面的影响，不仅推动了中原文明与南楚百越文明的进一步融合，将永州文明开化推进到一个新阶段；而且通过自己清廉正直的官声政绩，深刻影响到此后永州的吏治文化。与此同时，他对永州山水自然美的发掘和传扬，为提高永州知名度起到了重要作用。

（一）

元结等一大批文化人从中原进入永道间，以示范和导向作用，助推永州文明进入一个新阶段。

永州居楚越之要，是南北文化的交汇之所。永州的原住民为百越人，这里是中华文明的又一个重要发祥地。永州文明开化史上曾经发生过三次大的跃变。第一次跃变发生在原始氏族社会末期，舜帝南巡猎狩，将中原的农耕生活方式带到南楚百越之地，推动了当地渔猎文明全面转变到农耕文明。第二次跃变发生在秦汉向南拓展之后。随着交通条件的改善，永州成了南北通衢，以诗书礼乐等儒家经典为主要内容的中原文化与百越文化进一步融合，完成了南楚百越地带同中原腹地规制上的统一和文化上的认同。第三次改变发生在唐宋时期。大批中原地区的文化人迁永刺道，开拓了永州人文智慧，永州文明进入中华文明价值体系核心层的新阶段。

自中唐时期起，一大批中原文化巨匠，或以任命，或以贬谪，陆续进入永道两州为官。这批人有两个重要特点：一是饱学，他们都是当时名满朝野的巨儒宿学，通过科举入仕，且以诗文名世；二是贤能，他们大都有浓厚的民本意识，忧国悯民，在官场有很好的口碑，很受民众拥戴。元结是这批文化人的先行者，也是佼佼者。他既是誉满朝野的著名文人，著有《时议》《浪说》等《文编》十卷，对时政产生过重大影响；又是卓有建树的地方官，先后在荆南、道州和容州，以文治武功广受时人称道和百姓拥戴。在他之后的一大批中原文化人，如阳城、柳宗元、吕温、寇准等，大都延续了这一优良传统。他们的思想言行，产生了两个方面的深刻影响。

其一，作为官员，元结他们在民众中树立的正面形象，产生了强烈的示范效应和导向作用，开启了永州学子通过科考进入官场的仕进之路。唐代宗广德二年（764）他第一次刺道，眼见久经兵燹匪患的道州，四万多户居民仅存十分之一，但横征暴敛却有增无减，官府催索逼迫，老百姓只能鬻儿卖女，逃亡他乡。面对此情此景，元结毅然严令制止，并且冒着罢官撤职的危险，为民请命，两度上折奏请朝廷免除全州役赋二万七千缗，这在永道历史上还是第一回。就地理位置而言，永道远离京畿，地处荒芜。虽然全国从隋代起开科取士，至中唐已达一百余年，但永道间在元结到来之前，尚无人参与科考走上仕途，更没有见到过像元结这类具有新的从政风格的官员。元结的所作所为不仅让永道百姓看到了一个清廉正直的好官形象，而且使永州士子认同、接受了科举制，开启了永州学子通过科考以求仕进的新途径。唐德宗贞元二十年（804），永州通过科考产生了第一名进士何坚（道州人）；唐文宗太和二年（828）隶属道州的宁远县李郃考取了状元。此后，历朝历代，络绎无间，直到科举制度结束，永道间先后有 487 人考取过进士，占整个湖南进士人数的 21.3%。这些朝为田舍郎，暮登天子堂的学子，进士以后的作为和成就虽然各不相同，但有一点是共同的，就是以不同形式，在不同程度上，将永州人文智慧带进了中华文明价值体系的核心层。值得注意的是，这些通过科考入仕的书生，都一致公认元结对他们的示范和影响作用。清代道光十五年（1835）考取进士的何绍基说："我家门对东洲山，日读元铭与瞿篆。"这是说，他之走上仕途，不仅受元结的影响和启迪，而且是读着他们的诗文成长起来的。

其二，作为文人，元结他们的政治智慧和思想成果，引领永道间众多学人致力于立说立言，为中华文明的发展起到了重要的助推作用。中国古代知识分子向来崇尚"达则兼济天下，穷则独善其身"的人生信条。所谓"独善其身"，不止是洁身自好，还包括在不能见用于当世的时候，将自己的智慧才华转化为艺文学术成果，以供后世之用。"此身饮罢无归处，独立苍茫自咏诗"（杜甫句），此之谓也。元结这批人，不仅是口碑载道的地方官，还是著作等身的学者。元结尚未出道，就著有《说楚王赋》《时议》等大量为朝廷筹谋划策之作。从政期间，又针对各种时弊，写下了大量匡世救时的名篇。他的这些思想成果，不仅在当时成为官场一种健康的政治养分，滋育了大批青年才俊，还在后世士子中激起强烈共鸣和反响，使广大知识界看到，立说立言，是将民情民意和民间智慧转化为官方意志和政策法令的一条通道，从而引领出一个为民立言的风尚。从史实看，永州历史上留存至今的500多部艺文学术著作，几乎都是在元结刺道以后形成的。其中有学术论著 177 部，史志著作 118 部，艺文著作 245 部。其中最高成就是北宋时期的道州学者周敦颐的著述。他的《太极图说》《易说》《易通》等被公认为理学的开山之作，把孔孟的儒家学说推进到了一个新阶段，成为此后近千年历代皇朝治国理政的基本指导思想。

（二）

元结清廉正直的吏治理念与实践，对永道间的吏治文化，产生过多方面积极、深远的影响。

元结从政实践和诗文著述，体现出一种极其可贵的清廉正直的吏治文化。他在《自箴》《道州刺史厅壁记》和"刺道两章"中，把其概括为三个方面：一是具备文武才略，足以守土保民。平时要保黎庶以生植齿类，乱时要攘患难以御侮防侵。要不断矫正政风，改革吏治，轻徭薄赋，化治一方。二是做到清廉肃下，凡事专守法令。要整饬吏治，惩戒民贼，使百姓"无私欲侵夺""无公家驱迫"。用人处事，不以喜怒定赏罚，不因亲疏定宽严。坚持与时仁让，处世清介，做方正忠直的君子，远离曲圆奸媚的小人。三是坚持明惠公直，恤养贫弱。要关心民瘼，恤弱怜贫，杜绝贪猥憎弱的丑恶行径，力求为官一任，施惠一方，使幼有所养，老有所终，贫有所济，弱有所扶，真正做到见危不浼，临难遗身。他反复强调："往年壮心在，尝欲救时艰""不能救人患，不合食天粟""使臣将王命，岂不如贼焉"，元结的这些思想言行在永道间乃至全国官场都引起强烈反响，带来多方面的积极影响。

其一，元结言行在其同代和后世引起强烈共鸣，被多方面加以诠释、解读和发挥，使永州清廉正直吏治文化形成一种优良的地域性的思想文化传统。元结在吏治文化上，是从理论与实践的结合上倡导清廉正直，在其当世就引起广泛赞誉和好评，经多方评赞、诠释、解读和发挥，大大丰富和拓展了清廉正直吏治文化的内涵和外延，并赋予永道地域特色。杜甫读了他的刺道两章，在《同元使君春陵行》序言中说："当天子分忧之地，效汉官良吏之目，今盗贼未息，知民疾苦，得结辈十数公，落落然参错天下为邦伯，万物吐气，天下小安可待矣。"他还在诗中说："道州忧黎庶，词气浩纵横。两章对秋月，一字偕华星。"杜甫甚至设想："何时降玺书，用尔为丹青。狱讼永衰息，岂惟偃甲兵。"杜甫正是从元结的言行中升华提炼出了当时清廉吏治的基本内涵：知民疾苦，悯民忧国，甲兵常偃，狱讼永息。

颜真卿在元结的墓志铭中，特别褒颂其"义烈刚劲，忠和俭勤""本性直方，秉性真纯""见危不浼，临难遗身"。这是清廉正直吏治文化的根本内核。

继任者吕温读了《道州刺史厅壁记》，写了一篇《续厅壁记》，直截了当地指出：其"既彰善而不党，亦指恶而不诬，直举胸臆，用为鉴戒。昭昭吏师，常在屋壁。后之贪虐放肆，以生人为戏者，独不愧于心乎！"把元结的言行奉为千秋清廉鉴戒，万世良吏之师！这就让元结在中华源远流长的清廉吏治文化中，添上了厚重一笔。

其二，元结清廉正直的从政言行，为永道后来的继任者，树起了一面镜鉴，开创了一代崭新的政风。唐德宗建中四年（783），陕西夏县人阳城被贬为道州刺史，他做了两件难能可贵的事。一是"废矮奴之贡"，解除千家万户的夺子之痛；二是因不忍心足额征赋而在年终考评中自考"下下"，并在观察使所派员核查时"自囚"于狱，终使朝廷减征了当年的赋税。

唐宪宗永贞元年（806），山西河东的柳宗元因参与永贞革新而被贬为永州司马。他是唐代著名的思想家和文学家。他的吏治思想与元结可说是一脉相承而又异曲同工。他寓永十年，前立"异蛇之说"，揭露役赋毒于蛇的黑暗时政；后兴"民役之论"，痛斥贪腐甚于匪的丑恶行径。将元结清廉正直的吏治思想进一步理论化，系统化了。

到了明代，孙成泰为道州牧，有感于元结的《厅壁记》，肃然起敬，在身体力行之余，继元结之风，作"清""慎""勤"《三事箴》，进一步发挥了元结的清廉文化，申言"我傣我禄，民脂民膏；忘身殖货，剖腹藏珠""蕊敬日强，安肆日惰；毫氂之差，千里之过""姬公待旦，大禹惜阴；夙夜匪懈，媚兹一人"。这表明，元结清廉正直的吏治文化，在永道间的影响极为深远。

其三，元结清廉正直的思想言行，为永州士子树立了一个千古不磨的榜样。元结清廉正直的思想言行，经过历代文人达士的评赞、诠释和发挥，打造成了一种文化，并逐渐转化为一种地域性的思想传统，通过各种渠道，渗透到对后人的培育、教养之中，成为后世士子的思想渊源和文化养分，成为培养后人的取范榜样和文化教科书。在元结之后，永道间一大批卓有建树的读书人，都坚持方正忠直为人，清廉高洁为官，元结的导向和示范作用是显而易见的。

周敦颐作为理学鼻祖，终生职位不高，但人品一直高洁。他曾任南安军司理参军，是个理刑狱的小吏。一次理狱，有囚犯不当死，转运使王逵欲深治，"先生独与之辩"。有人提醒他，王是上司，不能得罪。他说"杀人以媚人，吾不为也"。终于使王逵感悟，囚得不死，终其一生。黄庭坚评价说，周敦颐一生"短于取名，而乐于求志；薄于邀福，而厚于得民；菲于奉身，而尚友千古。闻茂叔之风，犹足律贪"……这就大大扩充和拓展了元结清廉正直的吏治思想。

元结对永州士子的影响直到明清仍隐约可见。清嘉庆年间，道州出了个大儒何凌汉。此人出身寒微却名满朝野，嘉、道两朝为官四十年，曾"九掌文衡、五权冢案、四派经筵直讲"，晚年同时兼任吏、户、工部尚书，权倾一时。他始终坚持清廉正直为官。首先是同情百姓，体恤民生。早在考取秀才那年，他就曾为阻止当时道州牧汪灿在正规的田赋外增设附加税而联合同届生员上书"抗缴"被抓。因永州太守爱其"州、府两试第一"，为其说情，才免去牢狱之灾。出仕后，在嘉、道两朝，两次在朝议中冒险为民请命，阻谏增加赋税，努力减轻百姓负担。其次是执法唯谨，尽最大努力除恶护民。他深知法律偏袒权贵，对普通百姓极为不利，所以他在执法过程始终坚持"大要以罪疑轻务归仁厚"，使许多平民百姓犯下的小过小失，尽可能从轻发落；而对那些危及国家民族根本利益的权贵，他则坚持依法严惩。他曾受理新疆回部叛将张格尔勾结境外敖罕国分裂国家的叛国案，因朝中许多大臣受过张格尔的巨额贿赂，找各种理由为之求情免死。朝议中，何凌汉力排众议，据理力争：无论什么人，勾结境外势力图谋叛国就应该杀无赦。最后促使道光皇帝采纳了他的意见，将叛将张格尔处斩，根治了乱源。再次是清廉自守、正直高洁。何凌汉身为嘉、道两朝掌政重臣，不假公济私、贪赃枉法，坚拒收礼。父子两代多人为官、官场应酬数十年，每逢喜庆节寿，同僚部属所送财礼，除了鲜花和水果，其余一律拒收。身为一品当朝，仍坚持粝食布衣，并告诫儿孙，"为使民无菜色，必使官不忘菜根"。他少年家贫，求学时曾受过乡邻接济。为官后，曾多次托儿孙回乡用自己的薪俸酬谢乡亲。晚年还斥专资为村中学馆添置义田校产，资助穷困孩子上学。在中国封建社会多数官员横行乡里、贻害百姓的情况下，何凌汉这些举动，极为难得。尤其让人惊异的是，何凌汉在其考取探花的殿试卷《策论》中，特别强调当权者要"虚纳群言，益德惠民""严修法治，予惠黎元"，还就"整饬吏治""漕运河工""治军安边"，为朝廷出了一系列"予惠黎元"的好主意。凡此种种，都与元结清廉正直的吏治思想一脉相承。

（三）

元结对永道、祁阳山水自然美的发掘和传扬，为提高永州知名度，促进相关开发，作出了不可替代的贡献。

山水作为独立的审美对象，是魏晋以后逐步兴起的。秦汉以前的诗文和画作，虽也时有山水痕迹，《诗经》《楚辞》都不乏这类章句，但总体上只是借以表现人物活动的背景和陪衬。到汉末曹魏时期就不同了。山水自然之美开始成为歌颂、吟咏的直接对象，成了独立的审美主体。到曹操的《观沧海》，可说已经是成熟的山水诗了。绘画将山水自然美作为独立的审美主体来表现，比诗歌更晚一些，目前可见到的我国古代保存下来最早的卷轴山水画作，是隋代展子虔的《游春图》。值得注意的是，到唐以前，即使比较成熟的诗文和画作，其对山水自然美的描绘和吟咏，往往也还是作者主观意识外化的成分多，对山水客体自然美的发掘成分少。陶渊明就明显感受到这一点，其中描绘的山水之美，往往不是某一山水具象的审美发掘，更多的是作者心驰神往的理想景观的外化，《桃花源记》就是其中的代表，其自然美景，更多的是作者的"心景"。郦道元笔下虽也有不少表现山水自然美的杰作，但只是一部地理著作的山水图记。从文艺史角度来说，他们的作品都还只是山水艺术的先声。真正正面独立地表现山水自然美的作品的开拓者，是中唐元结、柳宗元这批新古文运动的先驱，他们第一批有影响的作品，则正是描绘和吟咏永道、祁阳山水的自然美。元结在这方面的地位和作用是独特的。

一、元结站在时代高度，系统发掘了永道、祁阳山水多的自然美。到唐代，随着人们艺术实践的积累和升华，人们对山水自然美有了多方面的感受和体验，它既可"观玄悟道"，又可"净心比德"，还可"移情畅神"。元结因"雅好山水，闻有胜绝，未尝不枉路登览而铭赞之"。因而他对山水自然美的理解更透僻，挖掘更深刻。他系统发掘了永道、祁阳山水多方面的自然美。

首先，元结从山水观玄悟道，对永州山水进行去功利的审美发掘，在自然山水中解读出宇宙奥妙和人生哲理，在其间探寻独特的生命意味。《浯溪铭有》对这条小溪流，着重强调的是"爱其胜异，遂家溪畔""为自爱之，故命曰浯溪"。作者甚至说，"吾欲求退，将老兹地"。元结对于浯溪这一千百年来人们熟视无睹的平凡山水，"观"得"独到"，"悟"得"深遂"。在元结眼里，浯溪之美在其"胜异"。何谓"胜异"，就在于它的幽僻隐逸。元结因此从中解读出自在自为、无欲无求的生命意味来，进而引动了久蓄于衷的林泉之志，并引以为烟霞之侣："吾欲求退，将老兹地。"试想，在当时那种"众皆竞进以贪婪兮，凭不厌乎求索"的环境里，谁会激流勇退？只有那些不愿同流合污的大德高贤，才肯此为。元结正是当时鹤立鸡群的大贤。浯溪之美足以将元结打动，"为自爱之，故命曰浯溪"。元结以其独特的审美眼光，对浯溪予以去功利的审美发掘："命曰浯溪，旌吾独有"，进而要"遂家溪畔"，此亦为陶令"结庐在人境"，此"人境"已为无世俗意味的"仙境"。至美隐于幽僻，大贤退居林泉。浯溪让元结找到了难得的净土，元结则让浯溪引来了旷古知音！次山所谓"旌吾独有"，实际是对浯溪之美独特的生命感悟：江声不尽，草木无私，只有无欲无求，你才会突破尘世的喧嚣，感受宇宙的奥妙，领略山水自然美的精微，为我们揭示的浯溪美是一种特异美，不蒙尘垢，不迁就俗目的胜异之美！

其次，元结以山水净心比德，对永州山水进行非功利的审美观照，在自然山水中解读出社会人生的真善令德，领略到特有的人格魅力。我们来看《峿台铭有序》："浯溪东北二十余丈得怪石焉……涯壁斗绝……前有磴道……下当洄潭，其势硱磳，半出水底，苍苍然泛泛若在波上……""登临长望，无远不尽""借君此台，壹纵心目"。所谓"峿台"，不过是屹立于江滨的一壁巨石，但在元结笔下却显得神姿超然。近看，超卓不凡，"下当洄潭，其势硱磳，半出水底"，俨然一中流砥柱，力挽狂澜；远观，则超尘绝俗，"苍苍然，泛泛若在波上"，随波起落，目空万有。登临其上，则超古凌今，"俯视天地阔，登临亲斗牛""无远不尽""一纵心目"，大有遗世独立之慨！从这里，我们得到的形象，何止是一壁巨石，而是一个顶天立地、越古凌今的巨人的人格形象。颜真卿将其概括为"古"："其心古，其行古，其言古。躬是三者而见重于今。""侃侃令德，今之古人。"所谓"古"，就是不同时俗，超卓不凡。元结正是通过江滨这一壁巨石，在祁阳的自然山水中，解读出社会人生的真善令德。

再次，元结借山水移情畅神，对永州山水示以超功利的审美占有，寻求一种精神寄寓和精神家园。他在《唐庼铭》中说："若在庼上，目所厌者远山清川，耳所厌者水声松吹，霜朝厌者寒日，方暑厌者清风。于戏！厌，不厌也；厌，犹爱也。命曰唐庼，旌吾独有也。"唐庼之上，可见者远山清川，可闻者水声松吹，可感者寒日清风，元结对之爱得深情执着。这同元结所处的时代有关。其时正逢"安史之乱"前后，纷争杀戮，潢池扰扰，前乱未平，后乱又起。而朝中仍是奸佞当道，乱源难消。元公虽有心报国，但无力回天。面对满目疮痍的国难民瘼，唯有满腔孤愤。他多么希望能够见到国泰民安的宁静、清纯的祥和景象呵！而唐庼给予他的片刻清新和宁静，恰是他向往和追求的心境。他想在这里建构精神家园。这不是对现实的逃逸，而是对现实世界的批判！宋张孝祥读完三铭一颂后说："须信两翁不死，驾飞车常游此地！""酌我清樽，洗公孤愤，来同一醉！"元结出自对"三吾"的深情执爱，还曾"遂家溪畔"，结庐而居达三年之久。对此，元结解释："功名之伍，贵得茅土；林野之客，所耽水石。年将五十，始有唐虞；惬心自适，与世忘情。"显然，作者于此是渲示一种林泉之志，深刻揭示了浯溪山水所特有的超绝之美。清吴大澂解读"三铭"时说："园林之美，豪富所私；山水之胜，天下公之。公者千古，私者一时……次山私之，谁曰不宜。"这是说，元公结庐溪畔，据溪以为"吾"，这是一种超功利的审美占有，是对浯溪山水内在美的发掘和肯定，是人人都可以得而"吾"之的一种寄怀和寓示。

二、元结通过创新古文的表现手法，平易、通俗地阐释和传扬了永州山水的自然美。山水自然美进入文艺审美视野的初期，欣赏的仅止于社会上层少数精神贵族。与此相应，在魏晋南北朝及其以前的山水诗文，也多半是一些只能为少数精神类贵族赏用的奢侈品，难以为社会大众所接受。汉魏六朝的赋集中体现了这一点。无论班昭的《两都赋》、张衡的《二京赋》，还是左思的《三都赋》都是这样，豪华、雅逸，用词生涩，用典乖僻。这种文风，一直持续到隋末唐初。直到盛唐，众多文人还不脱魏晋之体，其诗文一派贵族气派，呈现出一种可望而不可即、可观而不可学的天才美。

贞观年间，陈子昂等人的诗歌率先打破了这种风气，开始表现出走向具有平民美的新诗风，但散文仍还在沿袭六朝旧体，与社会大众十分隔膜。在中国文学史上，元结的独特地位和作用在于，他将唐初从诗风变革入手的文艺变革引向散文，引导出了一场中唐时期由他发轫，由韩愈集成的新古文运动。他们把以往那种雄豪壮伟的贵族气派的散文，改变成了文从字顺、通俗易懂、格式规范的新古文。从此，承载着传输山水自然美、社会人文美的文学作品，特别是散文开始走出贵族的宫廷华阁，走向民间和平民，开辟了散文的新时代。

其一是质朴自然，不引经据典。汉魏六朝文人写文章，动辄引经据典，满篇古语圣训，且以偏怪生僻为尚。新古文彻底打破了这种习尚，叙事说理，单刀直入，明白晓畅，鲜活感人，使文学从贵族的奢侈品变为大众化，以从他们的笔下寻求美、欣赏美，受到美的陶冶。元结把这种风格运用到表述自然美。他的这些山水文章，不是借山水来诠释孔孟圣贤之道，而是实实在在地发掘其内在之美。他在《浯溪铭》中描述："水抵两岸，悉皆怪石，欹嵌盘曲，不可名状。清流触石，洄悬激注；佳木异竹，垂阴相荫。"寥寥三十余字，一条清幽绝美的溪流跃然纸上，深刻揭示了永州山水的自然美！

其二是平实浑脱，不故弄玄虚。汉魏六朝文人写文章，喜欢堆砌资料，滥用典故，罗列史实，甚至使用一些矫揉造作、生僻怪异的字和词，难读难懂。新古文运动自元结始，革故鼎新，叙事平实，说理浑脱，不堆砌罗列无关的史实和资料，读得懂，学得会。在表述永州山水自然美方面，元结无论用哪种文体，都力求文质相应，形式与内容相统一，不装腔作势，故弄玄虚。他的《寒亭记》，"寒亭"原无亭，乃元结巡察江华时，因此地"水石相映，望之可爱"，感山水胜异而登临后建的一座小茅亭。"乃亭成也，所以阶槛凭空，下临湘江，轩楹云端，上齐绝巅。若旦暮景气，烟霭异色，苍苍石塘，含映水木……"读到这里，让人有一种如临其境的亲切感，进而因境而忘文、忘我，获得深刻的审美愉悦！

其三是在继承中扬弃，在创新中发展。元结的新古文，既突破了魏晋文风的旧套路，又没完全否定前人，他在继承吸收前人有价值的养分的基础上，进行创新发展。从他创作于永州的一系列山水文字看，其志趣高古淡远，明显承继了魏晋风骨；其内容舒卷自如，又深得刻画精审的老庄真谛；其辞情模山范水，又远远超越了过于书卷气的六朝韵致。他在永道、祁阳的诸多铭文和游记，刻意选取那些蕴含高韵深致而又幽僻不受人关注的景点加以刻画点染，将至美居于幽僻，高贤弃于林野的山水境、人间境和内心境糅为一体，让人在赏景惜才中受到深刻的心灵震撼。这是真正的新古文，内涵深邃，文笔清新，它将永州山水的自然美托以作者忧国悯民的人文理想传遍神州大地，传颂万古千秋。

三、元结对永州情有独钟，他对永州山水自然美的传扬和知名度的提高，起到了无可替代的重要作用。山水自然美在多大范围、什么程度上为人们所接受，所激赏，不仅决定于山水本身的美，还决定于由什么人采取什么形式对其进行发掘和传扬。所谓人以地传，地以人传，就是这个意思。从这个意义上讲，对于永州山水自然美的发掘和传扬，元结的地位和作用是不可替代的。

首先，元结虽"雅好山水""闻有胜绝，未赏不枉路登览而铭赞之"，但他一生登览的众多名山胜水中，真正深情"铭赞"过的山水，基本上都集中在永州。从现存的作品看，元结留存至今的吟咏赞颂山水自然美的诗文绝大多数都是写永州山水的。为了让他对永州山水美的见解广为传播并遗存后人，他把这些山水铭赞，请当时的篆籀名家用各种不同的篆体写出，镌刻上石，以垂永久。浯溪三铭就是请三大篆籀高手瞿令问、季康、袁滋分别用悬针篆、玉箸篆、钟鼎篆书写上石的。

其次，元结对永州山水的深情挚爱，不独体现在颂扬吟咏永州山水的文字，还体现在《大唐中兴颂》碑上。《大唐中兴颂》写的是中唐时期平定"安史之乱"的史实。他把这一历史事件引起的争执，与永州与浯溪紧密联系起来，这是文化史上少有的现象。此其一。《大唐中兴颂》含蓄深邃，似颂似讥，立意超卓，手法独特，读者见仁见智感慨无限。一个"读中兴碑"文题，引无数高人雅士、达官贵人纷纷礼拜浯溪，这绝非元公所能料到，此其二。更难得的是，元结请其好友颜真卿亲临现场书石，为浯溪、为永州留下了一块千金不易的"连城璧"。苏轼曾说："书于鲁公，文于昌黎，诗于工部，至矣！"这是中国艺术史上的定评。在中国书法史上，颜真卿是魏晋将书法变成一门艺术以来的最高峰。元文、颜书，加上浯溪绝壁，使得《大唐中兴颂》碑真正成为天下伟观，稀世奇珍。清杨翰集《中兴颂》字为一联曰："地辟天开，其文独立；山高水长，此石不磨。"元结的用心，于此可见，此其三。

最后，我们还须特别注意到的是，元结上述所作所为，绝非兴之所至，随心所欲，而是深有根基的！永州在元结心目中有着非同寻常的特殊地位！他在《九疑图记》中说："以九疑为南岳，昆仑为西岳，衡华之辈，听逸者占为山居，封君表作苑囿耳。"元结对永州、对浯溪，爱得深沉，爱得执着，为永州山水自然美的发掘和传扬作出了无可替代的杰出贡献！

（2010 年 11 月，本文有删改。）

浯溪文化的形成、内涵与影响

蒋炼　蒋民主

浯溪地处湖南省永州市祁阳县城南部，湘水南岸。昔有驿道，今有铁路，可以南通粤海，北上京都，东至江浙，西抵广西、云南，交通方便。它是潇湘的形胜之地，"独有摩崖刻""墨迹万人题"。自从唐代元结在此结庐摩崖开辟石刻后，随着时世的推进，已经繁衍成浯溪文化，成了中华文化的有机成分。全面研究浯溪文化，让它为振兴中华发挥应有的作用，具有非凡的意义。

一、浯溪文化的形成

唐代元结两次任道州刺史，"五过浯溪"，认为浯溪山怪石异，"爱其胜异"，便在崖壁上镌刻浯溪、峿台、痦庼三铭，"旌吾独有""彰示后人"。他由胜异的土地很自然地联想到正处在时局不宁的荒僻大地上的湘南人民，战乱给人民带来的深重痛苦，元结有着深刻的认识。经过郑重考虑，他请颜真卿将自己评述大唐戡乱中兴的业绩与声威、指斥叛逆、赞扬忠烈、揭露战祸根源的《大唐中兴颂》，书刻浯溪的崖壁上面，借以宣扬大唐国威，振奋人心，警戒奸邪。元结、颜真卿的为人一直感人。元结在安史之乱中，为拯救国难，招募义兵拒贼，令史思明不敢南侵；屯兵泌阳，保全了十五城。任道州刺史时，为转变战乱后社会动荡、民生困苦，着力免赋安民。做容管经略使，不顾安危，亲去劝谕瑶族弟兄，平息事端，安定时局。颜真卿早年任监察御史，解五原冤狱。在朝堂上，他敢于弹劾坏官。安史之乱时，河朔尽陷，他扼守平原，稳住了战局。淮西节度使李希烈闹分裂，他不顾同僚劝阻，接受唐德宗旨意前去劝谕，他拒绝利诱、威逼，终被缢死。元、颜青年时期是忘年交。安史之乱中，都是平乱功臣，是志同道合的好友。他俩一生兴国恤民、正直刚毅、临难忘身的特点，被世人赞为元颜精神。

元颜精神的凝聚作用十分巨大。神州大地经由前人开辟的名山胜地很多，经过岁月冲洗，最终湮没的不少。晋朝杜预在湖北襄阳所建的岘山亭宇，随着他身没消失，仅存岘山、万潭两碑，且早已残破。可浯溪经受了近1300年的风雨侵蚀、朝代更替、战乱洗劫，亭台仍然屹立，碑刻保留505块；亭园面貌随着岁月翻新，规模不断扩大，就是上述精神力量的凝聚。历代到浯溪的游人络绎不断，固然因水清石奇，浓荫似盖，可悦目愉心，但主要是元文颜书吸引人，元颜精神感动人。好些游人不辞跨山越水，一游再游几游浯溪。宋黄庭坚贬谪广西宜山，经过浯溪，连续游了七八天。宋陈从古、范成大、张孝祥，明陈斗，清袁枚、钱泮、阮元都两游浯溪。清黄中通四历寒暑，八游浯溪，到岭外为官，还写了《忆浯溪》。瞿中溶为搜拓石刻，三宿中宫寺。何绍基十次经浯溪，两拓中兴碑。杨翰卸任后退居浯溪，终老祁阳，子孙也落籍于此。浯溪因此碑林书山形成洋洋大观。

此外，历代有见识的父母官和游人，根据时世的需要和个人志趣，特地或着力做了浯溪胜迹的修复开拓工作。宋邑令齐术，元僧正禴，清总督范承勋，邑令王颐、王启烈、李蔚、王式湉、宋溶等；特别是杨翰任永州知府时，就着意修复浯溪，卸任后退居浯溪，还建了息柯别墅。史实上修建浯溪规模较大的约十次。胜地得到维护，面貌不断翻新，招引游人的作用越来越大，这些修复开拓的主持者正是维护促进浯溪文化发展的功臣。

在繁衍浯溪文化的历程中，为了保存、收集、整理游人所写诗文和胜迹的发展情况，历史上共十三次编写浯溪志。因为游人所刻的诗文和题名，有的被风雨剥蚀；有的被人铲去旧碑，刻上自己的新碑，甚至新碑又被后人铲去。为此，清末民初黄矞写《石冢铭》，为世人争名刻石而十分伤感，并批评了铲碑者。有些活碑被人盗去他用。还有各代写了诗文未刻石的，每届浯溪志都根据实况，收集失碑和未刻诗文，维护了浯溪文化的发展，弘扬了元颜精神。

二、浯溪文化的内涵

浯溪文化以元颜精神为基础，是爱祖国、爱人民、爱自然的有着地域特点的物质和精神的产物。

（一）它以爱国为核心，是振兴中华的文化有机成分。

元结三铭一颂在浯溪刻出后，反响极大。来浯溪游览的正直之士，相继抒写诗文刻石。宋徐照《题浯溪》："唐碑三十本，独免野苔封。"宋时游浯溪的诗文、题名很多，碑刻达两百方。元代虽然轻视文人，可诗文、题名碑刻和未上石诗文数目也有 20 首之多。明代有诗文题名 121 碑，其中有咏镜石诗和榜书。清朝实有 87 碑，加上未上石诗文 134 首，共 221 首，其中赞唐颂 39 人。总的看，各朝诗文作者绝大多数作品都蕴含爱国真情。只因各人所处时势与地位不同，观感有异，如对颂碑的褒贬争论。清阮元在《读中兴颂》评说"安者见安危见危""各人忠爱各朝事"，结论十分中肯。

对中兴颂碑，得系统地全面地看。元颜在浯溪立颂碑，站得高，看得远。南宋和明中叶，学步前朝，在浯溪立碑并非偶然。北宋末金兵南侵，南宋中原失陷，统治阶级和老百姓无不忧国伤时，盼望由弱转强，变乱为治。李若虚《摩崖》、庄崇节《浯溪》都提出在摩崖勒中兴碑。当宋孝宗、宁宗北伐一获战功，写颂刻石成了呼声。到嘉定二年颂碑虽立，但战争失败。明代中叶，宦官刘瑾擅权作恶，祸国殃民；江彬镇压农民起义，鱼肉百姓；安化王朱寘鐇，南明朱宸濠相继反叛，酿成明正德十多年混乱。明神宗张居正为相，励行改革，已有中兴之机，可颂碑内容等同自炫。尽管两块颂碑不够切合实际，但立足点是为了安国保民。作历史连续观，倒是把大唐振兴中华的"红线"承传了下来。

元代是特殊时期，郝经写《书摩崖碑后》以明志，赞鲁公的忠贞气节，起了"荡攘邪秽躏妖疴，再立元气摅浇讹"，延续唐的统治的作用。明代顾炎武在《浯溪碑歌》，表明珍藏颂碑和作诗意图在于延续中唐音，继承中唐兴国的传统。清初康、乾国势称盛，王士祯在《摩崖碑》诗末认为，平定吴三桂战乱，"宜有雄词继前代，摩崖重刻浯溪湄"。咸丰年间，英法入侵，太平天国的战火烧遍祖国东南，欧阳泽闿急盼国家中兴刻石是切实的。清同治吴大澂在《游浯溪读中兴碑》中提出"古今循吏为君国，身与磐石关安危"，是自勉言志；到甲午战争时，年近花甲，仍率湘军抗日，爱国卫国之心确实殷切。李承阳只是清末秀才，游《浯溪感怀》，急盼有谁挽回世局。周聆琴参加过辛亥革命，在《浯溪摩崖》里，伤时吊古，切盼建成民主富强国家。史实证明，以爱国为核心的浯溪文化，是振兴中华文化的有机成分。

（二）它以人为本，是关爱人民，敢于担当，让人民生活安定的文化。

元结为官，倡行仁政，关心人民疾苦。任道州刺史时，道州遭受广西西原蛮入侵，旧户口四万减到不满四千，"大都不胜赋税"。可是接到诸使征求符牒二百余封，皆曰"失其限者，罪至贬削"。元结爱民心切，敢于担当，悉心救灾，免赋安民。"二年间，归者万余家。"杜甫读了他的《舂陵行》《贼退示官吏》，写了《同元使君舂陵行》，高度评赞"道州忧黎庶""今盗贼未息……得结辈十数公落落然参错天下为邦伯，万物吐气，天下少安可待已"。后来，元结任广西容管经略使，为了安定容州，对待瑶族人民"单车入洞，亲自喻抚"，仅 63 天就平息容州八府事端。

祁阳与道州同在湘南大地，荒僻不宁。元结退居浯溪，摩崖镌碑，鲜明地表现了爱国赤忱，和关爱祁阳人民以至湘南人民能过上安定日子。历代游人，对元结为官爱民的品质十分景仰，游览后深有感触，写出了爱国恤民的作品镌刻崖上。宋代毛抗在《读唐中兴碑》中写道："二公写时经，摩崖勒唐颂""浯溪僻古地，自尔闻正声"。"正声"，指戡乱中兴，清除妖孽灾祸，人民生活安定。这是对元结兴国安民政见的充分肯定。南宋许永《元颜祠堂记》写元结"任道州刺史，疏徭赈乏，道人怀之，至为立祠颂德"。肯定了做官必须关心人民疾苦。元代杜明任御史台监察御史，按临湖广，舟过浯溪，所闻镜石能照出万物真相的传说，写《无题》诗说"宪官不究践民弊，著甚官袍寄我身"，深刻揭示了"为官不为民尽责"，就无资格做官的至理。宋渤在《雨过浯溪》中盼望："安得二千石，前以龚遂后刘宽，时共饮食衣其寒"。这两个例子表明：为官尤要关心人民疾苦，尽职尽责。明代陈斗在《游浯溪》诗中，写元公颂、鲁公书有着历史价值，但漫郎宅已经荒废，叫人心恻，不禁发出"打碑民苦谁为怜"的慨叹，让人尊敬。蒋永修在《重建浯溪元颜祠记》论述，元结任道州刺史"独能留心民瘼，招集流亡万余家，为一时循吏"。并称赞杜甫所说，如能得到像元结这样的地方官，天下就会太平。王式涫在《尚吾亭记》盛赞元结"刺道州，抚绥流离，奏免杂供十余万，作《舂陵行》，如保如伤，其为吾也何其仁"。石蕴玉《三吾怀古》写"次山遗爱在舂陵，甘棠能下行人拜"两句，传达了老百姓见到元结遗物都要下拜感恩戴德的挚情。杨季鸾《浯溪游》首句点题，"使君真是天下贤，鞭笞不事重赋敛"。为政不用严刑，减免百姓赋税，他最敬仰。张祥河《书大唐中兴颂拓本后》第二首诗，写元结在道州为官两年，一直忧虑"凋区赋税费征求"。杜少陵对《舂陵行》特别信服，提出"安得人皆元道州"，告诫为官要像元结那样关心人民疾困。

元结为政坚持以人为本，为解除人民疾苦，敢于承挑重担，让人民过上安定生活，是当官的楷模，其爱民恤民、敢于担当的政风，一直影响后世。

（三）它以美化自然为出发点，是私以为公，弘扬胜迹正能量的文化。

元结一向喜爱山水，避安史之乱住到江西瑞昌瀼溪，写《瀼溪铭》。他任道州刺史，路过浯溪，见溪流潺潺，山怪石异，"爱其胜异""嵯峨峻峭，登临长望，无远不尽"；石巅胜异，松竹幽奇。庼顶上见到远山清流，听到水声松涛，沐浴暖日清风，总的感受是"惬心自适，与世忘情"。经过思考筹划，刻上三铭，在于显示景点特有的美。铭中虽说"旌吾独有"，却"彰示后人"。"吾独有"就是我喜爱浯溪特有的美，"彰示后人"就是让大家欣赏这里的美。立《大唐中兴颂》碑，为的显示他一直系念君国与人民，把浯溪装点得更完美，增添浯溪正能量的美学价值。

元结开辟浯溪，颂扬浯溪的美，文化意义巨大。时间过了五十年，元结最小的儿子元友让任道州长史，路过祁阳，回到旧居，见园林已经荒凉破败，决定重修。由于任期逼迫，来不及按规程要求解决问题，便调拨自己的财物和俸禄，委托祁阳县令豆伉替他修复旧迹。请韦辞写《修浯溪亭》记，自写《复浯溪旧居》诗追述这件事。

宋仁宗皇祐年间，浯溪碑刻残缺，亭子倒塌。广西平乐齐术来做祁阳县令，深深惋惜。政事上了轨道后，他组织力量兴建堂屋覆盖颂碑。齐术赞美元颂、颜书、摩崖石，称它三绝堂，并修复东西峰上亭堂。元次山的右堂铭、皇甫湜的诗都模糊不清了，加以刻深。对这次修建整治，孙适写了《浯溪三绝堂记》，称齐术此举，是启示后人要从精神实质上学习元颜的为人。

元朝借重视教化来维护政权。元顺帝至元三年（1337），湖南道肃政廉访史姚黻按部过浯溪，认为该在这山林胜地修建书院，引导零陵尉曾圭（衡山人）父子独捐家资建成。河北苏天爵写《建浯溪书院记》，肯定其对治理国家、教化人民、激励人才成长的重大意义。同时也提高了浯溪胜地的文化地位，增加了人文美。接任湖南道肃政廉访史颖川王××按部祁阳，看到浯溪亭堂尽废，很是忧伤，便继承姚绂善举，对亭台遗迹再次兴修。县令王荣忠写了《重建笑岘亭记》。

明英宗天顺六年（1462），湖广等处提刑按察使副使沈庆按部祁阳，在浯溪见到原奉祀元颜的书院湮没已久，决意修复。僧人正禰主动申请担任这件事。元颜祠堂和浯溪书院很快建成，给溪山增添了美的色彩，程温都给写了记。

清康熙初年，浯溪遭受战乱，破坏严重，县令王颐政事虽忙，仍不忘文化恢复整修。对庼亭、寒泉亭、笑岘亭、三绝堂和浯溪书院都大加修葺。又聘请僧人钱邦苣和本县人黄犹龙编写浯溪志，派蒋善苏监工修复黄山谷诗碑被铲的一角。僧人聪海也修复了中宫寺。

王启烈来祁阳做县官，替广西巡抚范承勋修复右堂旧祠；建了元颜二公祠、宬尊亭和镜石亭，又修了挹胜亭。范承勋还捐资修庯亭和笑岘亭，可称为热爱浯溪的有心人。

乾隆中期，浙江人李蒔做祁阳县令，勤于政事，大修浯溪。其中原镜石被偷断裂，终于补嵌，有如原石。还请画家画了浯溪图嵌到元颜祠门口左边。

成都宋溶任县官，去游浯溪，激起热情，对浯溪胜迹连续修建。他寻到了《右堂铭》《溪园》题字和狄青、邹浩的题名和《峿台铭》，特建《宝篆亭》志喜。营建浯池、峿岩、庯庐。建了虚怀亭、双千古祠、枕流漱石山房、三一亭。还编修浯溪志，请衡阳唐一儒绘浯溪图和十六分景图刻印浯溪志上。

原籍北平杨翰，清咸丰八年任永州知府。尽管时势不太平，却在永州修复元结、柳宗元遗迹。接着修复祁阳胜迹，扩建元颜祠、三绝堂、庯亭、宋尊亭、宝篆亭等；又在漫郎宅旧址建息柯别墅。哪怕他工作换了地点，也没停止修复。

浯溪经过各朝的爱护、修复、增建、着意装点，胜景当然增美，内容越来越丰富。这是跨时间的共同装点美化，形成了天人合一的魅力。

再看元结的三吾命名。清王显文在《游浯溪读元次山诸铭书后》里说"次山实公之天下者也""何者？溪本无名，自次山吾之，而天下后世人皆吾之矣，而次山何尝独有其吾也？"元结是私以为公啊。我们现在不是共同拥有浯溪美，正共同欣赏吗？吴大澂在《峿台铭》中坦直地说："山川之胜，天下公之。公者千古，和者一味。"因为"天下公之"，大家拥有，大家热爱，大家装点，大家维护，山川胜迹，必然千古不朽。他期盼后人传承弘扬浯溪胜迹的正能量，不背离元结开辟浯溪、美化浯溪的初心，做爱国恤民、热爱大自然的人。所以说，浯溪文化是私以为公、弘扬胜迹正能量的文化。

三、浯溪文化的深远影响

浯溪文化内涵丰富价值很高，凝成的精神力量曾经起了积极的影响作用。

从政治和社会上看，浯溪文化"系人心……正中夏"。清王式澥《读中兴碑》说"不因大义肃地天，安得南荒静反侧"。蒋景祁《摩崖碑》说"微文讥刺诛么"。意思是，维护了正义，稳定了时局。清宗绩辰《游浯溪》，"倘闻先生（元结）风，顽懦少腾踔""乖崖刚峰徒，继起良善学。中庸始自强，狂狷惜终托"。就是讲，在社会上振奋了人心，顽夫、懦者不会乱跳跃，怪汉强徒会学良善，中庸之子开始自强，知找依托。他们转容换貌，积极争取进步，受益可大！

就为官做人的榜样看，好些前贤都以元颜精神武装自己。宋代陶弼爱民安邦，居官清正，宋李蒂爱国刚强，任潭州（长沙）知府，力抗元军，全家壮烈牺牲。他们身上有元颜的身影。明代陈荐、宁良、伍典、刘维赞，清代陈大受、唐李杜等人都含有元颜精神的基因。

在历代百姓心中，元颜精神严肃而且重要。宋代欧阳修《跋大唐中兴颂》："右大唐中兴颂……世多模以黄绢为图幛"。说明民间已让颂碑内涵的精神力量来起护卫作用。清乾隆中叶，邓奇逢《浯溪竹枝词》说，老百姓"都向中兴来醮酒，藤萝盖瓦吊荒祠"。元颜遗迹仍被人们敬仰。更感人的是，张鳌在《摩崖碑》写道"儿童犹说《舂陵行》"，可见元结关心人民疾苦的精神影响何等深刻。

浯溪文化价值很大。颂碑墨汁一直被人珍爱。明顾炎武认为"书过泗亭碑，文匹淮夷雅，留此系人心，支撑正中夏"。他受到颂碑内容的激励，"宝之过南金"，也就是讲，南国任何奇珍都比不上它。由此可以想到：四川剑州、江西庐山移刻颂碑和清叶观国在《中兴颂墨本十七韵》说"至今纷纷闻响搨，鸡林（新疆）走买输钱资"，意在扩大颂碑教育面，让更多人受到教益。

浯溪文化，不仅远传我国东土西疆，而且渗透到周边友邦。元朝延祐元年（1314），越南陈朝兴隆进士阮忠彦最先奉使命到中国进贡。此后，每隔四年朝贡一次，总计出使中国53人，使者大都系高官，有较好汉学修养。他们来中国的路线，有海路、陆路。走陆路，必经湖南祁阳驿道，必游浯溪。《越南汉文燕行文献集成》一书，辑录 39 位越南使者咏浯溪诗 124 首、文 8 篇，内容涉及浯溪景物、民俗风情，传达了景仰胜迹、怀念元颜的思想感情。阮咸《游浯溪有怀元次山》诗曰：

瀼溪何处觅遗祠，渺渺浯溪一水东。终古亭台名此地，当年邦伯几如公。

云开翠壁丰碑在，雪满香桥故宅空。气节宛然原不朽，敢从二绝更求工。

可见越南官员未来前就受到浯溪文化的影响，每来中国必游浯溪。浯溪文化也影响到日本。1986 年，日本汉诗爱好家访华代表团 32 人前来游浯溪，团长石川忠久留下题诗：

依山缘水景观分，浯溪奇胜绝群伦。东瀛游子始来此，远慕高风元使君。

读了它，能不领会到作者对浯溪的无限倾情吗？此后，日本友人多次组团游览浯溪。国际友人还有美国、法国的旅游参观团都曾游览过浯溪。

（2018 年 12 月，本文有删改。）

南国摩崖第一家

——浯溪摩崖石刻略述

伍锡学

"浯溪形胜满湘中"。浯溪摩崖石刻，位于湖南省永州市祁阳县城南面祁阳湘江大桥南端的浯溪公园内。此处苍崖石壁，濒临湘江，巍然突兀，连绵 78 米，最高处拔地 30 余米，为摩崖文字天然好刻处。因而，浯溪露天摩崖，为南国摩崖第一家，为神州一颗璀璨的文化明珠。浯溪摩崖诗文书法，博大精深，具有丰富的文化内涵，历时千百年，享誉海内外。

唐代杰出散文家、诗人元结，于代宗广德元年（763）被任命为道州刺史。永泰元年（765）罢任。次年再任道州刺史。大历二年（767）二月从潭州都督府返道州，舟经祁阳阻水，泊舟登岸暂寓。爱此处幽胜，遂将一条"北汇于湘"的无名小溪命曰"浯溪"，意在"旌吾独有"，撰《浯溪铭》，浯溪得名从此始。元结又将"浯溪东北廿余丈"的"怪石"命曰"峿台"，撰《峿台铭》；还在溪口"高六十余尺"的"异石"上筑一亭堂，命曰"㐂庼"，撰《㐂庼铭》。返任后，将三铭交篆书名家季康、瞿令问、袁滋分别用玉箸篆、悬针篆、钟鼎篆书写，并刻于浯溪崖壁上。从此有了"三吾"之名。这三块碑都有很高的艺术价值。特别是唐相袁滋书写的《㐂庼铭》碑，现被国家文物局列为一级石刻，视为"国宝"。

大历六年（771），元结从箧中捡出 10 年前率兵镇守九江抗击史思明叛军时写下的充满浩然正气的名篇《大唐中兴颂》旧稿，补充定稿。是年夏六月，颜真卿应好友元结之邀，从临川动身，北归途中，绕道来到祁阳，将《大唐中兴颂》大笔书写，刻于摩崖上。

唐刻《大唐中兴颂》碑为浯溪摩崖之精华。此处崖壁宽广 120 平方米，中兴碑高 3.2 米，宽 3.3 米，全幅面积 10.56 平方米。书从左起，21 行，每行 20 空，除去空格，共 332 字。每字直径约 15 厘米。颜真卿写颂时下笔激越高昂，气势磅礴，字字刚正雄伟，气度恢宏，精神内蕴，字里行间充满刚毅之气，使中兴碑成为鲁公生平得意之笔，被誉为"宇宙杰作"，致使后人"百拜不能休"。清乾隆帝见到拓片便视为"天球拱璧"。这样的人，这样的文，这样的书法，集中于浯溪一地，这是历史对浯溪的厚爱。加上刻颂的摩崖临江矗立，如斧削成，"地辟天开，其文独立；山高水大，此石不磨。"因文奇、字奇、石奇，世称"摩崖三绝"，致"古今中外皆知"了。后人为保护摩崖三绝，自宋仁宗皇祐五年（1053）始，已经六次修建"三绝堂"。

《中兴颂》摩崖是浯溪的核心和精髓。《中兴颂》之后1200余年来，历代杰士名流，游踯接踵，运笔抒怀，吟诗作赋，打碑刻石，镂玉雕琼，使浯溪满山皆字，无石不诗。宋神宗熙宁八年（1075），著名书画家米芾过浯溪，作《题摩崖》诗，刊于中兴碑左下方。米书"端庄圆劲"。宋徽宗崇宁三年（1104），大诗人、大书法家黄庭坚自鄂州赴宜州谪所，风雨中经浯溪，"三日徘徊崖次"后，在中兴碑右侧，题七言长诗十四韵《书摩崖碑后有序》。黄刻运笔圆劲苍老，古茂清道，"深得兰亭风韵"，自称"佳诗妙墨"。宋代四大书家竟有两位在浯溪留下翰墨，这是十分难得的。

清同治元年（1862），著名书法家何绍基游浯溪，步山谷诗韵，作《题摩崖中兴颂碑诗并跋》，刊于黄碑右侧，行楷，颜体，世推为"颜后第一"。清光绪十九年（1893），著名书法家、金石学家吴大澂雨中游浯溪，读中兴颂，也次山谷诗韵作长诗，刻于何碑之右侧，楷体，书法秀劲。至此，颜、米、黄、何、吴等一代宗师，硕大无朋的真迹宝卷，一字儿排开，成为浯溪的一道亮丽风景。加上其他大家的翰墨，仅在此120平方米的摩崖上，就有名刻95方，使之成为书法精品的荟萃地，群星璀璨，美不胜收，形成一个永久性的诗展、书展圣殿，举世绝无仅有。

在中兴碑左侧10步远的崖壁上，嵌有黑色大理石镜石一方，宋时已盛传于世。历代都有咏镜石的诗。民间还流传许多有关镜石的传说故事，使得平民百姓"纵然不识吴钩字，也为摩挲石镜来"。

在中兴碑左侧、镜石上方悬崖上，有一个直径2.7米的"夬"形镌刻，似字非字，似符非符，人不能识。这是宋代永州通判柳应辰特意留刻下来的，成为浯溪摩崖的特殊组成部分。为此而引发的神话传说，更为浯溪留下了一点神秘感，增添了一种浪漫情调。

大唐中兴颂摩崖是与磐乐、石鼓类"至宝垂无垠"的。故而历代名臣、大吏、文人、书家及海外人士，不避地僻路险，梦寐以求地来浯溪游历瞻仰及吟咏题刻。历代的石刻，从内容看，突出的有《大唐中兴颂》《大宋中兴颂》《大明中兴颂》、元结的《老三铭》、吴大澂的《新三铭》；从字体看，楷、行、草、隶、篆，五体皆全，最大的"圣寿万年"四字，刻于悬崖，每字直径逾丈；最小的字，只有1厘米那么大。

浯溪摩崖经历千年风雨之侵蚀，近代抗战期间日寇铁蹄之践踏等，破坏较重。为保护浯溪摩崖，祁阳县人民政府设立了浯溪文物管理所。1988年，"浯溪摩崖石刻"被国务院公布为第三批全国重点文物保护单位。1994年，县政府设立了浯溪文物管理处。经文物工作者的努力，查明自唐大历二年（767）至民国9年（1920）犹存300多人的诗、词、书、画、题词石刻（包括活碑、残碑）505方，其中唐代30方，宋代113方，元代5方，明代78方，清代88方（包括安南——越南使臣诗5方），民国9方，还有时代不明的182方。

1996年，无产阶级革命家陶铸《东风》诗碑，立于浯溪峿台南面山麓下的陶铸铜像左侧山坡上。此为新中国成立后浯溪之第一碑。1998年，又在《东风》诗碑右侧，立陶铸《踏莎行》词碑。

浯溪露天摩崖，是我国摩崖中的佼佼者，在全国摩崖中也是出类拔萃的。它是民族文化之乡，文物荟萃之乡，形成一部庞大的石书，一座书法艺术的宝库。它在文化史上的地位是崇高的，在书法艺术上的价值是无与伦比的。现在，浯溪摩崖得到了应有的重视和保护。它将发挥它在今天应有的功能，使之无愧于历史赋予它的伟大使命。

（2010 年 10 月）

元结与祁阳

黄承先

元结是唐代著名诗人、古文运动的先驱。在两度出任道州刺史和因母亡于浯溪守制三年期间，元结与祁阳结下了不解之缘。他是祁阳摩崖石刻的开创者，浯溪文化的奠基者，祁阳旅游的先行者。

一、元结与祁阳有不解之缘

唐代宗广德元年（763）九月，元结被任命为湖南道州刺史，因故未及时到任。次年五月中旬，元结赴任途中，第一次路过祁阳。永泰元年（765）夏天，元结赴湖南观察使所在地衡阳述职，第二次经过祁阳。大历元年（766）三月，元结再次出任道州刺史，第三次经过祁阳。这年冬天，元结又"以军事诣都使"，第四次经过祁阳。次年二月，元结从衡阳回道州，第五次经过祁阳。元结在这五年中，两任道州刺史，五过浯溪，不时弃舟上岸考察，还钓鱼取乐，这从他写的《欸乃曲五首》第三曲中可以看出来："零陵郡北湘水东，浯溪形胜满湘中。溪口石巅堪自逸，谁能相伴作渔翁？"他又写了《浯溪铭》，并在其序中道："浯溪在湘江之南，北汇于湘。爱其胜异，遂家溪畔。"

从一些文献资料分析，元结是在大历元年决定退隐浯溪，并开始为浯溪命名制字和刻石的。他"为自爱之故"，把自南向北流入湘江的一条无名小溪命名为"浯溪"（"吾"旁加三点水）。把溪右的高台叫"峿台"（"吾"旁加山）。又在溪边的石山上建有四壁的亭子，叫"㕒庼"（"吾"上加广）。这个"㕒"字以前没有，是元结的自造字。浯、峿、㕒三字皆从"吾"，世称"三吾"。表面看来，元结把这里的溪、亭、台都说成是他私有的，其实不然。一是因为他"为自爱之故，命曰浯溪"，只是为了表示他对这里的至爱和情有独钟；二是"人皆得而吾之"，即人人都可说吾，谁说吾就代表谁，当年元结说"吾"是他的，我们说"吾"不就是我们的吗？也正如清代光绪年间抚湘使者吴大澂在《峿台铭有序》中所写的那样："园林之美，豪富所私；山川之胜，天下公之。公者千古，私者一时。"元结作为当时封建社会官吏，能有这种"人皆得而吾之""天下公之"的思想境界，实属难能可贵。

元结对浯溪的营造颇具匠心：建住宅叫"中堂"，位于浯溪的中心，取"中道不敧"之意；住宅坐南朝北，示不忘故土之情。中堂之右建书房与客房，名曰"右堂"。又择西峰筑"㕒庼"，四面有壁，为的是"只因亲老怯风寒"而避风挡雨，尽行孝道。还修螺旋磴道上㕒庼，凿百级阶梯磴道和"之"字磴道上峿台，在中峰上筑㝢尊亭，又修摩崖渡，筑元家坊，辟溪园种果蔬等。所有建设以自然山水为依托，随形就势，适意布局，将自然景观与人文建筑融为一体，做到南以水胜，北以石胜，石以文胜，峰以亭胜，巧妙结合，浑然天成。

浯溪建设初具规模后，适逢大历三年四月元结晋授"广西容管经略使"，便将母、妻、子接来浯溪居住，自己单身赴任。次年四月，母亲病故，元结上《让容州表》，奔丧回浯溪，在此守制隐居三年，直至大历六年冬，元结运送母亲棺材回河南老家。大历七年春，元结"朝京师"，病卒于长安，年仅 54 岁。颜真卿为其撰刻墓志铭，称"君雅好山水，闻有胜绝，未尝不枉路登临而铭赞之"。元结尤爱浯溪，倾力营建，是他一生的最后杰作，是留给社会、留给祁阳的丰碑，真是："溪山留胜迹，文字结奇缘。"

二、元结开祁阳浯溪文化之始

元结酷爱文学，倡导改革，推行文学的教化、资治功能。自大历二年至六年，短短五年时间，元结就在祁阳浯溪摩崖之上，撰刻了"七铭一颂"，开创了祁阳所独有的浯溪文化，奠定了祁阳文化的基础，为湖湘文化作出了贡献。大历二年四月，元结撰刻浯溪第一碑——《浯溪铭》。此铭刻在浯溪西峰之下、状如乌龟的双石之上，共 113 字，其中序 41 字，铭 72 字。序点明了浯溪的位置，交代了安家的原因，说明了命名浯溪的缘故；铭文形容了浯溪的山水，表白了自己的心愿。铭碑高 40 厘米，宽 160 厘米。篆书者季康，系道州文教主管，写的是玉箸篆。时过两个月，即六月十五日，元结又在峿台下的曲屏石上刻《峿台铭》。书者瞿令问，当时是道州幕僚，后任江华县令，写的是悬针篆。次年闰六月九日，在溪铭左边的另一块乌龟石上刻《峿庼铭》，书者袁滋，写的是钟鼎篆。

大历六年，元结为母守制期满后，连续刻了《中堂铭》《右堂铭》《东崖铭》，加上从道州移刻的《窊尊铭》，共七铭。最值得大书的"一颂"即《大唐中兴颂》。此颂是唐肃宗上元二年，元结任荆南幕府领兵镇守九江时所作。当时"安史之乱"基本结束，史称"唐室中兴"，故作此颂。元结来祁阳浯溪后，翻出旧作，请好友、抚州刺史、著名书法家颜真卿来祁阳，专书此颂。此颂共 322 个字，正楷，每字 20 厘米见方；一反此前的规矩，自左至右，直行书写，且有简体字；颂末二韵六句，原作上没有，上石时临时补作。后人以元颂文奇为一绝，颜体字奇为一绝，浯溪石奇为一绝，史称三绝，并建"三绝堂"以护之。从此，"摩崖三绝"正式得名，广泛传扬。

俗话说："地以人传，人以地传。"祁阳浯溪经元结寄寓营建，特别是有了"摩崖三绝"后，文学、历史、艺术价值飙升，祁阳浯溪声名远播。千百年来，历代达官贵人、文人骚客来游者不知其数，且大多有感而发，吟诗填词，作赋撰联，数以千计。其中刻在摩崖石头之上的成百上千。由于时代久远，风雨剥蚀，保护薄弱以及人为破坏，损坏、损失不少。尽管如此，浯溪现仍有碑刻 505 块，字迹清晰的有 329 块，其中唐碑 17 块、宋碑 117 块、元碑 5 块、明碑 84 块、清碑 92 块、民国碑 9 块，还有越南碑 5 块。可见唐碑开其端，宋碑定其规模，明清碑扬其波澜。从文学体裁看，诗、词、赋、颂、记齐备，诗刻最多，文刻、画刻少；以书体而论，篆、隶、楷、行、草诸体兼备，楷、行最多，是碑刻的主体，其中以颜（真卿）体、黄（庭坚）体、米（芾）体最为珍贵。颜书《大唐中兴颂》为"鲁公遗墨此第一"，乃稀世瑰宝；浯溪还有象形字、异形字、会意字，如吕洞宾的"寿"字，"福禄寿喜""天下太平"等；字的大小悬殊，最大的字是永州通判柳应辰刻的"夬"符碑，字长 1 丈 3 尺，宽 7 尺，深 5 寸；其次是明嘉靖祁阳教谕阎士麒刻在悬崖上的榜书"圣寿万年"，字大 225 公分；最小的字是清乾隆时永州知府、诗人、画家王宸《题摩崖诗》，字大仅 1 公分。从碑刻的作者来看，唐以来的六朝名人都有，如唐朝的颜真卿、刘长卿、皇甫湜，宋朝的黄庭坚、杨万里、秦观、米芾，元朝的杨维桢、宋渤，明朝的顾炎武、董其昌，清朝的何绍基、杨翰等。值得一提的是，祁阳人在浯溪石刻文化的示范启发带动下，努力习文练字，也在浯溪刻石。据初步考证，明后有 13 个祁阳人在浯溪刻有 23 块碑，其中现代文人黄矞就有 6 块。可以说，祁阳浯溪摩崖石刻汇集了六个朝代、上千英才的才能和智慧，积淀了一千多年的文化艺术精华，形成了全国罕见的诗海碑林，成了珍贵的艺术瑰宝。正因为如此，湖南省人民政府于 1988 年批准浯溪为省级文物保护单位，国务院于 1988 年公布浯溪为国家级文物保护单位，浯溪更加名重。

三、元结兴祁阳旅游之端

元结酷爱山水，热爱自然。对浯溪"爱其胜异，遂家溪畔"，还表示"吾欲求退，将老兹地"。元结开辟浯溪，融文学于山水，以山水招来人。历代有很多人，慕元颜和浯溪之名而来，络绎不绝。有的初来一游，就表现了依依不舍的痴情：如明朝的高岐在《浯溪》诗中写道，"爱此迟去辙，此意白云知"；清朝的邓枝鹤在《游浯溪诗》中写道，"剩欲维舟十日游，但恐山林嗔恶客"。有的来了一次还想再来：如明朝的王锡爵所作的《寻元次山诗》写道，"寄语赏心客，明年还复来"。有的一来就多住几日，留刻多处：如清朝的瞿中溶就曾经赋诗"何以增我来住日，公然清兴继前贤"。有的游了再游，如宋朝的范成大、陈从古，明朝的陈斗，清朝的钱沣等都有《重游浯溪》诗。有的游了三次：清朝的刘菼在《游浯溪》诗序中说"得官兹邑，三来于此"，清朝的钱邦芑在《游浯溪记》中写道"予所以三过其下，每为之徘徊赋吟而不忍去也"。有的甚至游了七八次：如清朝的黄中通"八渡浯溪"，何绍基"归舟十次经浯溪"，王榘"十有八年株守此溪侧"。也有渴望游浯溪而不能至，无限神驰向往，则以诗寄情，如宋朝女词人李清照，她没来浯溪，却写了两首浯溪诗。更有游了浯溪竟想在此定居的，如清朝的永州知府杨翰，钟爱浯溪，特于同治元年修复元颜祠、三绝堂、峿亭、胜异亭等，又建"息柯别墅"，他退休后将全家落籍浯溪，杨翰及其母、子死后都葬在浯溪，后裔在祁阳繁衍，至今已六世，有100多人。来游浯溪的除观赏摩崖石刻、吟诗刻石外，还因浯溪自然景观旖旎，人文景观独特。这里的湘江、浯溪、寒泉以水胜，摩崖、峿台、浯洞、曲屏以石胜，宋樟、丹桂、松涛、竹趣以木胜，三绝堂、唐亭、虚怀亭、宝篆亭以亭榭胜，柳押石、千佛阁以佛道遗迹胜，宬尊、镜石、渡香桥以神话传说胜。这些胜景，小巧玲珑，辉映璀璨。宋明以后，逐渐出现胜景名称，清以后正式确定胜景，有八景、十景、十六景之说。今又有正景二十六、附景十六说。可以说，浯溪是无处不景，无景不优。

中华人民共和国成立后，特别是改革开放以来，祁阳县委、县政府重视浯溪，利用这一得天独厚的宝地，大力发展旅游事业。重点恢复、保护文物，清理"家底"，着力研究：复建"三绝堂"、唐亭、宝篆亭，新建虚怀阁、欧阳利见碑廊、渡香桥和牌坊；整修硬化园内道路，疏浚浯溪，加固摩崖；塑造元结、颜真卿、陶铸像，增设陶铸生平事迹陈列馆，竖立陶铸"东风"诗碑；整理出版碑刻拓片等书籍，制作导游说明标志等等。浯溪建筑修旧如旧，景点面貌焕然一新。1992年被省政府定为"湖南省风景名胜区"，2008年被国家旅游局评为4A景区，还被省、市县设立为爱国主义、廉政教育基地。游客纷至，日渐增多，每年都在30万人次以上。游客有本地人，外地人，有本国人，还有外国人。日本曾几次组织汉学专家来浯溪参观考察。1986年，日本学者石川忠久参观回国后，在当地媒体撰文宣传浯溪，写诗赞道："依山缘水景观分，浯溪奇胜绝群伦。东瀛游子始来此，远慕高风元使君。"

（2010年撰于溪畔，本文有删改。）

我与浯溪相伴三十年

杨仕衡

我少时就学书临摹浯溪碑帖，萌发了对浯溪的向往之情。后从事教育工作，酷爱文史书画，常去浯溪。1979年9月调县文化馆分管文物，更是恋上浯溪。1981年1月参加筹建浯溪文物管理所，从此一干30年。30年来，浯溪的山、石、水、土、草、木和历代前贤的精灵，都见证和记录着我与浯溪结下了至真、至情，相亲、相融的不解之缘。

一、任劳任怨奔筹建

万事开头难。那时到离县城五华里的浯溪，得横渡湘江。为节省往返时间，我与两个职工（会计曹建国、出纳邹建国）在附近租住民房，到隔壁中学搭餐。省拨经费10.5万元，我们精打细算，干好了很多实事，如立章树牌，定线围墙，建房、修亭、架桥、铺路。为护守基建材料，不知熬过多少风雪夜。一次摸黑追小偷，牙齿都跌断。有次因劳累过度，突发胃穿孔，全靠县文化馆蒋钟谱连夜冒雨租车送医院，才得到及时抢救。我家那时在农村，逢年过节从未回家。1981年初夏，17岁女孩因病夭亡，我在省里开文物会。因我实在忙不过来，便将小孩从农村接来做伴和看管园林。儿子为制止当地小孩进园放牛、打柴，不知多次遭打骂。1981年冬，一天我在县里开会很晚才回所，走到河边时，天色突变，狂风暴雨即将来临。我摆渡过河，小船险些被浪打翻。上岸后，全身湿透，冷得打战，可想起刚购进一批水泥，就直奔工地，待遮盖好水泥回到屋棚，10岁的儿子缩在漆黑棚角啼哭……

尽管如此，我却连遭忌妒。有人告状，说我经济不清，材料失散。县局派员清查才真相大白。有人以"长"字两种音义出联戏弄我："所长所长长在所"，我以自信和坚毅肯定自己，用"难"字两种音义对出下联："消难消难难全消！"我的处境引起社会各方关注：县中医院院长方镜拉我为他当助手，企业家邹伯伦想高薪聘我，县教委动员我回教育界，县纪委书记游高桂也推荐我去当乡镇领导……但我没有动摇坚守"三吾"、相伴"国宝"的坚强意志，刻方章自号"三吾一丁"，撰书《座右铭》自勉自律："面对镜石，吊古抒怀，为建浯溪，诚恳表态：步老步实，克勤克俭，全心全意，任劳任怨。"后又添上两句："三吾存肝胆，石镜阅鬖华"。同时撰文《三吾存肝胆，石镜阅鬖华》在《中国文物报》1991年3月3日第二版发表。1991年6月12日《祁阳报》纪念建党70周年"浯溪风流"有奖征文专栏，刊发了《三吾一丁——记浯溪文物管理处副主任杨仕衡》的报道。

二、奋身竭力清家底

筹建初步结束，我全心身扑在石刻的清理、抢救上。为清家底，我劈荆斩棘，剥苔探碑，低处伏地钻，高处吊身爬，晴天趁早晚斜射阳光，雨天趁水反光辨认碑文。挂烂衣服，擦破皮肉，跌伤手脚是常事。每查出一块石碑，都如获至宝，欢喜若狂。1984年6月，我往河边30米高的悬崖峭壁上探碑，因当时资金短缺，没条件用竹木或钢管扎脚手架，梯子又没那么高，只好蛮法上马。

用长绳一端捆住腰间，套一竹板踏脚，另一端让人在崖顶拉住往下放。待找到碑痕位置，就斩棘剥苔，清刷碑面，随后又将绳子下放，直到碑面刷完才松绳落地。就这样，一块明代字径2.3米的"圣寿万年"终于重现原貌。之后还清刷出《大宋中兴颂》《大明中兴颂》两块巨幅摩崖石刻。

探碑难，难在崖壁上小块石刻，要想一碑不漏，就得将临江三座石峰崖壁上上下下和山上遍布岩石全部清刷。发动群众上阵，怕粗心漏查或破损刻文。为此，我于1981、1984和1990年三次遍查，才全面清理园内石刻，还找出了已定久佚的清祁阳文人黄乔和宋臧辛伯浯溪渡香桥诗原刻，真是功夫不负有心人。

浯溪曾有不少嵌入崖壁、墙面的活碑。这些碑大多破损，或搬作他用，必须找回来。附近农村杂屋、水沟、厕所和猪牛圈，我无处不钻、无石不查，发现这里半块、那里半块，都找回装配。一次，我从一农户猪圈搬出两个半块清《浯溪图》碑刻，还把碰掉的碎块包好带回时，村人笑我："那是你的命根子？"我说："这比个人命根子还重要咧！"并趁机向群众宣传有关文物知识和保护文物的重大意义。就靠这种"钻劲"，从隔壁祁阳三中教师宿舍的阴沟里找出了"吕洞宾寿字碑"，从校医室柱础上换出了清吴大澂《唐颐铭》篆刻半块，从食堂水池踏步换出了半块"仙迹"狂草诗碑。有一次，我发现新埠头水渠石板桥是浯溪石碑，要搬回，老百姓不准。我就用钢筋水泥冻一块桥板，刻上"献身在要道，宁让千人踏；积德于民间，喜留万足香"两行大字去换，群众非常高兴，还举行了换桥仪式。

通过几年不懈努力，全面清理了浯溪石刻家底。共查出摩崖石刻505方，比旧县志载的碑数多225方，全部编号、登册、建卡、拓片、录集碑文资料珍藏。还经实测将505块碑按方位、比例绘制成长13米、宽0.4米共46页的《浯溪摩崖石刻分布总图》，做了千百年来前人从未做的一件大事。

三、刻苦钻研护国宝

石刻保护是一个长期而艰巨的任务，既要与人斗，又要与天斗。

跟人斗。对石刻破坏的人为因素，遵照《文物保护法》规定，上报县政府下文立牌公布。严禁在园内放牛、打柴、割草、取土、搬石；严禁在悬崖河边掏沙和放炮炸鱼；严禁在园内乱刻乱划和拓印碑文。对"三绝碑"加钢筋栏杆锁起来。长期坚持巡园，发现问题及时处理。1984年冬，我两次发现碑面刻"到此一游"留言和落款，便拍照去信给所在地派出所，给予罚款处理。还撰写《到此一游被罚款》《有感于到此一游的罚款》文稿，在《祁阳报》《湖南文化报》发表，扩大了影响，收效良好。

跟天斗。为防止石刻自然风化，我深钻《石头的学问》和文物报刊发表的有关文章，大胆试验。一是防水。用钢筋、水泥或片石在石刻顶上加檐盖帽，顺势引沟合理排水；二是防塌方。对悬崖裂缝用钢筋水泥加固，崖脚加砌护坡；三是加强对石刻的经常护理，排除苔藓，清扫尘埃，铲除石缝树根杂草，及时清刷碑面洪水污渍；四是对亭内有围栏封锁的"摩崖三绝"等重要石刻，用白芨水蝉拓薄皮宣纸，长久不揭，以保护碑面不受风化。至于石刻保护化学处理，1982年，我对大型榜书和一般石刻作土法试验。将工业用醇酸清漆稀释薄刷碑面，字迹较原来清晰，不影响拓片，不积水生苔，不粘尘埃，虽易老化，无伤石质。1983年又用聚甲基丙烯酸甲酯，用丙酮稀释后涂在三处不同石碑上，效果虽好，因资金问题，无法大面积施行。

1995年10月至1998年6月，我四次跑北京，争得国家文物局立项维修第一项峿台北崖区抢险加固资金110万元。2006年7月，我参加浯溪与中国文物研究所签订摩崖石刻碑体保护修复设计方案的合同书。

　　我刻苦钻研护国宝实践，得到广泛认可。1982 年 9 月，国家文物研究所专家蔡润先生来浯溪考察摩崖石刻保护，对加檐盖帽防水，加补裂缝，加砌护坡防塌方，加围栏杆防人为破坏等各种土法试验极表赞赏，在全省考察总结会上推广。我总结《对浯溪摩崖石刻科学保护的探索》一文，在 1993 年 7 月 25 日《中国文物报》上发表。2007 年 1 月 24 日，日本教授高木隆司来信说：从 10 年前《经济日报》中查出浯溪"摩崖三绝"碑采用白芨水拓上薄皮宣纸长期不揭以防风化的报道，诚恳求教具体做法。难怪国家文物研究所专家贾瑞广先生说，我总结的"石刻风化演变过程的五个步骤"，解决了他在国际石刻保护研究会上的难题。2009 年 9 月，为纪念祁阳解放 60 周年，县政协组织编纂出版《祁阳记忆》一书，我撰文《世界向浯溪走来》，真实记述了日本女郎情系浯溪和国际友人与浯溪的动人故事。

四、呕心沥血谋发展

　　我 30 年如一日，挖掘、整理资料，广泛宣传浯溪。先后在全国报刊发表文章 120 多篇。其中在省文物局、旅游局、老干局举办的"我爱文物""优秀导游词精选""共产党员永不退休"三次征稿活动中荣获一等奖。《颜真卿大唐中兴颂书艺初探》获上海兰亭年会书论三等奖。1995 年荣获省"文物宣传通讯报道先进工作者"。先后出版《浯溪导游》《浯溪解读》《三吾一丁》专著和《祁阳县志》《祁阳县文化志》《祁阳县城建志》的《浯溪篇》。2008 年 10 月，为《湖湘文库》乙编《湖湘碑刻（浯溪卷）》撰文，精装出版。

　　30 年来，我一直承担浯溪导游讲解任务。据《日志》登记，共接待国内外游客 6000 多批次。导游中，我以长、中、短、深、浅、雅、俗多套讲解词和多种表达技巧，因人因情因时，灵活施讲，寓教于乐，使之由悦耳悦目升华到悦志悦神，效果显著，博受赞赏。

　　记者姜贻斌发表在 1990 年 8 月 15 日《湖南日报》和 1991 年第 4 期《散文选刊》的《浯溪散记》中如此描述："杨老先生瘦小身材，说不出有什么吸引人之处。只是一开口，一行人竟被杨老先生的讲解深深迷住。杨老先生说话抑扬顿挫，许多神话、传说、轶事信口讲来，讲解碑文不紧不慢，头头是道，幽默，诙谐。一时将人逗得哈哈大笑，一时又令人陷入沉思。偌多妙处，始则茫然，经杨老先生一指点，继而恍然。每到一处，众人将他团团围住，生怕没听清楚。杨老先生也不高声，任其自然，笑则笑了，静则静了。目中只有山水碑刻，心里一派超然态度……"1986 年 10 月 13 日，日本第七次汉诗爱好家访华团山田女士来信说："浯溪风景最好，特别是我看了颜真卿的摩崖书法后很感动，到死也忘不了。杨先生说话很慢，也很清楚，我差不多都听懂了，心里很高兴！"还寄来了日本樱美林大学讲台挂着我赠"鲁公遗墨此第一"书法作品，和教授石川忠久拿着《浯溪导游》小册，指着地图上浯溪的位置在讲课的照片。1991 年 12 月 3 日，郴州八中张治苏来信说："深深地佩服你的讲解，真是加一个字嫌多，减一个字又嫌不够，做到了恰到好处，难得，难得！"中国农业大学张文绪来信说："听了您富有哲理教育的讲解，真是受益匪浅。"1992 年 9 月 18 日，省《党风党纪杂志社》许乐山在留言簿上写道："杨公一番导游语，胜吾苦读十年书。"1993 年 3 月 13 日，省组织部组织指导处处长王晓生向我递了一张纸条："感谢杨老给我的教诲！"市纪委书记郑邦琼风趣地说："真看不出，从中央到地方的各级领导，凡来过浯溪听了杨老讲解的，就都被杨老教育完了！"1993 年 7 月 6 日，新华社湖南分社金林鹏来信说："……回味在祁阳的前前后后，他们反复称赞杨老的精彩讲解，而我没有亲自聆听，深感遗憾，希望您能在百忙中接受我的采访！"1996 年 4 月 23 日，省文物局长谢辟庸曾带领参加在永州召开省文物会的全体成员考察浯溪，当场赞扬：

"杨老的讲解妙趣横生，也称浯溪一绝！"再三叮嘱单位领导，要录制影碟存档，交省局2套。2001年5月31日，《永州日报》"人世写真"栏发表通讯《记一位六旬老人与浯溪碑林的故事》评："这就是生活中的杨仕衡，他把有限的人生打扮得五彩缤纷，他用一种年轻的心，笑对每一个美丽而又充实的日子。""正是因为杨仕衡的锲而不舍，勤劳好学和勇于实践，才赢得了'浯溪通'的美誉。"我还不断总结经验撰稿，1983年1月，上海《旅游天地》第1期发表《运用古诗导游一试》，1993年3月25日，《中国旅游报》导游之家第47期专栏发表《我对浯溪碑林的导游》。2000年11月25日北京《博物馆之声报》发表《我为浯溪碑林导游讲解20载》。

导游的魅力，不仅能招来回头客，还能广集资金。1981年4月1日，首次接待国家文物局藏副局长、省文物处候良处长一行5人视察浯溪，现场划定保护范围，拍板拨款10.5万元筑围墙，建业务用房，复修渡香桥筹建工程；1985年5月18日，零陵地委书记唐盛世领全地区县委书记、县长会议人员览胜浯溪，当场拍板由地、县有关部门联合凑款20万元，征收隔壁祁阳三中食堂，改建为浯溪陈列馆；1992年6月7日《长沙晚报》社组织党员在浯溪开展党日活动，当场表态与"长沙五一文化用品商场"和"广东太阳神"集团联合赞款6万元，给浯溪重修"唐亭胜景"；1997年3月17日，省委常委宣传部长文选德视察浯溪，再三叮嘱把所讲内容全部编成书，他负责出版。2006年9月，我撰书《浯溪解读》，文选德作序，国家文物鉴定委员会主任罗哲文、副主任史树青分别题词，省文物局助资，潇湘出版文化传播有限公司设计出版；2004年5月1日，国家财政部长金人庆和国家环保局副局长潘岳视察浯溪后，批拨维修专款120万元。

浯溪是书法石刻宝库，我长期坚持面碑、临帖，以继承发展传统书艺，创新书法，作品曾入选《中华民族书画长卷》，入集《海内外书画作品选萃》《国际现代书画篆刻家大辞典》等多种专集。所书条幅："李唐碑板如云垂，浯溪片石尤瑰奇，鲁公遗墨此第一，评家自审非谬欤。"在日本樱美林大学展出并珍藏。本人是祁阳书坛被地区选送参加1985年首届湖湘书法大赛第一人，并被吸收为湖南省书法家协会会员，上海中华书学研究会会员，北京卿云诗书画联谊社社员，中国艺术研究院文化艺术市场研究中心特聘书画师，中日韩新书画联谊会理事。随着书艺的提高，参赛作品在海内外广泛流传，对浯溪文化交流、传播以及浯溪品位升格起到了促进作用。2011年2月，《艺术中国》杂志以重要版位发表我的报道：《镶嵌在湘江边上的文物明珠——浯溪摩崖石刻》和一幅行草书法作品："元颂云烟霭，颜书金玉辉，山川无秀丽，天下看来稀。"（明曹来旬赞浯溪中兴碑），影响深远。

我调任县文化馆副馆长后，一直是文物考古专干，是湖南省考古学会会员，曾参加文化系统刊授大学学习专业三年，多次参加省文物、省考古培训和全国县以上文博干训班专业培训。1981年来，我构建了全市一流县级文物库房。我从县文化馆将原有土改收集的历史文物搬到浯溪库藏。积极收藏全县出土和民间流散文物，考证整理资料向国家刊物报道，曾在北京《考古》发表《湖南祁阳出土汉代窖藏钱币》（大忠桥蔗塘出土五铢铜钱112.5市斤），《祁阳长流村出土宋元瓷瓶》（陈启云挖土打红砖发现，国家三级文物），《祁阳发现汉代铜镜》（大忠桥镇上马断桥蒋绍宝挖屋基出土东汉神兽铭文铜镜，国家一级文物），《祁阳黄泥塘镇发现宋墓》（黄泥塘河边观音盘座岭下墓地出土人物堆纹陶罐，国家三级文物），《湖南祁阳出土元代马蹬》（浯溪镇唐家岭8组唐昌栋挖屋基出土双龙纹铜马蹬一对，国家一级文物）。浯溪共有国家级库藏文物111件，其中一级3件，二级4件，三级104件。1988年1月，我仿照省博物馆陈列方式策划展柜，布置文物陈列展览，展出文物272件，并连续展出10年。我坚持夜睡库房10年，贴身保证库藏文物的绝对安全。

这些文物大部分转借永州市博物馆长期展出。

1988 年 8 月，我主编《祁阳县文物普查资料汇编》，8 开共 224 页，编集古文化遗址 45 处，古墓葬 121 处，古化石采集点 2 处，石器、陶器、墓砖等实物标本 600 余件。还登记了大量家藏文物，考证精详，图文并茂，获地区二等奖。1991 年为编绘《全国文物地图集》，我完成《祁阳文物地图》《祁阳文物概况》汇编。2008 年 6 月和 2010 年 6 月，先后在道县和祁阳参加"元结与永州"学术研讨会，撰文《元结在浯溪》《对元结雅好山水和乞求退隐思想之我见》《元结游记体散文的特点以及在文学史上的地位与作用》，在大会发言并被收编论文集。2010 年 8 月，撰文《浯溪摩崖石刻》被收入《湖南省考古学会第十一次年会暨湘赣粤桂考古高峰论坛论文集》。《湖南碑刻整理研究与数字化建设》是吉首大学龙仕平教授 2011 年立项的国家社会科学项目课题，也是全面清理我省碑刻文献、抢救地下资源的一次最好的机会。受龙教授委托，重新校正浯溪碑刻和整理收集摆在浯溪地面的碑刻及统计祁阳县其他碑刻资料，于 2012 年 7 月全面完成任务。

1988 年 1 月，浯溪园内东侧增建无产阶级革命家陶铸同志铜像和纪念馆以后，我把元结"忠直方正"、颜真卿"忠义大节"和陶铸"心底无私"有机结合，总结出"忠直方正""忠义大节"必先"心底无私"；只有"心底无私"，才能"忠直方正""忠义大节"之精髓，展示了中华民族古今人文精神。1991 年，县长蒋崇献将其推崇为"浯溪精神"，即"祁阳精神"。我汇编陶铸童年故事、生平简介、诗词选小册子内部印发，《陶铸铜像讲解词》《陶铸与浯溪》和《民族文化的卫士，炎黄子孙的楷模——陶铸的文物保护观》长篇论文，先后发表在湖南《文史拾遗》总第 25 期和 71 期。为陶铸故居石洞源和祁阳古民居——龙溪李家大院旅游开发写导游词。2005 年 5 月，应邀为县旅游局深入陶铸故居石洞源调查考察、收集、整理资料，撰写开发红色旅游景区申报材料。2006 年 6 月，应邀为本单位搜集、整理、撰写全国爱国主义教育基地申报材料和档案资料，尽了应尽的责任。

五、美我残生香人寰

我与浯溪石刻相伴 30 年，是人生之缘。1981 年 1 月筹建浯溪文物管理所，1988 年 1 月 13 日国务院公布浯溪摩崖石刻为全国重点文物保护单位，同年 3 月县编委下文"浯溪文物管理所"改名为"浯溪文物管理处"，正局级事业单位。30 年来，单位领导换了 12 任，我却谨守慎独，固守自定"五不"原则：不在位高位低上做文章，当好配角；不在权大权小上绕圈子，当好人民公仆；不在谁服从谁上论输赢，当好执行政策的模范；不在谁强谁弱上比高低，努力成为本职工作的强者；不在谁富谁贫上看贵贱，努力争当驾驭生活的勇士。我这种"耿介处世，仁让待人"风格，深为亲朋肯定。

30 年来，我得到了无限欣慰。1985 年 11 月荣获省"首届文博建设先进工作者"、省"文物安全保卫先进工作者"。1993 年 9 月被任命为正科级干部。1995 年 9 月县职改办下文确认我为副研究馆员高级技术职称。县电视台《三吾纵横》栏目"咱们祁阳人"专题报道把我列为首播典型。省电视台、中央电视台也曾多次报道。2001 年 5 月 29 日晚，中央电视台国际频道播放浯溪碑林景点和导游讲解。5 月 31 日，《永州日报》"人世写真"栏刊登《美我残生香人寰》报道："祁阳人赞誉杨仕衡是浯溪石刻的'守护神'，游客说他是碑林的'翻译官'，同行则称他是碑林的'保姆'。"市、县领导专赞："浯溪是祁阳的宝，你是浯溪的宝，是宝中之宝！"2005 年 4 月 11 日，原中央军委副主席张震夫妇视察浯溪，临别时，张副主席紧紧握住我的双手，关切地说："你讲得很好，谢谢你的讲解！你是这里的老专家，退了休还乐献余热。可贵，可贵！要多保重，健康长寿！"

30 年来，我总算没辜负党的哺育，没向党交白卷。我退休 14 年了，还始终把心留在碑林上。

常应邀参与策划重大活动，接待重要游客，整编文史资料，参加学术研讨和石刻科学保护的研究，辅导文博新秀……

2011 年 7 月 1 日

（本文经杨仕衡之子杨铁军同意，有删改。）

附录　其他碑刻

明·茅瑞徵《游浯溪记》

35 cm×20 cm，楷书。

祁阳之墟多异石。余从舆中望石势进发，奇态欲斗，以为石之胜莫祁若也；而未始知浯溪之石。会有事于衡，或称溪旁镜石，光可以鉴。且云周道纡绕，仅十余武。余冀回车寓目焉。

五月晦日，晓发祁阳，雨大至。舆人尼余行，而余意已早在溪上。遂觅小艇，乱流以济。溪光映发，水色缥碧；遥挹远山，蜿蜒吞吐，空蒙若断若接，而溪头磐石亦陡立，挐云攫雾，杰出层霄。山僧迎指曰："此即所谓浯溪也。"问镜石何向？则延入墟莽。石高广，并可尺有咫，色如点漆。以溪水拭之，照人须眉如画。而余石并涌翠相支撑，石壁陡绝。颜鲁公《大唐中兴颂》，可摩挲展读。及访漫郎故宅，杳不知对。惟相传元次山宕樽，宛若可识。余因徘徊石林，觉奇峰错落，龙蹲鹘突，纵横万态。睨云树，披竹石，即深心丘壑者，终日位置，无此灵变也。

起步前矶，喟然长啸曰："嗟乎！余今日乃知浯溪之石！"自有开辟，爰有此溪；即有此石，而翻似以元子得名，天生元子以专此石焉。若凭焉，若宠焉，而元子遂亦若秘焉。为几席之玩，歌且咏之，觞且舞之。自元子没，石不遇知己，几数百年矣。试问来游此溪之上，有不知元子之为人者乎？当元子之世，得鲁公以为侣，两人以一颂、一书，各自为开辟，更令溪与石互相托重，以照耀千古。即余亦或疑元子之后身也。山川有知，而令名不朽，又安知不有乘云下上，与石并为无穷乎？

雨声淅沥，游兴未歇。升舆赋诗，以扣溪石。

茅瑞徵，字五芸，浙江归安县人。明万历二十九年（1601）进士，官至湖广参政。

注：此系活碑，嵌元颜祠，祠圮碑失，仅找到半截。

清·乾隆《听雪阁》

56 cm×57 cm，行草。

（印章）见天心　　　　　　　《听雪阁》

千尺雪之上，架白屋三间，冰窗俯畅，砰湱之声满耳，跳激之势谋目，阁素无名，名之曰听雪，而系以诗。

雪宜落天上，云胡落涧底。其源不可极，千尺约略耳。三间白板阁，占尽林泉美。

珠玉碎复完，琴筑鸣无止。涧叶冬不凋，岩葩春似喜。入望窈且深，宜听静方始。

是合忘名言，而复不能已。

乾隆辛未春月，南巡，坐听雪阁，得句，书之箑头，并貌寒梅一枝，以志一时清赏。

（印章）乾隆御宝

乾隆 1752 年春南巡作《听雪阁》，赐刘文定纸扇一把，现藏于下马渡镇元家庙村刘家。将赠扇上的御笔原样刻于青石上。80 年代初期浯溪文物管理所收藏了《听雪阁》诗碑拓片。

注：湱 huò，波涛冲击声。箑 shà，扇子。

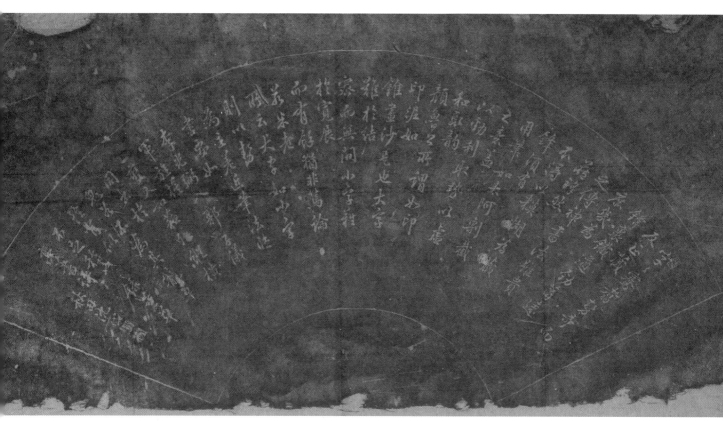

清·沈岱《录董其昌书评》

56 cm×57 cm，行书。

字字骞翥，势奇而反正。藏锋裹铁，遒劲萧远，庶几为之传神。

书法虽贵藏锋，然不得以模糊为藏锋，须有用笔如太阿剸截之意。盖以劲利取势，以虚和取韵。颜鲁公所谓如印印泥，如锥画沙是也。

大字难于结密而无间，小字难于宽展而有余，犹非笃论。若米老所云：大字如小字，则以势为主，差近笔法。

临书要如李光弼入郭子仪军，旌旗一变；又如苏、张纵横，同出于鬼谷，不为其笼罩，虽肖似，不足称也。

录董华亭书评。秋田沈岱（印章）

沈岱，字秋田，清代浙江湖州人。能画。

董其昌（1555 年 2 月 10 日—1636 年 10 月 26 日），字玄宰，号思白，别号香光居士，松江华亭（今上海市）人。明朝后期大臣，书画家。万历十七年（1589）进士，授翰林院编修，官至南京礼部尚书。崇祯九年（1636）卒，赐谥"文敏"。

此扇现藏于下马渡镇元家庙村刘家。刘家将此扇上的文字原样刻于青石上。80 年代初期浯溪文物管理所收藏了此拓片。

注：骞翥 qiān zhù，飞举貌。模 mó，即模。剸 tuán，割断，截断。

清·同治皇帝敕封欧阳利见祖父母御碑

利见碑廊 395-2 号，2.4 m×0.97 m，楷书。

奉天承运，皇帝制曰：嘉劳臣之伟伐，远潮家风；策专阃之案勋，上推祖德。日章斯在；新湿攸加。尔欧阳龙光，运遇缺佽先题奏提督江南淮阳镇总兵，强勇巴图鲁欧阳利见之祖父，善可开祥，教能诒谷。集轩车于里闲，早微世泽之长；拥节钺于方册，聿见孙谋之裕。爰颁令典；俾荷崇褒。兹以覃恩，赠尔为振威将军，锡之诰命。于戏！锡五色之徽章，丕光令绪；沛九重之溅泽，益焕肤功。宠命致承，□风追表。

制曰：丰功炳铄，端袭庆于闺门；懿德深长，恒钟祥于子姓。特加渥典；用溯休声。尔陈氏，乃遇缺佽先题奏提督江南淮阳镇总兵，强勇巴图鲁欧阳利见之祖母，毓质清门；作嫔右族。肃雍壸范，凤彰诒谷之休；硕大孙枝。弥见含饴之泽。式逢庆典，特赍微章。兹以覃恩，赠尔为一品夫人。于戏！发珩瑀之流光。恩纶下赉；焕巾之褠异采，宠命攸敷。茂奖钦承，良型弥播。

同治四年九月二十八日。

清·同治皇帝敕封欧阳利见父母御碑

利见碑廊 394-3 号，2.1 m×0.93 m，楷书。

奉天承运，皇帝制曰：国爵优崇，树鹰扬之伟烈；家声光大，表燕翼之良模。特布新伦，用彰旧德。尔欧阳世福，乃遇缺俟先题奏提督江南淮阳镇战兵、强勇巴图鲁欧阳利见之父，清门代启，素履躬修。教子义方，早授韬豹之略；传家忠孝，果符鹊印之祥。庆典式逢，崇阶宜陟。兹以覃恩，封尔为振威将军，赐之诰命。于戏！显扬克遂，休兹天宝徽章；作述交徽，展也人伦盛事。令名无忝，宠命丕承。

制曰：元戎受任，既协吉于师贞；壶范贻芳，更推原于母德。克光内则，载锡殊恩。尔何氏，乃遇缺俟先题奏提督江南淮阳镇总兵、强勇巴图鲁欧阳利见之母，早习规型，凤娴图史。令仪不忒，表懿范于闺门；慈教有成，树鸿勋于幕府。特加渥典，用播徽音。兹以覃恩，封尔为一品夫人。于戏！锡茂奖于兰陔，芳荪益播；被惠风于葱佩，馨泽弥新。祇服诰词，允扬休闻。

同治四年九月二十八日。

注：欧阳利见，字庚堂，号健飞，湖南省祁阳县长虹街道白鹭町人。1854 年入曾国藩湘军水师。1863 年赴苏南进攻太平军，累升至副将。1864 年为淮扬镇总兵。翌年到山东、江苏等地、堵截捻军。1880 年调任福山镇总兵。1881 年升浙江提督。1884 年中法战争时，率军守镇海金鸡山。1885 年法舰侵扰甬江口时，督师抵抗，击退敌舰。1889 年因病退职。1895 年中日甲午战争中，被刘坤一奏调赴前线，中途病故。著有《金鸡谈荟》。

御碑原竖于欧阳利见故居之正堂屋，有碑座，无碑冠，方头形，上方正中刻有浮雕龙头，四边有龙纹。

清·同治皇帝敕封欧阳利见夫妻御碑
利见碑廊 397-4 号，2 m×0.9 m，楷书。

奉天承运，皇帝制曰：阃外疏功，特重文人之任；师中树绩，爰标上将之名。望起干城；恩颁纶綍。尔遇缺俟先题奏江南淮阳镇总兵，强勇巴图鲁欧阳利见，谋猷克壮；才艺兼优。早执锐以披坚，久同军旅，题建牙而仗节，遂总戎麾。裦带从容，功信成于樽俎；车徒整练，势俨并于金汤。爰贲宠纶，俾膺嘉奖。兹以覃恩，授尔为振威将军，锡之诰命。于戏！式颁殊宠，用酬阀阅之勋；祗服徽章，益展韬铃之略。尚勤后效，无替前劳。

制曰：推恩锡爵，王臣奏秉钺之勋；履顺思壮，女士著宜家之美。良型既播，茂奖宜加。尔遇缺俟先题奏提督江南淮阳镇总兵，强勇巴图鲁欧阳利见之妻龙氏，毓自名门，嫔于右族。恪恭当室，率礼法于珩璜；黾勉相夫，树勋名于帷幄。特颁渥典；用播徽音。兹以覃恩，封尔为一品夫人。于戏！被七章之褕，翟象服攸。宜贲五色之丝纶，鸾书有耀，祗承钦命，尔劭休声。

同治四年九月二十八日。

清·同治皇帝敕封欧阳利见曾祖父母御碑

利见碑廊 396-1 号，2.9 m×1.05 m，楷书。

奉天承运，皇帝制曰：宣□国威，统三军而奏绩，采甄世德；溯四世以推恩，积庆有源，流光自远。尔欧阳烈生，乃遇缺俈先题奏提督江南淮阳镇总兵，强勇巴图鲁欧阳利见之曾祖父，醇心抱质；善气储祥。丕建乃家，允肇弓裘于弈叶；克昌厥后，诞膺节钺于高门。爰贲徽章；俾扬令闻。兹以覃恩，赠尔为振威将军，锡之诰命。于戏！簪缨赫奕，式隆一品之殊荣；纶诰辉煌，用慰九原之夙志。祗承宠命，长播休声。

制曰：德门积善，衍余庆于后人；幕府策勋，锡殊恩于先世。家声克大；闺范攸昭。尔黄氏，乃遇缺俈先题奏提督江南淮阳镇总兵，强勇巴图鲁欧阳利见之曾祖母，佩服女箴；娴明母道。惠风肆好，留懿训于闺中；令绪三传，毓奇才于阃外。爰颁茂典；俾阐徽音。兹以覃恩，赠尔为一品夫人。于戏！涣汗诞敷，用播深遐之泽；湛恩偏洒，益扬淑德之名。显命丕承，幽光允贲。

同治四年九月二十八日。

后记

　　2020 年 5 月初，当全国抗击新冠病毒的人民战争取得决定性胜利的时候，县政协同县浯溪碑林风景名胜区（陶铸故居）管理处就及时组织人员，紧锣密鼓地拉开了《浯溪摩崖石刻》编纂工作的序幕。

　　浯溪摩崖石刻自唐以来，已有一千二百多年历史，可谓历史悠久，文化底蕴深厚。因此，对于浯溪摩崖石刻的整理、保护、管理等各个方面，历代前贤做了大量工作，或在史志中有专门篇章，或有专著，为浯溪文化的传承做出了巨大贡献。但是，真正把浯溪摩崖石刻进行全面、系统整理的却没有一部。为了切实做好《浯溪摩崖石刻》的编纂工作，编纂人员在参考有关书籍、资料的同时，一头扎进历史的大海之中，经过半年多的辛勤劳动，终于完成了《浯溪摩崖石刻》的编纂工作。

　　以主人翁精神，任劳任怨，扎实做好编纂工作。此次编纂《浯溪摩崖石刻》，要求 8 月底拿出初稿，9 月校对，10 月送出版社，12 月底出版，可谓时间紧，任务重，难度大。为了如期如质完成编纂任务，编纂人员在县浯溪碑林风景名胜区（陶铸故居）管理处提供基础资料的基础上，还搜集和调阅了大量资料。但由于资料的来源不同，拓片的分区、编号整理难度很大。因为有些石刻有几张拓片，又不在一起，需要仔细辨别、挑选，才能达到较好效果；有的有拓片无碑，有的有碑而无拓片；有些碑文，过去因条件有限，无法辨认，已作遗失处理；此次却在拓片上找了出来，其中新发现唐元结楷书《浯溪铭》碑 1 方，元碑（郭友直题名碑）1 方，清碑 17 方。为此，编纂人员在全面阅读、参考原有资料的同时，本着实事求是和尊重历史的原则，像绣花一样，一一将其分类整理，做到了应收全收，确保了编纂质量。同时还查证落实生僻字达数百个。需要说明的是，第五章浯溪研究集锦中文章所列举碑文数量皆为文章发表时的成果，为保持文章原貌没做删改。

　　以拓片为准绳，核对碑文，确定实际碑刻数量。一是以拓片为准，核对碑文。编纂人员发现，有不少碑文在有关书籍上弄错了，此次都改了过来。如：原来有关书籍上记载为"湖广按察副使严度徐怀"，把作者弄成严度，其实是"湖广按察副使严陵徐怀"，严陵是地名，徐怀是人名；原来有关书上是"湖广等处提刑按察司副使黄严应钦书"，把作者弄成黄严，其实是"湖广等处提刑按察司副使黄岩应钦书"，黄岩是地名，应钦是人名。二是以拓片为准，核定碑刻实际数量。开始，大家对于同一拓片即同一块石上，有两个或多个不同诗文，其碑的数量如何统计，存在不同意见，特别是被铲碑。对此，编纂人员特意请教了浯溪文物管理处有关人员和专家，最后确定：一块石上有多少题刻就算多少方碑。拾回了一定数量的刻碑。比如摩崖区 200-92 号碑，碑中除宋李若虚诗，还有宋贾时举等题名。为了不打乱原来碑刻编号次序，我们采用"摩崖区 200-92 号"为主碑，另一碑则用"摩崖区 200-92-2 号"为副碑加以区别，解决了这一难题。三是疑难问题，以古刻本为准。

因年久风化，不少碑文已难以辨别。为了核实碑文，编纂人员坚持以古刻本为准，订正、修改碑文达 20 多处。

以事实为依据，现场勘探，还原石刻本来面目。编纂人员发现，以前几本书上，把元结《右堂铭》的拓片弄反了，"铭"的金字旁到了右边。为此，编纂人员到浯溪现场察看石刻，证实真的弄反了。还有宋《陈从古来游》碑，则把该拓片放横了，经仔细辨认和现场察看，最后确定竖放。又如摩崖区 44 号碑，原来只为杜杰、杜例题名编号，可在辨认碑刻过程中，发现旁边文字是元结《浯溪铭有序》残篇。因标题和第一段为清孟廷简、俞士谔所铲，落款为唐杜杰、杜例所铲，且未编号，只好作副碑处理。此碑，很多研究浯溪石刻的同志都感到陌生。再如宋朝杨恢，在浯溪有题名碑，也有诗碑。可是，在其他书上却张冠李戴，把别人的诗放在了杨恢的头上。经认真核实，改了过来。还有摩崖区 185-76 号唐韦瓘题名碑，经认真辨认，更正文字 43 个；摩崖区 201-93 号《灵武储皇识事端》碑，原为佚名氏，经考证，作者为林访，并订正文字 30 多个。另如，刘敬游浯溪诗碑，其他书上写的是"刘敬卿贡进士"，宋朝人；经考证，实是"刘敬，乡贡进士"，明朝人；"胡英卿贡进士"，也实为"胡英，乡贡进士"。

虚心请教学习，精益求精，力争做好编纂工作。在编纂过程中，编纂组一旦遇到难题，便采取请进来、走出去的办法，召开专题座谈会，邀请黄承先、伍锡学、蒋民主、李南山、冯春宝、蒋青松、蒋艺华等研究浯溪文化的专家和书画界代表参加，为编纂工作提出了许多很有价值的意见。同时，还拜访了蒋炼老先生。杨铁军提供了其父亲杨仕衡手工绘制的《浯溪摩崖石刻分布图》，吴恩军为该图篆书集字。此外，编纂人员还通过微信，向唐凯、何苏、唐新科、蒋仕光等请教。桂建功同志提供了桂多苏老先生部分关于浯溪摩崖石刻研究的手稿和资料。祁阳县北大电脑部提供了很多资料。在此，均一一深表谢意。

由于史志资料掌握不全和编纂人员水平有限，再加上时间紧，书中难免出现疏漏和错讹，敬请各位方家批评指正。

2020 年 11 月

参考文献

中国大百科全书编辑委员会．中国大百科全书•考古学．北京：中国大百科全书考古学出版社，1986.

宋溶．浯溪新志．清乾隆三十五年春三月．

陈玉祥．祁阳县志．清同治年间传抄本．

聂文郁．元结诗解．西安：陕西人民出版社，1984.

张守富，王汝铸．颜真卿志．济南：山东人民出版社，1998.

湖南省文物事业管理局，祁阳县浯溪文物管理处．浯溪碑林．长沙：湖南美术出版社出版，2000.

桂多荪．浯溪志．长沙：湖南人民出版社，2004.

浯溪文物管理处，湖南文库编辑出版委员会．湖湘碑刻（二）浯溪卷．长沙：湖南美术出版社，2009.

桂砺锋．元结•浯溪•永州．长沙：湖南人民出版社，2010.

蒋炼，蒋民主．浯溪摩崖诗文选注．北京：中国社会科学出版社，2015.

1.摩崖区（三绝堂）（坐东向西）

特点：接东崖区，自"夬"字碑起至"三绝堂"在内的全部屋
碑数：1–129号（含三绝堂对联）。石壁高25m，宽20m，石崖
改建三绝堂填没5方，原三绝堂对联等6方）
附注：虚线为字迹漫灭的石碑（以下图示相同）。

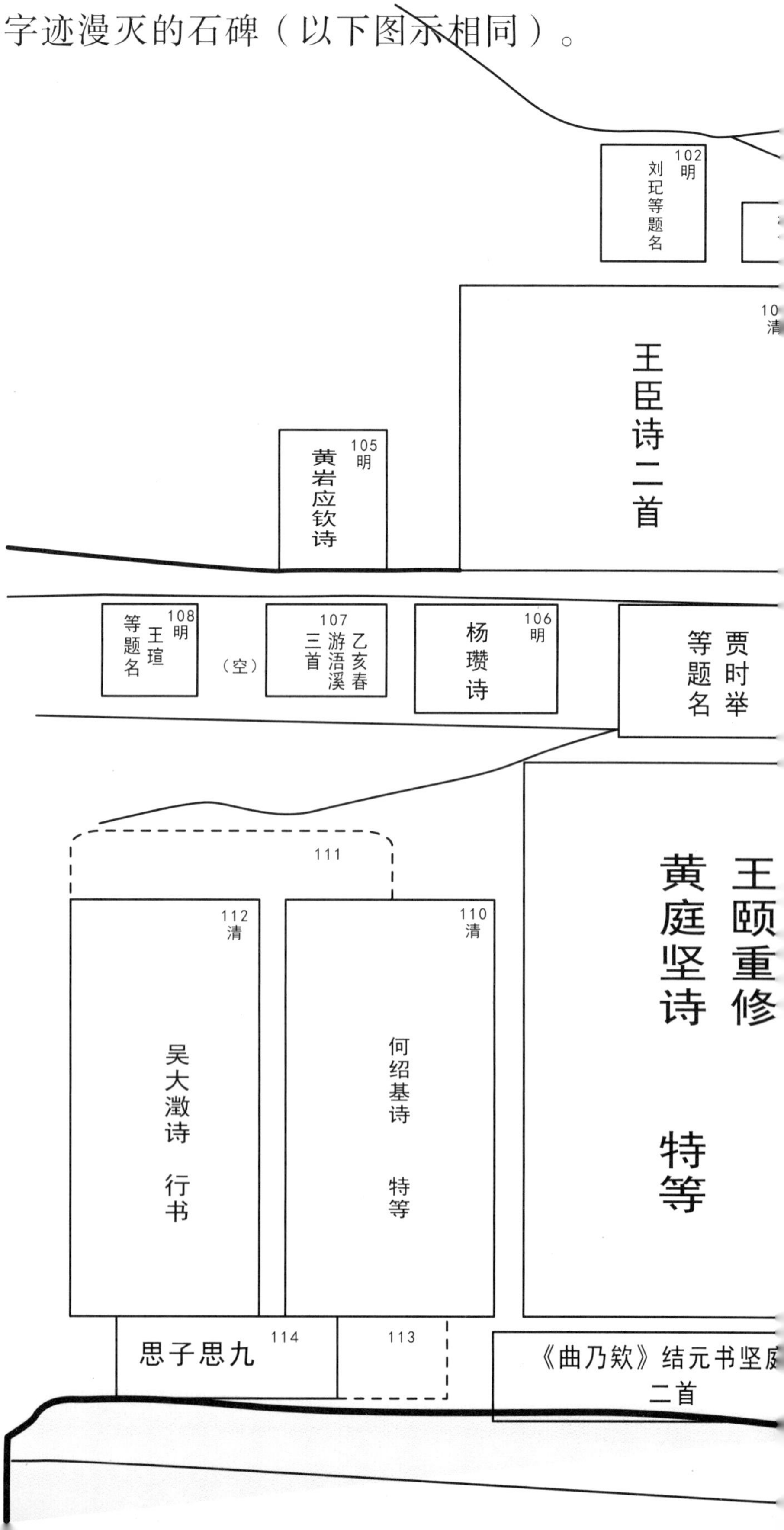

102 明 刘玘等题名	

王臣诗二首

105 明 黄岩应钦诗

| 108 明 王瑄等题名 | （空） | 107 乙亥春游浯溪三首 | 106 明 杨瓒诗 | 贾时举等题名 |

111

| 112 清 吴大澂诗 行书 | 110 清 何绍基诗 特等 | 黄庭坚诗 | 王颐重修 特等 |

思子思九 114

113

《曲乃欹》结元书坚庭二首

0m²。（其中入图118方，未入图11方；碑石面积120m²，

87 明
朱英诗

99 宋
蒋孝忠诗

98 宋
二等
宁良浯
溪吊古

88 明

100 宋
舟过浯溪

103 宋
乞麾太守三吾客

89 明
湖广按
察司诗

86 明
王宾诗

85 明
和韵书摩崖刻石
越东王襄书

84 宋
赵与懪
俞掞唱
和诗

90 唐
特等
元结撰文
颜真卿正书
《大唐中兴颂》
"摩崖三绝"

92 宋
李若壶寺

93 宋
林访诗
识事端
灵武储皇

94 明
韦窑题名

96 宋
杨冀诗

95 一等
穆演祖题名

97 清
梁恭辰题名

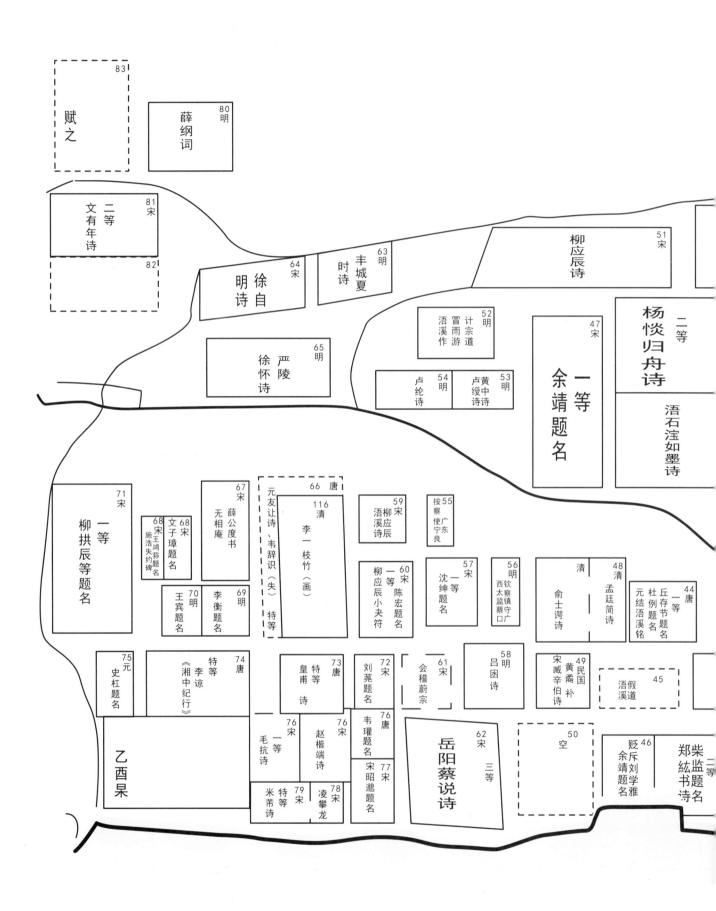

83 赋之

80 明 薛纲词

81 宋 二等 文有年诗

82

64 宋 明徐诗自

63 明 丰城夏时诗

51 宋 柳应辰诗

47 宋 一等 余靖题名

52 明 计宗道冒雨游浯溪作

杨恢归舟诗 二等

浯石洼如墨诗

65 明 严陵徐怀诗

54 明 卢纶诗

53 明 卢黄中诗黄绥诗

71 宋 一等 柳拱辰等题名

67 宋 薛公度书无相庵

66 唐 116 清 李一枝竹（画）

元友让诗、韦辞识（失）特等

59 宋 浯柳溪应诗辰

按55 察广使东宁良

68 宋 文子璋题名

68 宋 王鸿苏题名施浩失约碑

70 明 王宾题名

69 明 李衡题名

60 宋 一等 柳应辰小夬符陈宏题名

57 宋 一等 沈绅题名

56 明 西钦察镇太宁监蔡口广

清 俞士谔诗

48 清 孟廷简诗

44 唐 丘存节题名元结浯溪铭杜例题名

75 元 史杠题名

74 唐 特等 李谅《湘中纪行》

73 宋 特等 皇甫诗

72 宋 刘尧题名

61 宋 一等 会稽蔚宗

58 明 吕困诗

49 民国 宋臧辛伯诗黄乔补

45 浯假溪道

乙酉杲

76 宋 一等 毛抗诗

76 宋 赵楷端诗

76 唐 韦瑾题名

77 宋 宋昭邈题名

岳阳蔡说诗

62 宋 三等

50 空

46 贬斥余靖刘题学名雅

郑柴纮监书题诗名 二等

79 宋 特等 米芾诗

78 宋 凌攀龙

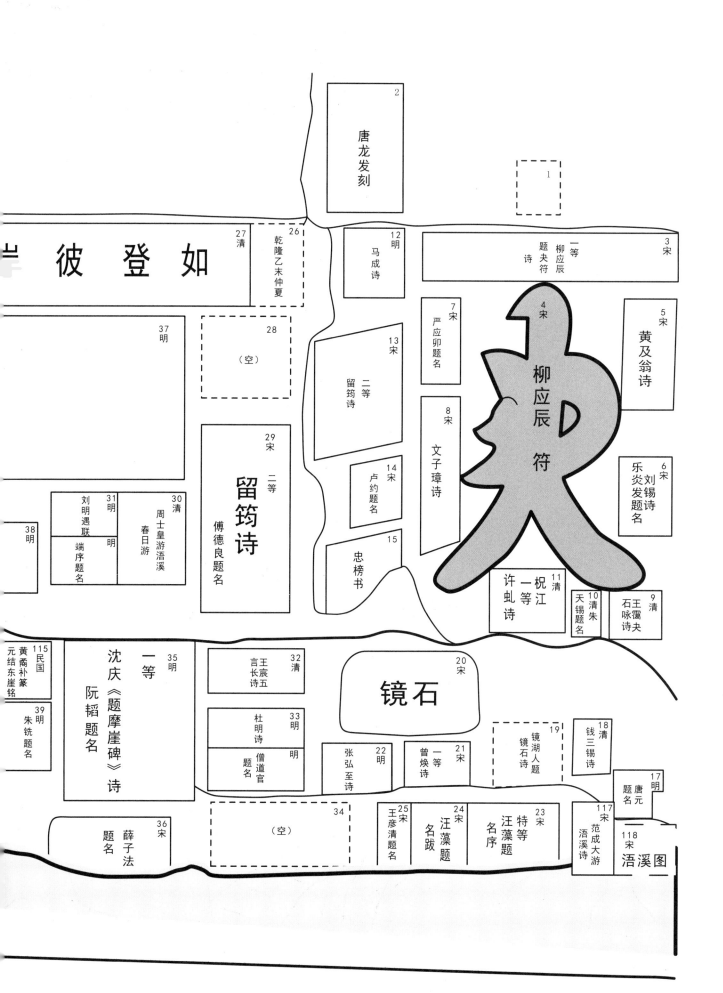

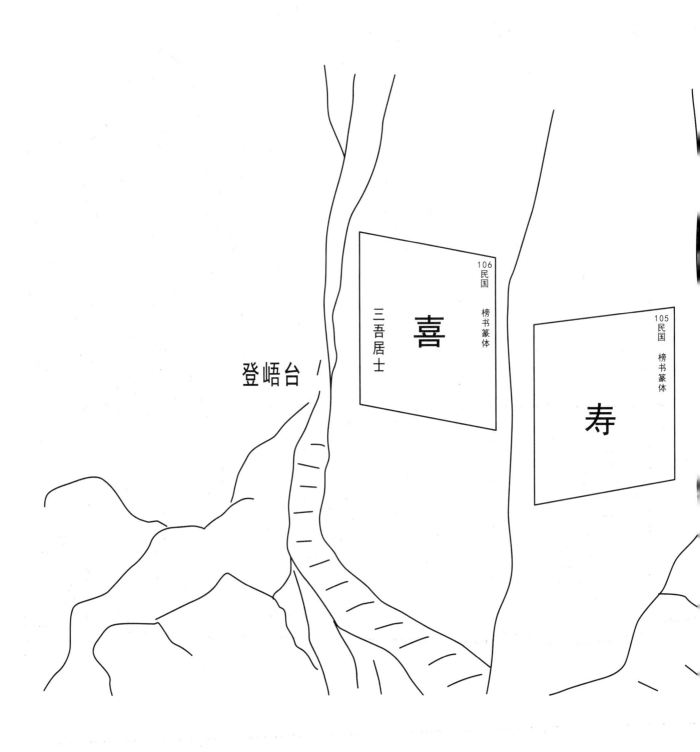

（北）

水位6m。崖高30m，长58m，面积约1740m²。

5m²。

）。

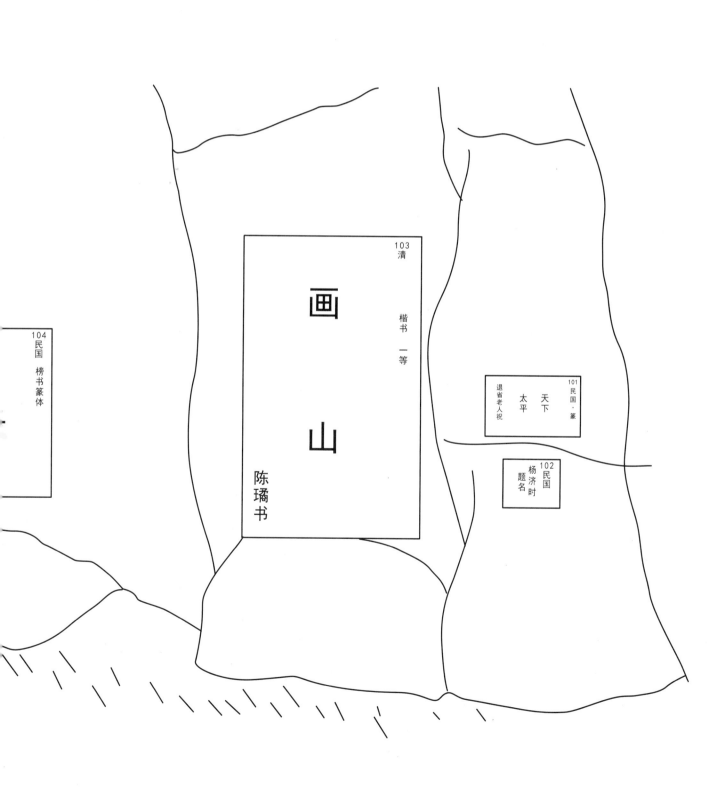

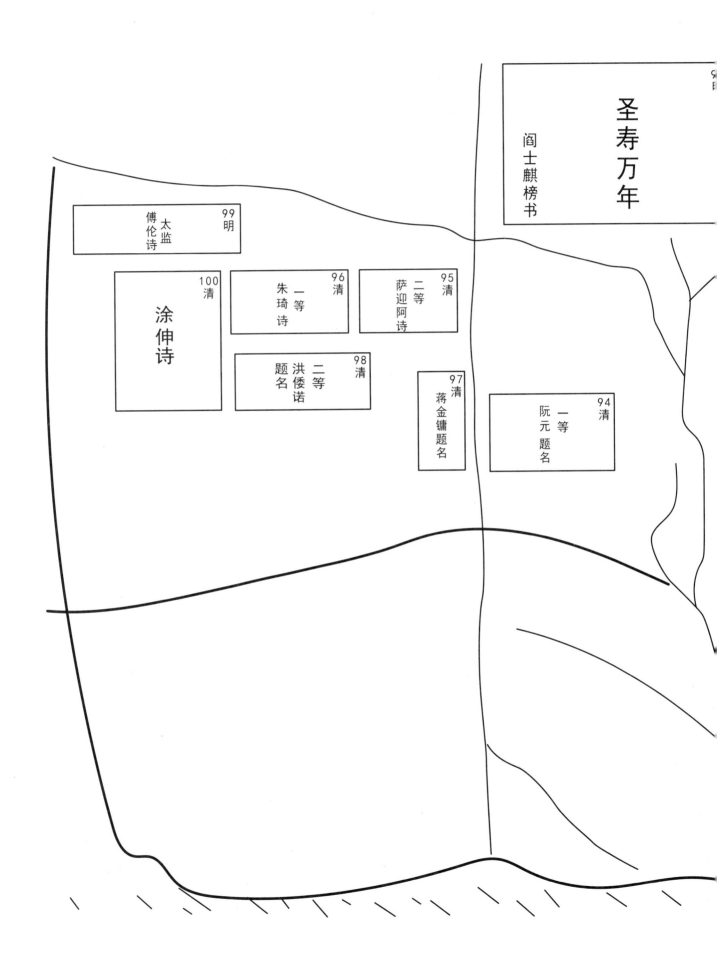

圣寿万年

阁士麒榜书

99 明
傅伦诗
太监

100 清
涂伸诗

96 清
朱琦诗
一等

95 清
萨迎阿诗
二等

98 清
洪倭诺
题名
二等

97 清
蒋金镛题名

94 清
阮元题名
一等

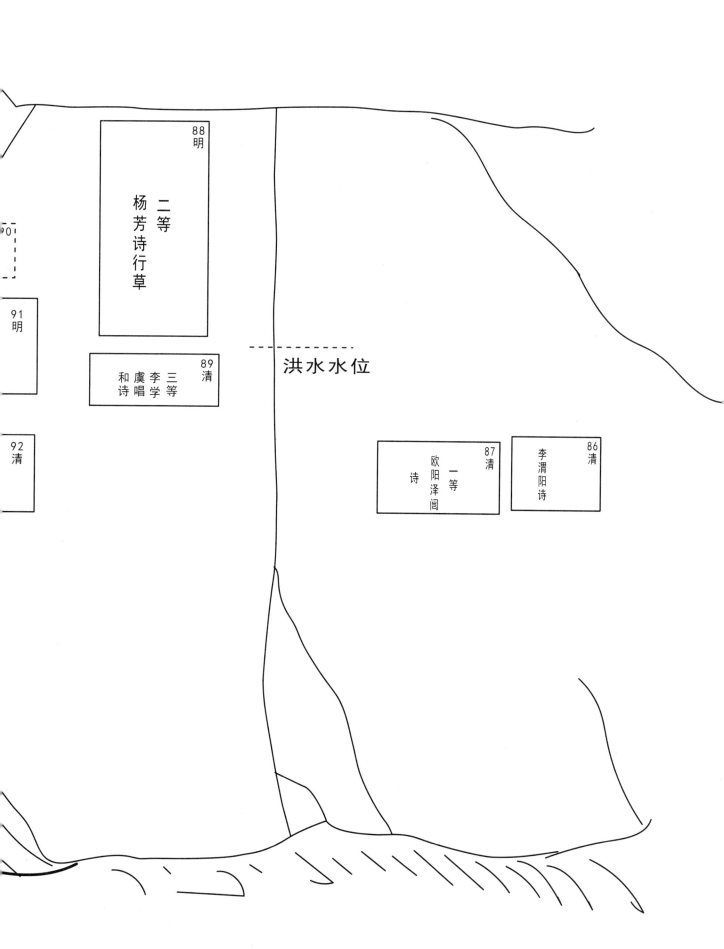

88
明

二等
杨芳诗行草

0

91
明

89
清

三等
李学虞和
诗唱诗

洪水水位

92
清

87
清

一等
欧阳泽阊诗

86
清

李渭阳诗

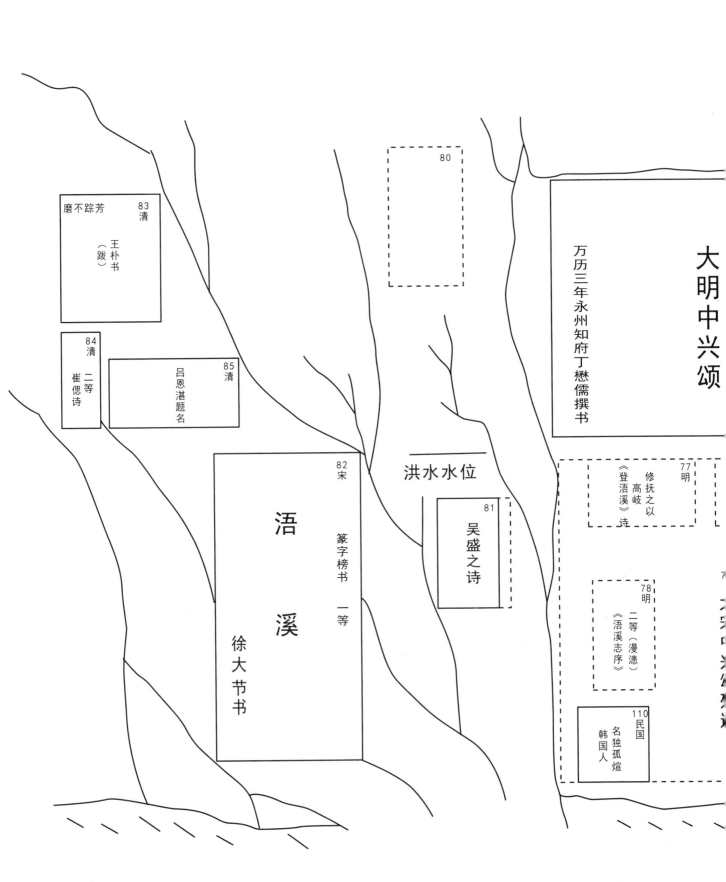

80

83 清 磨不踪芳 王朴书（跋）

84 清 二等 崔偲诗

85 清 吕恩湛题名

82 宋 篆字榜书 一等 浯溪 徐大节书

洪水水位

81 吴盛之诗

大明中兴颂

万历三年永州知府丁懋儒撰书

77 明 修抚之以高岐《登浯溪》诗

78 明 二等（漫漶）《浯溪志序》

110 民国 名独孤煊 韩国人

74
明

66
明
二等
王国桢《游浯溪》

63
明
三等
丁懋儒诗

65
穿云入径浮梁
徐明
"穿入"二字被铲

64
榜书

56
癸亥
来浯溪

55
宋
《石镜》诗

54
宋
邑人
陈逮玺诗

68
清
二等
岳宏誉
《题摩崖碑用宋
黄文节公韵》

67
清
二等
岳宏誉
《游浯溪怀古》

109
九月上旬
先生口睹其盛

62
宋
《满江红》词
使节行秋

60
清
一等
杨翰诗

57
宋
长诗
钟兴嗣
廖应瑞题名
《浯溪》

75
明

72
宋
李曾伯题名

73
宋
张潞诗

69
宋
李祐孙诗
二等

70
喜迁莺有跋
英声初发
边眠事

71
诗
欧阳

61
宋
一等
卫樵
诗（残碑）

58
宋
江琼诗

59

76
二等
邹善继
《石镜》诗

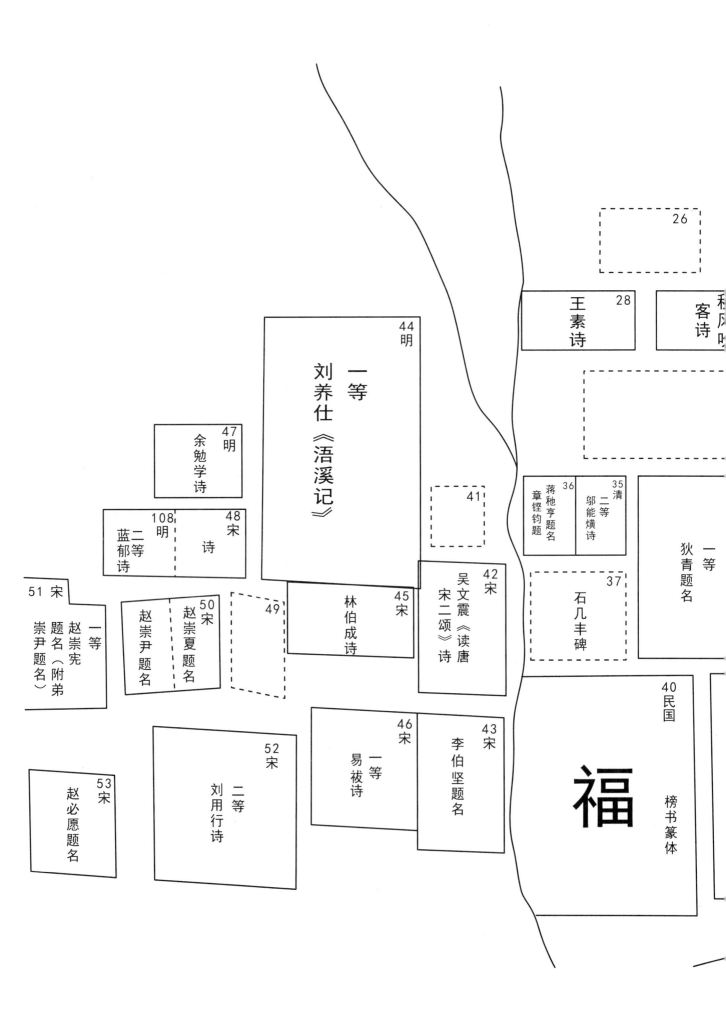

26

王素诗 28

客诗

44
明

一等 刘养仕 《浯溪记》

47
明
余勉学诗

41

蒋秞亨题名 章铿钧题 36
二等 邬能横诗 35
清

狄青题名 一等

108
明
二等 蓝郁诗

48
宋
诗

石几丰碑 37

51
宋
一等 赵崇宪题名（附弟崇尹题名）

50
宋
赵崇夏题名

赵崇尹题名

49

林伯成诗

45
宋

吴文震 《读唐宋二颂》诗 42
宋

40
民国

榜书篆体

53
宋
赵必愿题名

52
宋
二等 刘用行诗

46
宋
一等 易袚诗

李伯坚题名 43
宋

福

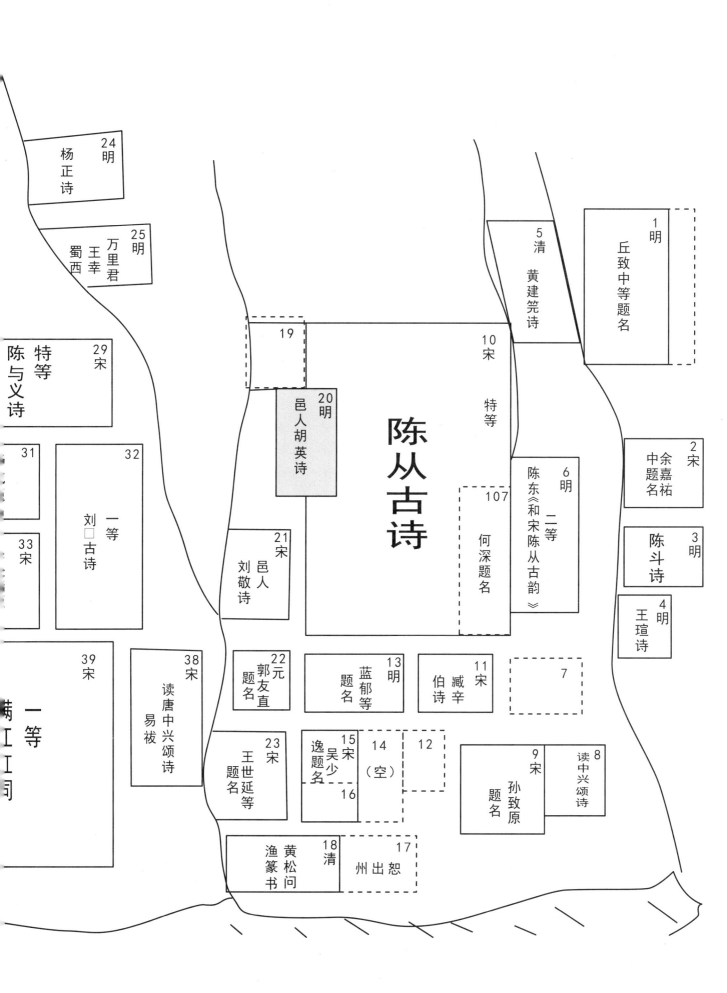

陈从古诗

24 明	杨正诗
25 明	蜀西 王幸君 万里
5 清	黄建笁诗
1 明	丘致中等题名
29 宋	陈 特等 与义诗
19	
20 明	邑人胡英诗
10 宋 特等	
2 宋	余嘉祐 中题名
31	
32	一等 刘□古诗
6 明 二等	陈东《和宋陈从古韵》
3 明	陈斗诗
33 宋	
107	何深题名
21 宋	邑人刘敬诗
4 明	王瑄诗
39 宋	一等
38 宋	读唐中兴颂诗 易祓
22 元	郭友直题名
13 明	蓝郁等题名
11 宋	臧辛伯诗
7	
23 宋	王世延等题名
15 宋	吴少逸题名
16	
14 （空）	
12	
9 宋	孙致原题名
8	读中兴颂诗
18 清	黄松问 渔篆书
17	州出恕

47 明 一等 唐珌诗《谒元鲁二公祠》

39 明 一等 曹来旬《读中兴碑》诗

53 清 嘉靖乙卯淮阴周于德诗

48

54 清 钱塘王霭

49 王壶诗

43 宋 善临题名 元兴绍

40 宋

篆《沼溪钓有余》

31 清 彭始奋 一等 彭而述《重到沼溪》诗

56 宋 陶辅题名

55 清 钱三锡诗

50

44 明 一等 张乔松草书诗《镜石》

41 题名

32 清 一等 镜台诗三首《读中兴碑》《镜石》

57 熊戴梦诗

58 清 龚犹龙诗

45 宋 开封赵彦橹题名

李46 元 燕豪

42 清 邬能熿《镜石》诗

33 清 一等 郑怀德越南等

34

59 宋 曹宏正诗

74 清 伍泽梁诗 陈上质书 刘枉宁题名

36 明 刘魁诗

35 宋 游何题名

16 宋 唐复题名

60 宋 杨瑾题名

37 清 吴良诗

38 清 一等 阮登第越南诗

管大勋《读摩崖碑》

区（坐东向西）

门，靠东面的全部崖壁。

，宽20m，石崖面积约400m²。

碑（以下图示相同）。

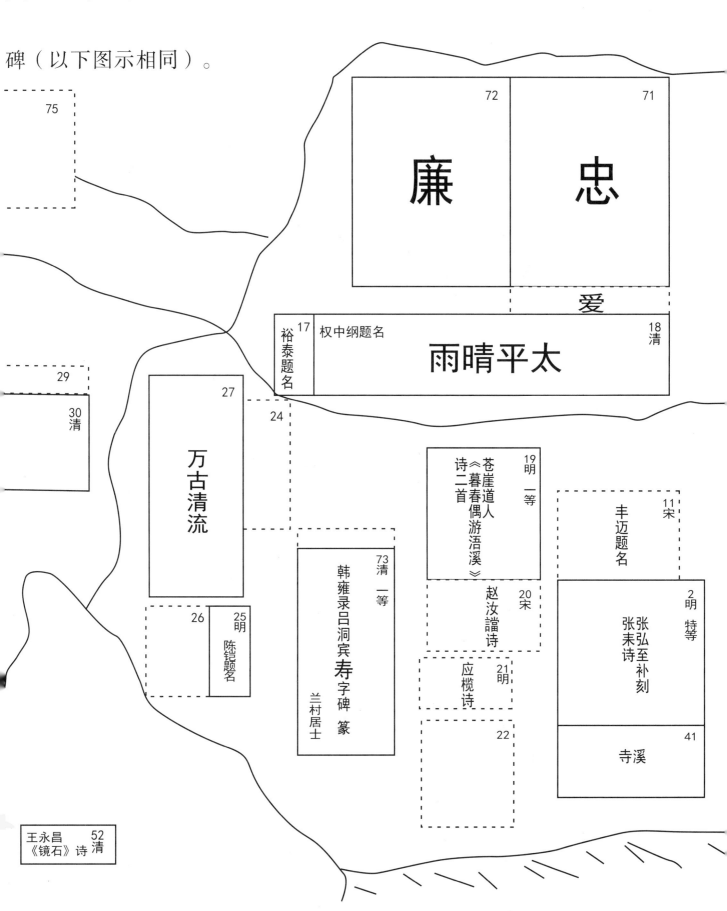

75

72   71

廉   忠

爱

17 裕泰题名   权中纲题名   18 清

雨晴平太

29

30 清

27 万古清流

24

19 明 一等
苍崖道人
《暮春偶游浯溪》
诗二首

11 宋 丰迈题名

26   25 明 陈铤题名

73 清 一等
韩雍录吕洞宾寿字碑 篆
兰村居士

20 宋 赵汝谠诗

2 明 特等
张弘至补刻
张耒诗

21 明 应槚诗

22

41 寺溪

52 清
王永昌《镜石》诗

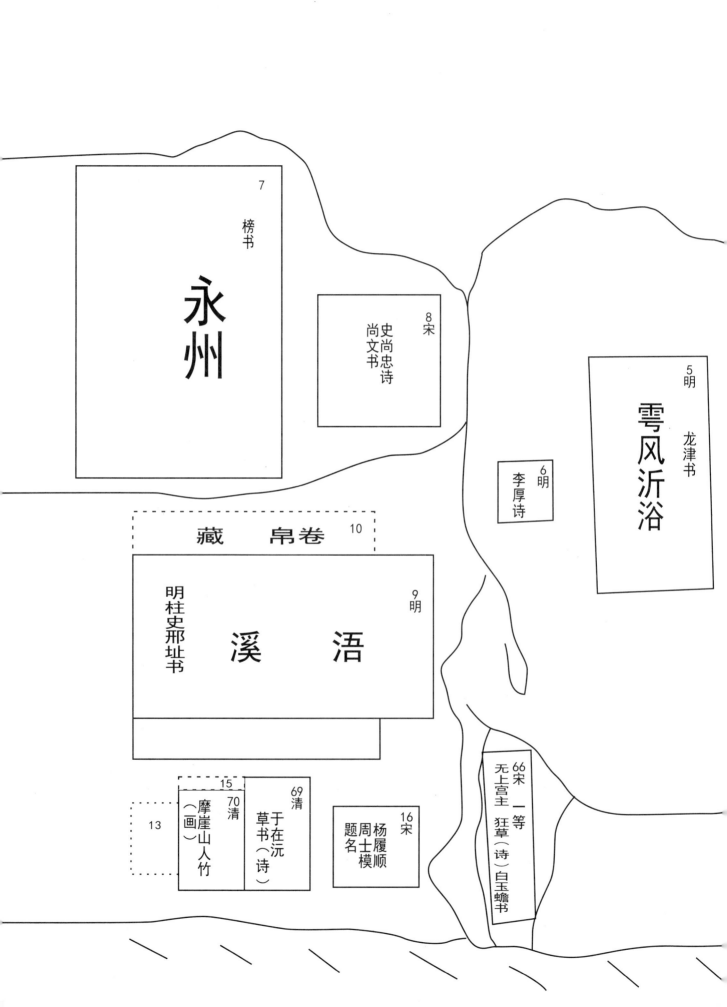

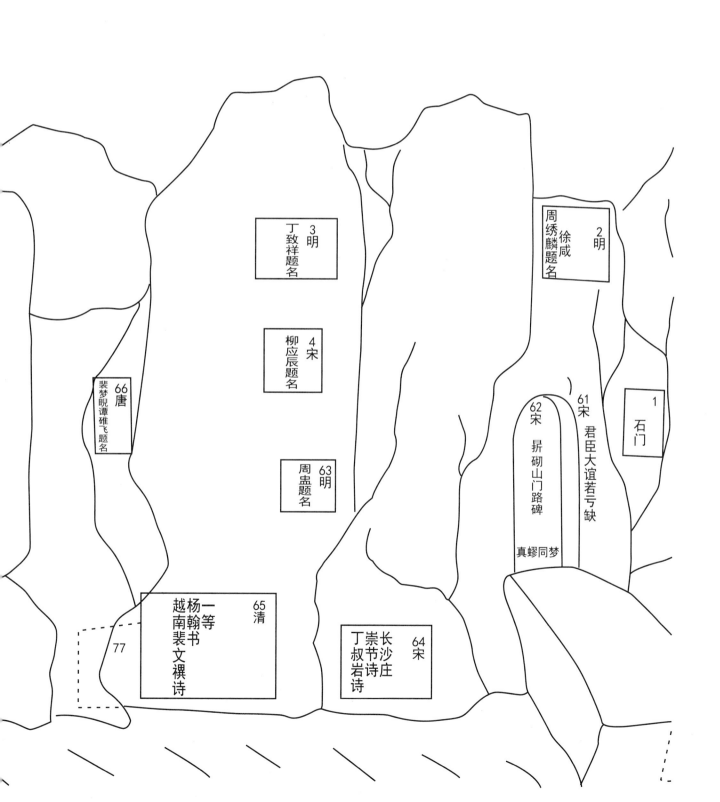

3 明
丁致祥题名

2 明
周绣麟 徐咸题名

4 宋
柳应辰题名

66 唐
裴梦睨谭碓飞题名

61 宋
君臣大谊若亏缺

62 宋
斲砌山门路碑

1
石门

真螭同梦

63 明
周盅题名

65 清
一等
杨翰书
越南裴文禩诗

77

64 宋
长沙庄
丁崇节诗
叔岩诗

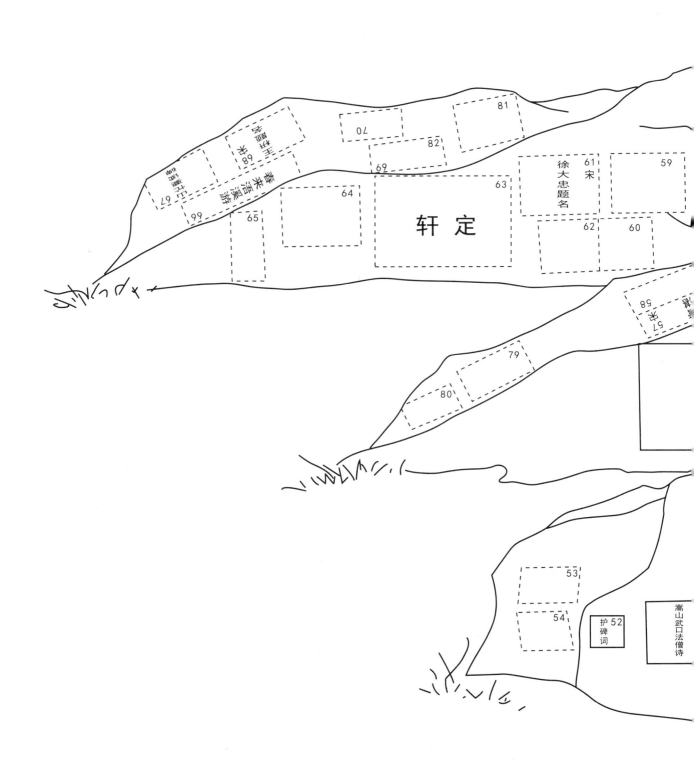

轩 定

小峿台）

崖壁面积约200m²。

下图示相同）。

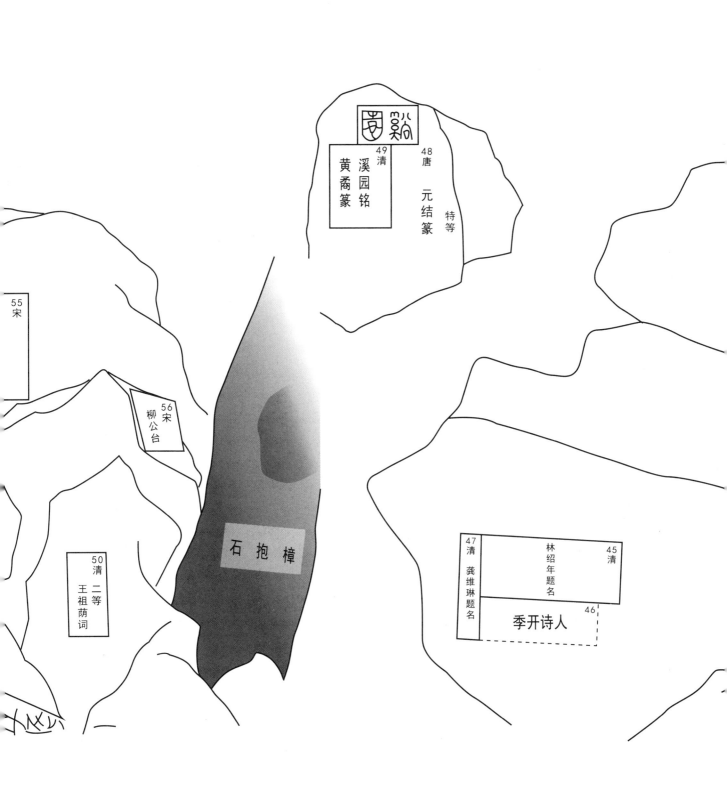

49 清 溪园铭 黄霨篆

48 唐 元结篆

特等

55 宋

56 宋 柳公台

石抱樟

50 清 二等 王祖荫词

47 清 龚维琳题名

45 清 林绍年题名

季开诗人 46

小峿台一

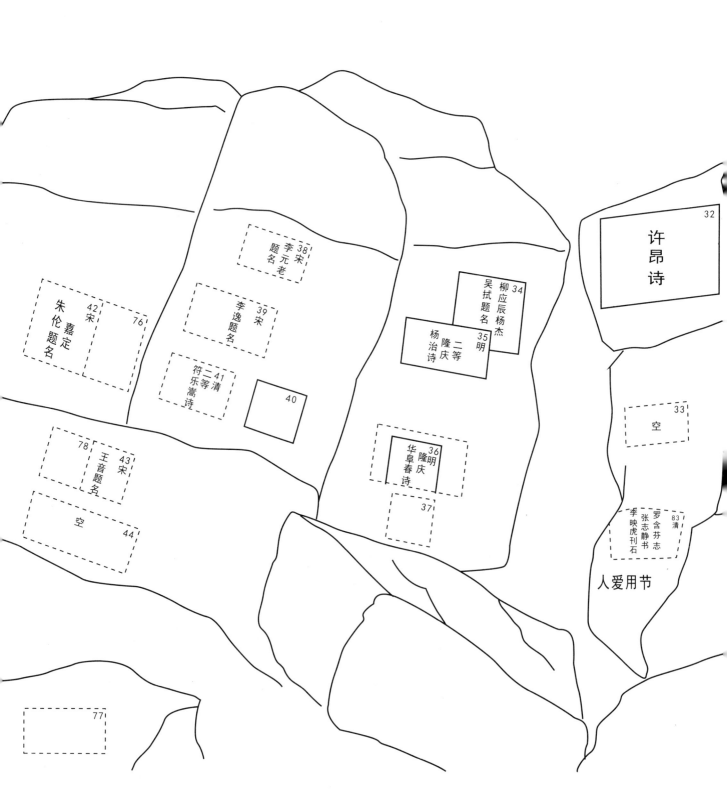

题李38
名元宋
　老

李39
逸宋
题
名

符二41
乐等清
嵩
诗

40

柳34
应杨
辰杰
吴
拭
题
名

杨隆二35
治庆等明
诗

华36
皋隆
春明
诗庆

37

许昂诗　32

空　33

罗83
含志清
张志静芬
李映虎刊书石

人爱用节

朱42
伦嘉宋
题定76
名

王43
音宋
题78
名

空　44

77

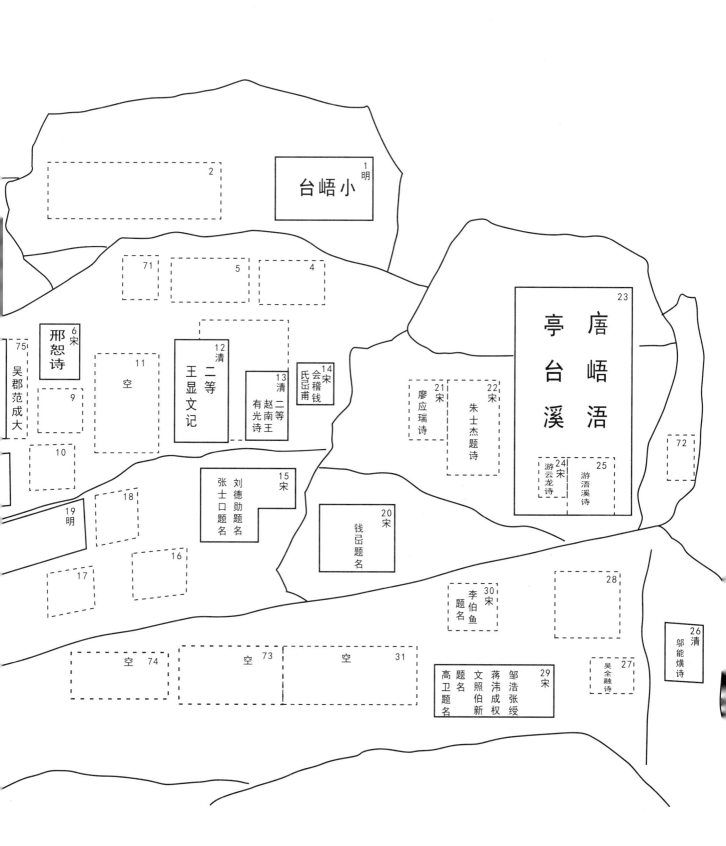

5.曲屏

特点：接右堂区沿"之"字

碑数：1–61号。石壁长度10

附注：虚线为字迹漫灭的石

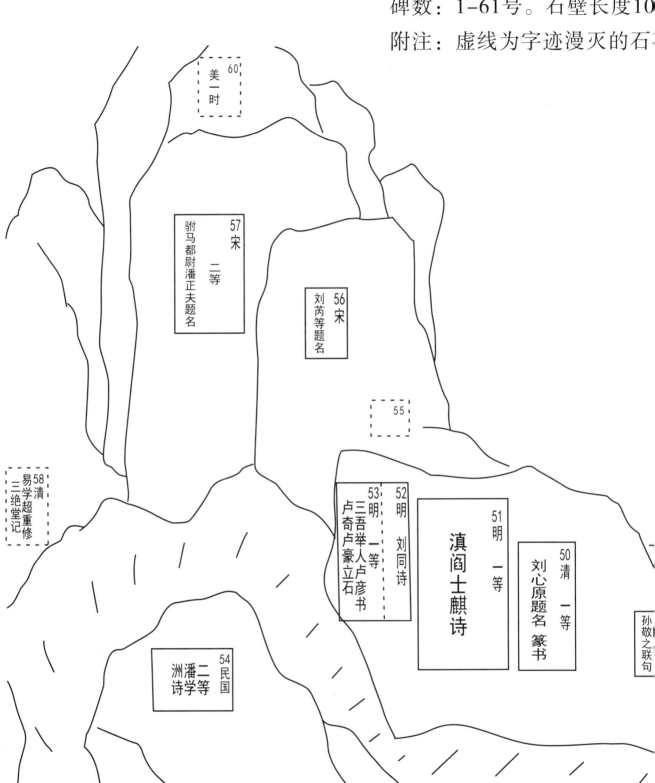

60 美一时

57 宋
二等
驸马都尉潘正夫题名

56 宋
刘芮等题名

55

58 清
三绝堂记
易学超重修

53 明
一等
三吾举人卢彦书
卢奇卢豪立石

52 明
刘同诗

51 明
一等
滇阁士麒诗

50 清
一等
刘心原题名 篆书

孙敬之联句

54 民国
二等
洲潘学诗

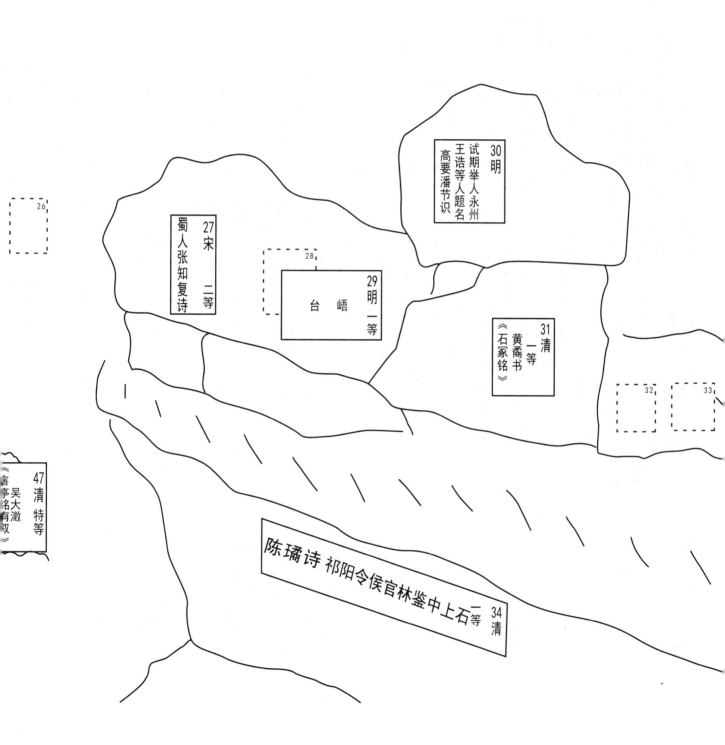

26

27
宋
蜀人张知复诗
二等

28

29
明
台峿
一等

30
明
试期举人永州
王浩等人题名
高要潘节识

31
清
黄乔书
《石冢铭》
一等

32

33

47
清　特等
吴大澂
《喜亭铭有叙》

陈璠诗 祁阳令侯官林鉴中上石
34
清
一等

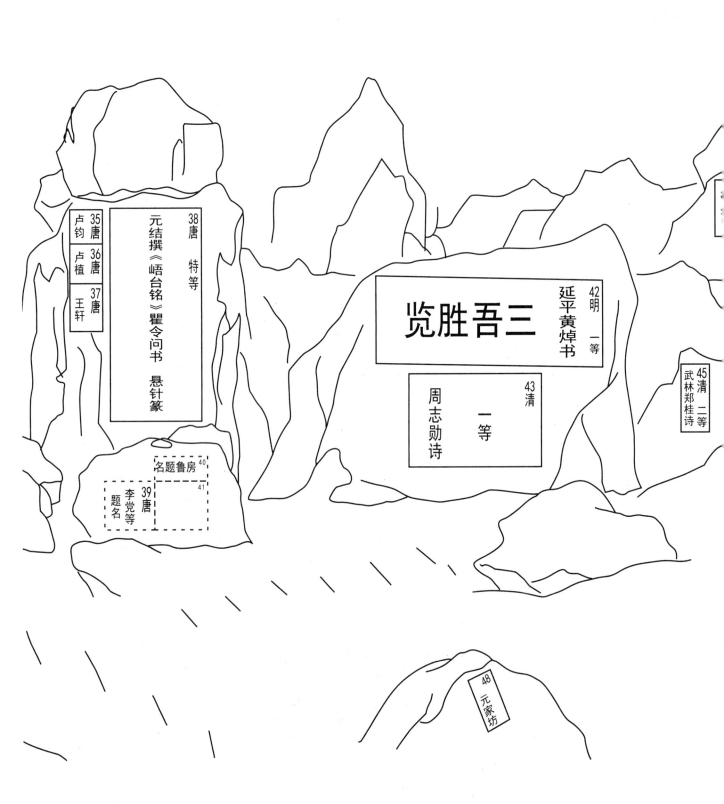

览胜吾三

35 唐 卢钧
36 唐 卢植
37 唐 王轩

38 唐 特等
元结撰《峿台铭》瞿令问书 悬针篆

42 明 一等
延平黄焯书

43 清 一等
周志勋诗

45 清 二等
武林郑桂诗

名题鲁房 40
39 唐 李党等题名 41

48 元家坊

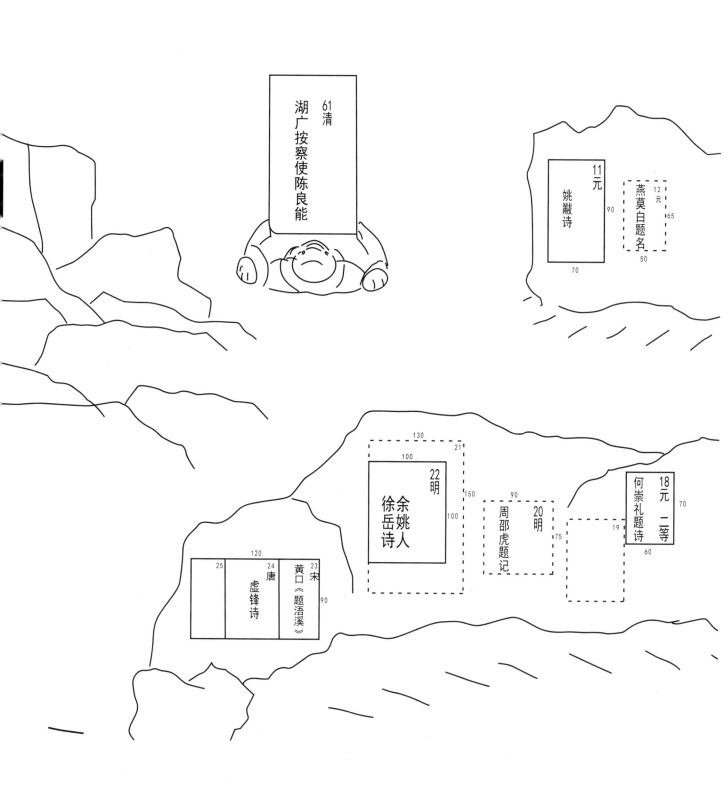

61
清
湖广按察使陈良能

11
元
姚巙诗
70
90

12
元
燕莫白题名
50
65

130
21
100
22
明
余姚人
徐岳诗
150
100

90
20
明
周邵虎题记
75
19

18
元
何崇礼题诗
二等
70
60

25
24
唐
虚锋诗
120
23
宋
黄口《题浯溪》
90

13

50

14
90

4
宋
一
等
林
革
《
满
江
红
》
词
65

40
舣
舟
访
旧
游
2
宋

3
宋
二
等
陶
寄
螺
诗
25

95

16
明
凌
登
龙
周
邵
虎
等
题
名
60

60

15
清
二
等
伪
山
周
在
廉
诗
30

60

6
宋
一
等
文
有
年
《
题
元
子
故
宅
》
70

90

住
山
慧
园
上
石
曹
菊
诗
55

一
品
石
（
米
拜
石
）

8
7

17
清
吴
铭
道
题
名
50

60

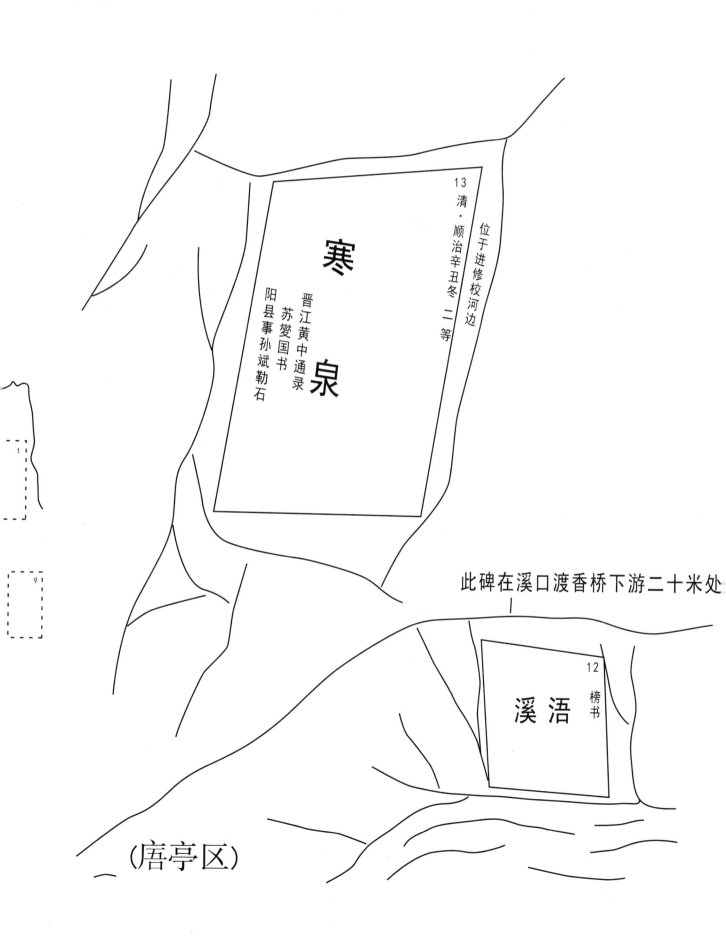

寒 泉

13 清·顺治辛丑冬 二等

位于进修校河边

晋江黄中通录
苏燮国书
阳县事孙斌勒石

1

9

此碑在溪口渡香桥下游二十米处

溪 浯

12 榜书

（唐亭区）

6.唐亭区 （坐西向东）

特点：自唐亭往东而下的螺旋蹬道两侧，长约50m。

碑数：1–13号。包括浯溪、寒泉两处，碑石面积约23m²。

附注：虚线为字迹漫灭的石碑（以下图示相同）。

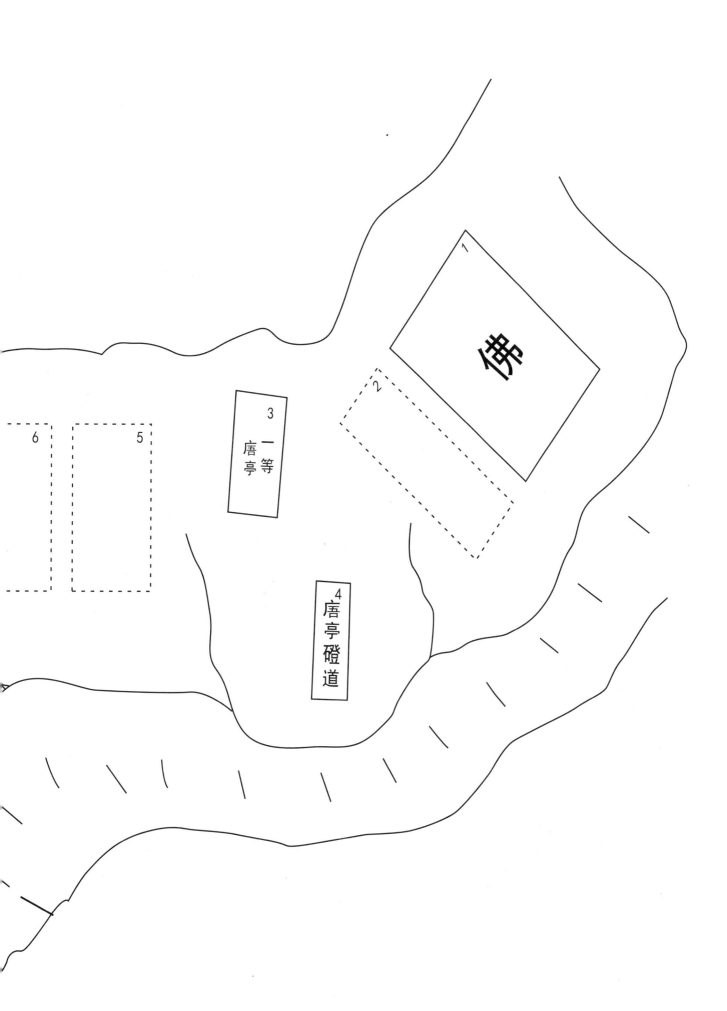

佛

1

2

3 一等唐亭

4 唐亭磴道

5

6

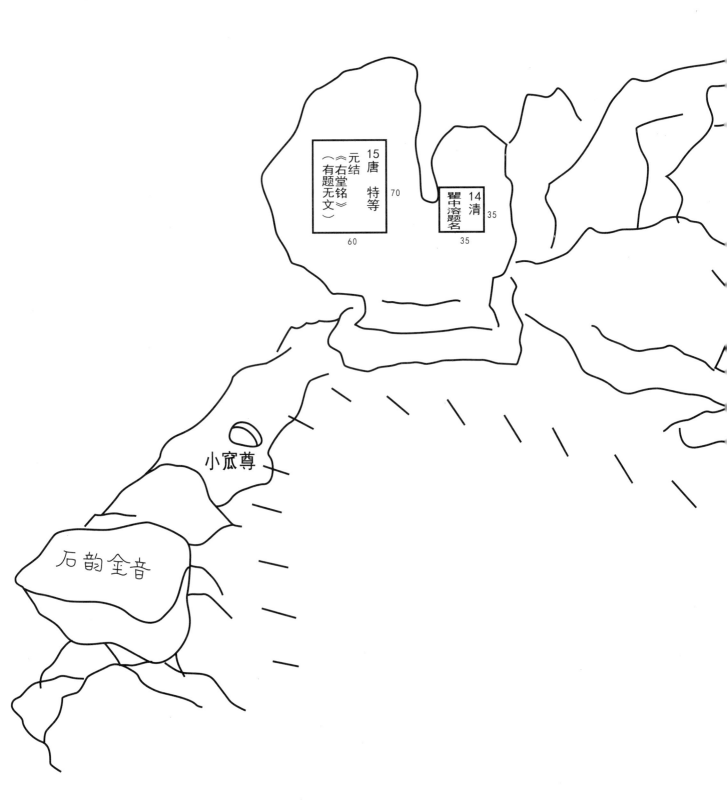

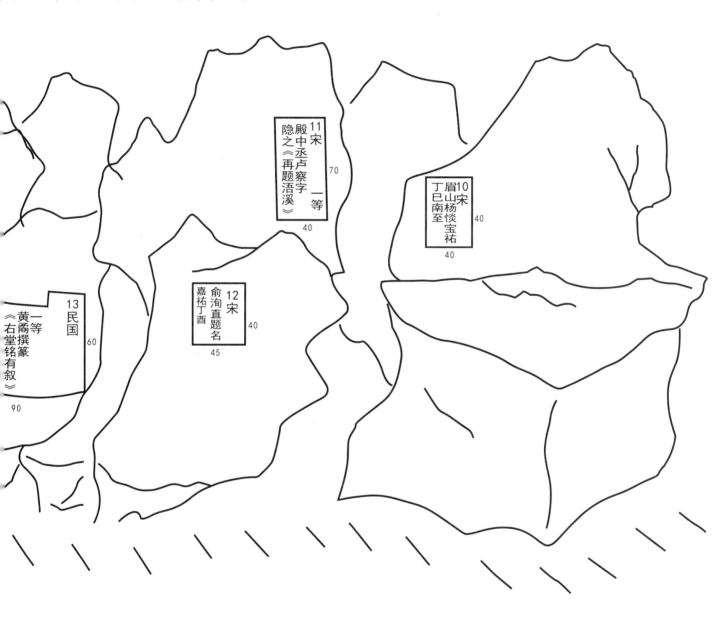

11 宋
殿中丞卢察字
隐之《再题浯溪》 一等
70
40

10 宋
眉山杨惔宝祐
丁巳南至 40
40

12 宋
俞洵直题名
嘉祐丁酉 40
45

13 民国
黄矞撰篆
《右堂铭有叙》 一等
60
90

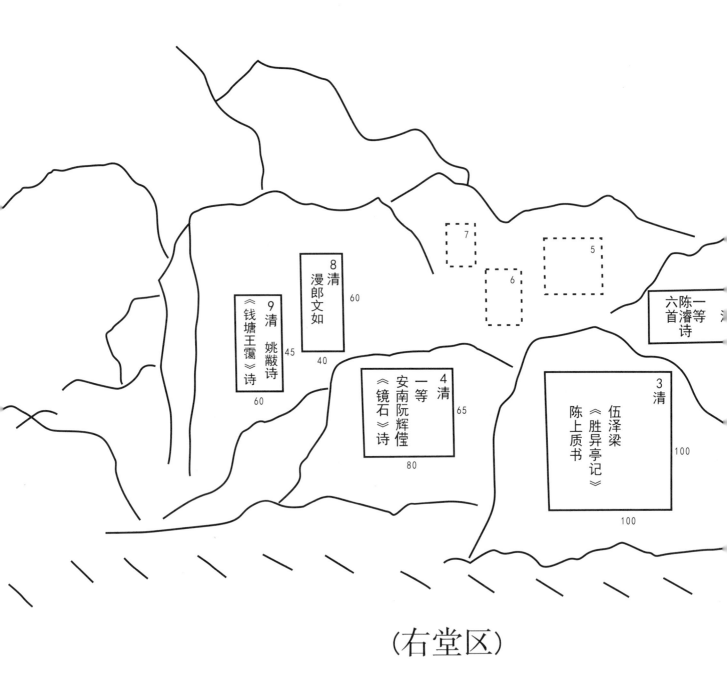

8
清
漫郎文如
60

9
清　姚黻诗
《钱塘王霭》诗
45
60

7

6

5

六陈
首澹等
诗

4
一等
清
安南阮辉僙
《镜石》诗
65
80

3
清
伍泽梁
《胜异亭记》
陈上质书
100
100

（右堂区）

6宋 卢察《留题浯溪》

7宋 嘉祐二年 米君平题名

(嵝台区)

8.嵴台

特点：临江壁立，高大陡险

通高30m，嵴台面积22

碑数：1–7号。碑石面积约1.

附注：虚线为字迹漫灭的石碑

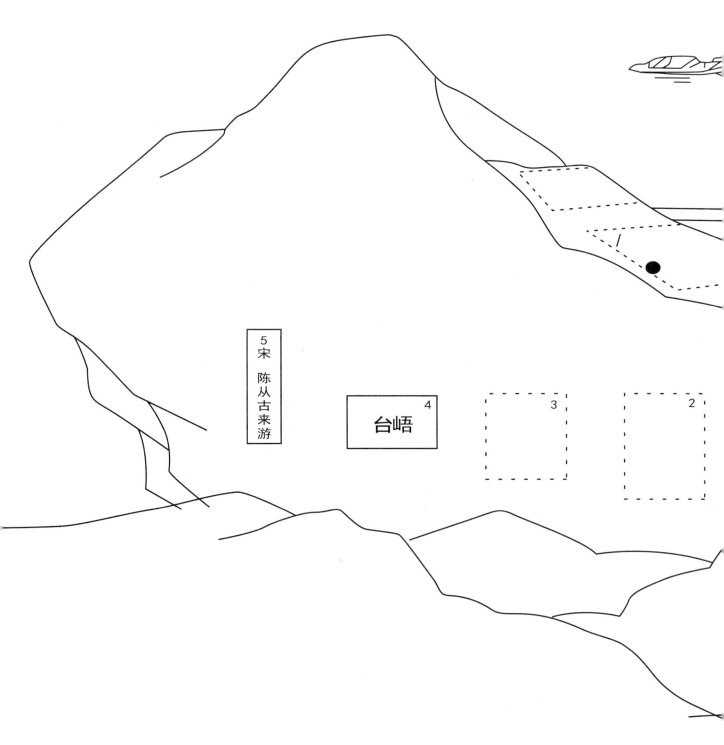

向南）

园林至高点。

面积约12m²。

示相同）。

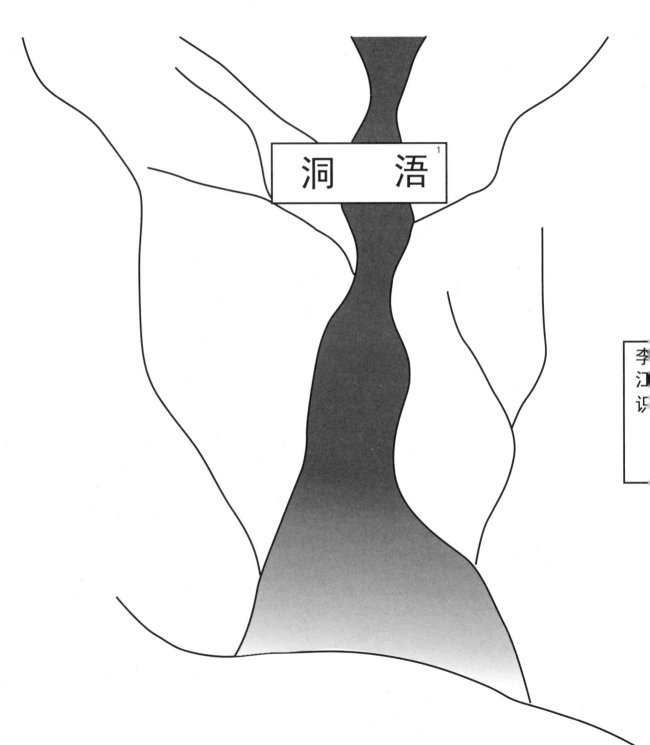

洞 浯

洞，深不可测。

高5m，宽3m,洞内30m²。下距湘江最高水位15m。

同）。

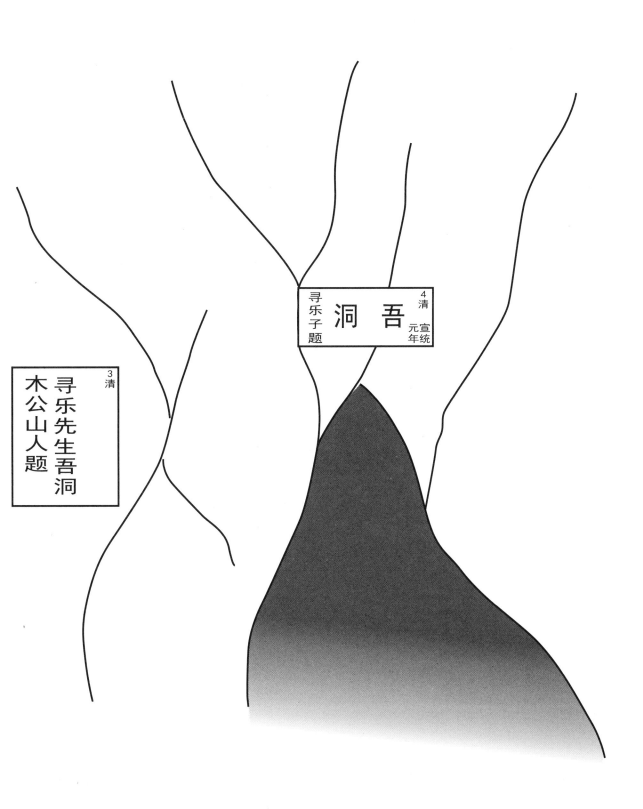